D1619814

Edition
Consulting

Herausgegeben von Prof. Dr. Christel Niedereichholz

Bisher erschienene Werke:

Niedereichholz, Unternehmensberatung, Band 1:
Beratungsmarketing und Auftragsakquisition, 4. Auflage
Niedereichholz, Unternehmensberatung, Band 2:
Auftragsdurchführung und Qualitätssicherung, 4. Auflage
Niedereichholz (Hrsg.), Internes Consulting
Niedereichholz · Niedereichholz, Consulting Insight
Schuster, E-Consulting

Unternehmens-beratung

Band 2:
Auftragsdurchführung
und Qualitätssicherung

Von

Prof. Dr. Christel Niedereichholz CMC

Professor für Betriebswirtschaftslehre,
insbesondere Unternehmensberatung
Institute for International Management Consulting
Ludwigshafen University of Applied Sciences

4., vollständig neu bearbeitete Auflage

R. Oldenbourg Verlag München Wien

Bibliografische Information Der Deutschen Bibliothek

Die Deutsche Bibliothek verzeichnet diese Publikation in der Deutschen
Nationalbibliografie; detaillierte bibliografische Daten sind im Internet
über <http://dnb.ddb.de> abrufbar.

© 2006 Oldenbourg Wissenschaftsverlag GmbH
Rosenheimer Straße 145, D-81671 München
Telefon: (089) 45051-0
www.oldenbourg.de

Gedruckt auf säure- und chlorfreiem Papier
Gesamtherstellung: Druckhaus „Thomas Müntzer" GmbH, Bad Langensalza

ISBN   3-486-57832-4
ISBN 978-3-486-57832-4

Inhaltsverzeichnis

Vorwort

Unternehmensberatung ist eine Dienstleistung internationaler Ausprägung, die nach statistischen Erhebungen der berufsständischen Verbände in Deutschland von etwa 68.000 Personen erbracht wird. Der Jahresumsatz im Inland wird auf rund 12,5 Milliarden Euro geschätzt.

Die Berufsbezeichnung "Unternehmensberater" ist in Deutschland ungeschützt, was dazu führt, dass immer wieder unseriöse und inkompetente Personen versuchen, sich im Beratungsmarkt zu etablieren. Der Schaden, der dadurch sowohl bei Klienten als auch bei seriös arbeitenden Beratern entsteht, ist gravierend.

Die Berufsverbände der Unternehmensberater, allen voran der Bundesverband deutscher Unternehmensberater BDU e.V. als mitgliederstärkster Verband, haben sich deshalb seit Jahrzehnten darum bemüht, einen Qualitäts- und Qualifikationsstandard durchzusetzen.

Im Jahre 1995 ist der BDU Mitglied des International Council of Management Consulting Institutes (ICMCI) geworden, einem weltweiten Zusammenschluss zur Qualitätssicherung in der Unternehmensberatung. Der Berufsverband ist damit berechtigt, Berater einer Zertifizierung zu unterziehen und den international anerkannten Titel eines „Certified Management Consultant – CMC" zu verleihen. Diese Zertifizierung muss im Abstand von drei Jahren wiederholt werden. Neben bestimmten persönlichen Voraussetzungen sind die berufliche Praxis anhand von Projektreferenzen und eine regelmäßige Weiterbildung nachzuweisen. Die Zertifizierung erfolgt nach zwei Fachinterviews, die von neutralen CMCs durchgeführt werden.

Die universitäre betriebswirtschaftliche Lehre und Forschung hat dem konkreten Aus- und Weiterbildungsbedarf einer der wichtigsten internationalen Dienstleistungsbranchen bisher kaum Rechnung getragen.

Die Ludwigshafen University of Applied Sciences hat 1995 mit der Konzeption und Implementierung des berufsintegrierenden Weiterbildungsstudiengangs "International Management Consulting" mit anerkanntem und FIBAA-zertifizierten MBA-Abschluss eine Pionierfunktion übernommen, die unter berufsrechtlichen und -politischen Aspekten, auch im EU-Raum, als richtungweisend gilt: Hochschulabsolventen mit Berufspraxis können durch die Teilnahme an diesem viersemestrigen Weiterbildungsstudiengang den staatlich und international anerkannten Abschlussgrad MBA (IMC - International Management Consulting) erwerben. Der berufsintegrierende Ansatz stellt sicher, dass Berufspraxis und Weiterbildung miteinander verzahnt sind.

Durch ein Qualitätssicherungssystem, die Einbindung und ständige Rückkopplung mit führenden Vertretern der internationalen Beratungsbranche (Advisory Board) wird sichergestellt, dass die Studieninhalte stets dem aktuellen Stand der Berufsausübung entsprechen.

Der Vorlesungsbetrieb findet im Sommersemester von Mitte März bis Mitte Juni und im Wintersemester von Anfang Oktober bis Mitte Dezember jeweils freitags und samstags ganztägig statt. Es werden maximal 25 Teilnehmer pro Semester zugelassen.

Die Gründung und Organisation eines Absolventennetzwerks (Alumni Network) soll die Umsetzung des Gedankens der gegenseitigen beruflichen und persönlichen Förderung und Hilfe unterstützen.

Die Studieninhalte werden von Professoren mit über 10-jähriger internationaler Beratungspraxis und Führungskräften national und international tätiger Beratungsunternehmen als Lehrbeauftragten vermittelt.

Da die postgradualen Teilnehmer des Aufbaustudiengangs sowohl Universitäts- als auch TH- und FH-Absolventen sind, stellt sich ein weiterer, aus wissenschaftspolitischer Sicht hochinteressanter Effekt ein: Die Barrieren zwischen den einzelnen Hochschulsystemen werden aufgehoben.

Die Edition Consulting im Oldenbourg Verlag ist bewusst praxisorientiert gestaltet. Sie soll dazu dienen, die berufsbegleitende Aus- und Weiterbildung von Unternehmensberatern durch konkrete, sofort umsetzbare Handlungsvorschläge zu unterstützen.

Die langjährige Berufserfahrung der Autorin stellt sicher, dass dabei die wesentlichen internationalen Standards der Berufsausübung von Unternehmensberatern berücksichtigt werden.

Die Autorin führt als ersten akademischen Titel Diplomkaufmann (nicht -kauffrau) und gibt als Berufsbezeichnung Unternehmensberater (nicht -beraterin) an. Dieser Einstellung entsprechend ist der Text gestaltet.

Heidelberg, im Dezember 2005   Christel Niedereichholz

1 Einleitung

Das Entstehen und die Durchführung eines Beratungsauftrages vollziehen sich über einen sachlogisch festgelegten Phasenablauf (siehe Abb. 1): Zunächst erfolgt die Kontaktaufnahme zum potenziellen Klienten, deren erfolgreicher Abschluss die Überleitung in die Akquisitionsphase darstellt. Die Größe und Bedeutung des Netzwerkes der Kontakte ist für jeden Berater von besonderer Wichtigkeit. Gemessen wird er jedoch daran, wie häufig es ihm gelingt, aus der Vielzahl der Kontakte auch konkrete Aufträge zu generieren.

Kontaktphase

Die Akquisitionsphase endet im Idealfall mit der Aufforderung des Klienten an den Unternehmensberater, ein Angebot zu erstellen (Request for a Proposal - RfP). Sie gilt als Zeichen dafür, dass es dem Berater im Verlauf der Akquisitionsphase gelungen ist, den Klienten von seiner Sachkompetenz und der Realisierbarkeit der(s) aufgezeigten Problemlösungswege(s) zu überzeugen.

Akquisitionsphase

Im Zuge der darauf folgenden Angebotserstellung ist der Berater gezwungen, den Ablauf des gesamten Auftrages gedanklich zu strukturieren, zu terminieren, personell auszustatten, zu kalkulieren und zu organisieren. Jede Form der Angebotserstellung bedarf größter Sorgfalt, wenn der Auftrag zur Zufriedenheit beider Geschäftspartner erfüllt werden soll. Dabei darf die wichtige letzte Phase, die Auftragsnachbereitung und Evaluation, in der Planung nicht außer Acht gelassen werden. Während der Angebotserstellung kann es in begründeten Fällen zu weiteren abstimmenden Gesprächen mit dem potenziellen Klienten kommen. Das Angebot ist die Grundlage des zwischen beiden Parteien abzuschließenden, bzw. durch konkludentes Verhalten entstehenden Vertrages.

Angebotsphase

Die Durchführungsphase des Beratungsauftrages wird in Unterphasen gegliedert, die je nach Beratungsinhalt differieren können. Das Standardschema einer Managementberatung beginnt immer mit der Analyse des Ist-Zustandes des Unternehmens oder der(s) Teilbereiche(s), in dem die Probleme identifiziert wurden. Auf der Basis dieser Analyseergebnisse werden zunächst die Ziele festgelegt, die mit den im Sollkonzept enthaltenen Problemlösungen erreicht werden sollen. Die Realisierungsplanung besteht aus der Formulierung, Machbarkeitsprüfung und Risikoabsicherung der Maßnahmenpakete, die der Umsetzung des Sollkonzeptes und damit der Zielerreichung dienen. Die Realisierung ist der konkrete Vollzug dieser Maßnahmen im vorgegebenen Zeitrahmen. In der Auftragsnachbereitung werden das methodische Vorgehen und der Zielerreichungsgrad evaluiert.

Durchführung

Nachbearbeitung

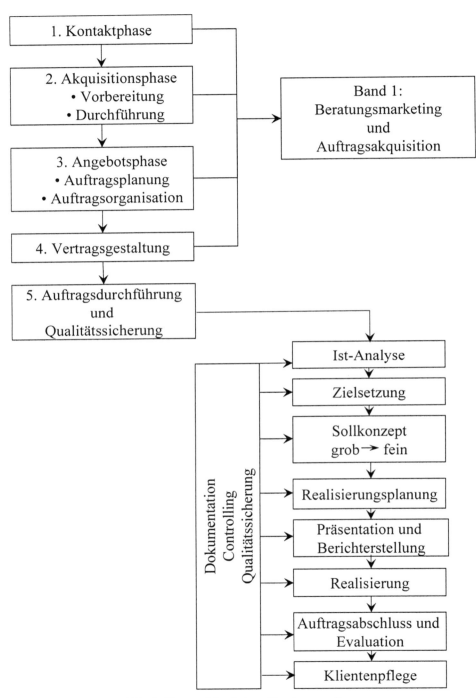

Abb. 1: Phasenablauf eines Beratungsauftrages

Bei der Durchführung des Beratungsauftrages ist grundsätzlich zu unterscheiden, ob eine standardisierte oder eine innovative Problemlösung angewandt wird.

Bei den Standardprodukten sind die einzelnen Phasen, Segmente und Arbeitsschritte im Prinzip festgelegt und müssen nur kundenspezifisch angepasst werden. Die Lösungsalternative(n) stehen schon zu Beginn in groben Zügen fest. In der Beratungsbranche wird der Einsatz standardisierter Beratungsprodukte immer wieder geleugnet. Internationale Marktuntersuchungen führen im Gegensatz dazu stets zu dem Ergebnis, dass nur durch die weitergehende Standardisierung der Beratungsangebote Produktivitätssteigerungen möglich sind.

Standardprodukte

Bei den innovativen und analytischen Methoden hingegen steht nur eine Auswahl von Verfahren und Methoden zur Verfügung, die man bei der Suche (trial and error) nach den Lösungsalternativen einsetzen kann.

Methoden

Im internationalen Beratungsmarkt ist die verhängnisvolle Tendenz erkennbar, dass Einzelberater und Beratungsunternehmen sich vorrangig auf die Problembereiche konzentrieren, die mit standardisierten Vorgehensweisen gelöst werden können. Klienten mit Problemen, für die noch keine Standardmethode entwickelt wurde, suchen häufig vergeblich nach externer Unterstützung. Vielen Beratern ist das Risikopotenzial bisher unbekannter Problemstellungen.

Dabei ist die Lösung neuer Probleme als Keimzelle des Wachstums und der Dynamik des Beratungsmarktes von außerordentlicher Bedeutung. Jede innovative Problemlösung als "Unikat" bildet die Basis für die Entwicklung eines oder mehrerer reproduzierbarer Standardprodukte. Sie bietet damit die Gewähr dafür, dass das vorhandene beratungsspezifische Wissens- und Erfahrungspotenzial ständig aktualisiert wird. Gerade jeder seriöse Berater ist daher aufgerufen, sich nicht nur in die risikoarmen Zonen der Anwendung von Standardprodukten zurückzuziehen, sondern sich auch in regelmäßigen Abständen den bisher unbekannten und damit ungelösten Problemfällen zu stellen, und damit zum Wachstum des Marktes beizutragen. Dies gilt als Rechtfertigung dafür, die sichere Position einer Branchen-/Funktionsspezialisierung vorübergehend zu verlassen.

Innovative Problemlösungen

Die Zusammenhänge sind in Abb. 2 dargestellt.

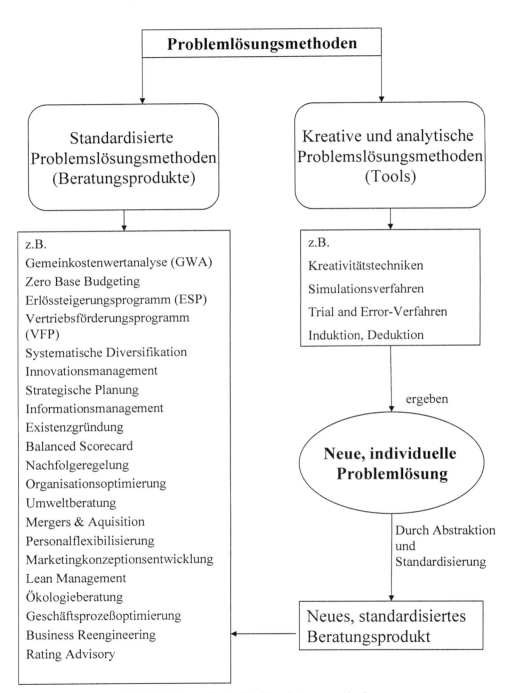

Abb. 2: Systematik der Problemlösungsmethoden

Die Durchführung eines Beratungsauftrages folgt einem Ablaufdiagramm (siehe Abb. 3 und Abb. 4), das nur grob vorstrukturiert ist, und aus sich selbst heraus die Feinabstimmungen und Planungskorrekturen ergibt. Bei Aufträgen mit komplexer Aufgabenstellung wird dem Kernprojekt eine Voruntersuchung vorangestellt, die der Überprüfung der Machbarkeit des Hauptteils dient.

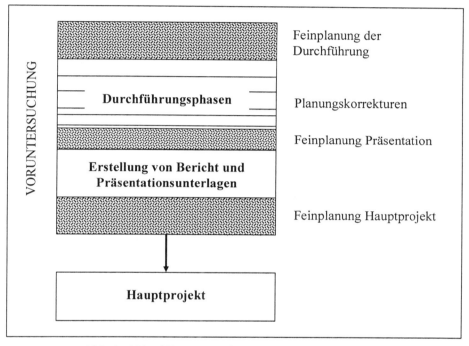

Abb. 3: Ablauf Voruntersuchung

Im Prinzip geht es um einen Planungszyklus, der durch alle Phasen hindurch ständig wiederholt wird. Die dabei notwendigen Feinabstimmungen, Planungs- und Maßnahmenkorrekturen haben immer unter der Prämisse zu erfolgen, möglichst kostenneutral, das heißt innerhalb des im Angebot geplanten Projektbudgets zu bleiben. Ergeben sich im Projektablauf neue Sichtweisen, die zu einer Änderung der ursprünglichen Aufgabenstellung führen, so müssen diese Änderungen mit dem Auftraggeber schriftlich vereinbart werden.

Planungszyklus

Dies zeigt erneut, wie wichtig die in der Angebotsphase erfolgte Grobplanung des Auftrages ist. Da die Feinabstimmungen und Planungskorrekturen interaktiv im Projektteam und mit dem Klienten unter der Moderation des Projektleiters erfolgen (sollten), sind sie gleichzeitig ein Mittel, die Kommunikation und Kooperationsbereitschaft im Team zu steigern.

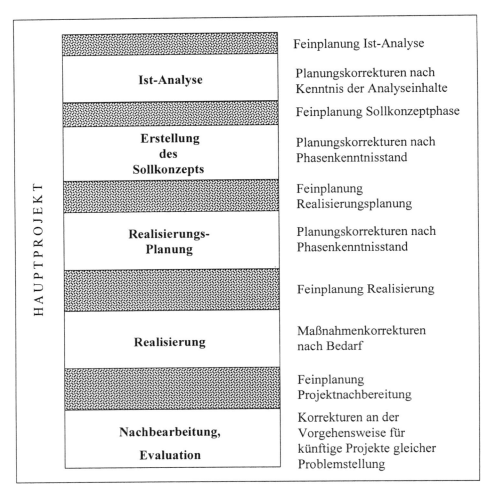

Abb. 4: Ablauf Hauptprojekt

Dem chronologischen Phasenablauf eines Beratungsauftrags folgend (siehe Abb. 5) beginnt die Auftragsdurchführung mit der Analyse des Ist-Zustandes im Klientenunternehmen. Beratern, die mit dem Anspruch auftreten, ohne Ist-Analyse ihre Problemlösungen implementieren zu können, sollte man zutiefst misstrauen.

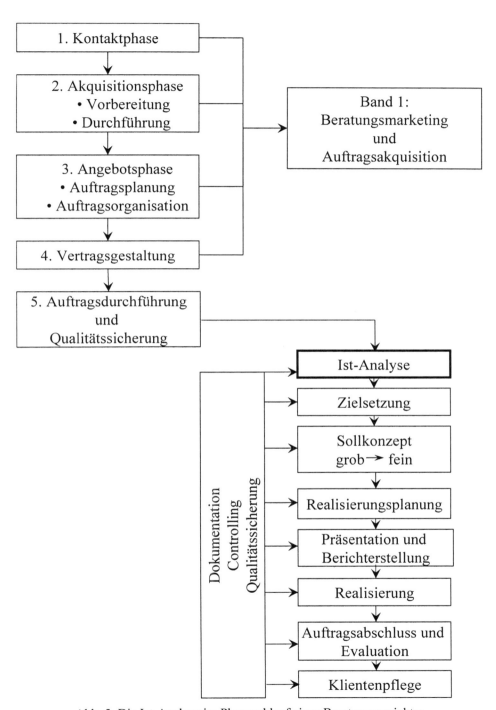

Abb. 5: Die Ist-Analyse im Phasenablauf eines Beratungsprojektes

2   Problemanalyse (Ist-Analyse)

In der Analysephase müssen die Tatbestände erfasst und transparent gemacht werden, die den Istzustand des in der Problemdiskussion identifizierten Tätigkeitsbereiches repräsentativ abbilden. Inhalt und Umfang der Ist-Analyse sind damit abhängig vom relevanten Problembereich. Dieser kann das Unternehmen als Ganzes, einzelne seiner Teilbereiche oder seine Umfelder betreffen. Es ist darauf zu achten, dass der Analyseaufwand in einer vertretbaren Relation zur Sollkonzeptentwicklung und Realisierung steht. Viele Berater neigen dazu, den risiko- und entscheidungsarmen Analyseteil unangemessen auszudehnen ("Analyse-Riesen"), so dass ein signifikantes Missverhältnis zwischen dem Analyseaufwand und den tatsächlich umgesetzten Maßnahmen entsteht ("Realisierungs-Zwerge").

Abbildung des Ist-Zustands

Relation Analyse/Realisierung

Die Analysephase erfordert besondere Erfahrung in der Anwendung der Kommunikationstechniken. Die Qualität der Analyseergebnisse hängt in hohem Maße davon ab, inwieweit es gelingt, vorhandenes Wissen interner Mitarbeiter des Klientenunternehmens und des Beraterteams zu aktivieren.

2.1   Kommunikationstechniken

Im gesamten Analyseverlauf, wie auch später bei der Diskussion der Analyseergebnisse, der Zielfindung und der Problemlösung selbst, muss der Berater immer wieder Kommunikationstechniken einsetzen. Dabei werden in den einzelnen Phasen unterschiedliche Zwecke verfolgt.

Einsatzzwecke

In der Analyse des Ist-Zustandes des Klientenunternehmens geht es in erster Linie um die Gewinnung von Basisinformationen aus dem Klientenunternehmen selbst und aus seinen Umfeldern. Bei der Kommunikation der Analyseergebnisse und der sich daraus ergebenden Lösungskonzeptionen werden die Kommunikationstechniken eingesetzt, um die eigenen Meinungen und Pläne wirksam zu vertreten und durchzusetzen.

2.1.1   Die Sokratische Methode

Die Sokratische Methode, die ihren Ursprung in der philosophischen Theorie und Praxis hat[1] spielt in der modernen Unternehmensberatung eine zunehmende Rolle. In dem Maße, wie die Berater bestrebt sind, ihre eigenen Maximen wie "Betroffene zu Beteiligten machen" und "Helfer zur Selbsthilfe sein" umzusetzen, kommen neue Vorgehensweisen in das Blickfeld.

Dazu gehört auch das mit dem Auftraggeber und seinen Mitarbeitern geführte Sokratische Gespräch. Diese, auf Leonard Nelson[2] zurückzuführende Kommunikationstechnik ist ein "argumentierendes Miteinanderreden über ein in Rede stehendes Problem, ist die gemeinsame Wahrheitssuche mit dem Ziel des Konsenses"[3]. Das Sokratische Gespräch baut auf vorhandenem Faktenwissen auf und zeigt die Zusammenhänge zwischen Fakten, wodurch die Wertungen erleichtert werden. Es ist damit nicht nur eine Kommunikations-, sondern auch eine Analyse- und Problemlösungsmethode.

Sokratischer Gesprächsleiter

Regeln für das erfolgreich geführte Sokratische Gespräch, bei dem der Unternehmensberater als sokratischer Gesprächsleiter fungiert, sind folgende:

- Die Gruppe sollte nicht mehr als 15 Personen umfassen,

- alle Hierarchien werden für nicht existent erklärt,

- offenes, ehrliches Aussprechen der eigenen Meinung,

- ständige Suche nach einer gemeinsamen Sprache,

- ständige Überprüfung, ob die Gesprächspartner einander wirklich verstehen,

- genaues Herausarbeiten der gegensätzlichen Meinungen,

- hinführen zum Konsenspunkt, der aber nicht als fixiert angesehen werden darf,

- erneutes Argumentieren, wenn der Konsens wieder in Zweifel gezogen wird.

Der Gesprächsleiter sollte nur Fragen stellen und seine eigene Meinung zurückhalten, was für einen bisher nach der konventionellen Methode arbeitenden Unternehmensberater sehr schwierig ist. Nur wenn die Teilnehmer ihn mehrmals ausdrücklich um Rat fragen, sollte auch er seine Meinung kundtun.

Die Sokratische Gesprächstechnik wird in der Unternehmensberatung in zwei Formen angewandt:

1. Der Berater stellt seine Fragen zu einem bestimmten Tatbestand im Klientenunternehmen so, dass alle negativen Feststellungen vom Klienten und seinen Mitarbeitern selbst getroffen werden müssen.

Beispiel: In der konventionellen Vorgehensweise macht der Berater die dogmatische Aussage: "Die Deckungsbeitragsentwicklung Ihres Produktes X ist so, dass ich eine Eliminierung dieses Produktes empfehle." Der sokratisch argumentierende Berater fragt: "Sind sie alle mit der Deckungsbeitragsentwicklung von Produkt X zufrieden?" Das Diskussionsergebnis wird in beiden Fällen das gleiche sein. Der wesentliche Unterschied

Beispiel 1

liegt in der Akzeptanz und damit in der Umsetzungsquote durch die Betroffenen im Unternehmen.

Beispiel 2

2. Der Berater stellt keine Frage, sondern macht in Bezug auf einen Tatbestand im Klientenunternehmen eine absolut positive Aussage:" Die Unternehmensleitung betreibt eine vollkommen transparente interne Kommunikationspolitik". Die Gesprächsrunde beginnt dann in einer Diskussion, diese positive Aussage zur Wahrheit hin zu relativieren. Auch bei dieser Vorgehensweise haben die Betroffenen das Gefühl, selbst die Schwachstellen gefunden zu haben. Der Berater kann sich dann, um die Akzeptanz der eigenen Person und seiner Methoden weiter zu erhöhen, ganz auf die Diskussion der Stärken des Klientenunternehmens konzentrieren und damit die Betroffenen in ihrem Selbstwertgefühl aufbauen.

Durch die Interaktion in der Gruppe werden Inhalte, die auf Vorurteilen, falschen Annahmen und subjektiven Einschätzungen beruhen, bereinigt. Niemand kann sich und den anderen "etwas vormachen" oder einen Tatbestand schönen.

In der pädagogischen Anwendung hatte Sokrates selbst das Problem, dass er auf der Suche nach der Wahrheit seine Schüler nach Zusammenhängen befragen musste, die er selbst nicht kannte. So ergab sich die berühmte Frage seines Schülers Menon: "Auf welche Weise willst Du denn, mein Sokrates, die Untersuchung anstellen über einen Gegenstand, von dem Du überhaupt nicht weißt, was er ist?"[4]. Da der Unternehmensberater die Methode nur in den Beratungsfeldern einsetzt, die ihm schon von der traditionellen Durchführung her bestens vertraut sind, braucht er nicht in die Esoterik auszuweichen und wie Sokrates zu antworten: "Meine Seele erinnert sich...!". Er steht auch nicht unwissenden, um die Wahrheit ringenden Schülern gegenüber, sondern betroffenen Mitarbeitern des beratenen Unternehmens, die durch ihr eigenes Mitwirken hoch motiviert sind, ihre Erfahrungen einzubringen, um zur bestmöglichen Problemlösung beizutragen.

Lean Consulting

Die Vorgehensweise "Lean Consulting" beruht auf der sich ganzheitlich über den gesamten Beratungsprozess erstreckenden Anwendung der Sokratischen Methode. Dabei kann jedes standardisierte Beratungsprodukt als Ausgangsbasis gewählt werden.

Der erste Schritt ist die Ausgliederung zeitaufwendiger Projektphasen, wie z.B. der Ist-Aufnahme, die der Klient, unter Anleitung des Unternehmensberaters selbst durchführen kann.

Die verbliebenen Kernsegmente des Beratungsproduktes werden so umgestaltet, dass sie die Basis für den Sokratischen Dialog bilden können. Das heißt konkret: Alle verbliebenen Analyse- und Problemlösungsschritte werden in vernetzte Fragenkomplexe umgewandelt und mit eigenentwickelter Software in einem System abgebildet. Der Unternehmensberater nimmt sich ganz zurück auf die Rolle des fachkundigen Moderators, der ein internes Strategieteam von maximal 15 Teilnehmern nach der Sokratischen Methode, wahlweise auch papierlos und notebookgestützt leitet.

2.1.2   Diskussionstechniken

Durch die Anwendung bekannter Regeln der Diskussionstechnik kann der Berater verschiedene interne und externe Gruppen aktivieren und ihre Diskussionen ergebnisorientiert leiten. Dabei sind folgende Regeln nützlich:[5]

1. Durch das Aufstellen einer Themensammlung, der alle Diskussionsteilnehmer zustimmen sollten, wird verhindert, dass am eigentlichen Thema vorbei diskutiert wird.

2. Die 30 Sekunden-Regel soll verhindern, dass einzelne Teilnehmer einer Gruppe langatmige Monologe halten. Um diese Regel umzusetzen, wird sie der Gruppe zunächst erläutert und um Verständnis geworben. Zur zeitlichen Steuerung der Gruppe kann sich der Diskussionsleiter eine Karte mit der Aufschrift "Redezeit!" bereitlegen, die er dann im gegebenen Fall dem Teilnehmer zeigt.

3. Aussagen, insbesondere bezüglich komplexer Zusammenhänge, sollten weitestgehend bildhaft dargestellt werden. Mit der Visualisierung sollen folgende Ziele verfolgt werden:[6]   *Visualisierung*

- Die Aufmerksamkeit der Empfänger konzentrieren,

- die Betrachter einbeziehen,

- den Redeaufwand verkürzen,

- den Zuhörern Orientierungshilfe geben,

- Informationen leicht erfassbar machen,

- Wesentliches verdeutlichen,

- Gesagtes erweitern und ergänzen,

- das Erinnern fördern,

- zur Stellungnahme ermuntern.

Jede Visualisierung sollte nach Inhalt, Ziel und Zielgruppe geplant werden. Dabei geht es zunächst um die Auswahl der Visualisierungsträger(-medien), die sowohl einzeln, als auch in Kombination eingesetzt werden können (siehe Abb. 6).

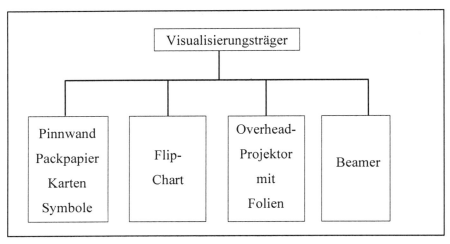

Abb. 6: Visualisierungsträger

Nach der Auswahl der Visualisierungsträger ist darüber zu entscheiden, welche Gestaltungselemente eingesetzt werden sollen (vgl. 7.2). Dabei ist zu unterscheiden zwischen:

- Textliche Gestaltung,

- Freie Graphik und Symbole,

- Diagramme (Tabellen, Kurven-, Säulen-, Kreis- od. Tortendiagramm, Aufbaudiagramm, Ablaufdiagramm).

Transparenzfragen 4. Wiederholtes Stellen von Transparenzfragen (siehe Abb. 7) mit dem Ziel, die Erwartungen, Meinungen, Stimmungslagen und Emotionen der Gruppe deutlich zu machen. Die Abfrage kann anonym oder offen (Karten, Flipchart) durchgeführt werden. Dabei ist auf folgende vier Punkte zu achten:

- Klare Abgrenzung der Themenstellung,

- genaue und verständliche Formulierung der Frage,

- Antworten auf Karten, die auf die Pinnwand geheftet werden, oder direkt auf ein Plakat schreiben lassen,

- Antworten müssen auf jeden Fall für alle sichtbar sein.

Die Aussagen können dann entsprechend der Zielsetzung des Beraters schwerpunktmäßig diskutiert, strukturiert, bewertet und weiter analysiert werden. Zur Vertiefung einzelner Themenkomplexe können diese zur Weiterbearbeitung an Kleingruppen übergeben werden.

In der Unternehmensberatung sind die Transparenzfragen vor allem wichtig, um Vorbehalte, Ängste und Aggressionen der Mitarbeiter im Klientenunternehmen sichtbar zu machen.

Frage	Zweck
Was erwarten Sie vom heutigen Tag (Gespräch, Workshop, Seminar, Gruppenarbeit)?	**Erwartungsabfrage** Deckt Informationsstand, Stimmungen und Meinungen der Teilnehmer auf.
Welche Probleme sind in diesem Zusammenhang zu berücksichtigen?	**Problemabfrage** Zeigt die Problemfelder, ihre Schwerpunkte und Struktur auf. Das Problembewußtsein wird geweckt und geschärft.
Was stört Sie momentan an Inhalt, Ablauf, Vorgehensweise, Zielsetzung? Oder: Wie fühlen Sie sich momentan?	**Stimmungsabfrage** Macht die Stimmungslage des Einzelnen und der Gruppe deutlich. Zeigt auf, in welchem Bereich der Berater seine Vorgehensweise modifizieren sollte.
Hat der heutige Tag Ihre Erwartungen erfüllt? Wenn nicht, nennen Sie bitte die Gründe?	**Erfüllungsabfrage** Hält den subjektiven Eindruck der Teilnehmer fest, zeigt Mängel auf, die der Berater bei nächster Gelegenheit vermeiden kann.

Abb. 7: Transparenzfragen

5. Anlegen einer Tätigkeitsmatrix, um Ideen und Lösungsansätze festzuhalten und in Maßnahmen mit Verantwortlichen und Terminen umzusetzen.

6. Der Wechsel zwischen Groß- und Kleingruppen ist eine Diskussionstechnik, bei der man ein größeres Entscheidungsgremium für eine begrenzte Zeitdauer (z.B. 30 Minuten) in Kleingruppen aufteilt, die jeweils einen thematischen Schwerpunkt zu bearbeiten haben. Die Mitglieder der Kleingruppen werden entweder vom Berater bestimmt, oder er veranlasst die Großgruppe, sich selbst entweder nach thematischer Betroffenheit oder Sympathie in Kleingruppen aufzuteilen.

Groß- und Kleingruppen

Die Ergebnisse der Kleingruppenarbeit werden dann wieder im Plenum vorgetragen und besprochen. Bei dieser Technik wird die Effizienz der Kleingruppenarbeit (maximal 5 Personen) mit der Entscheidungsspanne eines größeren Personenkreises verknüpft. Redundanzen, die möglicherweise in den unterschiedlichen Kleingruppen entstanden sind, können durch eine Diskussion des Plenums beseitigt werden.

2.1.3   Moderation

Die Moderation spielt in der Unternehmensberatung eine zunehmend wichtige Rolle. Durch den Einsatz in Beratungsprozessen hat sich die Moderation von einer Methode der Lebens-
und Gesprächsführung zu einer Methode der Unternehmensführung entwickelt.[7] Dies hat erhebliche Konsequenzen für ihre
inhaltlichen Vorgehensweisen, ihre Wirkungen und für die
Rolle und das Selbstverständnis des Moderators.

*Beteiligung von
Betroffenen*

Die Moderationsmethode gewann Ende der sechziger Jahre an
Bedeutung, als in vielen gesellschaftlichen Bereichen die Forderung nach mehr Beteiligung an Entscheidungsprozessen und
nach mehr Orientierung an den Bedürfnissen der Betroffenen
von Veränderungsprozessen laut wurde.[8] In einer ähnlichen
Situation befindet sich die internationale Unternehmensberatung heute. Es sind deshalb methodische Vorgehensweisen
gefragt, die den neuen Anforderungen der Klienten und ihrer
Mitarbeiter gerecht werden.

*Moderation
Sokratisches
Gespräch*

Im Unterschied zum Sokratischen Gespräch, bei dem das Fragen und Argumentieren mit dem Ziel der Konsensfindung völlig frei gestaltbar ist und nur durch ein Simultanprotokoll dokumentiert wird, stellt die Moderationsmethode eine Vielzahl
von Methoden und Hilfsmitteln zur Verfügung. Beide Kommunikationstechniken sollten auf keinen Fall miteinander ver-
mischt werden, das heißt, Pinnwände, Filzstifte, Karten u.ä.
dürfen im Sokratischen Gespräch nicht verwendet werden.

Unternehmensberater sind Moderatoren spezieller Art, das
heißt, sie entsprechen nicht in allem dem üblichen Anforde-
rungsprofil für Moderatoren (siehe Abb. 8).

*Moderator
Unternehmens-
berater*

Moderator	Moderierender Unternehmensberater
Methodenspezialist, kein inhaltlicher Experte.	Muss auch inhaltlicher Experte sein.
Keine Verantwortung für inhaltliche Qualität.	Volle Verantwortung für inhaltliche Qualität.
Äußert keine eigene Meinung.	Eigene Meinung und Erfahrung wird gefordert.
Gruppenziel steht im Vordergrund.	Mit Klienten vereinbartes Ziel steht im Vordergrund.
Neutral.	Interessenvertreter.

Abb. 8: Vergleich Moderator/Unternehmensberater

Die Unterschiede zur klassischen Vorgehensweise werden auch in den Moderationsphasen Vorbereitung, Durchführung und Nachbereitung deutlich.

Zu den Vorbereitungen einer Moderation im Beratungsverlauf gehören die folgenden Schritte:

Vorbereitungen

1. Inhaltliche Vorbereitung (diese steht immer im Zusammenhang mit dem Beratungsauftrag als Ganzem oder einzelnen Teilaspekten),

2. Zieldefinition (hängt mit der Zielsetzung des Beratungsauftrags unmittelbar zusammen),

3. Vorbereitung auf die Teilnehmer (dies sind die intern und extern Betroffenen des Veränderungsprozesses),

4. Methodische Vorbereitung mit den Teilaufgaben

- Erstellen des Moderationsplans (siehe Abb. 9),

- Vorbereiten der Visualisierungen.

Schritt	Ziel	Methodik	Hilfsmittel
Gesamte Moderation	Produktivitäts-steigerung in der Verwaltung	Gesamter Moderations-Zyklus	Moderationskoffer, 5 Pinnwände, 1 Flip-Chart + Visualisierungen
1. Einstieg	Eröffnung, positives Arbeitskli-ma, Hinführung	Ein-Punkt-Abfrage	Vorbereitetes Plakat • Visualisiertes Raster • Visualisierte Frage
2. Sammeln	Aspekte, die aus Sicht der Gruppe wichtig sind	Karten-Abfrage	Vorbereitetes Plakat • Visualisierte Frage • Reservewände
3. Auswählen	Thema, das zuerst behandelt werden soll	Mehr-Punkt-Abfrage	Vorbereitetes Plakat • Themenspeicher
4. Bearbeiten	Problemanalyse, erste Lösungsansätze	Situative Entscheidung	Problemanalyseschema, Ursachen-Wirkungs-diagramm
5. Planen	Maßnahmen-Katalog	Maßnahmen-Katalog	Plakat Maßnahmeplan

Abb. 9: Moderationsplan[9]

5. Zur organisatorischen Vorbereitung gehören im Einzelnen:

- Festlegung von Zeitpunkt und Zeitrahmen,
- Bestimmung von Ort und Raum,
- Sitzordnung,
- Auswahl der Medien,
- Formulierung der Einladung an die Teilnehmer.

6. Die persönliche Vorbereitung des Unternehmensberaters muss sich vor allem auf den Personenkreis beziehen, den er moderieren will. So muss er sich z.B. als Projektleiter auf eine Moderation des externen Beraterteams anders vorbereiten als auf eine Moderation der Mitarbeiter im Klientenunternehmen oder einer Gruppe von A-Kunden des Auftraggebers.

Durchführung   Die Durchführung der Moderation erfolgt in einem Zyklus von 6 Schritten (siehe Abb. 10).

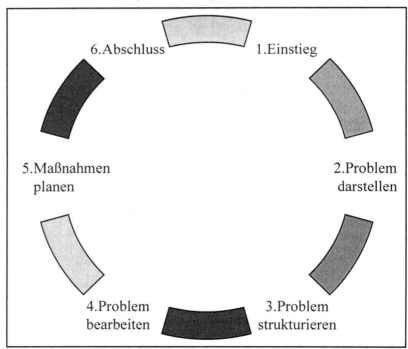

Abb. 10: Der Moderationszyklus

1. Einstig:

- Eröffnung: Gegenseitiges kennen lernen, Schaffung eines angenehmen Arbeitsklimas, Abstimmung des Zeitplans, offizielle Eröffnung des Workshops.

- Erwartungen transparent machen: Erwartungen der Teilnehmer und des Moderators werden genannt, Vorbehalte und negative Erwartungen werden verbalisiert, Regeln für die weitere Vorgehensweise und Zusammenarbeit werden aufgestellt.

- Ziele setzen: Die Ziele des Workshops werden auf Vorschlag des Moderators gemeinsam festgelegt, abgestimmt und visualisiert.

- Abstimmen der Methodik: Darstellen verschiedener Methoden, gemeinsame Auswahl und Festlegung der weiteren methodischen Vorgehensweise.

- Dokumentation: Festlegung, in welcher Form der Moderationsverlauf dokumentiert wird (z.B. Simultanprotokoll, Fotoprotokoll).

2. Problemkomplex darstellen:

In einem Beratungsprozess wird der moderierende Berater die Themenstellung (Problemstellung) immer vorgeben und visualisieren. Er wird die Dringlichkeit der Problemdiskussion und -lösung darstellen und alle Beteiligten nochmals auffordern, bestmöglich zum Ergebnis beizutragen.

3. Problemkomplex strukturieren und Prioritäten bilden:

Der vorgegebene Problemkomplex muss meist in Teilbereiche zerlegt werden. Die Teilnehmer legen die Prioritäten der einzelnen Themen fest.

4. Problembereiche bearbeiten:

Zur Bearbeitung der Teilproblembereiche mit höchster Priorität können Kleingruppen gebildet werden, die sich ausschließlich auf die Lösungsansätze jeweils eines Teilproblems konzentrieren.

5. Maßnahmen planen:

Zur Umsetzung der Lösungsansätze werden Maßnahmen formuliert, die von einzelnen Maßnahmenverantwortlichen freiwillig übernommen werden. Zur Kontrolle des Realisierungsfortschritts werden Termine und Kontrollpunkte vereinbart.

6. Abschluss:

Der Berater beendet den Workshop mit einem positiven Fazit, bedankt sich bei allen Beteiligten und wünscht viel Erfolg bei der Maßnahmenumsetzung.

In der Nachbereitung wird der Berater überprüfen, ob er methodisch richtig vorgegangen ist, die notwendige soziale Kompetenz gezeigt hat und das sachliche Ziel erreicht wurde. Er wird das Ergebnis und die aufgestellten Maßnahmenpläne in den   *Nachbereitung*

Gesamtprozess der Beratung integrieren und festlegen, welche weiteren Workshops durchgeführt werden müssen. Die Moderationsmethode wird auch in anderen Gruppenprozessen eingesetzt, wie die folgenden Beispiele zeigen.

2.1.4 Entscheidertraining

Auch das Entscheidertraining (ET)[10] dient nicht nur der Problemerkennung und -analyse, sondern führt auch zu ersten Lösungsansätzen. Es wird meist in Form einer bis zu fünftägigen Zielklausur mit Entscheidungsträgern durchgeführt, deren Wissen, Erfahrung und persönliche Zielsetzung zu Strategiebündeln gefasst werden (siehe Abb. 11).

Unternehmensberater, die ein Entscheidertraining moderieren, verhalten sich ebenfalls nicht fachlich neutral, sondern steuern den Prozess unauffällig nach ihren Vorstellungen und den mit dem Auftraggeber vereinbarten Zielen.

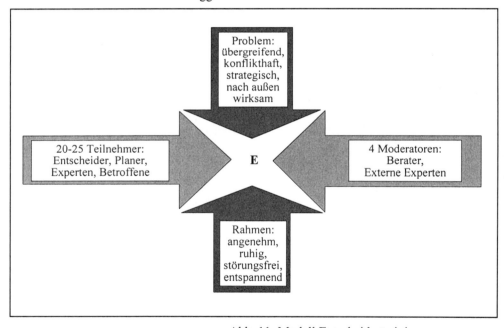

Abb. 11: Modell Entscheidertraining

Die Vorbereitung eines Entscheidertrainings kann mehrere Bausteine enthalten:

Vorbereitung

- Gruppengespräch mit den vorgesehenen Teilnehmern. Berater und Teilnehmer lernen sich kennen und besprechen die Voraussetzungen für einen erfolgreichen

Ablauf, wie z.B. Gemeinsamkeit des Willensbildungs-
prozesses, Offenheit, Ausschluss von Hierarchiedenken
und -verhalten, Einbeziehung aller wichtigen Entschei-
dungs- und Funktionsträger, vollständige Präsenz an allen Sitzungen.

- Einzelgespräche am Arbeitsplatz. Der Berater sucht die
  potenziellen Teilnehmer am Arbeitsplatz auf und versucht in einem Gespräch unter vier Augen vor allem
  persönliche Meinungen und Stimmungslagen zur Unter-
  nehmenssituation zu erfassen.

- Beschaffung und Auswertung von Sekundärmaterial,
  um die Gesamtsituation besser einschätzen zu können.

Diese vorbereitenden Maßnahmen haben den Zweck, den Teil-
nehmerkreis zielgerichtet zusammenzustellen und die Ist-
Situation richtig einschätzen zu können. Der moderierende Unternehmensberater behält die Informationen, die er in dieser
Phase gewonnen hat, für sich.

Die Durchführung des Entscheidertrainings wird methodisch   *Durchführung*
durch den ständigen Wechsel von Groß- in Kleingruppen und
umgekehrt bestimmt. Im Gegensatz zur Moderationsmethode
wird beim ET kein Zeitplan abgestimmt, er ergibt sich aus dem
inhaltlichen und gruppendynamischen Verlauf. Die Inhalte der
einzelnen Phasen sind:

1. Problemidentifikation und -definition,

2. Problemanalyse,

3. Verallgemeinerung von Einzelproblemen, Feststellen
   von Gemeinsamkeiten,

4. Engagement und Handlungsbewusstsein erzeugen,
   Schwerpunkte (Prioritäten) festlegen,

5. Ziele festlegen und abstimmen,

6. Strategie formulieren und im Konsens verabschieden.

2.1.5   Informationsmarkt

Diese Kommunikationstechnik wird eingesetzt, wenn eine Vielzahl von Betroffenen einbezogen werden soll. Alle Mitarbeiter
des Klientenunternehmens oder des betroffenen Bereichs (bis
zu 1000 Personen) können kooperativ informiert und an dem
Lösungsprozess beteiligt werden.

Die Vorbereitung des Informationsmarktes und seiner einzelnen   *Vorbereitung*
Themen-, Informations-, und Spontanstände umfassen die Stu-
fen:[11]

1. Planung des Informationsmarktes

a) Vorbereitende Maßnahmen

- Zielgruppen festlegen,
- Themen- und Problembereiche abgrenzen,
- Standmacher und Moderatoren bestimmen,
- Information der Führungskräfte und Betroffenen.

b) Themen-/Problemauswahl

- Festlegung des Auswahlmodus,
- Auswahlverfahren,
- Plan der verschiedenen Themenstände.

c) Zeitplanung

- Dauer des Informationsmarktes,
- Zeitplan Vorbereitung,
- Balkendiagramm für die wichtigsten Segmente,
- Terminabstimmung mit allen Betroffenen.

d) Schulung

- Strukturierung des Gesamtkomplexes,
- Visualisierung,
- Präsentation,
- Personelle Zuordnung.

2. Gestaltung des Informationsmarktes

a) Themenbearbeitung

- Kriterien für Standerstellung aufstellen,
- Zielsetzung und Zielgruppe analysieren,
- Komplexität des Problems ausweiten,
- Komplexität des Problems einengen,
- Problemplakat (siehe Abb. 12) entwickeln,
- Standtest.

b) Themendarstellung

- Visualisierung,
- Einbau von Fragen und Bewertungen,
- Test,
- Zusammenstellung des Informationsmarktes.

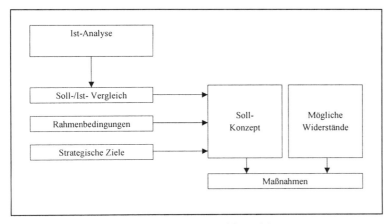

Abb. 12: Struktur eines Problemplakats

Der Ablauf des Informationsmarktes an den einzelnen Ständen
beginnt immer mit einer Präsentation, in der die Standmacher
Thema und Ziel des Standes erklären, einen Überblick geben und
die Vorgehensweise am Stand erläutern. Der wichtigste Teil ist
dann die Interaktion zwischen den Moderatoren, den Standma-
chern und den Teilnehmern. Der Moderator versucht durch The-
sen und Visualisierungen die Diskussion der Teilnehmer anzure-
gen und im Fluss zu halten. Die inhaltliche Gestaltung der Standrunde geht im Wesentlichen von den Teilnehmern aus. Die
Standmacher dokumentieren das Ergebnis der Standrunde (siehe
Abb. 13).

Durchführung

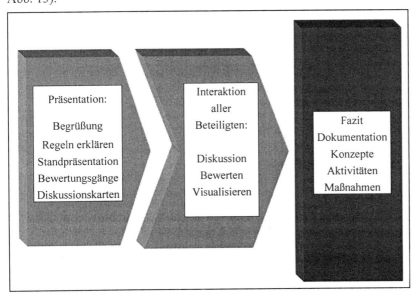

Abb. 13: Ablaufschema einer Standrunde

Beispiel

In Beratungsprozessen wird der Informationsmarkt auch häufig in stark verkürzter Form praktiziert:

Im Zuge der Sollkonzepterstellung sollte für ein mittelständisches Unternehmen unter anderem eine schlankere Organisationsstruktur entwickelt werden. Die Berater erarbeiteten zwei Strukturalternativen, visualisierten sie mit entsprechenden Erläuterungen auf zwei Pinnwänden und stellten diese am Eingang der Kantine auf. Alle Mitarbeiter hatten dann zwei Wochen Gelegenheit, auf Karten ihre Anmerkungen zu den Vorschlägen zu machen. Auf einer dritten Pinnwand konnten sie dann selbst mit Steckelementen einen dritten Vorschlag entwickeln.

2.2   Analysetechniken

Der Detaillierungsgrad der Analyse des Ist-Zustandes des Klientenunternehmens sollte immer so gewählt werden, dass ein ausreichender Erkenntnisstand erreicht wird. Das bedeutet in vielen Fällen auch "Mut zur Lücke", denn die Analyse ist nicht Selbstzweck sondern nur der notwendige Schritt zur Sollkonzeptentwicklung und seiner Umsetzung. Drei wichtige Aspekte müssen dabei beachtet werden:

Aspekte der

Analyse

1. Sorgfältige Unterscheidung zwischen Ursachen und Wirkungen,

2. Möglichkeit der Multikausalität,

3. Interdependenz zwischen Kausalfaktoren.

Regel: Eine Unternehmensanalyse allein ist noch keine Unternehmensberatung, wird sie doch als solche angedient, so ist dies als unseriöse Vorgehensweise zu bewerten.

2.2.1   Grundlagen

Bei den Verfahren der Datenerhebung soll hier nicht auf den wissenschaftlichen Streit zwischen Sinn und Nutzen quantitativer versus qualitativer Forschung eingegangen werden. Die angewandten Verfahren sollen operational sein, was bedeutet, dass sowohl der Unternehmensberater als auch der Klient und seine Mitarbeiter sie ohne Unterstützung Dritter einsetzen können.[12] Unter diesem Aspekt sind auch alle verfügbaren, meist mathematischen Prognosemethoden zu beurteilen.

2.2.1.1   Optimaler Detaillierungsgrad

In der Praxis hat sich immer wieder gezeigt, dass der Aufwand für Datenerhebung und Informationssammlung in Relation zum Erkenntnisnutzen dadurch optimiert werden kann, dass der Detaillierungsgrad den Bereich von 50% bis 75% nicht übersteigt (siehe Abb. 14). Diese Faustregel ist, wie alle Regeln dieser Art, natürlich nicht auf jeden Fall anwendbar. Sie ist aber immer dann von Nutzen, wenn sie dazu dient, die Berater bei der Durchführung der Analysetätigkeiten daran zu erinnern, dass die Analyse nicht Selbstzweck ist, und deshalb nicht länger als unbedingt notwendig ausgedehnt werden sollte.

In konventionell durchgeführten Projekten ohne sorgfältige Projektsteuerung wird das eklatante Missverhältnis der einzelnen Phasen des Beratungsablaufs oft erst in der Nachbereitung transparent. So wurden z.B. in einem Projekt zur Optimierung der Führungsorganisation eines öffentlichen Unternehmens allein für die Erstellung eines Fragebogens für die interne Erhebung vier Mannmonate verbraucht.   *Negativbeispiel*

Bei der Entscheidung, welche Analysetechniken zum Einsatz kommen sollen, sind folgende Fragen relevant:

- Welche Informationsinhalte werden benötigt?

- Wie umfassend und stichhaltig müssen diese Informationen sein?

- Sind diese Informationen vorhanden oder müssen sie erhoben werden?

- In welcher Weise müssen die vorhandenen Informationen inhaltlich und qualitativ angepasst werden?

- Ist der Anpassungsaufwand vertretbar?

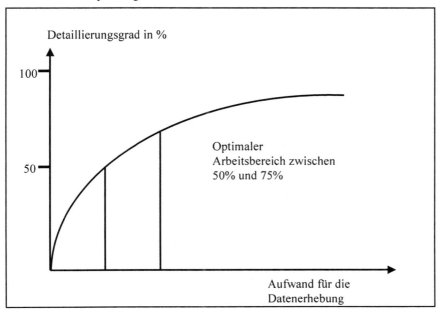

Abb. 14: Optimaler Detaillierungsgrad[13]

Danach wird entschieden, ob Sekundärauswertungen oder Primärerhebungen oder eine Kombination von beidem durchgeführt werden (siehe Abb. 16).

2.2.1.2   Situationsanalyse

Fünf

„W"-Fragen

Die Grundform aller Analysetechniken, die bereits im Akquisitionsgespräch angewendet werden muss, ist die Situationsanalyse auf der Basis der fünf "W"-Fragen (siehe Abb. 15). Diese stellen sicher, dass die Situation eindeutig, widerspruchsfrei und lösungsneutral definiert wird.

Es sollte zu jedem Zeitpunkt des Beratungsprozesses verhindert werden, nach der Erkennung eines Problems die Frage zu stellen "Wer ist schuld?". Diese destruktive Fragestellung verhindert die klare Problemdefinition und die objektive Lösungssuche. Statt persönlicher Schuldzuweisungen soll mit Hilfe der fünf "W"-Fragen eine schnelle Problemdefinition und -lokalisierung erreicht werden.

Es ist wichtig, in der Situationsanalyse noch nicht die Frage nach den Problemursachen ("Warum?") zu stellen, sondern sich nur auf die exakte Beschreibung des Problems zu konzentrieren. Die Ursachenanalyse folgt in einem nächsten Schritt.

Was?	**Was ist das Problem?** **Was** ist gemeint, passiert, gewollt, eingetreten, geschehen?
Wie?	**Wie äußert sich das Problem?** **Wie** stellt sich die Situation, der Engpaß, die Schwachstelle dar?
Wer?	**Wer ist betroffen?** Welche Person? Welches Objekt? Welche Abteilung? Welches Projekt?
Wo?	**Wo ist das Problem entstanden, wo tritt es auf?**
Wann?	**Wann ist das Problem aufgetreten?** Zu welchem Zeitpunkt? In welcher Zeitspanne?

Abb. 15: Situationsanalyse

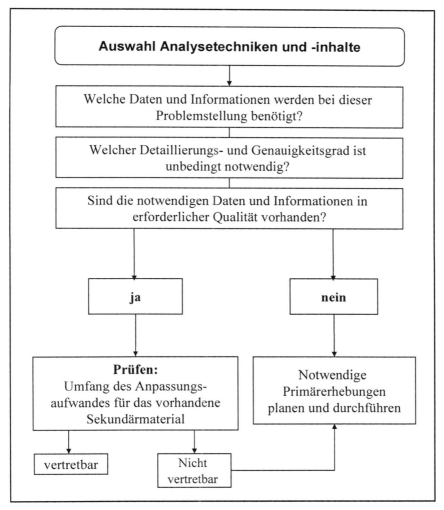

Abb. 16: Ablaufdiagramm zur Auswahl der Analysetechnik

2.2.2   Sekundärauswertungen

Der Unternehmensberater beginnt in den meisten Fällen damit, die Verfügbarkeit und Qualität sekundärstatistischen Daten- und Informationsmaterials zu prüfen. Erst wenn die Möglichkeiten sekundärer Informationsgewinnung (Desk Research) erschöpft sind, werden die zeit- und kostenaufwendigeren Primärerhebungen geplant und durchgeführt.

Desk Research

Da das Sekundärmaterial in der Regel unter anderen Zielsetzungen erhoben und zusammengestellt wurde, ist die Verwendung für Zwecke der Unternehmensberatung oft problematisch. So muss dieses Material häufig disaggregiert, neu geordnet, klassifiziert und zugeordnet werden. Zur Strukturierung des Informationsbeschaffungs- und -verarbeitungsprozesses sollten vorab bestimmte Fragen beantwortet werden (siehe Abb. 17). Nach Beantwortung dieser Fragen kann es zu der Entscheidung kommen, das verfügbare Sekundärmaterial gar nicht oder nur eingeschränkt zur Analyse heranzuziehen.

Frage	Antwort
• Welches Informationsmaterial ist zur Lösung der Problemstellung verfügbar - im Klientenunternehmen? - im Beratungsunternehmen? - aus externen Quellen?	
• Welches Informationsmaterial ist bekannt, verursacht jedoch einen Beschaffungsaufwand?	
• Ist der Beschaffungsaufwand vertretbar?	
• Wie ist die Qualität dieses Materials zu beurteilen?	
• Welcher Aufwand ist notwendig, um das verfügbare Material für unsere Zwecke verwendbar zu machen?	
• Steht der Anpassungsaufwand in vertretbarer Relation zum Nutzen?	

Abb. 17: Checkliste zur Beurteilung des Sekundärmaterials

Gefahr bei der

Analysephase

Die Sekundärquellen können unternehmensinterner und -externer Art sein (siehe Abb. 18). Bereits bei ihrer Auswahl muss der Berater problem- und ergebnisorientiert vorgehen und wieder beachten, dass er keine zu umfassende Materialauswahl trifft und damit der Versuchung erliegt, die Analysephase zu stark auszudehnen. Diese Gefahr besteht immer dann, wenn das Sekundärmaterial relativ leicht verfügbar und gut aufbereitet ist. In der Praxis hat es häufig Fälle gegeben, bei denen durch die Verfügbarkeit hervorragenden Sekundärmaterials das Projektziel verschoben und das mit dem Klienten vereinbarte Ziel nicht erreicht wurde.

```
┌─────────────────────────────────────────────┐
│           Sekundärauswertungen              │
└─────────────────────────────────────────────┘
```

unternehmensintern **z.B.**	unternehmensextern **z.B.**

Unternehmensplanung:

Leitbild, Ziele, strategische, lang-, mittel- und kurzfristige Planungsunterlagen, Entscheidungsmatrix.

IT/Organisation:

Organisationspläne, Aufgabenpläne, Funktionspläne, Ablaufpläne, Geschäftsverteilungspläne, Stellenbeschreibungen, Telefonverzeichnis, Projektsteuerung, Kommunikationsmatrix, Raumpläne, Installationspläne.

Rechnungswesen/Controlling:

Bilanzen, G+V, Kennzahlen, Statistiken, Vergleiche.

Marketing:

Marketingpläne, Umsatzstatistiken, Werbepläne, regionale Gliederungen, Kundenstatistik.

Personal:

Arbeitsplatzbeschreibungen, Personalstatistik, Bemessungsunterlagen, Überstundenstatistik, Krankenstatistik.

Produktion:

Stücklisten, Maschinenbelegungspläne, PPS- od. ERP Unterlagen, Layoutpläne.

Statistisches Bundesamt:

Statistisches Jahrbuch sowie spezielle Fachserien.

Wirtschaftsforschungsinstitute:

IfO - Schriftenreihen mit diversen Schwerpunkten, A.C. Nielsen mit branchenspezifischen Marktforschungsinformationen, GfK mit Informationen über Konsum-, Markt- und Absatzforschung, BBE-Marktforschung.

Informationsdienste:

Hoppenstedt: Handbuch der Groß- und mittelständischen Unternehmen, Banken-Jahrbuch. Bertelsmann, Ecodata, Reuter, Gruner & Jahr, Ringier u.v.a.m.

Informationsbanken:

GENIOS, EBSCO, DataStar, EPIDOS, BLISS u.v.a.m.

Verbände/IHK:

Branchenspezifische Informationen und Berichte.

Sonstige:

Fachzeitschriften und –literatur, Geschäftsberichte, Messekataloge, Handbücher, Nachschlagewerke, z.B. Branchenhandbuch der Steuerberater.

Internet

Abb. 18: Sekundärauswertungen: Quelle und Inhalte[14]

*Online-
Datenbanken*

Die Nutzung externer Datenbanken hat zunehmend an Bedeutung gewonnen. Die Anzahl deutscher Angebote ist in den letzten Jahren stark angestiegen und umfasst derzeit mehrere hundert Anbieter. Diese Tatsache darf jedoch nicht darüber hinwegtäuschen, dass rund zwei Drittel aller Informationen aus den USA und Großbritannien stammen und auf die dortigen Verhältnisse zugeschnitten sind. Weltweit werden mehrere tausend Online-Datenbanken angeboten. Diese zeigt z.B. ein Blick in das Hauptwerk auf diesem Gebiet, das Gale Directory of Databases 2006 (www.gale.com/world).[15]

Als Nutzer bedient man sich jeweils passender Endgeräte, über die man mit dem jeweiligen Server bei dem die Informationen gespeichert sind, in Verbindung tritt. Dazu gehören:

- ein PC oder Notebook mit Internetanschluss,

- Anschluss an das öffentliche Telekommunikationsnetz (Modem, ISDN, DSL) und entsprechende Software (z.B. WWW-Browser, Telnet-Client), über die eine Verbindung zum Internet und somit zur Datenbank geschaffen wird,

- Online-Anmeldung, um bei kostenpflichtigen Datenbankrecherchen zugelassen zu werden.

Erstrecherche über

Google

Lohnt sich ein eigener Datenbankanschluss nicht, so kann das Dienstleistungsangebot von Informationsbrokern in Anspruch genommen werden. Diese sind in der Qualität ihrer Dienstleistung sehr unterschiedlich und müssen deshalb anhand ihrer Referenzen genau überprüft werden. Einen sinnvollen Einstieg stellt eine Erstrecherche über Google dar.

Die Kosten der Recherche setzen sich aus verschiedenen Komponenten, wie z.B. Anschlussgrundgebühr, Preis pro Anschaltstunde (abhängig von Datenbank und Server, bisweilen mehr als 150 €), Kosten für die erhaltene Information (Zitat-Gebühr: Online-Anzeige, Kopiergebühr entsprechend nationalen Bibliotheksvereinbarungen, Offline-Ausdruck - zwischen ca. 0,50 und 3 € pro Literaturzitat), Komplexität der Suchanfragegestaltung und Datenübertragungskosten zusammen und gelten nach wie vor als hoch. Als einmalige Kosten entstehen außerdem Schulungsgebühren für die Mitarbeiter, sowie Anschaffungskosten für die Kommunikationssoftware.

Die Recherche in Daten- und Informationsbanken ist z.B. bei folgenden Themenstellungen sinnvoll:

1. Daten und Informationen über internationale Unternehmen, wie z.b. Bilanzen, Geschäftsberichte, betriebswirtschaftliche Kennzahlen. Diese bieten z.b. die Online-Suchmöglichkeiten der Anbieter DataStar (http://www.datastarweb.com) und Ecodata (http://www.ecodata.de/). Informationen über deutsche Firmen, wie z.b. Beteiligungen, Produktpalette, Bankverbindungen, Eigentumsverhältnisse liefern z.b. Hoppenstedt (www.hoppenstedt.de), Creditreform: (www.creditreform.de) u.a.

2. Informationen über internationale Märkte, z.b. die vielfältigen Gale Directories (www.gale.com/world).

3. Zugriff auf aktuelle und frühere Wirtschaftsnachrichten (z.b. FITT-Firmeninformationen, GENIOS, Handelsblatt, Financial Times, Wirtschaftswoche, Frankfurter Allgemeine Zeitung).

4. Literaturrecherche zu betriebswirtschaftlichen Themen (z.b. BLISS-Literaturdatenbank oder ESCON).

5. Patentinformationen (z.b. die EPIDOS-INPADOC Datenbanken des Europäischen Patentamtes (www.european-patent-office.org) oder Information Sources in Patents, 2005 des K. G. Sauer-Verlages (www.saur.de)).

6. Technik- und Technologierecherche (z.b. die Cambridge Scientific Abstracts Technology Databases (www.csa.com) o.v.a.m.)

Die Vorteile der Datenbanknutzung sind:

- Schnelle Informationsbeschaffung über hochaktuelle, innovative Tatbestände,   *Vorteil*

- Die Informationen können auf dem PC abgespeichert, aufbereitet und verwendet werden, z.b. für Präsentationen,

- Vollkommene räumliche Unabhängigkeit, Informationen können auch "vor Ort", z.b. beim Klienten abgefragt werden,

- Zunehmende Einfachheit und Nutzerfreundlichkeit der Abfrage.

Einen gewissen Nachteil stellen die bisweilen noch unterschiedlichen Retrievalsprachen dar.   *Nachteil*

Einige der Informationsanbieter diskutieren die Möglichkeit, selbst in den Beratungsmarkt zu diversifizieren, um künftig auf der breiten Basis ihrer verfügbaren Informationen Beratungsdienstleistungen anzubieten und damit eine höhere Wertschöpfung zu erzielen.

Zwei Arten interner Sekundärquellen

Aus Sicht eines Unternehmensberaters gibt es zwei Arten interner Sekundärquellen: Informationen aus dem Unternehmen des Auftraggebers und Informationen oder Studien, die - meist aus früheren, vergleichbaren Projekten - im Beratungsunternehmen verfügbar sind.

Durch den Einsatz der Bayes-Analyse können Sekundärinformationen so verarbeitet werden, dass ein Vergleich zwischen dem Aufwand für die Beschaffung zusätzlicher Informationen und den sich daraus ergebenden Ergebnisverbesserungen möglich wird. Die Methode setzt damit allerdings eine Quantifizierung von Erträgen bestimmter Maßnahmen zur Informationssammlung voraus.

2.2.3   Primärerhebungen

Für die Durchführung von Primärerhebungen, die sich ebenfalls auf interne und auf externe Tatbestände beziehen können (siehe Abb. 20), bieten sich verschiedene Methoden an, die einzeln oder in Kombination eingesetzt werden können. Die Auswahl hängt von bestimmten Kriterien ab (siehe Abb. 19).

Kriterien zur Auswahl der Erhebungsart	Erhebungsart	Bewertung
Inhalte der Erhebung		
Art des Untersuchungsobjektes		
Art der geplanten Untersuchungsergebnisse		
Zeitliche Belastbarkeit des Untersuchungsfeldes		
Psychologische Belastbarkeit der Betroffenen		
Kooperationsbereitschaft der Betroffenen		
Zeitbudget		
Kostenbudget		
Qualität des verfügbaren Personals		
Quantität des verfügbaren Personals		
Erforderliche Analysetiefe		
Erforderliche Analysebreite		
Erforderlicher Detaillierungsgrad		

Abb. 19: Checkliste für die Auswahl der Erhebungsart

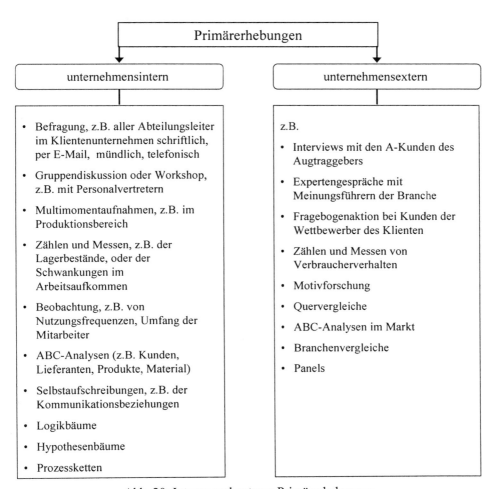

Abb. 20: Interne und externe Primärerhebungen

2.2.3.1 Befragungen

Die wichtigste Erhebungsart ist die Befragung, bei der zunächst immer folgende Entscheidungen zu treffen sind:

1. Welcher Personenkreis (intern und extern) soll befragt werden?

2. Soll die Erhebung mündlich, schriftlich, telefonisch oder kombiniert durchgeführt werden?

3. Wie viele Personen sollen befragt werden (Voll- oder Teilerhebung)?

4. Welche Technik (freie oder festgelegte Fragenfolge) soll bei den Interviews angewandt werden?

5. Soll direkt oder indirekt gefragt werden?

Zu 1.: Die Entscheidung, welcher Personenkreis befragt werden soll, ergibt sich aus dem Analysefeld. Bei internen Erhebungen sind es meist die direkt und indirekt Betroffenen des Bereiches, in dem die Ursache der Problemstellung lokalisiert wurde. Bei externen Erhebungen, die einen Marketingbezug haben, sind es in erster Linie die Kunden, in zweiter Linie Branchen- und Marktkenner, Experten und Sachverständige und schließlich die Lieferanten.

Zu 2.: Die Entscheidung, ob eine interne oder externe Erhebung mündlich, schriftlich, telefonisch oder per E-Mail durchgeführt werden soll, hängt von der Gewichtung einzelner Kriterien ab (siehe Abb. 21):

Erhebungs- art / Kriterien	schriftlich / E-Mail		mündlich		telefonisch	
	extern	intern	extern	intern	extern	intern
Rücklaufquote/ Nichtverweigerung	10-20%	bis zu 100%	bis zu 50%	bis zu 100%	bis zu 70%	bis zu 100%
Repräsentanz	gering	groß	gering	groß	mittel	groß
Beeinflussung durch Dritte	groß	groß	keine	keine	gering	gering
Beeinflussung durch Berater	gering	gering	groß	sehr groß	relativ groß	groß
Problemumfang	gering	groß	groß	groß	relativ gering	groß
Gefahr von Missverständnissen	groß	mittel	gering	gering	gering	gering
Kosten	hoch	mittel	sehr hoch	mittel	gering	sehr gering
Zeitaufwand	hoch	hoch	sehr hoch	hoch	gering	sehr gering
Qualifikation der Interviewer	mittel	mittel	sehr hoch	sehr hoch	mittel	mittel

Abb. 21: Kriterien für die Wahl der Erhebungsart

Die Zahlenangaben in der Abb. 21 sind stark verallgemeinert und deshalb erklärungsbedürftig:

Die Rücklaufquote bzw. Nichtverweigerungsrate hängt insbesondere bei externen Personen davon ab, ob das Thema aktuell und damit auch für den Befragten von hohem Interesse ist. Die Quote kann noch wesentlich gesteigert werden, wenn dem Interviewpartner eine kurze Zusammenfassung der Gesamterhebung versprochen wird. In der Praxis hat es sich immer wieder erwiesen, dass bei mündlichen Erhebungen fachlich kompetente Interviewerinnen eine höhere Rücklaufquote und geringere Verweigerungsrate als männliche Berater haben. Bei internen Erhebungen kann die Quote positiv beeinflusst werden, wenn ein Schreiben der Geschäftsführung und des Betriebsrates der Befragungsaktion vorangestellt wird, in dem den Mitarbeitern die Dringlichkeit der Problemlösung und die Notwendigkeit einer termingerechten Kooperation geschildert werden.

Rücklaufquote

Da Unternehmensberater im Gegensatz zu Marktforschern meist keine Vollerhebungen machen, sondern aus Zeit- und Kostengründen nach dem Konzentrationsprinzip der Informationsgewinnung arbeiten (siehe Abb. 22 und Abb. 23), können diese Untersuchungen im rein statistischen Sinn meist nicht repräsentativ sein.

Keine Vollerhebung

Die Gefahr der Beeinflussung durch Dritte ist besonders bei internen Befragungen immer dann gegeben, wenn der Fragebogen nicht anonym ausgefüllt werden kann. Viele Mitarbeiter, die in einem Abhängigkeitsverhältnis zu ihrem Vorgesetzten stehen, neigen dazu, den Fragebogen gemeinsam mit diesem auszufüllen. Dadurch werden wichtige Informationen verfälscht oder überhaupt nicht erhoben. Bei Untersuchungen, die sich z.B. auf Führungsstile und Missstände am Arbeitsplatz beziehen, sollte deshalb immer eine anonyme Erhebungsform gewählt werden.

Beeinflussung durch Dritte

Die Möglichkeit der Beeinflussung durch den Berater ist bei allen schriftlichen Vorgehensweisen relativ gering, es sei denn, der Fragebogen enthält Suggestivfragen. Bei internen Gesprächen oder Telefoninterviews ist die Manipulationsmöglichkeit immer dann gegeben, wenn der Berater von seinem internen Gesprächspartner als Autorität angesehen oder gar bewundert wird. Das gleiche gilt auch für Gespräche mit Externen. Die Beeinflussungsmöglichkeit ist auch hier eine Variable der Selbsteinschätzung des Gesprächspartners gegenüber dem Berater.

Beeinflussung durch Berater

Der Problemumfang muss bei externen Fragebogenaktionen sehr sorgfältig begrenzt werden, um die Rücklaufquote nicht zu gefährden. Die Beantwortung der einzelnen Fragen darf den Interviewpartner nicht über Gebühr beanspruchen. Bei internen

Problemumfang

Fragebogenaktionen kann der Problemumfang großzügiger bemessen werden, da in den meisten Fällen zusätzlich der Anordnungsdruck einer übergeordneten internen Instanz wirksam wird. Bei externen Telefoninterviews muss der Problemumfang immer sehr stark begrenzt sein, da der Anruf für den Gesprächspartner meist überraschend (Ausnahme: Schriftliche oder mündliche Vorankündigung des Telefoninterviews) erfolgt. Mit der sofortigen Ankündigung, dass das Gespräch nicht mehr als 2 Minuten dauert, kann die spontane Verweigerung in den meisten Fällen verhindert werden.

Gefahr von Missverständnissen

Die Gefahr von Missverständnissen ist bei externen schriftlichen Aktionen groß, weil kaum eine Rückfrage erfolgen wird. Der Berater hat auch nur in den seltensten Fällen die Möglichkeit, mit einer externen Testgruppe die Fragen im Einzelnen zu besprechen, um sie danach völlig eindeutig und frei von Missdeutungen umformulieren zu können. Bei internen schriftlichen Erhebungen kann Missverständnissen durch eine Testgruppe und durch die Möglichkeit von Rückfragen vorgebeugt werden. Bei allen Arten der mündlichen Informationssammlung können Interpretationsprobleme sofort beseitigt werden.

Kosten

Die Kosten sind bei externen schriftlichen und mündlichen Erhebungen sehr hoch. Als kostenaufwendigste Erhebungsform gilt das externe Expertengespräch, das in der Regel mit drei Manntagen kalkuliert wird:

1   Tagewerk Vorbereitung: Terminvereinbarung, Informationssammlung und Auswertung, Zusammenstellung von Unterlagen.

1   Tagewerk Durchführung: Reiseaufwand, Durchführungszeit.

1   Tagewerk Auswertung: Ausarbeitung aller Notizen, Ergänzung aus weiteren Informationsquellen.

Der erfahrene Unternehmensberater wird sich auf diese Gespräche besonders gut vorbereiten, da jedes im Kundenauftrag durchgeführte Expertengespräch gegen Ende in ein persönliches Akquisitionsgespräch umgewandelt werden kann.

Bei internen Aktionen können die Kosten dadurch gesenkt werden, dass bei der Auswertung auf internes Hilfspersonal zurückgegriffen werden kann. Der Auftraggeber kann schon im Akquisitionsgespräch gefragt werden, ob z.B. Schreibkräfte für diesen Zweck verfügbar sind.

Qualifikation

Die Qualifikation der Interviewer spielt besonders bei den externen und internen Gesprächen, die nicht umsonst als "Expertengespräche" bezeichnet werden, eine sehr große Rolle. Sie sollten deshalb nur von Seniors, die die sokratische Fragetechnik beherrschen, durchgeführt werden. Nachwuchsberater sind meist nicht in der Lage, das erhebliche Akquisitionspotenzial in Expertengesprächen zu erkennen und zu erschließen. Schriftliche Erhebungen und Telefoninterviews können auch von Assistenten oder Hilfskräften, die durch einen Senior Consultant angeleitet werden, durchgeführt werden.

Zu 3.: Die Beantwortung der Frage, wie viele Personen befragt werden sollen, muss auch wieder das externe und interne Untersuchungsfeld berücksichtigen. Grundsätzlich wird zwischen Vollerhebung und Teilerhebung unterschieden (siehe Abb. 22):

Vollerhebung oder Teilerhebung?

Eine Vollerhebung wird von Unternehmensberatern nur selten, d.h. bei sehr kleinen Grundgesamtheiten, durchgeführt. Teilerhebungen mit einer nach dem Konzentrationsprinzip vorstrukturierten Stichprobe sind die von Beratern bevorzugten Erhebungsarten.

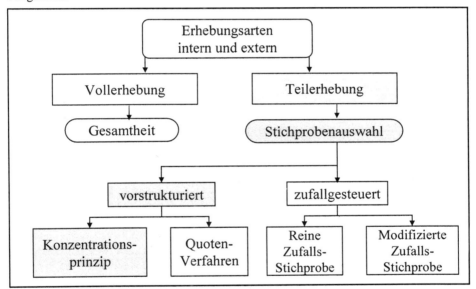

Abb. 22: Voll- und Teilerhebung

Besteht ein Auftraggeber z.B. im Zuge einer Marketingkonzeptionsentwicklung auf einer umfangreichen, externen Vollerhebung, so muss die Unternehmensberatung in der Regel ein Marktforschungsunternehmen als Unterauftragnehmer mit dieser Aufgabe betrauen. Interne Vollerhebungen sind immer dann möglich, wenn es sich um ein kleines, mittelständisches Unternehmen handelt, oder wenn im Fall von Großunternehmen ausreichendes Hilfspersonal vom Auftraggeber zur Verfügung gestellt wird oder Junior Consultants verfügbar sind.

Vollerhebungen nur mit Einschränkungen

80:20-Regel

Es ist ganz klar festzustellen, dass Unternehmensberater in der Regel für die Durchführung von Vollerhebungen zu teuer und zu qualifiziert sind. Das am häufigsten praktizierte Erhebungsverfahren ist die Teilerhebung mit vorstrukturierter Stichprobenauswahl und hier vor allem das Konzentrationsprinzip der Informationsgewinnung (siehe Abb. 23). Dem Klienten wird erläutert, dass er mit etwa 20% seiner Kunden ca. 80% seines Umsatzes tätigt.

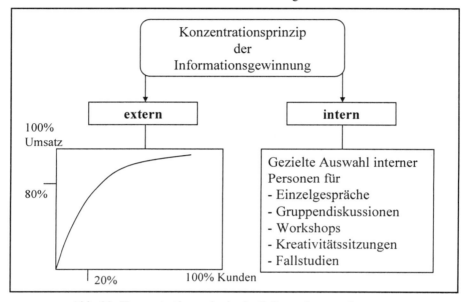

Abb. 23: Konzentrationsprinzip der Informationsgewinnung

Um bestimmte Tatbestände qualitativ in voller Aussagefähigkeit zu erfassen genügt es, aus dieser 20%-Gruppe z.B. die 10 wichtigsten Kunden für Expertengespräche auszuwählen. Bei externen Erhebungen wird nach dem Konzentrationsprinzip so vorgegangen, dass z.B. von den 20% der wichtigsten Kunden 10 bis 20 Personen für ein Expertengespräch ausgewählt werden. In vielen Fällen gibt der Auftraggeber auch genau vor, welche Unternehmen und welche Personen zu welchen Themenbereichen befragt werden sollen. Selbst bei dieser kleinen Stichprobe kann, unter der Voraussetzung, dass die Gesprächspartner richtig ausgewählt wurden, festgestellt werden, dass der Informationsgewinnungsgrad ab dem 5. Gespräch kontinuierlich sinkt. Etwa ab dem 10. Gespräch dienen alle weiteren Informationen nur noch der Gegenprobe (Cross Check).

Zu 4.: Bei den mündlichen Erhebungen können verschiedene Techniken angewandt werden, die für unterschiedliche Adressatenkreise geeignet sind und unterschiedliche Anforderungen an die Vorbereitung und Auswertung stellen (siehe Abb. 24).

Kriterien / Formen	Adressaten-kreis	Spielraum	Vorbereitung	Auswertung
Freies Gespräch	Führungskräfte Personal-vertretung Meinungsführer	Volle Variations-freiheit	Experten-kompetenz muss gegeben sein	aufwendig
Freies Interview	s.o. und mittlere Ebene	groß, nur Rahmen vorgegeben	Grobstrukturie-rung, keine Formalisierung	aufwendig (Protokoll)
Standardisiertes Interview mit offenen Fragen	Mittlere Führungskräfte, Sachbearbeiter	eingeschränkt, Thema und Rahmen fixiert	groß durch Vorstrukturie-rung	vereinfacht
Standardisiertes Interview mit geschlossenen Fragen (Multiple Choice)	Sachbearbeiter, Gruppen	kaum	sehr groß, da komplette Vorstrukturie-rung	einfach, Aus-wertungs-Software

Abb. 24: Formen mündlicher Informationserhebung

Zu 5.: Der Untersuchungsgegenstand gibt in der Regel vor, ob direkt nach dem interessierenden Sachverhalt oder indirekt nach Indikatoren des interessierenden Sachverhalts gefragt wird. Stehen organisations- oder sozialpsychologische Probleme (Teameffektivität, Gruppendynamik, Motivation, Identifikation, Führung) im Vordergrund, so wird die indirekte Fragestellung gewählt. Bei konkreten betriebswirtschaftlichen Problemen wird direkt gefragt, wodurch auch die Auswertung vereinfacht wird.

Direkt oder indirekt Fragen

Zu 6.: Fragebögen dienen bei internen Untersuchungen der Feststellung formeller und informeller Tatbestände. In vielen Fällen werden sie mit mündlichen Erhebungen kombiniert und haben dann eine Überprüfungsfunktion.

Fragebogen

Externe Fragebogenaktionen dienen meist Marktforschungs-
zwecken und werden von Unternehmensberatern seltener
durchgeführt.

Die Vorbereitung und Durchführung einer Fragebogenaktion
wird bei der Zeitplanung eines Beratungsprojektes fast immer
zu niedrig kalkuliert. Folgende Tätigkeiten sind zu berücksichtigen:

1.   Festlegung des Untersuchungsbereiches, der Zielgruppe
und Entscheidung, ob die Aktion anonym oder offen durchgeführt werden soll.

2.   Entwurf des Fragebogens unter Berücksichtigung des
Auswertungsaufwandes. Der Fragebogen sollte im Interesse
einer Minimierung des Auswertungsaufwandes vorwiegend
standardisierte Fragen enthalten, die einfach und unmissver-
ständlich formuliert sind. In der Praxis hat es sich als sehr
fruchtbar erwiesen, wenn z.B. auf der letzten Seite unter der
Überschrift "Zur freien Verfügung" gefragt wird: "Was ge-
fällt/was missfällt Ihnen an Ihrem Arbeitsplatz?" Hier werden
oft von den Befragten Schwachstellen und Problembereiche
zum Teil sehr drastisch geschildert, die bis zu diesem Zeitpunkt
nur erahnt werden konnten.

3.   Bildung einer Testgruppe (2-3 Personen) aus dem Adressatenkreis, mit der die Beantwortung des Fragebogens
durchgespielt wird. Fakultativ kann bei kleineren Zielgruppen
eine Gruppenveranstaltung durchgeführt werden, bei der jede
Frage erläutert wird.

4.   Entwurf eines Begleitschreibens der Geschäftsleitung
und des Betriebsrates, in dem die Mitarbeiter aufgefordert werden, den Fragebogen umfassend auszufüllen und rechtzeitig
zurückzusenden. Fragebögen, die mit einem derartigen "Anordnungsdruck" versehen sind, können auch wesentlich um-
fangreicher sein, als es in der Marktforschung üblich ist.

Zu 7.: Bei der Entscheidung, wer befragen soll, ist ausschlaggebend, ob der Partner den Fragesteller sieht, bzw. ihn kennt,
oder nicht. Generell sollten Unternehmensberater interne und
externe Interviews selbst durchführen. Bei Telefoninterviews
können Hilfskräfte eingesetzt werden, die jedoch von einem
Unternehmensberater ausführlich in das Thema eingewiesen
und während der Aktion betreut werden. Für externe Erhebungen, die mengenmäßig nicht in der Form des Expertengesprä-
ches geführt werden können, werden Unteraufträge an Marktforschungsunternehmen erteilt.

2.2.3.2   Workshops

Eine weitere wichtige Analysetechnik ist die Gruppendiskussion oder der Workshop mit einem ausgewählten Personenkreis. Der Unternehmensberater stellt die ihn interessierenden Tatbestände zur Diskussion. Der Konsens der Gruppe, den er dann zu jedem Analyseinhalt herbeiführen muss, ist tragfähiger, umfassender und sachgerechter als die Einzelmeinungen, die durch die anderen Erhebungsarten erfasst werden. Diese Analysetechnik ist auch die Grundlage der Beratungsmethode Lean Consulting und eignet sich für alle Analysebereiche.

Konsens der Gruppe

2.2.3.3   Multimomentaufnahmen

Die Multimomentaufnahme (siehe Abb. 25 und Abb. 26) ist ein Analyseverfahren, bei dem stichprobenartig in unterschiedlichen, für den Beobachteten nicht transparenten Zeitintervallen bestimmte Tatbestände erfasst werden. Diese Methode wird von Beratern vorwiegend im Fertigungs- und Verwaltungsbereich eingesetzt, um Arbeitsablauf-, Stör- und Verteilzeitanalysen durchzuführen.

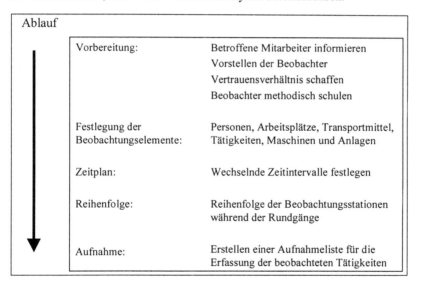

Abb. 25: Ablauf einer Multimomentaufnahme

Rundgang			Personen oder Betriebsmittel Nr.														
Nr.	Tag	Uhrzeit	1	2	3	4	5	6	7	8	9	10	11	12	13	14	15
1																	
2																	
3																	
4																	
5																	
6																	
7																	
8																	
9																	
10																	
11																	
12																	
....																	
Rundgang					geprüft							Datum					

Abb. 26: Aufnahmeliste Multimomentaufnahme

2.2.3.4   Beobachtung

Die Beobachtung (siehe Abb. 27) konzentriert sich in der Regel auf den einzelnen oder mehrere gleichartige Arbeitsplätze und dient z.B. der Analyse von Schwankungen des Arbeitsaufkommens, der Auslastung, der Engpässe, der Effizienz der Ausführung und der Arbeitsplatzgestaltung. Sie wird über einen längeren Zeitraum durchgeführt. Die Beobachtung ist die Analysetechnik verschiedener standardisierter Beratungsprodukte, wie z.B. der Gemeinkostenwertanalyse, der Personalflexibilisierung oder der Personalbemessung.

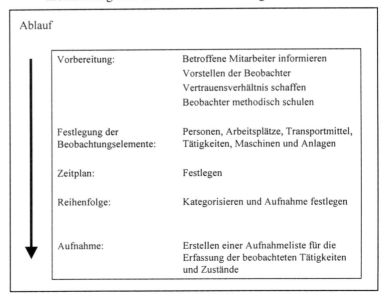

Abb. 27: Ablauf einer Beobachtung

2.2.3.5   Selbstaufschreibung

Durch die Selbstaufschreibung (siehe Abb. 28) erheben die Mitarbeiter im Unternehmen des Auftraggebers bestimmte, allerdings unkritische, Tatbestände selbst. Sie verwenden dabei vom Unternehmensberater entwickelte Formulare. Diese Analysetechnik wird auch häufig zur Erhebung von Basisdaten für andere, danach zum Einsatz kommende Analysetechniken eingesetzt.

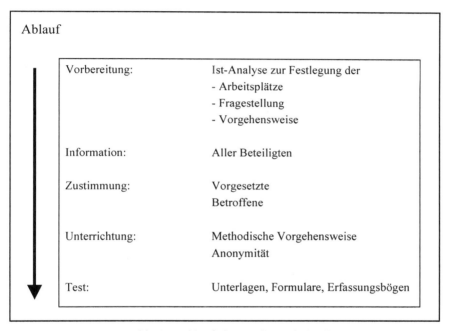

Abb. 28: Ablauf einer Selbstaufschreibung

2.2.3.6   Quervergleiche

Die Quervergleiche spielen vorwiegend bei solchen Beratungsaufträgen eine große Rolle, deren Problemlösung erwartungsgemäß auf Widerstand stoßen wird. So werden bei Rationalisierungs- und Kostensenkungsprojekten parallel zur eigentlichen Projektdurchführung Analysen in einem anderen Unternehmen durchgeführt, das

Quervergleichs-

möglichkeiten

- der gleichen Branche angehört,

- die gleiche Größenordnung hat,

- möglichst unter noch erschwerteren Bedingungen arbeiten muss.

Die Erkenntnisse des Quervergleichs fließen dann in die Argumentation bei der Durchsetzung der Sollvorschläge ein. Die Unternehmensleitung des zu rationalisierenden Unternehmens spielt dabei meist die Rolle des "Türöffners" in dem Unternehmen, in dem die Unternehmensberater den Quervergleich durchführen.

Beispiel:

DB-SBB

Beispiel: Zur Neustrukturierung des Lokführerbereichs der Deutschen Bundesbahn wurden Quervergleiche bei der Schweizerischen Bundesbahn durchgeführt.

2.2.3.7   ABC-Analyse

Ein sehr vielseitiges Analyseinstrument ist die ABC-Analyse, die immer dann eingesetzt werden kann, wenn es um die Klassifizierung, Segmentation und Schwerpunktbildung innerhalb bestimmter Analysebereiche wie, z. B. Kunden, Lieferanten, Reklamationen, Materialverbrauch, Produkte geht.

vergangenheitsbezo-
gen

Die ABC-Analyse wird meist auf der Basis von Vergangenheitswerten (z.B. Umsatz oder Lieferanteil der letzten 3 Jahre) durchgeführt. Bezugsbasis ist in vielen Fällen der Umsatz des Kunden selbst, oder häufig auch die Anzahl der Mitarbeiter, was unter dem Aspekt der Kundenbewertung zu unbrauchbaren Ergebnissen führt. Auch die Bezugsbasis Umsatz mit Kunden in den letzten 3 oder 5 Jahren lässt nur eine Beurteilung der Vergangenheit zu.

Gerade in Zeiten der Rezession zeigt es sich immer wieder, dass Kunden, die in der Vergangenheit gut positioniert waren, plötzlich in Schwierigkeiten geraten und bei zu starker Bindung auch ihre Lieferanten gefährden.

zukunftsbezogen

In der Unternehmensberatung hat es sich deshalb in letzter Zeit immer mehr durchgesetzt, die ABC-Analyse auch bezogen auf Zukunftserwartungen und Potenziale anzuwenden. Die Frage, welches Nachfragepotenzial ein Kunde in drei oder fünf Jahren im Markt unseres Klienten darstellt, führt im Vergleich zur vergangenheitsbezogenen Beurteilung häufig zu ganz anderen Ergebnissen. Ein Kunde, der in der Vergangenheit und Gegenwart durchaus ein A-Kunde ist, kann unter der neuen Betrachtung plötzlich zum B- oder C-Kunden werden. Wichtig sind die Inhalte der zukunftsbezogenen Überlegungen, die oft zu Schlussfolgerungen führen, die weit über den Aspekt der Kundenbeurteilung hinausgehen (vgl. 2.3.6.1). Der Ablauf einer ABC-Analyse besteht in einer Festlegung des Untersuchungsgegenstandes, dem Sammeln und Erfassen von Daten, der Bildung von Kategorien und der Einordnung des Untersuchungsgegenstandes in die Kategorien.

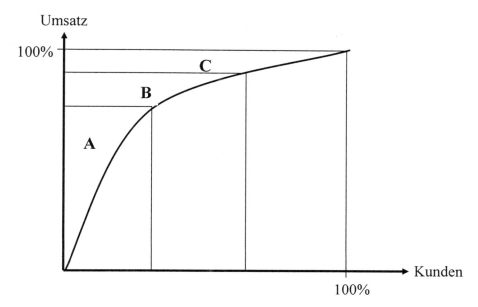

Abb. 29: ABC-Kundenanalyse nach Umsatz

2.2.3.8   Logikbäume

Ein Problem ist nicht eindimensional, sondern besteht meist aus einem Geflecht von Verknüpfungen. Es ist daher sinnvoll, sich die logische Struktur des Problems mit Hilfe graphischer Hilfsmittel transparent zu machen und dabei zu analysieren. Die Logikbäume sind dazu besonders geeignet, da sie bei den erkennbaren Wirkungen eines Problems beginnen und sich zu den Ursachen hin verzweigen.[16] Eine zentrale Aussage wird von links nach rechts in eine Hierarchie sortierter Aussagen zerlegt. Für die Zerlegung des Ausgangspunktes bieten sich für jede Hierarchie andere, auf die Problemstellung und Zielsetzung angepasste Strukturelemente an. Vorhandene Gliederungen, wie z.B. die Finanzstruktur, die Aufgabenstruktur, die Struktur der Aktivitäten, Reihenfolgen und Entscheidungen im Klientenunternehmen bieten dabei eine Hilfe.

Zerlegung der

Aussagen

Diese Logikbäume sind in gewisser Weise die Vorläufer der semantischen Netze der Expertensysteme der achtziger und neunziger Jahre.

Die Aussagen auf einer Ebene müssen Aussagen auf der darunterliegenden Ebene zusammenfassen. Alle Aussagen auf der gleichen Ebene müssen logisch in gleicher Weise geordnet sein:

- Nach Kriterien: Was, welche?

- Nach Herkunft und Orten: Wo?

- Nach Zeitpunkten und -spannen: Wann?

- Nach Merkmalen: Wie?

Damit dienen die Logikbäume auch dazu, die Logik dessen, was man analysiert hat, zu hinterfragen.

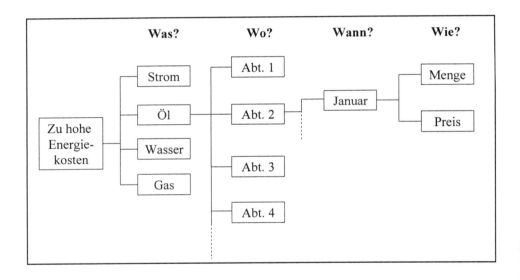

Abb. 30: Grundstruktur eines Logikbaumes

2.2.3.9   Hypothesenbäume

Ishikawa-Diagramme

Die Anwendung von Hypothesenbäumen (Ishikawa-Diagramm) zur Analyse von Problemen setzt voraus, dass über die Problemursachen auf der Basis von Erfahrungen abgeschlossener Beratungsaufträge bestimmte Annahmen getroffen werden können. Der Ausgangspunkt des Hypothesenbaums ist das definierte Problem, für das systematisch alle möglichen Ursachen aufgelistet werden (siehe Abb. 31 und Abb. 32).

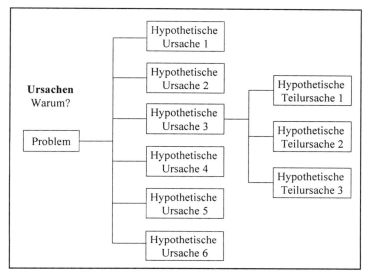

Abb. 31: Grundstruktur eines Hypothesenbaumes

Die Elemente dieser Struktur sind immer Gründe und Ursachen. Als Strukturierungshilfsmittel für einen Hypothesenbaum gelten die vier Elemente Mensch, Maschine, Material, Methode. Wenn alle möglichen Ursachen untergliedert und aufgelistet sind, werden diese Hypothesen dahingehend überprüft, ob sie wirklich als Ursachen des Problems angesehen werden können.

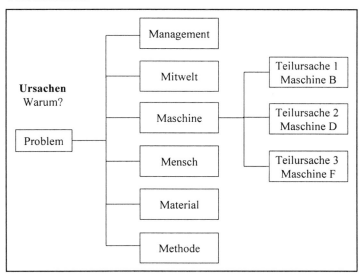

Abb. 32: Beispiel eines Hypothesenbaums

2.2.3.10   Prozessketten

Mit Prozessketten können Ist-Abläufe aller Art dargestellt, analysiert und optimiert werden. Die Erhebung wird an konkreten Gesamt- oder Teil-Abläufen durchgeführt. Ist das Unternehmen insgesamt Untersuchungsgegenstand, z.B. bei einem Reengineering-Projekt, so muss man die Wertschöpfungskette des gesamten Geschäftssystems untersuchen und analysieren, welche Teilprozesse auf jeder Wertschöpfungsstufe relevant sind:

Untersuchung der Teilprozesse

- Abläufe in Forschung und Entwicklung,
  z.B. Teilprozess Patententwicklung und -anmeldung.

- Abläufe der Beschaffungsprozesse,
  z.B. Teilprozess Einkaufsabwicklung Rohstoffe.

- Abläufe der Produktion und Leistungserstellung,
  z.B. Teilprozess Arbeitsgänge.

- Abläufe Marktbearbeitung,
  z.B. Teilprozess Verkaufsförderung.

- Abläufe Logistik,
  z.B. Teilprozess Routenplanung.

- Abläufe Kundenservice,
  z.B. Teilprozess Reklamationsbearbeitung.

Die Prozesskettenanalyse ist eine der objektivsten Analysetechniken, da von konkreten Gegebenheiten ausgegangen wird, die anhand von Unterlagen von der Quelle bis zur Senke verfolgt werden können. Es werden typische Geschäftsvorfälle ausgewählt und chronologisch geordnet, die z. B. für die Auftragsabwicklung repräsentativ sind. Die Auftragsabwicklung wird dann in ihre Einzelaktivitäten zerlegt und dem Durchlauf entsprechend in allen beteiligten Funktionseinheiten nachvollzogen. Die betroffenen Abteilungen und Mitarbeiter müssen durch Bereitstellung der notwendigen Unterlagen zu einer effizienten Durchführung der Analyse beitragen. Während der Analyse erkennt der Berater, wo sich Optimierungsmöglichkeiten anbieten. Die Visualisierung der Prozessketten zeigt deutlich, wo Verbesserungen notwendig sind: Überall dort, wo der Prozess in einem fortgeschrittenen Stadium wieder auf einen Funktionsträger der Anfangsphasen zurückspringt, sind Prozessveränderungen notwendig. Der optimierte Prozess verläuft in der graphischen Darstellung diagonal.

Arbeitsablauf Betriebl. Vorschlagswesen (BVW): Bearbeitung von Verbesserungsvorschlägen (VVg)		Stand	Seite						
O Bearbeitung (Information von) Information an O Zwischenablage	Ausführende Stelle								
Nr Tätigkeit	Einsender	BVW-Beauftragter	Fachreferat	ZA-Fachreferat	BVW-Ausschluss	HPers.R.	Präsident	BVW-Beauftragter	BVW-Ausschluss
1 Beratung VVg-Erstellung	(→)↓								
2 VVg prüfen, erfassen	O								
3 Gutachten anfordern	(→)↓								
4 Gutachten erstellen	(←—O								
5 Gutachten prüfen, Redaktion	O								
6 2. Gutachten anfordern	(→)↓								
7 2. Gutachten erstellen	(←—O								
8 2. Gutachten prüfen, Redaktion	O								
9 Fall A: Beide Gutachter lehnen ab, keine Anerkennungsprämie									
9a Stellungnahmen anfordern	(————→)↓								
9b Bei Zust. PersR. Ablehnbescheid. sonst weiter 10a	O————————)								
9c Gutachter informieren	(→(—)→)								
10 Fall B: Gutachter divergieren									
10a Gutachten BV-Ausschuß zuleiten									
10b Mit Fachreferat über Gutachten diskutieren									
10c Bei Ablehnung									
10d siehe 9b									
10e siehe 9c									
11 Gutachten positiv oder negativ, jedoch Anerkennungsprämie									
12 Pflichtkriterien prüfen bei Direkteinsendung									
13 Prämie festlegen									
14 Prämie genehmigen									
15 Prämienbestätigung fertigen/ versenden									

Abb. 33: Prozesskette: Betriebliches Vorschlagswesen

Prozessorientierte Qualitätsmanagementsysteme nach dem ISO 9001:2000 Prozessmodell bauen auf dieser Denkweise auf und bieten ein Schema zum Aufbau ganzheitlicher Managementsysteme an.[17] Als Werkzeug zum Implementieren komplexer prozessorientierter Systeme steht z.B. ARIS der IDS Scheer AG zu Verfügung.[18]

2.3   Analyseinhalte

Die Inhalte von Analysen des Klientenunternehmens können sich zum einen auf die Umfelder des Unternehmens, auf das Unternehmen insgesamt oder auf einzelne seiner Teilbereiche oder Funktionen beziehen (siehe Abb. 34). Bei den Umfeldern *Arten von Umfeldern* wird zwischen den allgemeinen und den unternehmensspezifischen, bzw. kritischen Umfeldern unterschieden. Die auf das Gesamtunternehmen bezogenen Analysen können von ihrer Zielsetzung her allgemeiner Natur sein, wie z.B. die Kennzahlenanalyse, und sich nur auf die Erhebung von Tatbeständen beziehen, oder mit einem ganz bestimmten Erkenntnisziel erhoben werden, wie z. B. die Stärken-/Schwächen- oder Chancen-/Risikenanalysen.

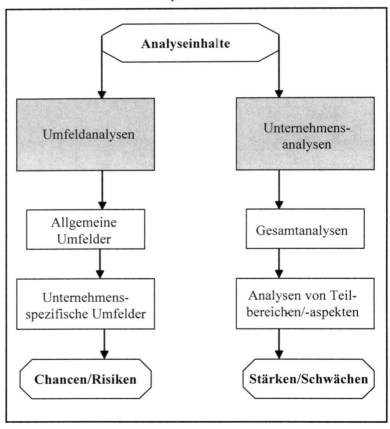

Abb. 34: Arten von Analyseinhalten

Wird eine bestimmte Analyse zum ersten Mal durchgeführt, so ist dies eine Momentaufnahme des Unternehmens, seiner Teilbereiche oder Umfelder. Erst durch regelmäßige Aktualisierungen und Interpretationen der Abweichungsanalysen ergeben sich schlüssige Handlungsalternativen für die Unternehmensplanung. Zur visuellen Darstellung der Gesamtsituation können die Ergebnisse der Umfeld- und Unternehmensanalysen in Tortendiagrammen ("Vitalitätsräder", "Fitnessräder") zusammengefasst werden.[19]

2.3.1   Umfeldanalysen

In der Beratungspraxis kommt es sehr häufig vor, dass im Unternehmen des Auftraggebers Analysen externer Umfelder unbekannt sind. In diesen Fällen besteht die Beratungsleistung bereits darin, gemeinsam festzulegen, welche allgemeinen Umfelder für das Unternehmen relevant sind, und welche unternehmensspezifischen Umfelder für das Unternehmen so kritisch sind, dass wesentliche Veränderungen ihrer Deskriptoren (beschreibende Größen/Faktoren des Umfeldes) von unmittelbarer Wirkung auf das Klientenunternehmen sind.

Umfeldbestimmung als Beratungsleistung

Das Ziel der Analyse unternehmensexterner Umfelder ist es, das Unternehmen in die Lage zu versetzen, schwache Signale aus seinen wichtigsten Umfeldern zu empfangen und in strategische Maßnahmen umzusetzen. Dies ist auch die Voraussetzung für die Installation "Strategischer Frühwarnsysteme", einer von SRI[20] in den siebziger Jahren entwickelten, sehr effektiven Standard-Problemlösungsmethode: Nach der Identifikation der allgemeinen und unternehmensspezifischen Umfelder und der Festlegung ihrer Deskriptoren werden im Klientenunternehmen Mitarbeiter ("Radarschirme") bestimmt, deren Tätigkeitsbereich in unmittelbarem Zusammenhang mit einem der Umfelder steht. Diese Mitarbeiter bekommen die Aufgabe, neben ihren Regelaufgaben die Entwicklung der Deskriptoren ihres Umfeldes zu beobachten. Durch ein Berichtssystem wird sichergestellt, dass die wichtigsten Veränderungen der Umfelder, die potenzielle Gefahrenquellen darstellen, in der strategischen Planung des Unternehmens berücksichtigt werden. Dazu ist auch die Implementierung eines diesbezüglichen Controllingmoduls notwendig.

Schwache Signale

Deskiptoren

2.3.1.1   Allgemeine Umfelder

Gemeinsames Kennzeichen der allgemeinen Umfelder, die nationaler und internationaler Ausprägung sein können, ist es, dass ihre Veränderungen auf alle Unternehmen wirken (siehe Abb. 35). Der Unterschied besteht nur in Variationen des Wirkungsgrades. In der Praxis stellt man immer wieder fest, dass Veränderungen der allgemeinen Umfelder im Klientenunternehmen viel bewusster wahrgenommen und interpretiert werden, als die Veränderungen der sehr viel wichtigeren, unternehmensspezifischen Umfelder. Diese Tatsache ist darin begründet, dass die Veränderungen der allgemeinen Umfelder durch die Berichterstattung in den Medien transparent und bewusst gemacht werden, während für die Analyse der spezifischen Umfelder Eigeninitiative und methodisches Vorgehen

Vorgehensweise   notwendig ist.[21] Nach der Festlegung der wichtigsten allgemeinen Umfelder muss bestimmt werden, welche Größen und Tatbestände (Sammelbegriff: Deskriptoren) in den jeweiligen Umfeldern erfasst, analysiert und interpretiert werden sollen. Dafür muss eine Auswahl getroffen werden, die in jedem Beratungsprojekt erneut überprüft und eventuell verändert werden muss. Die Festlegung der kritischen Umfelder und ihrer Deskriptoren sollte auch jährlich erneut überprüft und gegebenenfalls angepasst werden.

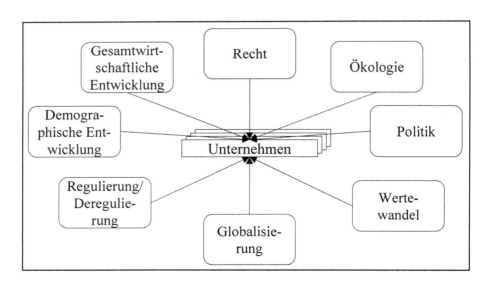

Abb. 35: Auswahl allgemeiner Umfelder

Für die in Abb. 35 dargestellten Umfelder könnten z.B. folgende Deskriptoren festgelegt werden.[22]

Allgemeines Umfeld	Deskriptoren
Ökologie	- Verfügbarkeit der Energiequellen - Verfügbarkeit von Rohstoffen - Tendenzen im Umweltschutz - Ökologiegesetzgebung, z.B. Verpackungsverordnung - Recycling (Technologie, Material, Kosten)
Politik	- Globalpolitische Entwicklungstendenzen - Nationales und internationales Konfliktpotential - Parteipolitische Entwicklungen - Entwicklungstendenzen der Wirtschaftspolitik - Bedeutung und Einfluss der Gewerkschaften - Politische Handlungsfreiheit / Handlungsspielräume der Unternehmen - Einstellung der politischen Führung zu Marktwirtschaft und Unternehmen
Werte-wandel	- Arbeitsmentalität - Freizeitverhalten - Einstellung gegenüber Familie und sonstigen Beziehungen - Sparneigung - Allgemeines Sozialverhalten (Umgang mit Alten, Behinderten, Ausländern) - Einstellung gegenüber Marktwirtschaft und Unternehmertätigkeit - Einstellung gegenüber neuen Technologien, Werkstoffen, Produkten
Globalisierung	- EU - Entwicklungen und ihre Auswirkungen - Internationale Standorte und ihre Kostenstruktur - Internationale Infrastruktur
Regulierung Deregulierung	- Importbeschränkungen /-freigaben - Exportbeschränkungen /-freigaben - Import-/Exportvorschriften - Zoll- und Abgabengestaltung - Protektionismus

Abb. 36: Allgemeine Umfelder und ihre Deskriptoren (Auswahl 1)

Allgemeines Umfeld	Deskriptoren
Demographische Entwicklung	- Bevölkerungsentwicklung, quantitativ - Entwicklung einzelner Bevölkerungsgruppen, quantitativ - Bevölkerungsaltersstruktur - Nationalitätsstruktur - Berufsgruppenstruktur
Gesamtwirt-schaftliche Entwicklung	- Entwicklung des Bruttosozialproduktes in den einzelnen Ländern - Zentralbankstrategien - Zahlungsbilanzen - Wechselkursentwicklung - Inflationsraten - Situation der Geld- und Kapitalmärkte - Arbeitslosenquote - Investitionsneigung - Konsumverhalten - Kaufkraft - Konjunkturschwankungen
Recht	- Tendenzen Wirtschaftsrecht - Tendenzen Arbeitsrecht - Tendenzen Sozialgesetzgebung - Tendenzen Steuergesetzgebung - Förderprogramme - Produzentenhaftung - Tendenzen der Rechtsprechung - Trends der Rechtsdiskussionen in politischen Parteien

Abb. 37: Allgemeine Umfelder und ihre Deskriptoren (Auswahl 2)

Die Entwicklungstendenzen der Deskriptoren der einzelnen allgemeinen Umfelder werden dann in einem dritten Schritt dahingehend analysiert, ob sie in Zukunft ein Chancen- oder Risikopotenzial für das Unternehmen darstellen (siehe Abb. 41 und Abb. 42).

Dabei kann auf verschiedene Weise vorgegangen werden (siehe 2.3.1.3):

1. Man ermittelt für jedes allgemeine Umfeld die wichtigsten Deskriptoren, prognostiziert derer Entwicklung über z.B. fünf Jahre (siehe Kapitel 3) und analysiert, ob in diesen Entwicklungen Chancen- oder Risikopotenziale enthalten sind. Die Chancen und Risiken werden identifiziert und genau beschrieben. Danach werden Sofortmaßnahmen für die Stärkung und

Nutzung der Chancen und die Eingrenzung und Vermeidung der Risiken konzipiert (siehe Abb. 41).

2. Man ermittelt gemeinsam mit Mitarbeitern des Klienten unter Einsatz einer Kreativitätstechnik, wie z.B. Brainstorming, ohne direkten Bezug zu einem Umfeld, die Chancen und Risiken für das Klientenunternehmen insgesamt. Gemeinsam werden dann die Eintrittswahrscheinlichkeit, die Auswirkungen auf das Betriebsergebnis und das Chancen-, bzw. Bedrohungspotenzial diskutiert und Strategien festgelegt (siehe Abb. 42).

2.3.1.2   Unternehmensspezifische Umfelder

Wie die Bezeichnung verdeutlicht, geht es im Folgenden um die Umfelder, die für jedes Unternehmen individuell von größter Bedeutung sind. Viele Fehlentwicklungen der letzten Jahre sind darauf zurückzuführen, dass diese Art von Umfeldanalysen entweder überhaupt nicht, nur unsystematisch oder mit falschen Inhalten durchgeführt wurden.

Umfeldanalyse oft vernachlässigt

Insbesondere die Bedeutung der Umfelder „A-Kunden", "A-Wettbewerber" und „A-Lieferanten" kann nicht hoch genug eingeschätzt werden. Viele Unternehmen sind durch strukturbedingte Rezessionen ihrer A-Kunden, die nicht rechtzeitig wahrgenommen wurden, in ihrer eigenen Existenz gefährdet worden. Ein Beispiel dafür ist die Deutsche Bundesbahn und ihr A-Kunde im Güterverkehr, die deutsche Eisen- und Stahlindustrie. "Wie ein Blitz aus heiterem Himmel" sei die Stahlkrise über sie hereingebrochen, verlautete damals aus Kreisen der Deutschen Bundesbahn, die lange Zeit von den Wirkungen des starken Umsatzrückgangs im Güterverkehr betroffen war.

Beispiel 1

Ebenso verhält es sich mit den Umfeldern "Verfahrens- und Produkttechnologie", wie das hinlänglich bekannte Beispiel der Schweizer Uhrenindustrie zeigt, die viel zu spät die Entwicklungen der Digitaltechnologie wahrgenommen hat.

Beispiel 2

In diesen wie in vielen anderen Fällen konnte jeweils nachgewiesen werden, dass die ersten schwachen Signale der negativen Entwicklung der kritischen Umfelder schon Jahre vorher deutlich wahrnehmbar waren.

Die Analyse der spezifischen Umfelder ist nicht, wie häufig angenommen, mit den Ergebnissen einer Marktanalyse gleichzusetzen, weil die Inhalte und Zielsetzung stark differieren können.

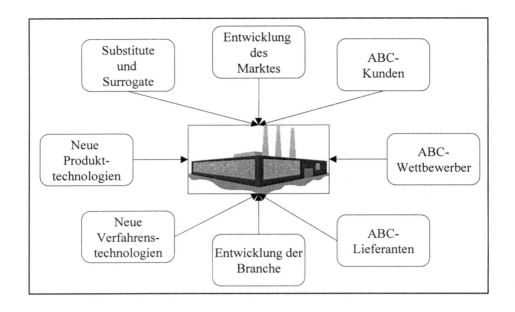

Abb. 38: Auswahl unternehmensspezifischer Umfelder

Umfeldanalyse ≠
Marktanalyse

Die Umfeldanalyse hat in erster Linie die Aufgabe, mögliche Bedrohungen aus den unternehmensspezifischen Umfeldern aufzudecken, ihre weitere Entwicklung zu beobachten und darauf aufbauend rechtzeitig strategische Abwehrmaßnahmen zur Risikoeingrenzung einzuleiten.

Sie ist die Basis des Aufbaus und der Implementierung strategischer Frühwarnsysteme. Obwohl die Früherkennung von Risiken im Zentrum des Interesses steht, ist die Umfeldanalyse auch hervorragend geeignet, besondere Chancen, die sich aus den Umfeldern ergeben, rechtzeitig zu diagnostizieren und mit geeigneten Maßnahmen darauf zu reagieren.

Aufgabe der Markt-
analyse

Eine Marktanalyse hat hingegen vorrangig die Aufgabe, Marktchancen zu ermitteln und darauf aufbauend Produkt-/Marktziele zu definieren und dementsprechend Marketingkonzeptionen neu zu entwickeln oder bestehende zu modifizieren.

Unternehmens-spezifisches Umfeld	Deskriptoren
A(BC)-Kunden	- Bestellverfahren - Zahlungsmoral - Investitionszyklen - Eigentümerverhältnisse - Fluktuationsrate - Personalabbau - Abhängigkeitsgrad - Veränderung wichtiger Kennzahlen (z.B. Gewinn, Eigenkapitalquote) - Zunehmende Delegation von bisher eigenen Aufgaben des Kunden
A(BC)-Wettbewerber	- wie bei Kunden - Innovative Produktlinien - Neue Partner, Neues Vertriebssystem - Neues Qualitätskonzept, Zertifizierung - Neue Konditionengestaltung - Neue Führungsmannschaft - Neues Servicekonzept - Motivation des Außendienstes - Neues Wartungskonzept
A(BC)-Lieferanten	- wie bei Kunden - Veränderung Sortimentstiefe, -breite - Veränderung Lieferantenkredit - Veränderung Lieferbereitschaft - Veränderung Service und Wartung - Veränderung Qualität - Veränderung Führungsebene - Neue Verflechtungen - Rückdelegation von Aufgaben
Entwicklung des Marktes	- Gravierende Strukturveränderung - Sich beschleunigende Internationalisierung - Importdruck durch Billiglohnländer - Abnehmende Preiselastizität - Sinkende Markteintrittsbarrieren - Einschränkende Rechtsvorschriften - Sinkende Umsatz- und Kapitalrenditen

Abb. 39: Unternehmensspezifische Umfelder und ihre Deskriptoren (1)

Unternehmens-spezifisches Umfeld	Deskriptoren
Entwicklung der Branche	- Konzentrationstendenzen - Neue Wettbewerber - Weichenstellung durch Meinungsführer - Eigene Position gegenüber Branchendurchschnitt - Bedrohung durch Billiglohnländer - Substituierbarkeit der Leistungen - Einschränkende Rechtsvorschriften - Sinkende Umsatz- und Kapitalrenditen
Neue Verfahrens-technologien	- Preiswertere Herstellverfahren z.B. in der Nano-technologie z.B. für selbstreinigende Oberflächen für Kunststoffe - Energiesparende Technologien in USA - Neue Patente angemeldet - Lizenzangebote - Forschungsberichte, z.B. der Frauenhofer Gesellschaft - Berichte über Testläufe - Förderprogramme
Neue Produkt-technologien	- Alternative Werkstoffe - Keramik statt Aluminium - Joint Venture zwischen Forschungsinstitut und A-Wettbewerber - Ökologische Produktverbesserungen - Neue Verfahren im Produktrecycling - Gesetzliche Auflagen in der Diskussion
Substitute und Surrogate	- Surrogate werden zunehmend von Großkunden eingesetzt - Gesetzliche Beschränkungen für Substitut X entfallen - Wettbewerber Y hat wichtigste Surrogatproduktion gekauft - A-Kunde hat sich bei Hersteller von Substituten beteiligt

Abb. 40: Umfeldspezifische Umfelder und ihre Deskriptoren (2)

2.3.1.3   Chancen-/Risiken-Analysen

Diese Art von Analysen bezieht sich, wie bereits dargestellt, auf die allgemeinen und unternehmensspezifischen Umfelder des Unternehmens und haben den Zweck, existenzgefährdende Bedrohungen, aber auch mögliche Chancen rechtzeitig aus schwachen Signalen zu erkennen, um entsprechende strategische Gegenmaßnahmen einleiten zu können. Dabei kann, wie in Abb. 41 für das Umfeld Ökologie beispielhaft gezeigt, die Chancen-/Risikenermittlung pro Umfeld durchgeführt werden, was eine besonders gründliche und effiziente Vorgehensweise ist.

Umfeld: Ökologie		
Deskriptoren (Entwicklungstendenzen)	Chancen? Welche? (Beschreibung und Begründung)	Risiken? Welche? (Beschreibung und Begründung)
1.Verfügbarkeit der nichtreproduzierbaren Energiequellen langfristig problematisch. Es ist zumindest mit Preissteigerungen zu rechnen.		Unser Produktionsprozess ist energieintensiv. Eine Einschränkung oder Verteuerung der Energiequellen hätte erhebliche Konsequenzen für Beschäftigungsgrad und Kostenstruktur.
5. Verschärfte gesetzliche Auflagen für Recycling der Produkte	Wir haben bereits seit 1992 ein Patent für das Recycling unserer Produkte, das durch eine eigene Tochtergesellschaft durchgeführt wird.	

Fazit/Maßnahmen zu Chancenstärkung und Risikoabbau:

Zu 1. : Energiesparprogramme entwickeln, „Energie sparen": Ideen-Wettbewerb der Mitarbeitern, Überprüfung der Produktionsverfahren auf Energiesparmöglichkeiten, Markanalyse energiesparender Produktionstechnologien u. –verfahren.
Verantwortlich: **Termin:**

Zu 5. : Patentverbesserung durch Wertanalyse, weltweite Vermarktungschancen prüfen, „Blauer Engel"-Auszeichnung beantragen, verstärkte Öffentlichkeitsarbeit, Kooperation prüfen.
Verantwortlich: **Termin:**

Abb. 41: Chancen-/ Risikenanalyse für das Umfeld Ökologie

Einsatz von Brain-
storming

Zur Identifikation und Bewertung der Chancen und Risiken kann aber auch eine einfache tabellarische Aufstellung verwendet werden, in der die Auswirkungen auf das Betriebsergebnis zugrunde gelegt werden (siehe Abb. 42). Gemeinsam mit Mitarbeitern des Klienten ermittelt man unter Einsatz der Kreativitätstechnik Brainstorming die allgemeinen Chancen und Risiken, diskutiert deren Eintrittswahrscheinlichkeit, die Auswirkungen auf das Betriebsergebnis und die Stärke des Chancen-/Risikenpotenzials. Auch hier ist die Konzeption von Maßnahmen und die Festlegung von Verantwortlichkeiten und Terminen das Hauptziel.

Schlüsselfaktoren für die Ergebnisplanung 200X	Eintritts- wahrschein- lichkeit	Auswirkunge n auf das Ergebnis	Chancen-/ Risiken- potential
Chancen (Basis: Bestehende Planung)			
Konjunkturelle Besserung	n	h	m
Mehrumsatz durch Neukundengewinnung	h	h	h
Abwertung der .... Währung	n	h	m
Deregulierung der Exporte nach.....	n	m	n
Standortverlagerung nach Osteuropa	h	h	m
Neue Verfahrenstechnologie	h	h	h
Gesetzliche Beschränkungen bei Substitut	h	m	m
Insolvenz bei Wettbewerber A	h	m	h
Risiken (Basis: Bestehende Planung)			
Neuer Wettbewerber aus Japan	h	m	h
A-Kunde in Zahlungsschwierigkeiten	h	n	m
A-Lieferant ohne Nachfolgeregelung	h	m	m
US-Marktführer tritt in unseren Markt ein	h	m	h
Steigende Rohstoffpreise	m	m	n
Billigpreiskonkurrenz	m	m	m
Kapitalkosten steigen usw.	h	h	m
n=niedrig m=mittel h=hoch			
Sofortmaßnahme:			
Verantwortlich:	**Termin:**		

Abb. 42: Allgemeine Chancen-/Risikenanalyse[23]

Eine interne Chancen-/Risiken-Analyse des Unternehmens wird
nur selten durchgeführt. Meist bezieht sie sich auf eine spezifische Problemstellung, wie z.B. die Ermittlung von Chancen und
Risiken für bestimmte Entscheidung im Bereich der Produkt-
/Marktpositionierung (siehe Abb. 43). Dabei wird davon ausgegangen, dass bestimmte risikoträchtige Tatbestände immer dann
eventuelle Chancen beinhalten, wenn die Risikowahrscheinlichkeit verneint werden kann.

Chancen / Risiken der Entscheidung „Make or Buy für Produkt X"								
		Risiko	1	2	3	4	Chance	Sofort-Maßnahmen
1	Neue CNC Maschinen nicht verfügbar	m.					n.m.	
2	Neue Werkzeuge nicht rechtzeitig in notwendiger Qualität verfügbar	m.					n.m.	
3	Komponentenzulieferer liefert nicht just in time	m.					n.m.	
4	Zusätzlich benötigte Werkzeugmacher nicht rechtzeitig verfügbar	m.					n.m.	
5	Anbau nicht termingerecht fertig gestellt	m.					n.m.	
6	Finanzierungskonzept erweist sich als nicht tragfähig	m.					n.m.	
7	Nullserie weist Qualitätsmängel auf, deren Behebung lange Zeit beansprucht	m.					n.m.	
8	Bestehendes Produktprogramm wird vernachlässigt. Folge: Terminverzug	m.					n.m.	
9	Arbeitsvorbereitung gerät unter Zeitdruck	m.					n.m.	
m. = möglich, n.m.= nicht möglich								
Sofortmaßnahme:								
Verantwortlich:						**Termin:**		

Abb. 43: Chancen-/Risikenanalyse (Eigene Fertigung / Zulieferer)

2.3.2   Unternehmensanalysen

In folgenden wird versucht, die für die Unternehmensberatung wichtigsten Arten der Unternehmensanalysen in ihrem Kern darzustellen. Dies soll aber nicht als Hinweis darauf verstanden werden, diese Gesamtheit auch anzuwenden. Wie bereits erläutert, geht es immer nur darum, den Bereich einer Analyse zu unterziehen, für den ein konkreter Handlungsbedarf besteht. Nur bei einer umfassenden strategischen Neupositionierung wird eine größere Auswahl der hier dargestellten Analyseinhalte erhoben. Von größter Wichtigkeit ist es, darauf zu achten, dass das gesamte, vom Klienten zum Zwecke der Ist-Analyse übergebene Sekundärmaterial aktuell und vollständig ist. Der BDU e.V. empfiehlt deshalb seinen Mitgliedern, den Klienten eine Vollständigkeitsbestätigung unterschreiben zu lassen.[24]

Vollständigkeitsbestätigung

2.3.2.1   Bilanz- und Kennzahlenanalyse

Die Kennzahlenanalyse ist die am längsten und häufigsten angewandte quantitative Analysemethode. Vielfach besteht die irrige Meinung, damit seien das Unternehmen und seine Umweltfaktoren bereits komplett analysiert und dargestellt. Kennzahlen sind definiert[25] als Verhältniszahlen, die aus Jahresabschlusspositionen gebildet werden und betriebswirtschaftlich relevante Aussagen über Fakten, Vorgänge, Entwicklungstendenzen, Ziele und Ergebnisse des Unternehmens in der Vergangenheit machen. Sie sind eine Beurteilungshilfe bei der Bilanzanalyse.

Kennzahlen als Verhältniszahlen

Verhältniszahlen sind

a) Gliederungszahlen, die Teilgrößen in Beziehung zur Gesamtheit setzen (Beispiel: Kosten- und Beschäftigtenanteile), wobei die Gesamtheit meist gleich 100 gesetzt wird.

b) Beziehungszahlen stellen einen sachlogischen Zusammenhang zwischen zwei verschiedenen Größen dar (Beispiel: Kosten: Leistungen).

c) Indexzahlen stellen die zeitliche Entwicklung bestimmter Größen dar. Dabei wird ein Basisjahr gleich 100 gesetzt (Beispiel: Lebenshaltungsindex).

Die absoluten Zahlen (Einzelzahlen, Summen, Differenzen) sind die Ausgangsbasis der Bildung von Verhältniszahlen.

Schwächen von Kennzahlen

Die Schwächen der Kennzahlen und damit auch ihrer Interpretation sind ebenfalls seit langem bekannt:

• Kennzahlen sind immer vergangenheitsbezogen,

• Kennzahlen sind stichtagsbezogen, z.B. auf den 31.12.

- Kennzahlen sind statisch und eigentlich erst aussagefähig, wenn man sie zu Kennzahlensystemen zusammenfasst und ihre Veränderungen im zeitlichen Ablauf oder im Vergleich mit anderen Unternehmen darstellt. Da der Gesetzgeber dem Bilanzierenden Bewertungs- und Gestaltungsfreiräume lässt, ist die Zuverlässigkeit der Aussagen oft zweifelhaft. Zukunftsbezogene und qualitative Aspekte können mit einer Kennzahlenanalyse nicht erhoben werden. Für die Gesamtbeurteilung des Unternehmens reicht die Kennzahlenanalyse deshalb meist nicht aus, doch ist sie beispielsweise bei der Kreditwürdigkeitsprüfung mittelständischer Unternehmen durch Kreditinstitute immer noch von großer Bedeutung.

Kennzahlensysteme

In der Praxis ist es überwiegend so, dass der Berater nicht selbst die Ausgangsdaten erheben und die Kennzahlen bilden muss, sondern dass er diese als Sekundärinformation in der internen Controlling-, Revisions- oder Planungsabteilung oder auch einfach in der Buchhaltung abfragen kann. Dabei empfiehlt es sich, so frühzeitig wie möglich, gegebenenfalls auch schon vor Projektbeginn, das relevante Kennzahlengerüst erstellen zu lassen. In dieser Situation ist auch ein Informationsaustausch mit dem Steuerberater des Klienten von Nutzen.

Kennzahlengerüst erheben lassen

Aus Sicht des Beraters[26] ist die Kennzahlenanalyse zumindest in der Phase der Datenerhebung ein verhältnismäßig einfaches Instrument, das weitgehend unabhängig von der Beraterqualifikation eingesetzt werden kann. Der logische Aufbau von Kennzahlensystemen und die häufig zu beobachtende Überzeugungskraft quantitativer Aussagen geben dem Berater ein ideales Instrument in die Hand, um dem Klienten seine Untersuchungsergebnisse in einer leicht nachvollziehbaren, strukturierten Form zu präsentieren und den am Problemlösungsprozess Beteiligten ihre Aufgabe und Stellung im Rahmen der Gesamtlösung zu veranschaulichen.

Ideales Instrument

Beim Aufbau eines Kennzahlensystems geht man am besten von den Kerngrößen Produktivität und Rentabilität aus (siehe Abb. 44). Produktivität ist die auf eine einzelne Arbeitskraft oder eine Anzahl von Arbeitsstunden bezogene Ausbringungsmenge oder der reziproke Wert.

Mit der Kennzahl Rentabilität wird das Unternehmensergebnis (Gewinn / Verlust) auf eine Kapital- oder Umsatzgröße bezogen.

Nach Schott werden die Kennzahlen in drei Stufen aufbereitet:

Stufe 1: Ermittlung der Basiszahlen (= absolute Zahlen)

Stufe 2: Bildung von Kennzahlen (= Relativzahlen)

Stufe 3: Bündelung von Kennzahlen (= Gruppenbildung)

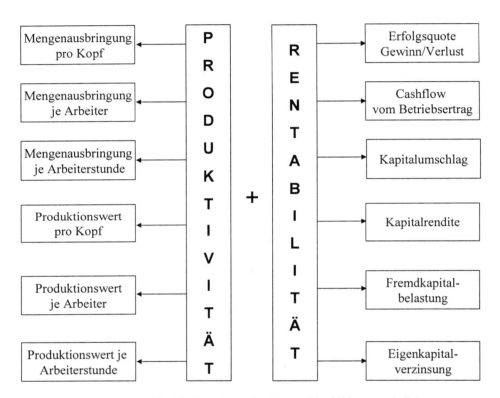

Abb. 44: Kerndaten der Kennzahlenbildung nach Schott

Kern der
Bilanzanalyse

Dieser Aufbereitungs- und Umstrukturierungsprozess stellt den Kern einer Bilanzanalyse dar, wie die folgenden Abbildungen zeigen. Er unterstützt bei der kritischen Beurteilung und Auswertung von Jahresabschlüssen. Dabei wird die Bilanz zunächst um die Positionen verkürzt, hinter denen keine realen Vermögenswerte stehen. Danach werden Überbewertungen der Aktivseite rückgängig gemacht und Unterbewertungen von Vermögenswerten korrigiert. Das in dieser Form bereinigte Zahlenmaterial stellt dann die Basis für die Kennzahlenanalyse dar.

Kennzahlen zum Rechnungswesen

Kennzahlen zur Aktivseite der Bilanz			Branchendurch-schnitt	Eigene Werte
Anlagenintensität	$=$ $\dfrac{\text{Anlagevermögen}}{\text{Gesamtvermögen}}$	$(* 100)$		
Umlaufintensität	$=$ $\dfrac{\text{Umlaufvermögen}}{\text{Gesamtvermögen}}$	$(* 100)$		
Vorratsintensität	$=$ $\dfrac{\text{Vorräte}}{\text{Gesamtvermögen}}$	$(* 100)$		
Forderungsintensität	$=$ $\dfrac{\text{Forderungen}}{\text{Gesamtvermögen}}$	$(* 100)$		
Anteil der flüssigen Mittel	$=$ $\dfrac{\text{flüssige Mittel}}{\text{Gesamtvermögen}}$	$(* 100)$		
Vermögenskonstitution	$=$ $\dfrac{\text{Anlagevermögen}}{\text{Umlaufvermögen}}$	$(* 100)$		
Kennzahlen zur Passivseite der Bilanz				
Eigenkapitalquote	$=$ $\dfrac{\text{Eigenkapital}}{\text{Gesamtkapital}}$	$(* 100)$		
Anspannungskoeffizient	$=$ $\dfrac{\text{Fremdkapital}}{\text{Gesamtkapital}}$	$(* 100)$		
Anteil langfristiges Kapital	$=$ $\dfrac{\text{Eigen- + langfr.Fremdkapital}}{\text{Gesamtkapital}}$	$(* 100)$		
Verschuldungskoeffizient	$=$ $\dfrac{\text{Fremdkapital}}{\text{Eigenkapital}}$	$(* 100)$		
Fremdkapitalstruktur	$=$ $\dfrac{\text{langfr. Fremdkapital}}{\text{kurzfr. Fremdkapital}}$	$(* 100)$		

Abb. 45: Kennzahlen zum Rechnungswesen Teil I

Beziehungszahlen zw. Aktiv- und Passivseite der Bilanz				Branchendurchschnitt	Eigene Werte
Fremdkapitalanlagendeckung	=	$\dfrac{\text{Eigenkapital}}{\text{Anlagevermögen}}$	(* 100)		
Langfristiges Kapital-Anlagendeckung	=	$\dfrac{\text{Eigen- + langfr. Fremdkapital}}{\text{Anlagevermögen}}$	(* 100)		
Deckungsgrad des langfristig gebundenen Vermögens	=	$\dfrac{\text{Eigen- + langfr.Fremdkapital}}{\text{Analgevermögen + langfr. gebundenes Umlaufvermögen}}$	(* 100)		
Nettoverschuldungsgrad	=	$\dfrac{\text{kurzfrist. Verbindlichkeiten - flüssige Mittel}}{\text{Nettoverschuldung}}$	(* 100)		

Kennzahlen zum Personalwesen

Lohnniveau	=	$\dfrac{\text{Löhne u.Gehälter + Sozialabgaben + freiwilliger Sozialaufwand}}{\text{durchschn. Personalbestand}}$	(* 100)		
Personalproduktivität	=	$\dfrac{\text{Gesamtleistung}}{\text{durchschn. Personalbestand}}$	(* 100)		
Fluktuation	=	$\dfrac{\text{Personalabgänge pro Periode}}{\text{durchschn. Personalbestand}}$	(* 100)		
Durchschnittliche Arbeitszeit	=	$\dfrac{\text{Arbeitsstunden insgesamt}}{\text{durchschn. Personalbestand}}$	(* 100)		
Altersstruktur	=	$\dfrac{\text{Beschäftigte je Altersgruppe}}{\text{Gesamtbeschäftigte}}$	(* 100)		

Kennzahlen zum Vertrieb

Umsatz je Beschäftigter	=	$\dfrac{\text{Gesamtumsatz}}{\text{durchschn. Personalbestand}}$	(* 100)		
Durchschnittlicher Umsatz je Kunde	=	$\dfrac{\text{Gesamtumsatz}}{\text{Kundenzahl}}$	(* 100)		

Abb. 46: Kennzahlen zum Rechnungswesen Teil II

Kennzahlen zum Vertrieb (Fortsetzung)		Branchendurch-schnitt	Eigene Werte
Mittlere Auftragsgröße	$=\dfrac{\text{Auftragsvolumen der Periode}}{\text{Anzahl Auftragseingänge}}\;(*\,100)$		
Umschlagshäufigkeit des Fertigwarenlagers	$=\dfrac{\text{Umsatz Fertigwaren zu Herstellkosten}}{\text{durchschn. Bestellungen}}\;(*\,100)$		
Umsatzanteil je Produkt/-gruppe	$=\dfrac{\text{Umsatz je Produkt/-gruppe}}{\text{Gesamtumsatz}}\;(*\,100)$		
Vertriebskosten je Auftrag od. Kunde	$=\dfrac{\text{Vertriebskosten}}{\text{Zahl der Aufträge od. Kunden}}\;(*\,100)$		
Reklamationsquote	$=\dfrac{\text{Zahl/Wert der Reklamationen}}{\text{Zahl/Wert der Lieferungen}}\;(*\,100)$		
Werbeelastizität	$=\dfrac{\text{Relative Werbeausg.änderung}}{\text{Relative Umsatzänderung}}\;(*\,100)$		
Marktanteil	$=\dfrac{\text{Eigener Umsatz}}{\text{Branchenumsatz}}\;(*\,100)$		
Angebotserfolg	$=\dfrac{\text{Erteilte Aufträge}}{\text{abgegebene Angebote}}\;(*\,100)$		
Kennzahlen zu Beschaffung und Lagerhaltung			
Mittlerer Bestellwert	$=\dfrac{\text{Gesamtwert der Bestellungen}}{\text{Zahl der Bestellungen}}\;(*\,100)$		
Durchschn. Einkauf je Lieferant	$=\dfrac{\text{Gesamteinkaufswert}}{\text{Anzahl der Lieferanten}}\;(*\,100)$		
Duchschn. Lagerbestand	$=\dfrac{\text{Anfangs- + Endbestand}}{2}\;(*\,100)$		
Lagerumschlag	$=\dfrac{\text{Ges. Lagerausgänge/Periode}}{\text{Durchschn. Lagerbest./Periode}}\;(*\,100)$		

Abb. 47: Kennzahlen zum Rechnungswesen Teil III[27]

Kennzahl	Formel		Aussage über die
Eigenkapitalquote	$=$ $\dfrac{\text{Eigenkapital}}{\text{Gesamtkapital}}$	(* 100)	Kapitalkraft
Cash-flow in % der Betriebsleistung	$=$ $\dfrac{\text{Cash-flow}}{\text{Betriebsleistung}}$	(* 100)	finanzielle Leistungs-fähigkeit
Gesamtkapitalrenta-bilität	$=$ $\dfrac{\text{Betriebsergebnis} + \text{Fremdkapitalzinsen}}{\text{Bilanzsumme}}$	(* 100)	Rendite
Schuldentilgungs-dauer in Jahren	$=$ $\dfrac{\text{Fremdkapital} - \text{flüssige Mittel}}{\text{Jahres-Cash-flow}}$	(* 100)	Verschuldung

Kennzahl	Beurteilungsskala (Note)				
	Sehr gut (1)	Gut (2)	Mittel (3)	Schlecht (4)	Insolvenz-gefährdet (5)
Eigenkapitalquote	> 30%	> 20%	> 10%	< 10%	negativ
Cash-flow in Prozent der Betriebsleistung	> 10%	> 8%	> 5%	< 5%	negativ
Gesamtkapitalrenta-bilität	> 15%	> 12%	> 8%	< 8%	negativ
Schuldentilgungsdauer in Jahren	< 3 J.	< 5 J.	< 12 J.	> 12 J.	> 30 J.

Abb. 48: Quicktestanalyse nach Kralicek[28]

2.3.2.2 Stärken-/Schwächen-Analyse

Die Stärken-/Schwächen-Analyse erhebt im Gegensatz zur Kennzahlenanalyse qualitative Zusammenhänge. Sie bezieht sich auf einen eindeutig definierten Analysebereich (Gesamtunternehmen, Abteilung, Funktionsbereich) und eine fest umrissene Aufgaben- bzw. Problemstellung.

In der Praxis ist es so, dass der Auftraggeber und seine Mitarbeiter meist nur eine Vielzahl unbefriedigender Einzelsituationen schildern, ohne den relevanten Analysebereich exakt definieren und abgrenzen zu können. In diesen Fällen ist es sinnvoll, zunächst eine Situationsanalyse (siehe Abb. 49 und vgl. 2.2.1.2) durchzuführen. Diese Aufgabe sollte schon in der Akquisitionsphase erledigt werden, da die gesamte Angebotserstellung darauf aufbaut.

Situationsanalyse oft notwendig

Situationsanalyse		Projekt:		
Datum:	Verantwortlich:			
Nr.	Unbefriedigende Einzelsituationen	Betroffener Bereich	Problemlösungs- ansätze ?	P (1-3)

Abb. 49: Formblatt Situationsanalyse

Die Situationsanalyse ergibt nach eingehender Bewertung eine Prioritätenfolge von Problemen in unterschiedlichen Unternehmensbereichen, die eingehender analysiert und einer Problemlösung zugeführt werden müssen.

Für die Stärken- / und Schwächenanalyse als wichtigstem Instrumentarium der Unternehmensberater sind eine Vielzahl von Checklisten unterschiedlichster Qualität entwickelt worden.

Als praxisnah haben sich die, konventionell oder im Internet angebotenen, Checklisten einiger Anbieter erwiesen, die das Unternehmen in die Untersuchungsbereiche Markt/Wettbewerb, Organisation, Technologie, Kapital/Finanzierung, Perso-

Checklisten

Früherkennungs-

signale

nal/Menschenführung, Unternehmensführung, Innovationskraft und Unternehmensidentität gliedern. Nach einer Selbsteinschätzung und Identifikation der kritischen Prüfbereiche kann sich ein Unternehmen selbst analysieren. Für jeden Einzelbereich sind zunächst Signale zur Früherkennung von Chancen und Risiken in ihren Merkmalen beschrieben. Für jedes Signal werden dann die Auswirkungen auf das Unternehmen beschrieben, um daraus dann Ziele, Strategien und Maßnahmenprogramme abzuleiten.

Die St. Gallen Consulting Group hatte schon früh ein Checklisten - System zur Selbstanalyse für Unternehmen entwickelt und veröffentlicht.[29] Das Stärken- und Schwächenprofil wurde in einem Tortendiagramm ("Fitnessrad") visualisiert.

Optimumsaussage

Es ist von besonderer Wichtigkeit, dass die Aussagen als Feststellung einer Stärke („Optimumsaussage") formuliert werden. Dies entspricht der modernen Auffassung von Unternehmensberatung, die vor allem stärken- und konsensorientiert sein sollte. Die Relativierung zur Schwachstelle hin soll durch den Klienten und seine Mitarbeiter selbst erfolgen. Zu Fragen umformuliert, können die Aussagen auch im Sokratischen Gespräch eingesetzt werden.

Damit sind die folgenden Checklisten auch in besonderer Weise für den Einsatz in der moderierten Unternehmensberatung (Lean Consulting) geeignet. In diesem Anwendungsbereich ist auch das gemeinsame Beschließen von Sofortmaßnahmen im Konsens üblich.

Stärken und Schwächen der Führung A. Strategische Führung	Bewertung*										Bemerkungen
	1	2	3	4	5	6	7	8	9	10	
1 Unser Management hat klare Vorstellungen über die Zukunft des Unternehmens:											
2 Die Szenariotechnik wird regelmäßig und umfassend eingesetzt:											
3 Wir haben ein strategisches Frühwarnsystem installiert:											
4 Die unternehmerische Vision wird nach innen und außen kommuniziert:											
5 Geschäftsleitung befolgt „Aktion", nicht „Reaktion":											
6 Unser Management führt mit Hilfe der Balanced Scorecard:											
7 Value Based Management ist eine Handlungsmaxime:											
8 Unser Management achtet auf umweltbewusstes Handeln:											
9 Unsere Unternehmensleitung betreibt eine aktive Öffentlichkeitsarbeit:											

*Bewertung der eigenen Situation im Vergleich zum denkbaren Optimum
1= Trifft überhaupt nicht zu ; 10 = Trifft voll und ganz zu

Besondere Stärken:	Gründe:	Wie in Zukunft wirksam?
Besondere Schwächen:	Gründe	Wie in Zukunft wirksam?
Sofortmaßnahmen:	Verantwortlich:	Termine:

Abb. 50: Checkliste (Auswahl): Strategische Führung

Stärken und Schwächen der Führung B. Organisatorische Führung	Bewertung*										Bemerkungen
	1	2	3	4	5	6	7	8	9	10	
1 Unser Management hat klare Zielvorstellungen:											
2 Unser Management macht klare Zielvorgaben:											
3 Unsere Organisationsstruktur entspricht den wichtigsten Prozessabläufen:											
4 Für alle Abläufe bestehen eindeutige Regelungen:											
5 Das Unternehmen verfügt über ein effizientes Berichts- u Informationssystem:											
6 Unsere Geschäftsleitung kennt alle „Lean"-Konzepte:											
7 Unser Unternehmen hat eine effiziente, marktorientierte Struktur:											
8 Unser Management fördert Teamarbeit:											
9 Wir setzen Projektmanagementsysteme ein:											

*Bewertung der eigenen Situation im Vergleich zum denkbaren Optimum
1= Trifft überhaupt nicht zu ; 10 = Trifft voll und ganz zu

Besondere Stärken:	Gründe:	Wie in Zukunft wirksam?
Besondere Schwächen:	Gründe	Wie in Zukunft wirksam?
Sofortmaßnahmen:	Verantwortlich:	Termine:

Abb. 51: Checkliste (Auswahl): Organisatorische Führung

Stärken und Schwächen der Führung C. Soziale Führung	Bewertung*										Bemerkungen
	1	2	3	4	5	6	7	8	9	10	
1 Unser Management betreibt eine transparente innerbetriebliche Kommunikation:											
2 Unsere Geschäftsleitung ist ein sich gut ergänzendes Team:											
3 Unser Management fördert die Kreativität:											
4 Kritik wird grundsätzlich konstruktiv geäußert:											
5 Unsere Führungskräfte haben Zeit für ihre Mitarbeiter:											
6 In unserem Unternehmen herrscht ein motivierender Führungsstil:											
7 Unternehmenskultur wird aktiv gestaltet und durchgesetzt:											
8 Personalentwicklung ist ein wichtiges Managementthema:											
9 Unser Management bildet sich auch in Mitarbeiterführung ständig weiter:											

*Bewertung der eigenen Situation im Vergleich zum denkbaren Optimum
1= Trifft überhaupt nicht zu ; 10 = Trifft voll und ganz zu

Besondere Stärken:	Gründe:	Wie in Zukunft wirksam?
Besondere Schwächen:	Gründe	Wie in Zukunft wirksam?
Sofortmaßnahmen:	Verantwortlich:	Termine:

Abb. 52: Checkliste (Auswahl): Soziale Führung

Stärken und Schwächen der Führung D. Operative Führung	Bewertung*										Bemerkungen
	1	2	3	4	5	6	7	8	9	10	
1 Unser Management kennt die Schlüsselmärkte und ist häufig an der Kundenfront:											
2 Unsere Geschäftsleitung kennt unsere Zielgruppen u. deren Zukunftsaussichten:											
3 Unser Management weiß, was sich hinter .... verbirgt:											
4 Management und operative Ebene bilden ein intaktes Kommunikationssystem:											
5 Unser Anreizsystem ist vorbildlich:											
6 Strategien werden in den operativen Bereichen umgesetzt:											
7 Mitarbeiter werden bei Problemen an der Front nicht allein gelassen:											
8 Unsere Führungskräfte beherrschen die Methoden der Projektsteuerung:											
9 Unser Management stellt als oberstes Ziel Kundenorientierung sicher:											

*Bewertung der eigenen Situation im Vergleich zum denkbaren Optimum
1= Trifft überhaupt nicht zu ; 10 = Trifft voll und ganz zu

Besondere Stärken:	Gründe:	Wie in Zukunft wirksam?
Besondere Schwächen:	Gründe	Wie in Zukunft wirksam?
Sofortmaßnahmen:	Verantwortlich:	Termine:

Abb. 53: Checkliste (Auswahl): Operative Führung

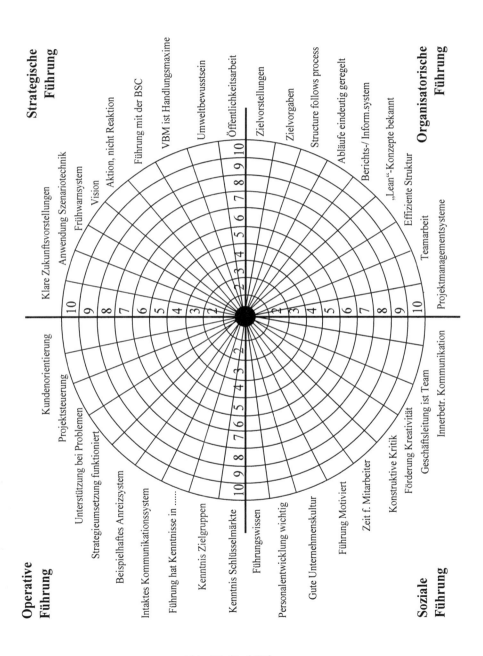

Abb. 54: Rad Führung

Stärken und Schwächen der Marktorientierung A. Kundenorientierung	Bewertung*										Bemerkungen
	1	2	3	4	5	6	7	8	9	10	
1 Jeder Mitarbeiter ist sich der Bedeutung der Kundenorientierung bewusst:											
2 Wir haben eine klare Zielgruppen-definition und –segmentierung:											
3 Kundenpflege und Neukundengewinnung haben eine zentrale Bedeutung:											
4 Bedarf und Anforderungen der Kunden werden systematisch erhoben:											
5 Wir führen regelmäßig Imageanalysen bei unseren Kunden durch:											
6 Wir kennen Ablauf und Beteiligte der Kaufentscheidungsprozesse:											
7 Wir wissen, welche Wettbewerber bei unseren Kunden ebenfalls im Geschäft sind:											
8 Wir kennen die Gründe, weshalb bestimmte Marktsegmente für uns verschlossen sind:											
9 Wir haben detaillierte Marketingpläne und Vertriebsstrategien:											

*Bewertung der eigenen Situation im Vergleich zum denkbaren Optimum
1= Trifft überhaupt nicht zu ; 10 = Trifft voll und ganz zu

Besondere Stärken:	Gründe:	Wie in Zukunft wirksam?
Besondere Schwächen:	Gründe	Wie in Zukunft wirksam?
Sofortmaßnahmen:	Verantwortlich:	Termine:

Abb. 55: Checkliste (Auswahl): Kundenorientierung

Stärken und Schwächen der Marktorientierung B. Wettbewerbsorientierung	Bewertung*										Bemerkungen
	1	2	3	4	5	6	7	8	9	10	
1	Wir kennen die innerbetrieblichen Stärken und Schwächen unserer Wettbewerber:										
2	Wir kennen die Stärken und Schwächen der Produkte unserer Wettbewerber:										
3	Wir kennen die Stärken und Schwächen der Marktbearbeitung unserer Wettbewerber:										
4	Unsere Außendienst- und Servicemitarbeiter erfassen systematisch Wettbewerbs-informationen:										
5	Wir reagieren auf Aktionen der Wettbewerber nur wenn es den Kunden dient:										
6	Wir prüfen regelmäßig, ob Absprachen mit Wettbewerbern vorteilhaft sein könnten:										
7	Wir beobachten Verflechtungen und Abhängigkeiten unserer Wettbewerber:										
8	Wir wissen, welche neuen Produkte die Wettbewerber in welchen Märkten planen:										
9	Wir wissen, welche neuen Vertriebsstrategien (inkl. Kooperation) geplant sind:										

*Bewertung der eigenen Situation im Vergleich zum denkbaren Optimum
1= Trifft überhaupt nicht zu ; 10 = Trifft voll und ganz zu

Besondere Stärken:	Gründe:	Wie in Zukunft wirksam?
Besondere Schwächen:	Gründe	Wie in Zukunft wirksam?

Sofortmaßnahmen:	Verantwortlich:	Termine:

Abb. 56: Checkliste (Auswahl): Wettbewerbsorientierung

Stärken und Schwächen der Marktorientierung	Bewertung*										Bemerkungen
C. Beschaffung	1	2	3	4	5	6	7	8	9	10	
1 Wir haben keine Probleme bei der Beschaffung kompetenter Mitarbeiter:											
2 Unsere Personalabteilung ist sehr sachverständig, kooperativ, flexibel und schnell:											
3 Wir haben flexibel einsetzbare Personalressourcen für schwankenden Bedarf:											
4 Der Einkauf von Material und Komponenten erfolgt durch Spezialisten:											
5 Die Absprachen mit unseren Lieferanten entsprechen modernsten Erkenntnissen:											
6 Wir bevorzugen Lieferanten mit zertifizierten Qualitätssicherungs-systemen:											
7 Die „Make-or-Buy"-Strategie wird immer wieder überprüft:											
8 Wir haben zuverlässige Unterauftrag-nehmer und Kooperationspartner:											
9 Wir haben ein beispielhaftes Beschaffungs- Informationssystem:											

*Bewertung der eigenen Situation im Vergleich zum denkbaren Optimum
1= Trifft überhaupt nicht zu ; 10 = Trifft voll und ganz zu

Besondere Stärken:	Gründe:	Wie in Zukunft wirksam?
Besondere Schwächen:	Gründe	Wie in Zukunft wirksam?

Sofortmaßnahmen:	Verantwortlich:	Termine:

Abb. 57: Checkliste (Auswahl): Beschaffung

Stärken und Schwächen der Marktorientierung	Bewertung*										Bemerkungen
D. Marktbearbeitung	1	2	3	4	5	6	7	8	9	10	
1 Wir haben ein strategisches Marketing-konzept als Rahmen für operative Maßnahmen:											
2 Wir haben verbindliche Marketingpläne mit Verantwortlichen und Terminen:											
3 Alle Mitarbeiter in Vertrieb, Service, Wartung und Schulung sind marketingbewusst:											
4 Wir haben persönlich Verantwortliche für Zielkunden bestimmt:											
5 Wir haben ein effizientes Vertriebs-steuerungssystem mit Anreizen für den Vertrieb:											
6 Unser Vertriebssystem ist optimiert, wir kennen die Nischen:											
7 Service und Wartung erfolgen nach modernsten Erkenntnissen:											
8 Wir führen regelmäßig Marketing-Erfolgskontrollen durch:											
9 Wir haben weder verschenkte noch überworbene Marktsegmente:											

*Bewertung der eigenen Situation im Vergleich zum denkbaren Optimum
1= Trifft überhaupt nicht zu ; 10 = Trifft voll und ganz zu

Besondere Stärken:	Gründe:	Wie in Zukunft wirksam?
Besondere Schwächen:	Gründe	Wie in Zukunft wirksam?

Sofortmaßnahmen:	Verantwortlich:	Termine:

Abb. 58: Checkliste (Auswahl): Marktbearbeitung

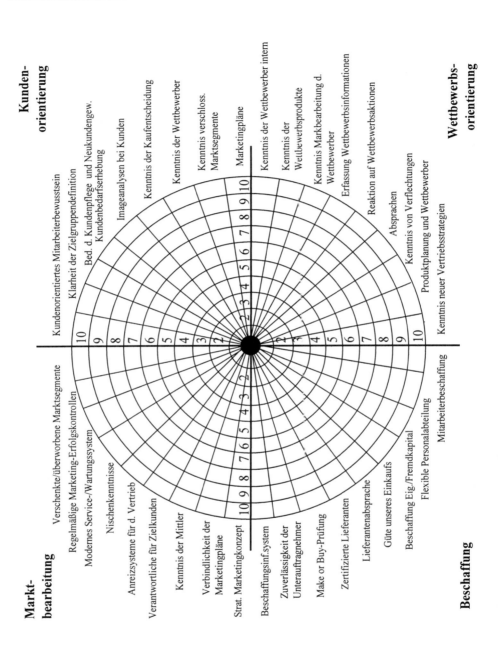

Abb. 59: Rad Marktorientierung

Stärken und Schwächen der Kultur A. Unternehmenskultur	Bewertung*										Bemerkungen
	1	2	3	4	5	6	7	8	9	10	
1	Wir haben ein Unternehmensleitbild, das allen bekannt und vertraut ist:										
2	In unserem Unternehmen gibt es gelebte Wertvorstellungen und Normen:										
3	Wir haben Helden und Legenden:										
4	Unsere Unternehmenskultur ist nicht introvertiert, sondern extrovertiert:										
5	Kunden- und Serviceorientierung sind Kernstück unserer Unternehmenskultur:										
6	Es gibt regelmäßig Anlässe, um die Identifikation mit dem Unternehmen zu stärken:										
7	Die Mitarbeiter sind stolz, in diesem Unternehmen beschäftigt zu sein:										
8	Wir haben ein starkes Zusammengehörigkeitsgefühl:										
9	Die Gesamtkultur ist so stark, dass keine Subkulturen (z.B. Controlling) entstehen können:										

*Bewertung der eigenen Situation im Vergleich zum denkbaren Optimum
1= Trifft überhaupt nicht zu ; 10 = Trifft voll und ganz zu

Besondere Stärken:	Gründe:	Wie in Zukunft wirksam?

Besondere Schwächen:	Gründe	Wie in Zukunft wirksam?

Sofortmaßnahmen:	Verantwortlich:	Termine:

Abb. 60: Checkliste (Auswahl): Unternehmenskultur

Stärken und Schwächen der Kultur B. Mitarbeiter	Bewertung*										Bemerkungen
	1	2	3	4	5	6	7	8	9	10	
1 Wir sind ein attraktiver Arbeitgeber,											
2 Die Fluktuationsrate ist sehr gering:											
3 Der Krankenstand liegt unter dem Branchendurchschnitt:											
4 Mitarbeitermotivation hat einen hohen Stellenwert:											
5 In Mitarbeiterförderungsgesprächen wird die persönliche Weiterentwicklung festgelegt:											
6 In unserem Unternehmen herrscht ein kooperativer Führungsstil:											
7 Die Mitarbeiter werden über alle wichtigen Vorgänge zeitnah informiert:											
8 Es finden regelmäßige Arbeitsbesprechungen statt:											
9 Weiterbildung wird gefördert:											

*Bewertung der eigenen Situation im Vergleich zum denkbaren Optimum
1= Trifft überhaupt nicht zu ; 10 = Trifft voll und ganz zu

Besondere Stärken:	Gründe:	Wie in Zukunft wirksam?
Besondere Schwächen:	Gründe	Wie in Zukunft wirksam?

Sofortmaßnahmen:	Verantwortlich:	Termine:

Abb. 61: Checkliste (Auswahl): Mitarbeiter

Stärken und Schwächen der Kultur D. Umweltorientierung	Bewertung*										Bemerkungen
	1	2	3	4	5	6	7	8	9	10	
1	Unsere Corporate Identity basiert auf unserer strategischen Erfolgsposition (SEP):										
2	Unser Erscheinungsbild ist einheitlich und überzeugend nach innen und außen:										
3	Unser Erscheinungsbild spiegelt sich in allen Werbe- und Informationsträgern wider:										
4	Werbung, Verkaufsförderung, PR, HR und Sponsoring sind strategisch koordiniert:										
5	Wir haben ein imageförderndes externes Kommunikationssystem:										
6	Wir haben ein effizientes, aktuelles, internes Kommunikationssystem:										
7	Die Kommunikationssysteme werden optimal durch die IT unterstützt:										
8	Die Unternehmenskommunikation wird hochprofessionell betrieben:										
9	Die Zusammenarbeit mit den Medien ist beispielhaft:										

*Bewertung der eigenen Situation im Vergleich zum denkbaren Optimum
1= Trifft überhaupt nicht zu ; 10 = Trifft voll und ganz zu

Besondere Stärken:	Gründe:	Wie in Zukunft wirksam?
Besondere Schwächen:	Gründe	Wie in Zukunft wirksam?

Sofortmaßnahmen:	Verantwortlich:	Termine:

Abb. 62: Checkliste (Auswahl): Kommunikation

Stärken und Schwächen der Kultur D. Umweltorientierung		Bewertung*										Bemerkungen
		1	2	3	4	5	6	7	8	9	10	
1	Wir stellen für unsere Produktions-verfahren eine Ökobilanz auf:											
2	Wir haben unsere Produkte einer Ökobilanz unterzogen:											
3	Wir überprüfen laufend einzelne Unternehmensbereiche mit Umweltchecklisten:											
4	Alle ökologischen Vorschriften sind bei uns realisiert:											
5	Wir führen interne Wettbewerbe zum Thema Energie- und Ressourcenplanung durch:											
6	Wir führen Kreativitätssitzungen zum Thema Abfallvermeidung und Recycling durch:											
7	Konsumenten- und Verbraucherschutz ist eine unserer Zielgrößen:											
8	Wir betreiben eine offene Informationspolitik:											
9	Wir sind im Bereich Umweltschutz öffentlich als führend anerkannt:											

*Bewertung der eigenen Situation im Vergleich zum denkbaren Optimum
1= Trifft überhaupt nicht zu ; 10 = Trifft voll und ganz zu

Besondere Stärken:	Gründe:	Wie in Zukunft wirksam?
Besondere Schwächen:	Gründe	Wie in Zukunft wirksam?
Sofortmaßnahmen:	Verantwortlich:	Termine:

Abb. 63: Checkliste (Auswahl): Umweltorientierung

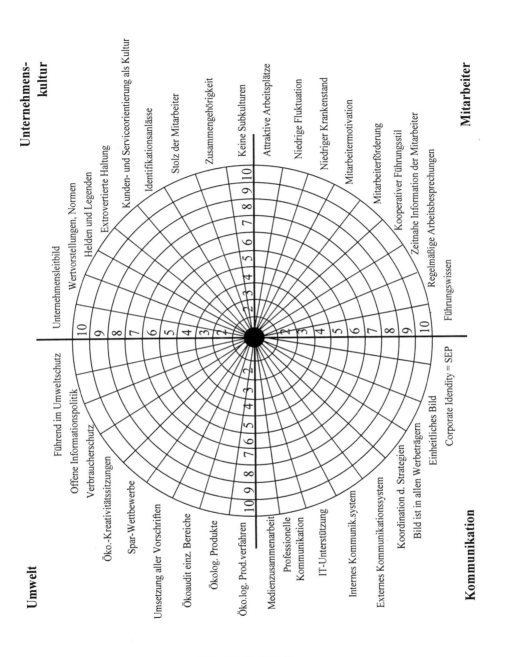

Abb. 64: Rad Kultur

Stärken und Schwächen Organisation	Bewertung*										Bemerkungen
	1	2	3	4	5	6	7	8	9	10	
1 Die formelle Struktur stimmt mit der informellen überein:											
2 Unsere Struktur ist schlank, flexibel, schlagkräftig und prozessorientiert:											
3 Wir sind fähig, unsere Struktur schnell veränderten Rahmenbedingungen anzupassen:											
4 Unsere Geschäftsverteilungspläne und Stellenbeschreibungen sind passend und aktuell:											
5 Für jede Stelle ist Aufgabenstellung, Kompetenz und Verantwortung klar geregelt:											
6 Für die wichtigen Abläufe bestehen klare organisatorische Regeln:											
7 Wir haben noch genügend Freiräume für Improvisation und Innovation:											
8 Die Schlüsselpositionen sind mit kompetenten Personen besetzt:											
9 Wir sind bei der Festlegung von Struktur und Abläufen unabhängig:											

*Bewertung der eigenen Situation im Vergleich zum denkbaren Optimum
1= Trifft überhaupt nicht zu ; 10 = Trifft voll und ganz zu

Besondere Stärken:	Gründe:	Wie in Zukunft wirksam?

Besondere Schwächen:	Gründe	Wie in Zukunft wirksam?

Sofortmaßnahmen:	Verantwortlich:	Termine:

Abb. 65: Checkliste (Auswahl): Organisation

Stärken und Schwächen Planung und Steuerung	Bewertung*										Bemerkungen
	1	2	3	4	5	6	7	8	9	10	
1 Unser Planungssystem ist eindeutig und transparent:											
2 Maßnahmen und Projekte werden einer Fortschrittskontrolle unterzogen:											
3 Wir haben ein wirkungsvolles, alle Bereiche umfassendes Controllingsystem:											
4 Unsere Budgetierung ist planungsgenau:											
5 Unserer IT unterstützt den Planungsprozess anforderungsgerecht:											
6 Die Erkenntnisse des strategischen Frühwarnsystems werden berücksichtigt:											
7 Das interne Berichtswesen entspricht den Anforderungen des Planungsprozesses:											
8 Teilkostenrechnung und kurzfristige Erfolgsrechnung sind Planungsgrundlage:											
9 Die Teilpläne sind synchronisiert (Engpassbereich!)											

*Bewertung der eigenen Situation im Vergleich zum denkbaren Optimum
1= Trifft überhaupt nicht zu ; 10 = Trifft voll und ganz zu

Besondere Stärken:	Gründe:	Wie in Zukunft wirksam?
Besondere Schwächen:	Gründe	Wie in Zukunft wirksam?
Sofortmaßnahmen:	Verantwortlich:	Termine:

Abb. 66: Checkliste (Auswahl): Planung und Steuerung

Stärken und Schwächen Finanzmanagement	Bewertung*										Bemerkungen
	1	2	3	4	5	6	7	8	9	10	
1 Unser Rechnungswesen ist nach modernsten Erkenntnisse aufgebaut:											
2 Wir haben ein anforderungsgerechtes Kostenrechnungssystem:											
3 Unsere Kalkulation ist verursachungsgerecht, und wird ständig überprüft:											
4 Unser Cash Management System ermöglicht eine umfassende Liquiditätssteuerung:											
5 Wir haben ein optimiertes Fremdfinanzierungskonzept :											
6 Unsere Eigenkapitalquote liegt über dem Brachendurchschnitt:											
7 Wir nutzen die Gestaltungsfreiräume der Steuergesetzgebung bestmöglich:											
8 Wie bieten unseren Kunden Finanzierungsalternativen als Marketinginstrument:											
9 Wir wenden alle finanzwirtschaftlichen Optimierungsmodelle an:											

*Bewertung der eigenen Situation im Vergleich zum denkbaren Optimum
1= Trifft überhaupt nicht zu ; 10 = Trifft voll und ganz zu

Besondere Stärken:	Gründe:	Wie in Zukunft wirksam?
Besondere Schwächen:	Gründe	Wie in Zukunft wirksam?

Sofortmaßnahmen:	Verantwortlich:	Termine:

Abb. 67: Checkliste (Auswahl): Finanzmanagement

Stärken und Schwächen Leistungserstellung	Bewertung*										Bemerkungen
	1	2	3	4	5	6	7	8	9	10	
1 Unsere F+E-Abt. sitzt nicht im Elfenbeinturm, sondern hat Marktkontakt:											
2 Die Innovationen unserer F+E sind meist kundeninduziert:											
3 Zwischen F+E, Produktion und Vertrieb herrscht lebhafter Meinungsaustausch:											
4 Wir führen regelmäßig Bewertungen unserer Produktionsverfahren durch:											
5 Wir haben ein optimiertes Produktions- planungs- und –steuerungssystem (PPS):											
6 Die Lebenszyklen unserer Produkte werden systematisch verfolgt:											
7 Wir eliminieren regelmäßig Altprodukte und nehmen neue Produktideen auf:											
8 Wir haben die wichtigsten Anregungen von „lean production" realisiert:											
9 Wir haben ein zertifiziertes Qualitätssicherungssystem:											

*Bewertung der eigenen Situation im Vergleich zum denkbaren Optimum
1= Trifft überhaupt nicht zu ; 10 = Trifft voll und ganz zu

Besondere Stärken:	Gründe:	Wie in Zukunft wirksam?

Besondere Schwächen:	Gründe	Wie in Zukunft wirksam?

Sofortmaßnahmen:	Verantwortlich:	Termine:

Abb. 68: Checkliste (Auswahl): Leistungserstellung

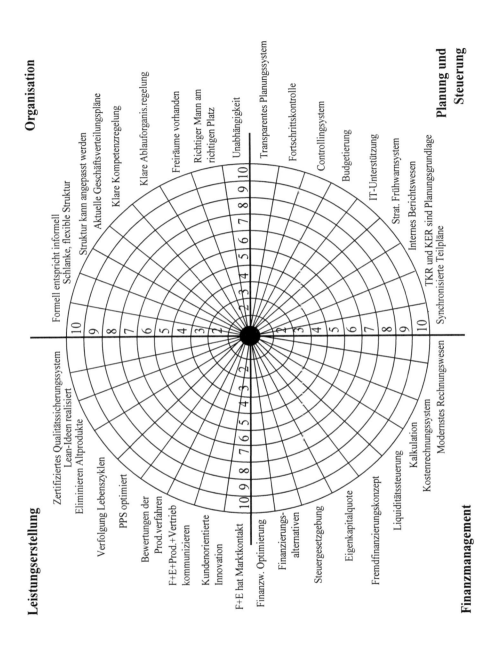

Abb. 69: Rad zu Organisation, Planung und Steuerung, Finanzmanagement, Leistung

Zur Visualisierung der Stärken- und Schwächenanalyse wurden bisher Tortendiagramme gezeigt, die wegen ihrer Anschaulichkeit sehr häufig in der Unternehmensberatung verwendet werden. Alternativ können auch andere Darstellungsformen gewählt werden, wie z.B.:

Visualisierung

Tortendiagramme

1. Die Profil- Methode, bei der den jeweiligen Problembereichen Bewertungsklassen, wie z.B. 1 (sehr gut, oder trifft voll zu) bis 10 (sehr schlecht, oder trifft überhaupt nicht zu) zugeordnet werden. Für diese Auswertungsform können ebenfalls die Stärken-/ Schwächenanalyse - Checklisten verwendet werden (siehe Abb. 70). Bei ihrem Einsatz ist jedoch folgendes zu beachten: Die Aussagen der Checklisten sind in der Absicht formuliert, die Diskussion mit den Betroffenen im Klientenunternehmen anzureizen und zu konsensfähigen Ergebnissen zu führen. Dabei wird von den Diskussionspartnern intuitiv der aktuelle Status mit dem denkbaren Optimum verglichen. Bei der Profilmethode hingegen können wahlweise verschiedene Bezugsbasen verwendet werden, wie z.B.:[30]

Profilmethode

- Die Entwicklung der letzten 3 Jahre,

- Vergleich mit dem wichtigsten/stärksten Wettbewerber,

- Soll-Ist-Vergleich mit den eigenen Zielvorgaben.

Wie das Tortendiagramm dient auch die Profilmethode (vgl. auch 2.3.2.3 Potenzialanalyse) in erster Linie der graphischen Darstellung.

Die einzelnen Problembereiche werden als gleichgewichtig behandelt, was fast nie mit der Realität übereinstimmt.

2. Beim Scoring-Verfahren werden die Problembereiche zunächst nach ihrer Bedeutung gewichtet (vgl. 5.5). Im folgenden Schritt wird jedem Problembereich eine Bewertungsziffer oder ein numerischer Erfüllungsgrad zugeordnet. Bei der Wahl der Gewichtungs- und Bewertungsskala ist man völlig frei. Durch Multiplikation des Gewichtungsfaktors mit der Bewertung entsteht für jeden Problembereich eine Teilkennzahl, die im Vergleich mit anderen Teilkennzahlen eine Interpretation der Stärken- und Schwächenausprägung dieses Bereiches erlaubt.

Scoring

Scoring-Verfahren werden auch in einer späteren Phase der Auftragsdurchführung eingesetzt, nämlich dann, wenn es um die Bewertung und Auswahl verschiedener Lösungsalternativen geht (vgl. 5.5).

Die numerische Darstellung darf nicht über die Tatsache hinwegtäuschen, dass es sich auch hier um eine subjektive und intuitive Einschätzung handelt

2.3.2.3   Potenzialanalyse

Die Potenzialanalyse baut auf der Stärken- und Schwächenanalyse (siehe Abb. 70) auf: Aus den identifizierten Stärken
und Schwächen werden die, für die weitere Unternehmensentwicklung wichtigsten, immateriellen Schlüsselfaktoren
herausgefiltert.

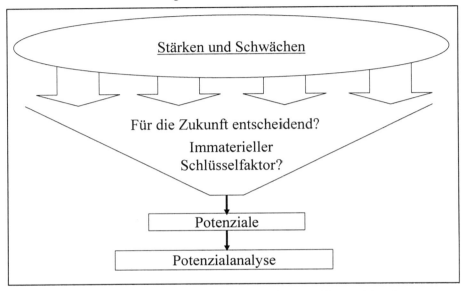

Abb. 70: Zusammenhang Stärken- / Schwächen- und Potenzialanalyse

Potenziale werden definiert[31] als immaterielle Größen, mit deren Hilfe man

Definition von
Potenzialen

- ein Unternehmen steuerbegünstigt aufbauen kann (sie
  reduzieren als Kosten sofort den steuerpflichtigen Gewinn, erscheinen nicht in den Bilanzen und sind damit
  steuerrechtlich gesehen neutral)

und

- den Ertrag eines Unternehmens ohne Werteverbrauch
  steigern kann, da immaterielle Güter im Gegensatz zu
  materiellen nicht verbraucht oder abgenutzt werden.

Von vielen Beratern werden die immateriellen Faktoren eines
Klientenunternehmens als die wichtigsten Hebel für eine Verbesserung bei den materiellen Größen, wie z.B. Umsatz, Liqui-
dität und Produktivität angesehen.

Den Erkenntnissen der Potenzialanalyse liegt die Annahme zugrunde, dass jede Branche und jedes Marktsegment durch eine begrenzte Zahl (ca. 10) von Schlüsselfaktoren beeinflusst wird.

Bestimmung von

Der Erfolg eines Unternehmens wird dadurch bestimmt

Schlüsselfaktoren

- wie viele der "objektiven" Schlüsselfaktoren durch "subjektive" Stärken des Unternehmens abgedeckt werden,

- wie hoch der individuelle Erfüllungsgrad pro Schlüsselfaktor ist,

- wie stark die Differenzierung der eigenen Schlüsselfaktoren von denen der Wettbewerber ist.

Die Bestimmung der Schlüsselfaktoren erfolgt in folgenden Stufen:[32]

1. Brainstorming mit den Mitarbeitern im Klientenunternehmen: „Welche Schlüsselfaktoren bestimmen unsere Branche und unsere Märkte?".

2. Prüfung der Schlüsselfaktoren auf Vollständigkeit mit Hilfe einer Checkliste (siehe Abb. 71 [31]).

3. Bewertung (Gewichtung) der Schlüsselfaktoren, um die ca. zehn wichtigsten herauszufiltern.

4. Anpassen dieser Schlüsselfaktoren auf die individuellen Gegebenheiten im Klientenunternehmen

5. Überprüfung der Schlüsselfaktoren anhand der eigenen Erfolge und der Erfolge der Wettbewerber des Klienten. Die Prüfung bezieht sich auf Vollständigkeit und Plausibilität

Je exakter die Präzisierung und Konkretisierung der spezifischen Schlüsselfaktoren für das Klientenunternehmen vorgenommen wird, umso deutlicher lassen sich die zukunftssichernden Chancen erkennen und realisieren.

Die Potenzialanalyse wird dann in folgenden Phasen durchgeführt:

Phasen der

1. Die zehn im Konsens identifizierten Schlüsselfaktoren/Stärken werden in ein Formblatt eingetragen (siehe Abb. 72).

Potenzialanalyse

2. Festlegung des wichtigsten Wettbewerbers, mit dem man den Klienten hinsichtlich des Erfüllungsgrades eines jeden Schlüsselfaktors vergleicht.

3. Die Bewertung des Erfüllungsgrades der Schlüsselfaktoren erfolgt nun im Vergleich zu diesem Wettbewerber, wobei dieser in der Quantifizierung den Wert "0" erhält.

Bereich	Immaterielle Schlüsselfaktoren
Gesamtunternehmen	Image, Standort Wissensvorsprung Technisches Know-how Flexibilität Firmenname Zugehörigkeit zu Verbund Eigentümersituation Innovationskraft, Finanzkraft Landeskenntnisse Forschung und Entwicklung Kreativität Management-Qualität Führungssystem Beziehungen Zuverlässigkeit, Vertrauen Kostenvorteile Ökologie-Know-how Substitutionsmöglichkeit Infrastruktur
Produkt/Produktion	Problemlösungs-Know-how Patente Verpackung Stand auf der Lebenszykluskurve Standards, Normen Kapazitäten Produktivitätsreserve Herstellerkompetenz Verfügbarkeit/Alternative Rohstoffe Lieferantenkontrolle
Marktbearbeitung	Logistische Nähe Konditionengestaltung Vertriebsorganisation Marktsegmentierung Marktanteil Angebotsbreite und -tiefe Marke, Marktkommunikation Servicequalität Lagerorganisation

Abb. 71: Checkliste (Auszug) zum Auffinden von Schlüsselfaktoren

4. In der Bewertung bedeutet die Skala von +1 bis +3, dass das Klientenunternehmen die Schlüsselfaktoren besser als der Wettbewerber erfüllt, die Skala von -1 bis -3 zeigt an, in welchem Bereich das Klientenunternehmen dem Wettbewerber unterlegen ist. Die Werte, die auf der positiven Seite größer als Null sind, zeigen die derzeit genutzten Potenziale auf.

5. In einem letzten Schritt wird geprüft, bei welchem der zehn Faktoren unter welchen Voraussetzungen weitere Potenziale erschlossen werden könnten. Aus diesen Erkenntnissen werden Maßnahmenkataloge abgeleitet.

Die Auswertung der Potenzialanalyse lässt folgende Schlussfolgerungen zu:

Auswertung der Potenzialanalyse

Die Stärke der Ausprägung der genutzten Potenziale ist ein Indiz für die Lebenskraft des Klientenunternehmens. Sie verdeutlicht gleichzeitig eine positive Differenzierung vom wichtigsten Wettbewerber.

Die Abweichung zwischen genutzten und ungenutzten Potenzialen zeigt zusätzliche Chancen für die Zukunft auf. Ist die Abweichung relativ schwach, so hat das Klientenunternehmen die Potenziale bereits stark genutzt oder es fehlt die notwendige Profilierungsmöglichkeit.

Die Visualisierung der Profilierung zeigt auch die Notwendigkeit von Sofortmaßnahmen auf. Die Maßnahmen haben entweder den Zweck, eine positive Profilierung weiter zu verstärken oder ein negatives Profil zu beseitigen. Für jeden Schlüsselfaktor kann sofort ein Maßnahmenbündel diskutiert und verabschiedet werden.

Sofortmaßnahmen

Wie bei allen Analysen ist auch hier die Diskussion mit den Mitarbeitern und Führungskräften im Klientenunternehmen von vorrangiger Bedeutung. Nur durch die dadurch hervorgerufene Schärfung des Problembewusstseins entsteht die Motivation und der Antrieb wirkliche Veränderungen herbeizuführen.

Die traditionelle Durchführung der Unternehmensberatung, bei der die Berater überwiegend allein und hinter verschlossenen Türen analysieren, verzichtet auf die Erkenntnisse aus dieser wichtigen Wirkungskette.

Schlüsselfaktoren	Profilierung (wichtigster Wettbewerber = 0)						Maßnahmen zur Verstärkung positiver Profilierung
	+3	+2	+1	-1	-2	-3	
1. Markenstärke				●			Neues Werbekonzept
2. Marktpräsenz	●						
3. Vertriebskonzept		●					
4. Problemlösungsqualität der Produkte		●					
5. Zusatz- und Geltungsnutzen		●					
6. Finanzkraft					●		Neue Partner,Rentabilität steigern
7. Innovator		●					
8. Flexibilität bei Entscheidungen			●				
9. Lieferfähigkeit					●		Produktivität erhöhen
10. Servicekonzept			●				

Brainstorming: Durch welche Maßnahmen können wir das Profil der Potentialnutzung weiter verbessern ?

1. Neue Werbekonzeption, um die Marktstärke auszubauen.

2. Partner oder Teilhaber suchen, um die Finanzkraft und das Finanzierungspotential zu steigern.

3. Durch Wertstromanalyse Produktivität im Produktionsbereich steigern, um die Lieferfähigkeit zu verbessern.

Abb. 72: Visualisierung der Potenzialanalyse

2.3.2.4   Synergieanalyse

Ebenso wie die Potenzialanalyse baut auch die Synergieanalyse auf den Ergebnissen der Stärken-/Schwächenanalyse auf. Sie wird vor allem dann eingesetzt, wenn im Zuge einer Diversifikationsberatung Entscheidungen über Unternehmensgründung, Unternehmenskauf oder -beteiligung zu fällen sind. Die dabei zu analysierenden Synergiepotenziale sind in drei Gruppen einzuteilen:

Synergiearten

- finanzielle Synergiepotenziale, z.b. durch Erhöhung der Verschuldungskapazität und Realisierung steuerlicher Vorteile,

- funktionale Synergiepotenziale, z.b. durch Zusammenfassung der Beschaffungs-, Forschungs- und Entwicklungsfunktionen,

- organisatorische Synergiepotenziale, z.B. durch Zusammenfassung und Verschlankung von Managementebenen.

Die Synergieanalyse wird so durchgeführt, dass in einer ersten Phase auf der Basis der identifizierten Stärken des Klientenunternehmens und des Übernahmekandidaten die funktionalen Bereiche bestimmt werden, in denen Synergiepotenziale vermutet werden. Diese werden dann in der zweiten Phase den drei Synergiearten gegenübergestellt, und es wird ermittelt, welche konkreten Synergien realisierbar sind (siehe Abb. 73). Darauf aufbauend werden Maßnahmenkataloge zur Realisierung der Synergien erstellt, in denen nicht nur Umsetzungsverantwortung und Termine festgelegt werden, sondern auch die Machbarkeit und Risikowahrscheinlichkeit je Maßnahme überprüft wird.

Phasen der Durchführung

Funktionale Bereiche	Finanzielle Synergien	Funktionale Synergien	Organisator. Synergien
F & E			
Produktion			
Beschaffung			
Logistik			
IT			
Marketing			

Abb. 73: Modell der Phase 1 und 2 der Synergieanalyse[33]

2.3.2.5   Ursachenanalyse

Die Ursachenanalyse nach Kepner/Tregoe[34] konzentriert sich nicht nur auf die Identifikation des Problems als eine Soll-Ist-Abweichung, sondern auch auf die möglichen Problemursachen und -wirkungen. Dabei werden drei Phasen der Problemursachenanalyse vorgeschlagen (siehe Abb. 74)

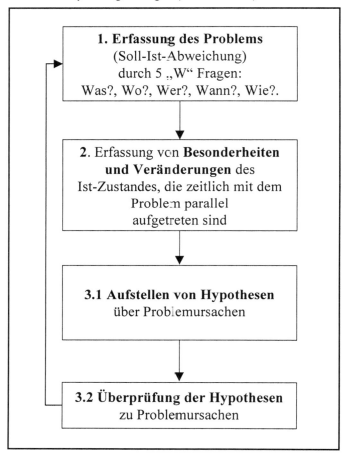

1. Erfassung des Problems
(Soll-Ist-Abweichung)
durch 5 „W" Fragen:
Was?, Wo?, Wer?, Wann?, Wie?.

2. Erfassung von **Besonderheiten und Veränderungen** des Ist-Zustandes, die zeitlich mit dem Problem parallel aufgetreten sind

3.1 Aufstellen von Hypothesen über Problemursachen

3.2 Überprüfung der Hypothesen zu Problemursachen

Abb. 74: Phasenablauf der Ursachenanalyse nach Kepner/Tregoe

Zur genauen Problemerfassung wird ergänzend zu den fünf "W"-Fragen die Fragestellung "Das Problem ist ....", und "Das Problem ist nicht ..." angewandt. Dies soll eine möglichst präzise Definition des Problems und seiner Schnittstellen ermöglichen. Durch eine Verknüpfung der "W"-Fragen mit den "Ist"/"Ist nicht"-Feststellungen und der Ermittlung der Abweichungen und möglichen Problemursachen entsteht die Matrix der Kepner/Tregoeschen Problemanalyse (siehe Abb. 75), die insbesondere im anglo-amerikanischen Raum zum Grundinstrumentarium der Unternehmensberater gehört.

Die Ursachenanalyse ist im Bereich der Hypothesenbildung mit der Analysetechnik "Hypothesenbäume" (vgl. 2.2.3.9) vergleichbar.

	Ist	Ist nicht	Abweichung	Ursache
Was? **Identifiziere!**	Was ist das Problem?	Was ist nicht das Problem?	Was ist der Unterschied zwischen Ist/Ist nicht	Was ist die mögliche Ursache?
Wo? **Lokalisiere!**	Wo ist das Problem aufgetreten?	Wo ist das Problem nicht aufgetreten?	Was ist der Unterschied zwischen den Zeitpunkten?	Was ist die mögliche Ursache?
Wann? **Zeitpunkt!** **Zeitraum!**	Wann tritt das Problem auf?	Wann tritt das Problem nicht auf?	Was ist der Unterschied zwischen den Zeitpunkten?	Was ist die mögliche Ursache?
	Wann wurde das Problem zuerst festgestellt?	Wann wurde das Problem zuletzt festgestellt?	Was ist der Unterschied zwischen den Feststellungen?	Was ist die mögliche Ursache?
Wie? **Umfang!** **Größe!** **Bedeutung!**	Wie umfangreich ist das Problem?	Wie lokalisiert ist das Problem	Was ist der Unterschied?	Was ist die mögliche Ursache?
	Wie viele Einheiten sind Betroffen?	Wie viele Einheiten sind nicht betroffen?	Was ist der Unterschied?	Was ist die mögliche Ursache?
	Wie viel von einer Einheit ist betroffen?	Wie viel von einer Einheit ist nicht betroffen?	Was ist der Unterschied?	Was ist die mögliche Ursache?

Abb. 75: Problemanalyse nach Kepner / Tregoe[35]

Die Problemanalyse nach Kepner/Tregoe ist durch die Fragestellungen "ist nicht" und "Abweichung" in besonderer Weise geeignet, die exakten Schnittstellen einer Problemstellung herauszuarbeiten. Ihr Einsatz empfiehlt sich deshalb immer dann, wenn die Schnittstellen eines Problems nur diffus erkennbar sind, für eine erfolgreiche Auftragsdurchführung aber genau bestimmt werden müssen. Die Schnittstellenfestlegung schützt den Berater auch davor, in einem Auftrag plötzlich auftauchende Probleme zusätzlich zu lösen und dadurch das Projektbudget zu überschreiten.

2.3.3   Analysen der Marktposition

Unter diesem Begriff sollen die Analysemethoden zusammengefasst werden, mit deren Hilfe man Teilbereiche oder -aspekte der Marktpositionierung des Klientenunternehmens untersuchen und gestalten kann. Sie können wahlweise die Umfeld- und Unternehmensanalysen ergänzen.

2.3.3.1   Portfolioanalysen

Marktposition der SGE

Portfolioanalysen gelten als Instrumente der strategischen Unternehmensplanung. Durch Inbeziehungsetzen verschiedener Erfolgsfaktoren wird die Marktposition einzelner strategischer Geschäftseinheiten (SGE) oder Produkte/Produktgruppen des Unternehmens im Markt bestimmt.

Es existieren verschiedene Ansätze, wie z.B.:[36]

Vier Ansätze

1. Das Erfahrungskurvenkonzept mit Marktwachstums-/Marktanteilsportfolio, von der Boston Consulting Group entwickelt.

2. Das Marktattraktivitäts-/Wettbewerbsposition-Portfolio, von McKinsey zusammen mit General Electric entwickelt.

3. Das Produktlebenszyklus-/Wettbewerbspositions-Portfolio, von Arthur D. Little konzipiert.

4. Das Ressourcen-/Produkt-Portfolio.

Auf diese vier Ansätze soll näher eingegangen werden, da sie in der Unternehmensberatung eine nicht zu unterschätzende Rolle spielen. Es kann immer wieder festgestellt werden, dass die logischen Zusammenhänge einer Portfolioanalyse vom Auftraggeber schnell erkannt und als Basis für die Ableitung strategischer Handlungsalternativen akzeptiert werden.

Bildung von SGEs

In der Praxis der Unternehmensberatung ergibt sich vor oder bei dem Einsatz der Portfolioanalyse häufig eine Diskussion über die Bildung strategischer Geschäftseinheiten (SGEs), falls diese bis zu diesem Zeitpunkt nicht existiert haben. Die Beratungsleistung besteht dann zunächst einmal darin, gemeinsam mit dem Auftraggeber festzulegen, welche Produktgruppen, Tätigkeitsbereiche oder Abteilungen als strategische Geschäftseinheiten definiert werden können. Dabei kann als Diskussionsgrundlage das in Abb. 76 dargestellte einfache Raster verwendet werden. Können die fünf Fragen eindeutig bejaht werden, liegt die Entscheidung nahe, eine Organisationseinheit künftig als strategische Geschäftseinheit zu führen.

Im Beratungsprozess bietet sich dabei oft auch eine Neustrukturierung dieser Organisationseinheit an.

Kriterien \ Abt./Produkte	A	B	C	D	E
1. Eigenständigkeit der Nachfrage					
2. Eindeutig identifizierbare Wettbewerber					
3. Erreichbarkeit von Wettbewerbsvorteilen					
4. Relative Unabhängigkeit von Entscheidungen anderer Bereiche (z.B. anderer SGE)					
5. Von anderen SGEs getrennt führbar (ohne Verluste hinsichtlich Führungseffizienz)					
Auswertung: SGE ja / SGE nein					

Abb. 76: Kriterien für die Bestimmung einer strategischen Geschäftseinheit

Die der Portfolioanalyse zugrunde liegende Idee besteht darin, SGEs nicht isoliert zu betrachten, sondern eine gesamtheitliche Sicht und Planung über alle SGEs zu ermöglichen. *gesamtheitliche Sicht*

Zu 1:

Diesem Portfolioansatz liegt die Annahme zugrunde, dass ein hoher relativer Marktanteil und ein zügiges Marktwachstum zu Mittelrückflüssen führen. Dieser Effekt beruht auf der sogenannten Erfahrungskurve, die zum Ausdruck bringt, dass die realen Stückkosten eines Produktes immer dann relativ konstant sinken (ca. 20-30%), wenn sich die aus der kumulierten Ausbringungsmenge resultierende Produkterfahrung verdoppelt. Unter "Erfahrung" werden dabei verschiedenen Teilaspekte zusammengefasst:[37]   *Effekt der Erfahrungskurve..*

- Lerneffekte bei Mitarbeitern durch wiederholte Ausführung bestimmter Tätigkeiten,

- Produktivitätssteigerungen durch Optimierung der Produktionsverfahren und Produkttechnologien,

- Rationalisierung der organisatorischen Abläufe.

Der Kostendegression folgt nach den Erkenntnissen der Boston Consulting Group ein Preisverfall. Dieser hat in expandierenden Märkten zur Folge, dass die Gewinnspannen nicht steigen, und verhindert damit, dass weitere neue Wettbewerber in den Markt eintreten. Durch Positionierung aller strategischen Geschäftseinheiten (oder Produkte) in einer 4-Felder-Matrix (siehe Abb. 77) werden diese Zusammenhänge verdeutlicht. Die Höhe des investierten Kapitals oder die Umsätze der Geschäftseinheiten   *...der Boston Consulting Group* werden durch die Größe der Kreise veranschaulicht. Der Verlauf der Pfeile vom ersten über den zweiten und dritten zum vierten Quadranten stellt den Lebenszyklus eines Produktes, bzw. einer SGE dar.

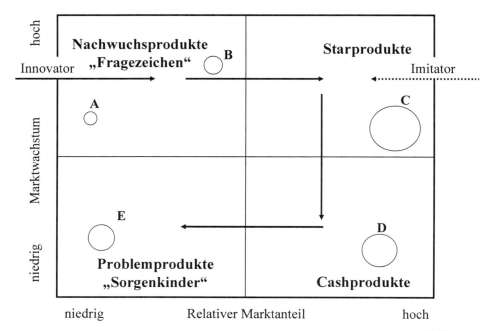

Abb. 77: Geschäftsfeldpositionierung nach Marktanteil / Marktwachstum[38] [39]

Erläuterungen zu Abb. 77:

Unter den Aspekten des Cash-Verbrauchs und der Cash-Erzeugung werden bei diesem Portfolioansatz je nach Positionierung der SGE analytische Erkenntnisse und daraus abgeleitete Normstrategien gewonnen:[40]

Normstrategien

Nachwuchsprodukte oder "Fragezeichen" versprechen ein hohes Wachstum, haben zunächst einen geringen Umsatzanteil (Cash-Erzeugung), benötigen aber in erheblichem Umfang finanzielle Mittel (Cash-Verbrauch) und lassen überdurchschnittliche Renditen erwarten. Es sind jedoch erhebliche Anstrengungen notwendig, um den Marktanteil der Fragezeichen so zu steigern, dass sie zu Stars werden. Gelingt es nicht, die marktführenden Wettbewerber einzuholen, so muss der Marktaustritt vollzogen werden. Die Marktanteilsgewinnung oder der Marktaustritt sollte in expandierenden Märkten schnell vollzogen werden, denn am risikoreichsten und teuersten ist ein Verharren in der Fragezeichenposition: Die SGE oder das Produkt wird zur Cashfalle.

Starprodukte weisen hohes Wachstum und eine führende Marktposition auf. Der relativ hohe Marktanteil des Marktführers führt zu einer hohen Cash-Erzeugung. Diese ist, nach den Erkenntnissen der Erfahrungskurve, eine Funktion der Kostenunterschiede zwischen den Wettbewerbern. Dem steht jedoch in expandierenden Märkten ein hoher Investitionsbedarf gegenüber. Übersteigt dieser die Rendite des eingesetzten Kapitals, so kann sich der Star nicht mehr selbst finanzieren. Dies war die typische Situation der Nixdorf AG Anfang der achtziger Jahre. Die wichtigste Strategie für Stars besteht in Bündeln von Maßnahmen zur Aufrechterhaltung des Marktanteilvorsprungs, um künftige Cash-Rückflüsse zu sichern.

Stars: Hoher Investitionsbedarf

Cashprodukte haben bei mäßigen Wachstumsraten eine hohe Kapitalrendite und erzeugen damit Cash. Der Wert einer Cash-Kuh kann durch die Kapitalrendite alternativer Investitionsmöglichkeiten bestimmt werden. Strategien in diesem Quadranten des Portfolios basieren auf der Entscheidung, ob der Marktanteil der Cash-Kuh noch ausgeweitet oder (in Teilen) veräußert werden soll, um kurzfristig weiteres Cash, z.B. für Investitionen in neue Bereiche, zu erzeugen. Vor einer Marktanteilsausweitung ist zu prüfen, wie sich die Gewinnspannen des Teilmarktes dadurch verändern. Ergebnis dieser Prüfung kann sein, dass die Kosten der Marktanteilsgewinnung höher sind als die zusätzliche Cash-Erzeugung.

Marktanteilsausweitung prüfen

Problemprodukte oder "Sorgenkinder" verursachen in der Regel Verluste, auch wenn sie Buchgewinne ausweisen. Bei diesen Produkten sind zwei diametral entgegengesetzte Strategien möglich: Keine weiteren Investitionen und Maximierung des Cashflow bei Erwägung eines späteren Marktaustritts, oder sehr hohe Investitionen zur Marktanteilssteigerung.

zwei Strategien möglich

Zu 2:

Diese Matrix (siehe Abb. 78) hat neun Felder[41] und soll dadurch eine differenzierte Betrachtung ermöglichen. Die Koordinaten sind Marktattraktivität und relative Wettbewerbsvorteile. Für jedes Feld sind Normstrategien vorgeschlagen. Zur Bestimmung der Portfolioposition (Abszissen- und Ordinatenwert) können Checklisten (siehe Abb. 79 und Abb. 80) eingesetzt werden. Nach der Bewertung der nur beispielhaft genannten Kriterien für Marktattraktivität und Wettbewerbsvorteile, die für Produkte, SGEs und Teilmärkte aufgestellt werden können, kann eine Position im Portfolio bestimmt werden. Die Größe der Flächen visualisiert wiederum den Umsatz.

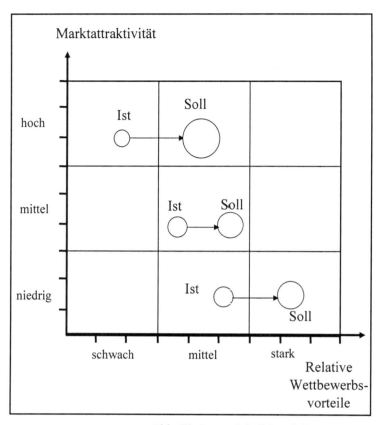

Abb. 78: Ist- und Soll-Portfolio

Erläuterungen zu Abb. 79 und Abb. 80

• **Bewertung der Marktattraktivität (Ordinatenwert)**

Marktattraktivität   Die Marktattraktivität kann z.B. an den folgenden 10 Faktoren gemessen und mit einer Skala von 1 - 9 beurteilt werden (1 = sehr negativ, 9 = sehr positiv).

Dabei werden nicht die Produkte/Geschäftseinheiten bewertet, sondern der Markt selbst.

Es spielt für die Beurteilung daher keine Rolle, ob der Klient mit seinem Leistungsprogramm derzeit in diesem Markt Gewinn macht. Die Attraktivität der Märkte kann für jede der Geschäftseinheiten unterschiedlich sein, sie ist deshalb für jede einzeln zu ermitteln. Alternativ können die Bewertungen auch für Produkte, Leistungsprogrammgruppen oder Dienstleistungen durchgeführt werden.

Bewertung des relevanten Marktes im Vergleich zu anderen Märkten											
Geringe Attraktivität		Bewertung									Hohe Attraktivität
		1	2	3	4	5	6	7	8	9	
1	Geringe Umsatz-, bzw. Gewinnentwicklung in den nächsten .....Jahren										Hohe Umsatz-, bzw. Gewinnentwicklung in den nächsten......Jahren
2	Hohe Innovationsabhängigkeit (Patente, Lizenzen)										Geringe Innovationsabhängigkeit (Patente, Lizenzen)
3	Geringe Investitions- bzw. Konsumbereitschaft der Abnehmer										Hohe Investitions- bzw. Konsumbereitschaft der Abnehmer
4	Geringe Kundentreue, hohe Bereitschaft die Lieferanten zu wechseln										Hohe Kundentreue, geringe Bereitschaft die Lieferanten zu wechseln
5	Stark konjunkturanfällige Abnehmer										Kaum konjunkturanfällige Abnehmer
6	Geringe Macht der Lieferanten im Abnehmermarkt										Hohe Macht der Lieferanten im Abnehmermarkt
7	Starke Bedrohung durch neue Konkurrenten/Produkte (Substitute, Surrogate)										Geringe Bedrohung durch neue Konkurrenten/Produkte
8	Wettbewerbsdruck hoch (Diskussion über Art/Anzahl der Wettbewerber)										Wettbewerbsdruck niedrig
9	Starke gesetzliche/behördliche Reglementierungen										Geringe bis keine gesetzlichen/ behördlichen Reglementierungen
10	Starke Beeinträchtigung durch Gewerkschaft, öffentliche Meinung usw.										Geringe Beeinträchtigung durch Gewerkschaft, öffentliche Meinung usw.

$\sum$ Bewertungen : 10 = Wert der Marktattraktivität für die SGE (Ordinatenwert)

Abb. 79: Bewertung (Auswahl) der Marktattraktivität

Bewertung der eigenen SGE im Vergleich zum stärksten Wettbewerber

		Bewertung									
		1	2	3	4	5	6	7	8	9	
1	Zur Zielgruppe wenig passendes Produktprogramm (Qualität in Breite u.Tiefe)										Zur Zielgruppe optimal passendes Produktprogramm (Qualität in Breite u.Tiefe)
2	Flexibilität und Innovationskraft ungenügend										Flexibilität und Innovationskraft hoch
3	Sach- und Personalkosten-situation ungünstig										Sach- und Personalkostensituation günstig
4	Abhängigkeiten durch un-günstige Relation von Eigen-erstellung und Fremdbezug										Eigenerstellung und Fremdbezug ausgewogen
5	Lieferzeit (Geschwindigkeit u. Termintreue) ungenügend										Lieferzeit (Geschwindigkeit u. Termintreue) sehr günstig
6	Keine bewusste Kundenseg-mentierung und -bewertung										Genaue Kundensegmentierung und -bewertung
7	Marktbearbeitung schwach als Folge mangelhafter Ver-kaufsorganisation, Kunden-betreuung, Anreizsysteme										Erfolgreiche Marktbearbeitung durch beispielhafte Verkaufs-organisation, Kundenbetreuung, Anreizsysteme
8	Image, Zusatz- und Geltungsnutzen niedrig										Image, Zusatz- und Geltungsnutzen hoch
9	Niedrige Professionalität des Managements u. der Führungs- und Steuerungssysteme										Hohe Professionalität des Managements und der Führungs- und Steuerungssysteme
10	Derzeit eher Marktanteilsverluste										Derzeit hohe Marktanteilsgewinne

Bewertung: 1 = Konkurrenz ist wesentlich überlegen.
            9 = Konkurrenz ist wesentlich unterlegen

$\sum$ Bewertungen : 10 = Wert der Marktattraktivität für die SGE (Ordinatenwert)

Abb. 80: (Auswahl) der relativen Wettbewerbsvorteile

• Bewertung der Wettbewerbsvorteile (Abszissenwert)

Bei dieser Bewertung wird die Positionierung der eigenen SGE/Produkte im Verhältnis zu denen des stärksten Wettbewerbers beurteilt, d. h. es wird ermittelt, ob die eigenen SGE

Wettbewerbsvorteile

- nur Grenzanbieter sind (Werte von 1 bis 3),

- eine mittlere Wettbewerbsstellung einnehmen (Werte zwischen 4 und 6) oder

- eine oder die führende Position in diesem Markt darstellen (Werte zwischen 7 und 9).

Nachdem die Position jeder SGE oder Produktgruppe im Ist-Portfolio feststeht, kann bestimmt werden, wie durch Anwendung der Normstrategien (siehe Abb. 81) die Position einzelner Produkte oder SGEs verbessert werden kann. Das Ergebnis ist das Soll-Portfolio (siehe ebenfalls Abb. 78), das durch konkrete Zielvereinbarungen mit den Leitern der SGE oder den Produktverantwortlichen realisiert werden muss. Die Normstrategien sind auch für den Unternehmensberater kein Diktat, sondern eine Empfehlung. Wird eine abweichende Strategie empfohlen, so muss dies stichhaltig begründet werden.

Soll-Portfolio als

Ergebnis

Die Strategien werden durch Maßnahmenkataloge, in denen die Verantwortlichen und Termine festgelegt werden, umgesetzt. In den einzelnen Maßnahmen können die individuellen Ausprägungen der Einzelstrategien berücksichtigt werden. Für jede Maßnahme muss eine Machbarkeits- und Risikoanalyse durchgeführt werden (vgl. 6.2 und 6.3).

Maßnahmenkataloge

notwendig

Die Diagonale der Matrix (siehe Abb. 82) trennt die Normstrategien, die man zu Strategiebündeln der Mittelfreisetzung und denen der Mittelbindung zusammenfassen kann.

Rechts von der Diagonalen liegen die Abschöpfungs- und Desinvestitionsstrategien, links die Investitions- und Wachstumsstrategien. Die direkt durch die Diagonale verbundenen Verhaltensmuster werden als selektive Strategien bezeichnet. Diese können sowohl Offensiv- wie auch Defensivcharakter haben oder aus einer Mischung von beidem (Übergangsstrategie) bestehen.

Bedeutung der

Diagonalen

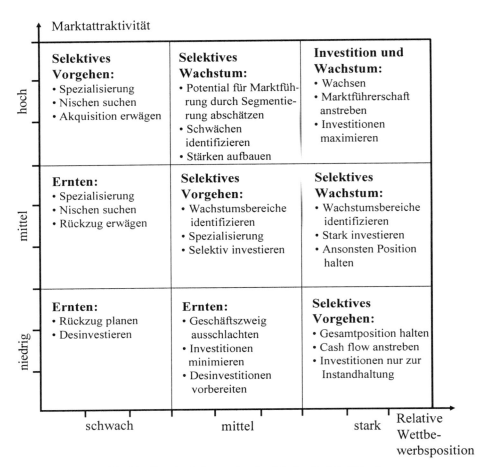

Abb. 81: Standard-Strategien im Marktattraktivitäts-/
Wettbewerbsposition-Portfolio

Zu 3:

Arthur D. Little

Mit Hilfe des Produktlebenszyklus-/Wettbewerbspositions-Portfolio, einer Entwicklung des Beratungsunternehmens A.D. Little (siehe Abb. 83) kann man in der Unternehmensberatung anschaulich und überzeugend vor allem Problemstellungen der Überprüfung und eventuellen Bereinigung der Produktpalette oder auch einzelner strategischer Geschäftseinheiten bearbeiten.

In einem ersten Schritt werden die SGEs oder Produktgruppen ihrer Situation entsprechend auf der Lebenszykluskurve ange-ordnet.

Erster Schritt

Es ist vor allem darauf zu achten, dass die Lebenszyklen der wichtigsten SGEs nicht kongruent sind, sondern dass jeweils eine adäquate Anzahl von Cash-Produkten zur Finanzierung von Nachwuchsprodukten existiert.

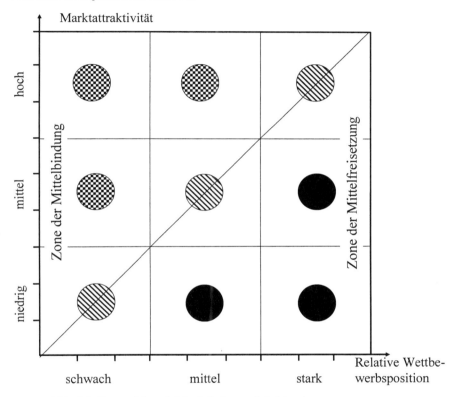

Abb. 82: Strategiebündel im Marktattraktivitäts-/
Wettbewerbsvorteil-Portfolio[42]

In einem zweiten Schritt wird die Wettbewerbssituation jeder SGE/ Produktgruppe in ihrem Markt bewertet und die daraus folgenden Normstrategien abgeleitet.

zweiter Schritt

Wird in einem Beratungsauftrag von den vorgeschlagenen Normstrategien abgewichen, so muss dies detailliert diskutiert und schlüssig begründet werden. Grundlage ist eine besonders gründliche Analyse des Ist-Zustandes.

Lebenszyklusphase				
Entstehung	**Wachstum**	**Reife**	**Alter**	
Marktanteile hinzugewinnen oder halten	Position halten Anteil halten	Position halten Wachstum mit der Branche anstreben	Position halten	dominant
Investieren, um Position zu verbessern. Marktanteilgewinnung (intensiv)	Intensivieren, um Position zu verbessern. Marktanteilgewinn ung (normal)	Position halten Wachstum mit der Branche anstreben	Position halten oder ernten	stark
Selektive/volle Marktanteilgewinnung, Verbesserung der Wettbewerbssituation	Versuchsweise Position verbessern. Selektive Marktanteilgewinnung	Minimale Investitionen zur Bestandhaltung. Nische suchen.	Ernten oder stufenweise Reduzierung des Engagements	günstig
Selektive Verbesserung der Wettbewerbssituation	Aufsuchen und erhalten einer Nische	Aufsuchen einer Nische oder stufenweise Reduzierung des Engagements	Stufenweise Reduzierung des Engagements oder liquidieren	haltbar
Starke Verbesserung oder aufhören	Starke Verbesserung oder liquidieren	Stufenweise Reduzierung des Engagements	Liquidieren	schwach

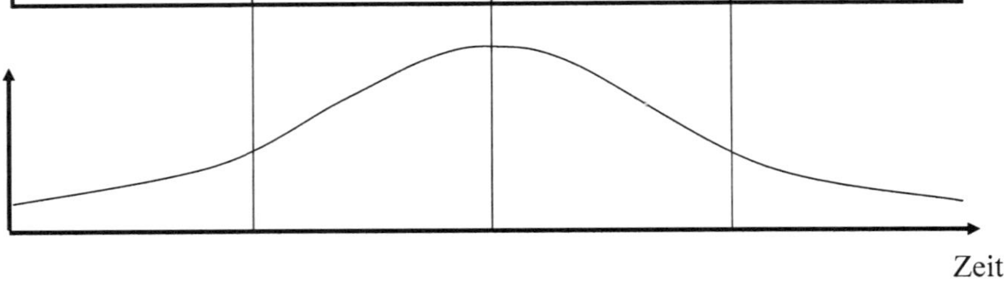

(vertikale Achsenbeschriftung: Wettbewerbssituation)

(horizontale Achse: Zeit)

Abb. 83: Strategien im Produktlebenszyklus-/Wettbewerbspositions-Portfolio

Zu 4:

Mit Hilfe des Ressourcen-/Produkt-Portfolios (siehe Abb. 84 und Abb. 85) werden vor allem Strategien zur Steuerung von Risiken des Beschaffungsbereichs entwickelt. Zur Beurteilung der Ressourcensituation werden folgende Faktoren und Ihre Ausprägungen zueinander in Beziehung gesetzt:

Verfüg-barkeit **Kosten-entwicklung**	gesichert	gefährdet, Substitute vorhanden	gefährdet, Substitute nicht bekannt
günstig			
mittel			
ungünstig			

Abb. 84: Ressourcen-Matrix

Lebens-zyklus **Markt-attraktivität**	Aufschwung	Reife	Abschwung
hoch			
mittel			
niedrig			

Abb. 85: Produkt-Matrix

Die Ressourcen- und die Produktmatrix werden in der Ressourcen-/Produkt-Matrix (siehe Abb. 86) zusammengeführt.

Diese Portfolioanalyse kann ergänzend zu dem Produktlebenszyklus-/ Wettbewerbspositions-Portfolio eingesetzt werden und führt dann zu vertieften Erkenntnissen bei der Einschätzung der strategischen Produktpositionierung.

Produkte / Ressourcen	nicht kritisch	mittel	kritisch
nicht kritisch	D1		
günstig			
mittel			D2

Abb. 86: Ressourcen-/Produkt-Matrix

Bedeutung der Diagonalen

Die oberhalb der Diagonalen D1 gelegenen Geschäftsbereiche sind ungefährdet. Die unterhalb der Diagonalen D2 gelegenen Geschäftsfelder sind gefährdet und haben sowohl im Bereich der Ressourcenabsicherung (Verfügbarkeit/Kosten) als auch hinsichtlich der Lebenszyklusposition und Marktattraktivität strategischen Handlungsbedarf. Zwischen beiden Diagonalen befinden sich die sogenannten offenen Geschäftsbereiche, für die eine vertiefte Ursachenanalyse mit dem Ziel durchgeführt werden muss, sowohl die Produkt- als auch die Ressourcensituation soweit zu verbessern, dass die Geschäftsfelder ebenfalls als nicht gefährdet eingestuft werden können.

2.3.3.2   Branchenstrukturanalyse

Bestimmung der Wettbewerbsposition

Die Branchenstrukturanalyse wurde in ihren Grundzügen von Porter[43] entwickelt und stellt für Unternehmensberater ein geeignetes Instrument dar, z.B. die Branche des Auftraggebers qualitativ zu beurteilen. Sie ist streng genommen dem Bereich der unternehmensspezifischen Umfeldanalysen zuzurechnen. Von großer Bedeutung ist die Bestimmung der Wettbewerbsposition des Klientenunternehmens auf seinen Beschaffungs- und Absatzmärkten. Die Branchenstruktur lässt sich durch vier Felder beschreiben (siehe Abb. 87):

1. Die Wettbewerbsintensität zwischen den Anbietern einer Branche,

2. Die Bedrohung durch neue Wettbewerber,

3. Die Verhandlungsmacht von Abnehmern und Lieferanten,

4. Der Einfluss von Ersatzprodukten, wie Substituten und Surrogaten.

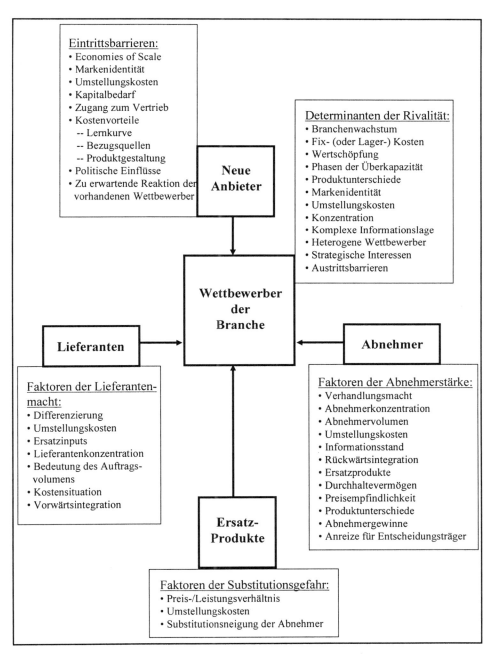

Abb. 87: Branchenstrukturanalyse (Five Forces) nach Porter

2.3.3.3   Strategische Lücke (GAP-Analyse)

Die von Ansoff[44] entwickelte Analyse der strategischen Lücke (siehe Abb. 88) gehört zu den klassischen Ansätzen der strategischen Unternehmensplanung. Mit ihrer Hilfe kann die Abweichung zwischen der strategischen Zielsetzung und der extrapolierten operativen Planung bezogen auf einen zukünftigen Betrachtungszeitpunkt ermittelt werden. Ihre Schwäche liegt darin, dass sie eindimensional und unvollständig die strategischen Stoßrichtungen wiedergibt und, dass eine reine Extrapolation gegenwärtiger Gegebenheiten in die Zukunft erfolgt. Die GAP-Analyse wird von Unternehmensberatern häufig auch als Argumentationshilfe in Akquisitionsgesprächen eingesetzt, insbesondere wenn es um Wertanalyse- oder Diversifikationsprojekte geht. Dabei wird durch den Berater festgestellt, dass nur durch eine Beratung in einem dieser Beratungsfelder, d.h. durch Produktverbesserungen oder durch diversifizierte Angebote die strategische Lücke geschlossen werden kann.

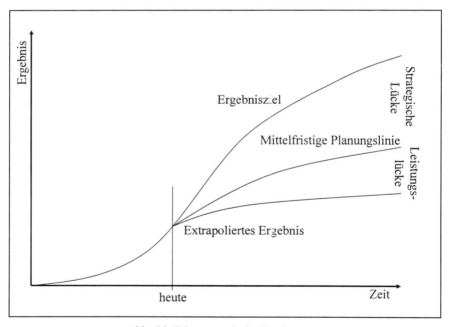

Abb. 88: Die strategische Lücke

Die strategische Lücke wird in folgenden Schritten ermittelt:[45]

Ermittlung der

1. Zunächst wird ein Planungshorizont zwischen mindestens drei und höchstens sechs Jahren festgelegt.

strategischen Lücke

nach Ansoff

2. Dann wird die quantitative Ergebniszielsetzung als "Ziellinie" in ein Diagramm eingetragen. Dabei fließen auch die Zukunftserwartungen und durchschnittlichen Planergebnisse der Branche mit ein. Die Abszisse des Diagramms stellt die Zeitachse dar, die Ordinate zeigt das Ergebnisziel auf.

3. Nun erfolgt die Eintragung des ersten Jahresergebnisses. Dieses wird für den Planungszeitraum extrapoliert und als Extrapolationslinie in das Diagramm eingetragen. Die Extrapolation eines Jahresergebnisses in die Zukunft erhält man dadurch, dass man Kostensteigerungen und gegebenenfalls Preissteigerungen über einen Index in die Zukunft rechnet. Steigerungen der Absatzmengen werden nur dann berücksichtigt, wenn die Vergangenheitsentwicklung und die Zukunftserwartungen dies als plausibel erscheinen lassen. Die Extrapolationslinie liegt bei den meisten Auftraggebern unter der Ziellinie, was operativen und strategischen Handlungsbedarf nahe legt.

Bis zu diesem Punkt ist die GAP-Analyse ein Instrument zur Problemdiagnose und gehört damit in das Kapitel Ist-Analyse. In den folgenden Punkten wird aufgezeigt, in welcher Richtung der Unternehmensberater darauf aufbauend das Problemlösungskonzept entwickelt.

4. Um das Extrapolationsergebnis näher an die Ziellinie zu bringen und damit die strategische Lücke zu verkleinern oder zu schließen, wird der Unternehmensberater neue Ziele setzen und Maßnahmenkataloge zusammenstellen, deren Realisierung er nur plant oder auch selbst durchsetzt. Durch operative Maßnahmen zur Rationalisierung, Leistungs- und Qualitätssteigerung entsteht mit einer Zeitverzögerung als Ergebnisverbesserung gegenüber der Extrapolationslinie eine mittelfristige Planungslinie. Die Abweichung zwischen der ursprünglichen Extrapolationslinie und der mittelfristigen Planungslinie ist die Leistungslücke, die aufzeigt, wie durch operative Zielsysteme und Maßnahmen das Ergebnis gesteigert werden kann.

von der Diagnose zum

Konzept

5. Zwischen der mittelfristigen Planungslinie und der Ziellinie verbleibt in der Regel eine weitere Abweichung, die strategische Lücke, die durch operative Maßnahmen nicht zu schließen ist. In diesem Fall wird der Unternehmensberater weitergehende strategische Maßnahmenbündel vorschlagen, wie z.B. eine vollständige strategische Neupositionierung des Unternehmens oder den Aufbau eines weiteren Standbeins im Markt durch Diversifikation.

2.3.4   Analysen der Erfolgsfaktoren

2.3.4.1   Wertkette

Ziel der Wertkettenanalyse nach Porter[46] ist es zunächst, durch Zerlegung der zu untersuchenden Geschäftseinheit in Wertaktivitäten die Quellen von Wettbewerbsvorteilen zu ermitteln und die Wertkette zu optimieren. Dabei wird zwischen primären und unterstützenden Aktivitäten unterschieden (siehe Abb. 89). Unter dem Begriff Unternehmensinfrastruktur werden Geschäftsführung, Planung, Finanzwirtschaft, Rechnungswesen und Rechtsabteilung subsumiert.

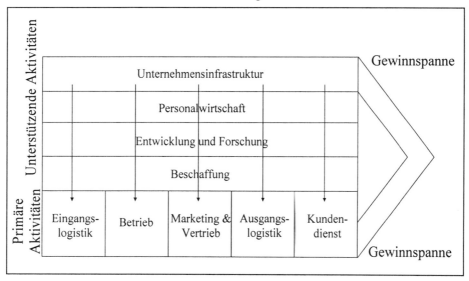

Abb. 89: Wertkette nach Porter

Die Wertkette dient auch dazu, systematisch Verknüpfungen und Verflechtungen von Wertaktivitäten aufzuspüren. Sie kann verschiedene Ebenen betrachten:

Betrachtungsebenen
der Wertkette

1. Die Geschäftseinheit,

2. Das Unternehmen insgesamt als Zusammenfassung der Wertketten mehrerer Geschäftseinheits-Wertketten,

3. Die Branchenwertkette als Zusammenfassung der Unternehmenswertketten.

2.3.4.2   Das 7-S-Modell von McKinsey

Als Unternehmensberater wird man im Zuge einer Unternehmensanalyse häufig auf das 7-S-Modell von McKinsey angesprochen. Dieses Modell stammt nicht ursprünglich von McKinsey, sondern von Pascale/Athos[47] und wurde wenig später von Peters/Waterman[48] im Rahmen einer empirischen Untersuchung eingesetzt, um die Erfolgsfaktoren einer Reihe amerikanischer Unternehmen zu analysieren. Der Nutzen dieses Modells für die Unternehmensberatung darf nicht überschätzt werden. Es ist allerdings zu würdigen, dass die Untersuchung von Peters/Waterman damals die "soft factors", wie im Modell dargestellt (siehe Abb. 90), in das Zentrum des Interesses, auch der Beraterbranche gerückt hat.

Peters/Waterman

Soft Factors

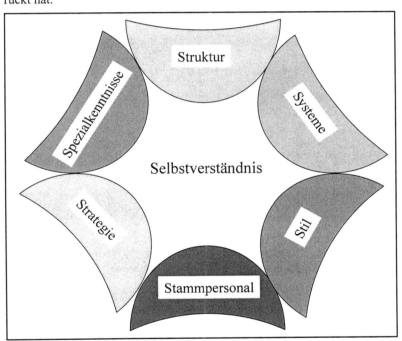

Abb. 90: 7-S-Modell

Dieses Verdienst wird nicht dadurch geschmälert, dass die meisten der in dieser Untersuchung als besonders erfolgreich identifizierten Unternehmen nicht mehr existieren.

Auf konkrete Beratungsfälle umgesetzt, würde der Einsatz des 7-S-Modells so erfolgen, dass für die sieben Faktoren eine Stärken-/Schwächen-Analyse durchgeführt wird. Als Analysetechniken werden Quellenstudium, Auswertung von Sekundärmaterial und die Durchführung strukturierter Interviews gewählt.[49]

Durchführung
7-S-Modell

2.3.4.3   PIMS-Programm

In Wissenschaft und Praxis wird auch immer wieder auf die Bedeutung des PIMS-Programms (Profit Impact of Market Strategies = Wirkung von Marktstrategien auf den Gewinn) für die Zwecke der Unternehmensanalyse, -gestaltung und damit der Unternehmensberatung hingewiesen.

Ebenso wie das 7-S-Modell oder die Portfolio-Analyse basiert das PIMS-Programm auf der Überzeugung, dass der Erfolg von strategischen Geschäftseinheiten auf eine nur verhältnismäßig **geringe Anzahl** von Erfolgsfaktoren zurückgeführt werden kann.[50]

Entstehung

Bereits Anfang der 60er Jahre begann die General Electric Corporation mit der Erfassung unternehmensinterner Daten und Informationen, die dem Aufspüren eigener Erfolgspotenziale und der Erklärung eigener Erfolgsfaktoren dienen sollten. Später wurde das Konzept als Forschungsprogramm von dem Marketing Science Institute der Harvard Business School weiterentwickelt und zu einem allgemeingültigen Konzept ausgearbeitet. Seit 1975 wird die Sammlung und Analyse der Daten der angeschlossenen Unternehmen von dem Strategic Planning Institute (SPI) in Cambridge/Mass. durchgeführt. Im Jahre 1978 wurde PIMS Associates gegründet, die sich als Service- und Beratungsunternehmen verstehen. Mit Niederlassungen in London und Köln und Kooperationsverträgen mit nationalen Trägergesellschaften, wie z.B. dem Management Zentrum in St. Gallen stellt das PIMS-Programm heute ein internationales Forschungs- und Beratungskonzept dar, dem hunderte Unternehmen mit tausenden strategischen Geschäftseinheiten angehören. Jede der beteiligten Geschäftseinheiten liefert in regelmäßigen Zeitabständen ca. 500 Einzelinformationen, die, zu 200 Kerngrößen verdichtet, geeignet sind, Erfolg, Wettbewerbsposition, Strategie sowie Markt- und Branchenfaktoren zu messen.

Grundidee

Die Grundidee besteht darin, auf breiter empirischer Basis eine Informationsbank aufzubauen, um aus den Erfahrungen aller Beteiligten Lern- und Verbesserungsprozesse zu initiieren.

Kern des Programms ist die PIMS-Datenbank (siehe Abb. 91), die häufig um neue Module erweitert wird. Sie stellt heute die größte Datensammlung zur empirischen Fundierung von Geschäftsstrategien dar. Diese umfangreichen und nützlichen Erfahrungen können von anderen Unternehmensberatern nicht genutzt werden, denn PIMS Associates ist alleiniger Lizenzinhaber für die PIMS-Datenbank-Nutzung.

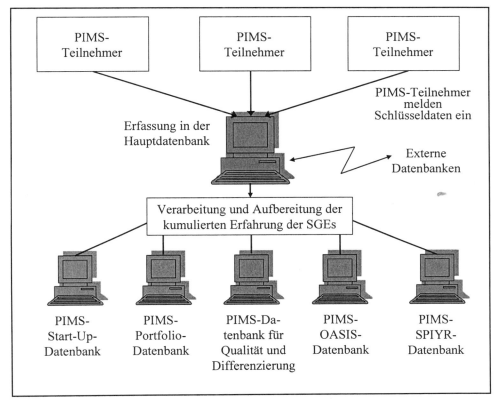

Abb. 91: Die PIMS-Datenbank

1. PIMS-Start-Up-Datenbank

Diese Datenbank wird eingesetzt, um Strategien für Neugründungen zu analysieren und entsprechende Hilfestellungen zu geben. Sie stellt Informationen zur Verfügung, die aufzeigen, welche Rahmenbedingungen für eine Neugründungsstrategie von Vorteil sind und welche strategischen Ansätze und operativen Vorgehensweisen zu welcher Erfolgswahrscheinlichkeit führen. Eine Erkenntnis ist z.B. die Tatsache, dass bei Neugründungen erst nach etwa fünf Jahren die Gewinnschwelle erreicht wird und deshalb in diesen ersten Jahren der Marktanteil und nicht die Rentabilität der entscheidende Erfolgsfaktor ist.

Datenbankinhalte

2. PIMS-Portfolio-Datenbank

Diese Datenbank liefert Informationen zum Aufspüren von Synergieeffekten bei verbundenen Geschäftseinheiten. Bei freiem Zugang zum PIMS-Programm könnten Unternehmensberater diese Datenbankinhalte in Verbindung mit der allgemeinen Synergieanalyse (vgl. 2.3.2.4) und bei Diversifikationsprojekten (vgl. 5.2.2) einsetzen.

3. PIMS-Datenbank für Qualität und Differenzierung

Hilfe zur Qualitäts-
verbesserung

In diesen Dateien werden detaillierte Informationen über Qualitätskriterien, ihre Gewichtung und Bewertung erfasst und ausgewertet. Es wird damit das Ziel verfolgt, Führungskräften Hilfestellung bei der Optimierung von Qualität und Marktdifferenzierung zu geben. Gleichzeitig wird ein Analyseinstrumentarium zur Verfügung gestellt, um die subjektiv geprägten, unterschiedlichen Qualitätswahrnehmungen von Kunden zu analysieren.[57]

4. PIMS-OASIS-Datenbank

Diese Datenbank stellt ein Instrumentarium zur Verfügung, das durch Verknüpfung von Organisationsänderung und Personalstrategie die Implementierung von Unternehmensstrategien unterstützt und Qualität sichert. Das OASIS-Programm (**O**rganization **A**nd **S**trategy **I**nformation **S**ervice) soll dabei als eine mehrperiodische Datenbank Informationen über die Inhalte Umwelt, Strategie, Organisation und Rentabilität auf der Ebene der Geschäftsbereiche bereitstellen. Dabei werden die Ziele verfolgt:[51]

Verfolgte Ziele

- Angebot eines Instrumentariums zur umfassenden, quantitativen Analyse organisatorischer Erfolgsfaktoren

- Auswirkungsanalyse von Strategien auf die Organisationsgestaltung und die Personalentwicklung

- Bereitstellung von Methoden zum Abgleich zwischen Unternehmensorganisation und Strategievariante.

5. PIMS-SPIYR

SPIYR (**S**trategic **P**lanning **I**nstitute **Y**early **R**eport) erfasst und verarbeitet jährliche Beobachtungswerte regelmäßig erhobener SGE-Merkmale, die sich auf Absatz- und Beschaffungsmärkte, Konkurrenten, Strategien und Finanzmanagement beziehen. Sie wird vor allem bei der Bestimmung von Absatzreaktionsfunktionen eingesetzt.[52]

Erhebung von
Schlüsselfaktoren

Im PIMS-Programm werden ca. 30 strategische Schlüsselfaktoren erhoben und in ihrer Wirkung auf ROI (Return on Investment) und ROS (Return on Sales) untersucht (siehe Abb. 92). Zur Bestimmung der Wirkungen von Marktbedingungen und

Strategien auf den Unternehmenserfolg wird als statistische
Methode die multiple Regressionsanalyse angewendet.

Multiple Regressionsgleichungen für ROI und ROS (gesamte PIMS-Datenbank)		
Einflussfaktoren	Wirkung auf	
	ROI	ROS
Reale Marktwachstumsrate	0,18	0,04
Inflationsrate der Verkaufspreise	0,22	0,08
Konzentration der Einkäufe	0,02**	ns
Anteil gewerkschaftlicher Organisation in %	-0,07	-0,03
Geringe Auftragsgröße		
- geringe Bedeutung	6,06	1,63
- große Bedeutung	5,42	2,10
Hohe Auftragsgröße		
- geringe Bedeutung	-6,96	-2,58
- große Bedeutung	-3,84	-1,11**
Exporte - Importe (in %)	0,06**	0,05
Auftragsfertigung	-2,44	-1,77
Marktanteil	0,34	0,14
Relative Qualität	0,11	0,05
Umsatzanteil neuer Produkte (in %)	-0,12	-0,05
Marketing (in % des Umsatzes)	-0,52	-0,32
F & E (in % des Umsatzes)	-0,36	-0,22
Lagerbestand (in % des Umsatzes)	-0,49	-0,09
Anlagevermögensintensität	-0,55	-0,10
Alter der Anlagen	0,07	0,05
Kapazitätsauslastung (in %)	0,31	0,10
Arbeitsproduktivität	0,13	0,06
Vertikale Integration	0,26	0,18
FIFO – Lagerbestandsbewertung	1,30*	0,62
R^2	0,39	0,31
F	58,3	45,1
Anzahl der Geschäftseinheiten	2314	2314

Anmerkung: Nicht alle mit einem Stern gekennzeichneten
Koeffizienten sind signifikant ($p < 0,01$).

*	Signifikanzniveau zwischen 0,01 und 0,05
**	Signifikanzniveau zwischen 0,05 und 0,1
ns	nicht signifikant.

Abb. 92: Einflussfaktoren und ihre Wirkung auf ROI und ROS[53]

Die Analyse der Einflussfaktoren, die in die PIMS-Datenbank eingemeldet und analysiert werden, führt auf der zweiten Ebene des PIMS-Ansatzes zur Umsetzung in die strategische Planung und Kontrolle der beteiligten Unternehmen. Als Instrumente werden dabei die computergestützten Berichte des PIMS-Programms genutzt (siehe Abb. 93).

Abb. 93: PIMS-Datenbank und PIMS-Berichte[54]

1. PAR-Report

Die aus dem Golfsport übernommene Bezeichnung[55] Par ist eine Renditezielvorgabe, die aus dem strategischen Profil des Unternehmens errechnet wird. Diese Vorgabe basiert auf den erreichten ROIs der in der PIMS-Datenbank erfassten SGEs anderer Unternehmen mit vergleichbarer Struktur. Der Report listet auch Stärken und Schwächen der SGE auf, die für eine Abweichung von der Zielvorgabe verantwortlich sind.

Inhalte der Reports

Der PAR-Report ist in zwei Versionen verfügbar: Der Full Report (über 200 Eingabedaten) und der Limited Report (LIM= Limited Information Model) mit ca. 20 Eingabedaten.

2. Strategy Analysis Report

Mit Hilfe dieses Simulationsprogramms kann ein Unternehmen für seine SGEs die Auswirkungen verschiedener strategischer Stoßrichtungen durchspielen. Bei der Simulation wird auf Informationen und Daten ähnlicher SGEs anderer Unternehmen mit gleicher strategischer Zielrichtung zurückgegriffen. Der Bericht weist für jede Strategiealternative neben dem potenziellen Betriebsergebnis auch den notwendigen Investitionsbedarf und den zu erzielenden Cashflow aus.

Simulationsprogramm

3. Optimum Strategy Report

Dieser Bericht weist die Kombination von strategischen Schritten aus, die eine optimale Zielerreichung versprechen.

4. Look-Alikes Report

Durch die Inhalte dieses Berichts wird das Herausfiltern der operativen Maßnahmen ermöglicht, die erforderlich sind, um eine eingeschlagene strategische Stoßrichtung wirkungsvoll umzusetzen. Zu diesem Zweck werden im Rahmen einer Clusteranalyse die SGEs herausgefiltert, die ein vergleichbares strategisches Profil (Ausprägung der Einflussfaktoren) und eine vergleichbare Ausgangssituation wie die zu untersuchende SGE haben. Diese werden auf ihre Effizienz bei der Umsetzung einer bestimmten Strategie untersucht und in Gewinner und Verlierer (Ziel nicht erreicht) eingeteilt. Anhand von 200 Merkmalen aus dem operativen Bereich wird dann untersucht, welche Maßnahmen die Gewinner realisiert haben, um sich von den Verlierern abzuheben. Aus diesen Erkenntnissen werden Empfehlungen für andere Unternehmen abgeleitet. Der Nutzer kann sowohl die Auswahlkriterien zum Selektieren der Look-Alikes wie auch die Kriterien zur Unterscheidung von Gewinnern und Verlierern selbst festlegen.

Herausfiltern notwendiger Maßnahmen

In der Unternehmensberatung wird PIMS nicht nur als Analyseinstrument eingesetzt, sondern stellt eine komplette Standardvorgehensweise zur Strategieberatung dar (siehe Kapitel 5).

Entwicklungs-
tendenzen

Zur Abrundung ihres Beratungsprogramms hat die PIMS Associates GmbH in Köln in das naheliegende Gebiet des Benchmarking diversifiziert. Parallel zur traditionellen strategischen Beratung werden zwischenbetriebliche Kennzahlenvergleiche erstellt, die von den Teilnehmern sogenannter Benchmarking-Zirkel genutzt werden.

Kritik

Bei allen positiven Aspekten und dem zweifellosen Nutzen des PIMS-Programms, wird von Unternehmensberatern auch Kritik geäußert, die sich nicht nur auf den Mangel an freier Verfügbarkeit bezieht:[56][57]

- Marktgesetze werden mit Allgemeingültigkeitsanspruch ermittelt.

- Induktive Vorgehensweise des Modells, die statistische Korrelationen mit Kausalitäten gleichsetzt.

- Vergangenheitsdaten sind Basis, daher sind die Ergebnisse nur bei konstanten Strukturen auch für Zukunftsentscheidungen verwertbar.

- Die realen Zusammenhänge zwischen den Einflussfaktoren können nur unzureichend über den linearen Regressionsansatz erfasst werden.

- Die Datenbasis ist zu heterogen, die Daten stammen aus ganz unterschiedlichen, nicht vergleichbaren Branchen.

- Die Datenbasis ist zu stark von den SGEs amerikanischer Unternehmen dominiert.

- Es wird in Zweifel gezogen, ob man mit der Methode der linearen multiplen Regression die durch PIMS untersuchten Zusammenhänge überhaupt untersuchen kann, und ob so ermittelte Zusammenhänge überhaupt der Realität entsprechen.

- Die Zielgröße ROI ist nicht mit dem langfristigen Unternehmenserfolg gleichzusetzen.

- Teilnehmer des PIMS-Programms stellen keine repräsentative Auswahl dar.

Die Betreiber des PIMS-Programms erheben den Anspruch, durch diese Kritikpunkte zur weiteren kontinuierlichen Verbesserung ihrer Dienstleistung herausgefordert zu werden.

2.3.5 Wettbewerbszentrierte Analysen

In diesem Kapitel sind die für die Beratungspraxis wichtigsten Inhalte und Bereiche von Wettbewerbsanalysen dargestellt. Der systematische Vergleich des Klientenunternehmens mit anderen Anbietern gehört immer mehr zum Standardinstrumentarium erfolgreicher Unternehmensberater. Wie alle anderen Analyseinstrumente beschränken sich auch die wettbewerbszentrierten Analysen nicht nur auf die Diagnose bestimmter Tatbestände, sondern führen gleich in die Realisierungsplanung einer Sollkonzeption und ihre Umsetzung.

2.3.5.1 Benchmarking

Benchmarking ist ein Prozess kontinuierlichen Vergleichens und Messens des Klientenunternehmens oder seiner Teilbereiche mit weltweit führenden Unternehmen der gleichen oder einer anderen Branche. Es handelt sich dabei um einen Abwägungs-, Analyse- und Bewertungsprozess, bei dem die Abläufe und Techniken der weltbesten Unternehmen auf diesem Gebiet mit dem eigenen Vorgehen verglichen werden.[58] Ziel des Vergleichens ist es, durch Abweichungsanalysen zu konkreten Verbesserungen der Produkte und Dienstleistungen, der Prozesse, Methoden und Strategien zu gelangen. Dabei muss der Vergleich nicht auf Wettbewerber beschränkt sein. Gerade in einzelnen funktionalen Bereichen können Nicht-Konkurrenten sehr viel richtungweisender sein. Für den Vergleich stehen verschiedene Bezugsbasen zur Verfügung. Sie reichen von internen Vergleichsgrößen, wie dem Vergleich der individuellen Leistung im Zeitverlauf und dem Vergleich mit der besten Leistung im Klientenunternehmen, über den Wettbewerbsvergleich mit dem Industriestandard oder dem Branchenführer, bis hin zum Vergleich mit dem Prozessführer, der den interessierenden Prozess am besten beherrscht (siehe Abb. 94). Interne Benchmark-Studien haben den Vorteil der leichten Informationsbeschaffung und geringer Kosten. Die Nachteile liegen darin, dass interne Vorurteile und Verzerrungen des Blickwinkels nicht korrigiert, sondern eher noch bestärkt werden.[59] Vergleiche mit direkten Wettbewerbern stellen in Bezug auf die Informationsbeschaffung die höchsten Anforderungen. Dies hat der Unternehmensberater bei der Projektplanung und -kalkulation durch entsprechende Risikozuschläge zu berücksichtigen. Beim Vergleich mit dem Besten der Besten besteht das Hauptproblem, dass die Übertragung der überlegenen Prozessmerkmale auf das Klientenunternehmen durch die unterschiedlichen Rahmenbedingungen schwierig ist (siehe Abb. 96).

Vergleich mit den Weltbesten

Rahmenbedingungen beachten

Abb. 94: Vergleichspartner für Benchmarking[60]

Je nach Auswahl der Parameter, die außer den Vergleichspart-
nern auch die Ziele und Objekte umfassen, ergeben sich unterschiedliche Formen des Benchmarking (siehe Abb. 95).

Parameter	Ausprägungen der Parameter			
Objekt	Produkte	Methoden		Prozesse
Zielgröße	Kosten	Qualität	Kundenzu-friedenheit	Zeit
Vergleichs-partner	andere Geschäfts-Bereiche	Wettbe-werber	gleiche Branche	andere Branche

Abb. 95: Formen des Benchmarking[61]

Art	Objekte	Vorteile	Nachteile
Internes Benchmarking	Ähnliche Tätigkeiten an unterschiedlichen Standorten, Abteilungen, Ländern	Einfaches Datensammeln, gute Ergebnisse für diversifizierte „exzellente Unternehmen"	Begrenzter Bereich, interne Befangenheit, keine Korrektur, eher Bestätigung
Konkurrenz-Benchmarking	Direkte Konkurrenten, die an den gleichen Kundenstamm, bzw. potentielle Kunden liefern	Informationen relevant für die Geschäftsergebnisse, vergleichbare Praktiken und Techniken	Schwierigkeiten beim Datensammeln, ethische Aspekte, antagonistisches Verhalten
Funktionales Benchmarking	Beste im Land Weltklasse	Großes Potential, um innovative Vorgehensweisen zu entdecken, direkt übertragbare Erfolgsfaktoren, Entwicklung professioneller Netzwerke, Zugang zu entsprechenden Datenbanken, anspornende Ergebnisse	Transferprobleme, andere Rahmenbedingungen, zeitaufwendig, risikoreich, Auswirkungen auf Projektplanung und –kalkulation beachten

Abb. 96: Vor- und Nachteile der Benchmarking-Formen[62]

In der Praxis ist es häufig so, dass der erste Benchmarkingprozess von einem externen Unternehmensberater angeregt und durchgeführt wird. Die kontinuierliche Wiederholung und Fortschreibung erfolgt dann als internes Projekt, das meist von der Controlling- oder der Marketingabteilung betreut wird. Der Beratungsprozess umfasst fünf Phasen (siehe Abb. 97) mit unterschiedlichen Segmenten: In der vorbereitenden ersten Phase geht es um die Bestimmung des Benchmarkingobjektes und die Festlegung der Leistungsbeurteilungsgrößen. Danach erfolgen die Auswahl des Vergleichsunternehmens und die Analyse der Informationsquellen. In der zweiten Phase wird die Leistungslücke analysiert und ihre Ursachen untersucht. Die dritte Phase dient bereits der Umsetzung mit einer Formulierung von Maßnahmen, ihrer konkreten Realisierung, einer Festlegung des Fortschrittskontrollvorgehens und der jährlichen Fortschreibung.

Durchführung in Phasen

Phasen	Segmente
1. Vorbereitung	1.1 Auswahl des Benchmarkingobjektes 1.2 Auswahl und Überprüfung der Leistungskenngrößen des Objektes 1.3 Festlegung der Benchmarkingform 1.4 Auswahl des Benchmarkingpartners
2. Analyse	2.1 Ist-Analyse des Benchmarkingobjektes 2.2 Erhebung der Leistungsdaten des Partners 2.3 Abweichungsanalyse 2.4 Dokumentation
3. Zielsetzung	3.1 Festlegung quantitativer Ziele 3.2 Festlegung qualitativer Ziele
4. Realisierung	4.1 Maßnahmen planen 4.2 Maßnahmen umsetzen 4.3 Fortschrittskontrolle festlegen
5. Evaluierung/ Nachbereitung	5.1 Evaluierung durchführen 5.2 Fortschreibung 5.3 Neues Objekt bestimmen 5.4 Neues Benchmarking initiieren

Abb. 97: Phasenablauf eines Benchmarking-Projektes

Zu einzelnen Punkten des Ablaufdiagramms sollen kurze Erläuterungen gegeben werden:

Auswahl des Objektes Bei der Auswahl des Benchmarkingobjektes wird ähnlich vorgegangen wie bei der Auswahl eines Wertanalyseobjektes (siehe Kapitel 5). Man überprüft, ob

- Hinweise von Kunden vorliegen (Reklamationen, Unzufriedenheit, vergleichendes Lob für Wettbewerber),

- Hinweise von eigenen Mitarbeitern gegeben werden (Innerbetriebliches Vorschlagswesen),

- Ergebnisse von Wettbewerbsanalysen zeigen, dass Wettbewerber im Objektbereich eindeutig besser sind,

- Lieferanten direkte und indirekte Hinweise geben,

- Indikatoren (Kennzahlenentwicklungen) dafür vorhanden sind, dass hinsichtlich
  - Kosten,
  - Qualität,
  - Zeit

ein Objektbereich verbesserungsbedürftig ist.

- im Zuge einer strategischen Neupositionierung ein Objekt-bereich optimiert werden muss,

- durch andere Beratungsaufträge Hinweise gegeben sind.

Für das ausgewählte Benchmarkingobjekt werden alle vorhan-denen Leistungsdaten und Kennzahlen zusammengestellt. Gleichzeitig wird ermittelt, welche Primärerhebungen nötig sind, um den relevanten Bereich analysieren zu können.

Benchmarking-Partner

Wird eine wettbewerbsorientierte oder funktionale Benchmar-kingform gewählt, so wird im folgenden Segment der Bench-marking-Partner ausgewählt. Dabei kann es von Nutzen sein, zunächst modellhaft ein Vergleichsunternehmen zu entwerfen, um die Parameter festzulegen. Erste Hinweise auf einen oder mehrere Vergleichspartner kommen aus den gleichen Quellen wie diejenigen, die zur Identifikation des Benchmarking-Objektes geführt haben: Kunden, Mitarbeiter des Klientenun-ternehmens und des Beratungsunternehmens, Lieferanten, Wettbewerbsanalysen. In einem Auswahlverfahren (siehe Abb. 98 [69]) wird dann der Vergleichspartner herausgefiltert.

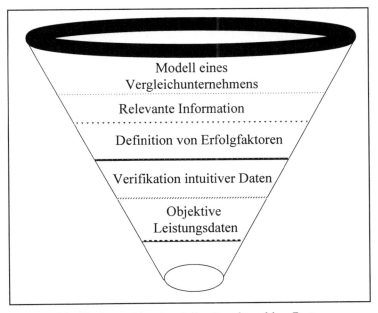

Abb. 98: Auswahl potenzieller Benchmarking-Partner

Primärerhebung
Betriebsbegehung

Benchmarking ist nicht nur ein Kennzahlenvergleich innerhalb der eigenen Branche des Klienten oder mit Unternehmen anderer Branchen. In der Analysephase geht es vielmehr darum, Tatbestände aufzudecken, die ihre Wirkung in der Veränderung von Kennzahlen, aber eben nicht nur dort, zeigen. Neben einer Analyse der Kennzahlen ist deshalb weiteres Sekundärmaterial zu beschaffen und auszuwerten (vgl. 2.3.2). Kernstück der darüber hinaus notwendigen Primärerhebungen ist die Betriebsbegehung. Für ihre Durchführung sind praxisnahe Richtlinien entwickelt worden:[63]

Durchführungs-

richtlinien

- Bestimmung der geeignetsten Kontaktperson(en) beim Benchmarking-Partner.

- Entwicklung eines Konzeptes über Zweck und Ziele der Begehung.

- Eigene hochkarätige Experten als Durchführende fördern die Bereitschaft zum Informationsaustausch, da der Partner dadurch unmittelbar den eigenen Nutzen erkennt.

- Sichtung und Auswertung aller wichtigen Informationen aus dem Vergleichsunternehmen vor der Begehung.

- Wenn der Partner ein Kunde oder Zulieferer ist, sollten die direkt Zuständigen im Klientenunternehmen als Vermittler und Katalysatoren beteiligt werden.

- Sicherstellen, dass das Benchmarking-Objekt im Klientenunternehmen hinreichend analysiert und dokumentiert ist und dass hinsichtlich der Deskriptoren und Leistungsmessgrößen Klarheit besteht.

- Zusammensetzung und Schulung des Teams, das aus zwei bis drei Personen bestehen sollte.

- Vorbereitung eines Fragebogens, Gesprächsleitfadens und von Checklisten für die Durchführung der Betriebsbegehung.

- Unverzügliche Erfassung aller relevanten Tatbestände während oder unmittelbar nach der Besichtigung der ausgewählten Unternehmensbereiche des Vergleichspartners.

- Sofortige Analyse, in welchen Bereichen weiterer Klärungsbedarf besteht. Unklarheiten und Missverständnisse aufdecken und klären.

- Eigenes Datengerüst zur Dokumentation des Benchmarking-Objektes muss in präsentierbarer Form vorliegen, damit unverzüglich in eine Diskussion mit den Kontaktpersonen im Vergleichsunternehmen eingetreten werden kann.

- Sicherstellen, dass bei Beendigung der vergleichenden Begehung alle notwendigen Informationen erhoben worden sind.

- Gegebenenfalls Gegenbesuch anbieten.

- Auswertung und Zusammenfassung aller Primär- und Sekundärinformationen in Berichtsform.

Unternehmen	Benchmarking-partner	Benchmarking-objekt
Alcoa	Dow Chemical Du Pont Hercules Inc.	Sicherheit
Alcoa	Du Pont Carnegie Mellon University	Infomationstechnologie
Alcoa	Miliken & Co	Bereichsübergreifende Prozesse
Convex Corporation	Disney World	Facility Management
Hydro Aluminium Extrusion Group	18 europäische Hydro-Presswerke der gleichen Unternehmensgruppe, japanischer Wettbewerber	Produktion
Internal Revenue	Motorola	Rechnungswesen
Internal Revenue	American Express	Fakturierung
Kodak	Hewlett Packard Digital Equipment Corp.	Produktentwicklung
Motorola	Domino`s Pizza	Verkürzung der Durchlaufzeit zwischen Auftragseingang und Auslieferung
Motorola	American Express National	Buchungsvorgänge
Rank Xerox	Westminster Bank Dell	Schnelligkeit Ausgangslogistik
Rank Xerox		Kapitalumschlag

Abb. 99: Basisbeispiele von Benchmarking-Projekten[64]

Pionier Rank Xerox

Rank Xerox gilt als Pionier des Benchmarking, der Anfang der 70er Jahre nach starken Marktanteilsverlusten zunächst im Produktionsbereich Erkenntnisse aus dem Vergleich mit japanischen Wettbewerbsprodukten umsetzte (Reverse Engineering). Dieses Projekt wurde dann um Vergleiche der Vertriebssysteme und der Verpackung erweitert. Später galt Rank Xerox weltweit als Führer in der Weiterentwicklung und im Knowhow-Transfer von Benchmarking-Methoden.

Nach der Untersuchung der relevanten Bereiche im Unternehmen des Vergleichspartners beginnt die Umsetzung mit der Identifikation und Ursachenforschung der Leistungslücken im Klientenunternehmen. Nach Festlegung der Ziele, das heißt der künftigen Leistungsstandards, werden Strategien und Maßnahmen zu ihrer Erreichung entwickelt.

Reverse Engineering

Reverse Engineering, eine der Wertanalyse nach VDI 2800 (vgl. Kapitel 5) ähnliche Vorgehensweise, ist Benchmarking von Produkten oder technischen Lösungen. Dabei werden die zu vergleichenden Produkte in ihre Einzelteile zerlegt und Stück für Stück miteinander verglichen. Das Hauptziel ist hierbei, durch Redesign bestehender eigener Produkte eine schnelle Kostenreduzierung zu erlangen. Darüber hinaus sollen die Erkenntnisse des Benchmarking in die Entwicklung neuer Produkte einfließen. Die Unterschiede können sich sowohl im Design als auch in den Leistungsmerkmalen ergeben. Bei diesen wird zusätzlich untersucht, ob bestimmte Leistungsmerkmale des eigenen Produktes, die über dem des Konkurrenzproduktes liegen, vom Kunden durch eine Preisprämie honoriert werden. Ist dies nicht der Fall, so enthält das eigene Produkt Leistungsmerkmale, die aus Sicht der Abnehmer unwesentlich sind und das Produkt unnötig verteuern. Ein hoher Anteil designbedingter Kostennachteile weist auf Probleme in der eigenen Entwicklung oder der Auswahl von Lieferanten hin. Kostennachteile durch Leistungsmerkmale, die der Kunde nicht honoriert, zeigen Schwachstellen in der Produktplanung auf.[65]

Unterschied Wertanalyse

Aus der Praxis wird immer wieder darauf hingewiesen, dass der Erfolg eines Benchmarking in erheblichem Maße von der Zusammensetzung und Qualität des Benchmarkingteams abhängt. In diesem Zusammenhang muss erneut auf die neutrale und branchenübergreifende Kompetenz von Unternehmensberatern hingewiesen werden.

Im Unterschied zur Wertanalyse stellt das Reverse Engineering nicht die Funktionen und ihre Kosten in den Mittelpunkt. Die Kosten des Wettbewerberproduktes werden nur auf die im Klientenunternehmen vorhandenen Strukturen abgebildet.

2.3.5.2   Wettbewerberanalyse

Eine Wettbewerberanalyse wird in vier Phasen durchgeführt:

1. Identifikation und Einschätzung der wichtigsten Wettbewerber (siehe Abb. 100).

2. Aufstellen von Leistungskriterien, die aus Sicht der Kunden von besonderer Bedeutung sind.

3. Analyse des Erfüllungsgrades jedes einzelnen Kriteriums für das Klientenunternehmen und seine zwei bis drei wichtigsten Wettbewerber und Visualisierung in einer Profildarstellung (siehe Abb. 101und Abb. 102).

4. Analyse der Chancen und Risiken, die sich aus den unterschiedlichen Erfüllungsgraden ergeben.

Durchführung der Wettbewerberanalyse

Wettbewerber	Umsatz (in Mio Euro)	Stärken/Besonderheiten	Schwächen
Mustermann GmbH	5,3	hochinnovativ, Kooperation mit japanischem Marktführer, finanzstark	unbereinigte Produktpalette, hohe Fluktuation, Lieferantenabhängigkeit
Heine AG	7,3	weltweite Niederlassungen, innovatives Vertriebskonzept	Keine Nachfolgeregelung

Fazit:

Sofortmaßnahmen:

Verantwortlich: **Termin:**

Abb. 100: Identifikation der wichtigsten Wettbewerber

Nach der Identifikation und Bewertung der wichtigsten Wettbewerber können verschiedene Gruppen von Leistungskriterien zum Vergleich der Wettbewerbsposition aufgestellt werden.

Kriterien		Erfüllungsgrade						
		1	2	3	4	5		
1 Marktbedeutung	hoch							gering
2 Marktabdeckung	Nischen							Standard
3 Kundenart	Großkunden							alle Kunden
4 Kundenwunscherfüllung	ja (begründet)							nein
5 Geogr. Abdeckung	lokal/regional							Zufallsprinzip
6 Handelsprodukte	kaum							umfangreich
7 Programmbreite	komplett							gering
8 Innovationskraft	stark							gering
9 Produktart	Problemlösung							nur Produkt
10 Anzahl Kunden	viele							wenige
11 Qualität der Verteiler	gut							schlecht
12 Warenverteiler	direkt							Verteiler
13 Preisstrategie	kooperativ							aggressiv
14 Qualität	ausgeprägt							unwichtig
15 Preisdifferenzierung	keine Diff.							Sonderpreise
16 Qualität der Verkäufer	gut							schlecht
17 Investitionspolitik	Investiert gut							investiert kaum
18 Maschinelle Ausstattung	modern							veraltet

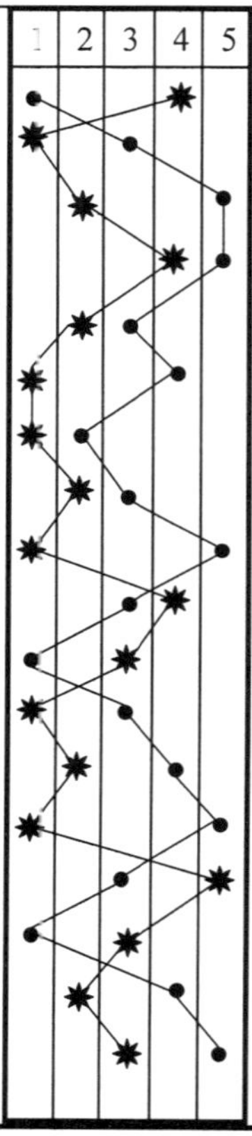

Fazit:

Sofortmaßnahmen:

Verantwortlich: **Termin:**

* = Klientenunternehmen   ● = Wichtigster Wettbeweber

Abb. 101: Allgemeine Leistungskriterien und Erfüllungsgrade

Kriterien	Wettbewerber im Vergleich zu uns *					
	W1	W2	W3	W4	W5	W6
1. Marktanteil Euro Menge %						
2. Leistungsprogramm Breite Tiefe Systemverkaufe Qualität Innovationsgrad						
3. Konditionen Preisniveau Lieferzeiteinhaltung Lieferfähigkeit Service/Kundendienst						
4. Distributionsleistung Verkaufsorganisation Beratung/Verkaufsgespräch Kundensegmentation						
5. Kommunikation Verkaufsförderung Werbung						
6. Kapazitätsauslastung						
7. Standort und Kostenniveau						
8. Qualität der Mitarbeiter						
9. Qualität des Managements						
10.						
11.						
12.						
13.						
14.						
15.						
16. Strategische Erfolgsposition						

Fazit: Bedrohung/Herausforderung für uns (stark; gering; keine) bei folgenden Kriterien:
....

*) intuitive Einschätzung   + : besser als wir   - : schlechter als wir   = : wie wir

Abb. 102: Marketingbezogene Leistungskriterien und Erfüllungsgrade

SGF Nr.:	Bezeichnung:			Region:

1. Name, Adresse:_____

2. Gesamtumsatz: _____   3. Davon in SGF:_____

4. Beschäftigte: _____   5. Davon in SGF:_____

6. Produktangebot:_____

7. Produkte für das SGF:

	P1	P2	P3	P4
Programmbreite				
Programmtiefe				
Problemlösung				
Qualität				
Preis				
Service				

8. Produkt-Nutzen-Vergleich:_____

9. Position der Produkte:

	P1	P2	P3	P4
Lebenszyklus-/Wettbe- werbsposition				
Marktanteil-/-wachstum				
Attraktivität/ GF-Stärke				

10. Erfahrungskurven- position und Kosten- senkungspotentiale

	P1	P2	P3	P4
Erfahrungskurve				
Kostensenkung				

11. Auftreten im Markt:

	P1	P2	P3	P4
Preise/Kondiditonen				
Problemlösung				
Lieferservice				
Innovation				
Service				

12. Unternehmenspotenziale:

Produktplanung F&E Kundenberatung Problemlösung Verfahren	Management Organisation Personal Produktion Personal Vertrieb	Personal Kundendienst Personal Verwaltung Lagerhaltung Finanzen

13. Managementbewertung

kreativ zuverlässig	aggressiv marktorientiert	am SFG interessiert zielbewußt

14. Aktionsschwerpunkte: 15. Bisherige Erfolgsfaktoren:

*) intuitive Einschätzung   + : besser als wir   - : schlechter als wir   = :wie wir

Abb. 103: Wettbewerbsporträts auf Basis Strategischer Geschäftsfelder (SGF)[66]

Für die wichtigsten Wettbewerber des Klientenunternehmens werden Porträts angefertigt, die gleichzeitig als Erfassungsbelege für die Datei "Wettbewerber" in dem Marketinginformationssystem dienen (siehe Abb. 103).

2.3.5.3   Strategische Wettbewerbsposition

Dies ist eine kurze, aber effektive Analyse zur interaktiven Bestimmung der strategischen Unternehmens-, bzw. Wettbewerbssituation mit dem Klienten (siehe Abb. 104).

Frage:	Antwort:
Welches sind unsere (drei) **einzigartigen** eigenen **Wettbewerbsvorteile** gegenüber den (zwei) wichtigsten Wettbewerbern?	
Welches sind die (drei) wichtigsten **wettbewerbsstrategischen Aktionen**, die in den nächsten (drei) Jahren durchzuführen sind?	
Welches sind die (drei) wichtigsten **positiven Einflüsse** auf unsere Produkte/ Märkte in den nächsten drei Jahren?	
Welches sind die (drei) wichtigsten **negativen Einflüsse** auf unsere Produkte/ Märkte in den nächsten drei Jahren?	
Welches sind die wichtigsten (drei) wettbewerbsstrategischen **Bedrohungen** in den nächsten (fünf) Jahren?	
Welches sind unsere (drei) wichtigsten wettbewerbsstrategischen **Stärken/Aktionen** in den nächsten drei Jahren?	
Welches sind die (drei) wichtigsten strategischen **Besonderheiten/Aktionen**, die wir von unseren (zwei) wichtigsten Wettbewerbern zu erwarten haben?	
Wie ist unsere **Kostenstrukturentwicklung** im Vergleich zum wichtigsten Wettbewerber in den nächsten fünf Jahren?	
Fazit, Konsequenzen, Sofortmaßnahmen:	

Abb. 104: Strategische Wettbewerbssituations-Analyse[67]

2.3.6   Abnehmerzentrierte Analysen

Die Kundenorientierung ist Dreh- und Angelpunkt aller neueren Ansätze in der Unternehmensberatung, wie z.B. TQM und Zertifizierung, Geschäftsprozessoptimierung und Komplexitätsanalyse. Dabei wird die totale Ausrichtung auf die Kundenbedürfnisse jedoch zunehmend differenzierter gesehen. Die klassische Definition "Marketing heißt Kunden dienen" gilt nicht mehr, nachdem sich immer häufiger gezeigt hatte, dass Existenzgefährdungen von Klientenunternehmen von deren A-Kunden verursacht wurden. Dies führte verstärkt zu der Forderung nach methodischen Vorgehensweisen, die eine realistische, zukunftsorientierte Bewertung der Kunden ermöglichen. Nach dieser Bewertung können die Kunden dann in unterschiedliche Zielgruppen segmentiert werden, für die individuelle Vertriebsstrategien abgeleitet werden. Durch diese neueren Vorgehensweisen wird die bisher fast ausschließlich angewandte ABC-Analyse ausgebaut und ergänzt.

Kundenorientierung -hochaktuell

... aber nicht um jeden Preis

Die deutsche Geld- und Kreditwirtschaft hat als eine der ersten Branchen die Konsequenzen aus den jährlich notwendig gewordenen Wertberichtigungen gezogen, die durch Fehleinschätzungen der Zukunftserwartungen mittelständischer Firmenkunden entstanden waren. Die vergangenheitsorientierten Instrumentarien der Kreditwürdigkeitsprüfung wie Bilanz- und Kennzahlenanalyse wurden unter dem Druck von Basel II zügig durch weitere, vor allem zukunftsorientierte Analysemethoden ergänzt, die im folgenden dargestellt werden.

Folge von Basel II

2.3.6.1   Kundenstrukturanalyse

Beim Einsatz der Kundenstrukturanalyse ist zunächst zu entscheiden, ob die Gesamtheit oder nur eine Auswahl der Kunden des Klienten in die Bewertung einbezogen werden soll. Ist die Gesamtheit relativ klein, und sind mehrere Vertriebsbeauftragte oder Kundenbetreuer für diese Kunden eingesetzt, so empfiehlt sich eine Gesamtbetrachtung. In diesem Fall wird der Berater jeweils zusammen mit dem Vertriebsbeauftragten dessen Kundenstamm bewerten und segmentieren. Geht die Gesamtheit der Kunden wesentlich über 100 hinaus, so hat es sich als sinnvoll erwiesen, nach dem Paretoprinzip (20% der Kunden ergeben 80% des Umsatzes) die wichtigsten Kunden auszuwählen und sie exemplarisch zu bewerten. Der dadurch erfolgte Know-how-Transfer ermöglicht es dem Klienten, später nach eigenem Gutdünken die methodische Vorgehensweise auch auf die restlichen Kunden auszudehnen. Die Strukturanalyse umfasst vier Stufen:

80:20-Regel

1. Die klassische ABC-Analyse

In der Praxis wird diese Analyseform mit unterschiedlichsten Bezugsbasen durchgeführt. So trifft man gelegentlich auf Klienten, die ihre Kunden nach deren Mitarbeiterzahl oder deren eigenem Umsatz kategorisieren. Die Auswertung der Ergebnisse dieser Segmentierung ist für Entscheidungen des Klientenunternehmens ohne jeden Wert.

Häufiger wird die Analyse auf die Umsätze der letzten drei Jahre (oder auch nur des letzten Jahres) mit dem Kunden bezogen (siehe Abb. 105). Dabei wird wie folgt vorgegangen:

Umsätze der Vergangenheit

- Auflistung aller Umsätze des Bezugszeitraums.

- Festlegung von mindestens drei typischen Umsatzgrößenklassen.

- Den Größenklassen werden dann die absoluten Kundenzahlen, addierten Umsätze und Deckungsbeiträge zugeordnet.

Größenklassen	Kundenzahl		Umsatz		Deckungsbeitrag	
	absolut	%	absolut	%	absolut	%
A über ..... Euro						
B von .... bis...Euro						
C bis ..... Euro						

Abb. 105: Formular zur klassischen ABC-Analyse

2. Die erweiterte ABC-Analyse

Der Hauptkritikpunkt an der klassischen Analyseform ist ihre absolute Vergangenheitsorientierung. In Zeiten sich stark verändernder ökonomischer Rahmenbedingungen kann einfach nicht mehr davon ausgegangen werden, dass ein umsatzstarker A-Kunde des letzten Jahres auch in Zukunft dieser Kundengruppe angehören wird.

Zukünftiges Nachfragepotenzial erkennen

Die erweiterte Analyse (siehe Abb. 106) stellt deshalb zusätzlich die Frage: Welches Nachfrage- oder Umsatzpotenzial stellt dieser Kunde in einem (zwei oder drei) Jahr(en) im Markt des Klienten dar? Mit dieser Fragestellung zwingt man den Klienten, sich mit den Zukunftserwartungen und strategischen Plänen seiner Kunden auseinanderzusetzen. Führt man beide Analyseversionen nacheinander mit den gleichen Schlüsselkunden durch, so ergeben sich häufig aufschlussreiche Erkenntnisse.

Beispiel aus dem Bankenbereich

Ein Beispiel dafür sind die Veränderungen in der Beziehung führender deutscher Universalbanken zu ihren Firmenkunden aus der Gruppe deutscher Großunternehmen. In der Vergangenheit waren diese Unternehmen für ihre jeweiligen Hausbanken absolute A-Kunden, da sie in der Regel ihren gesamten Bedarf an Finanzdienstleistungen über diese Kreditinstitute gedeckt haben. Mit dem zügigen Ausbau der eigenen Finanzabteilung zu bankähnlichen Gebilden (Corporate Banks) wurden immer mehr dieser ehemaligen Schlüsselkunden zu Selbstversorgern und verloren aus Sicht der Hausbank ihren A-Status. Mit der Ankündigung, in Zukunft nur noch marginale Bedarfe an Finanzdienstleistungen über das etablierte Bankensystem zu decken, wird erkennbar, dass viele der A-Kunden der Vergangenheit in Zukunft C-Kunden sein werden.

Größenklassenbewertung nach potenzieller Nachfrage in 1/2/3 Jahren	A über	B von ...bis	C bis ....
1. (Neu-) Zuordnung der Kunden			
2. Interpretation der Abweichung zu Pkt. 1			
3. Fazit für die eigene strategische Ausrichtung			

Abb. 106: Formular zur erweiterten ABC-Analyse

3. Bewertung des zukünftigen Wachstums und der strategischen Erfolgsposition (SEP) der Kunden

Die beiden Erfolgsfaktoren Wachstum und SEP werden in diesem Analyseschritt miteinander verknüpft. Bei der Analyse des zukünftigen Wachstums wird hinterfragt, wie der einzelne Schlüsselkunde im Vergleich zu seiner eigenen Branche wächst. Diese Fragestellung zwingt dazu, sich auch grundsätzlich mit den Zukunftserwartungen der Branchen der Abnehmer zu beschäftigen. Der Unternehmensberater muss in diesem Fall die Branchenvergleichszahlen kennen oder seine Informationsquellen so geordnet haben, dass er sie zeitnah beschaffen kann. Auch hier werden dann drei Kategorien gebildet (siehe Abb. 107):

Drei Kategorien bilden

1. Kunde wächst über dem Durchschnitt seiner Branche (Aufsteiger),

2. Kunde wächst im Branchendurchschnitt (Mitläufer),

3. Kunde hat kein Wachstum, Stagnation, Rückgang (Absteiger).

Die Frage nach dem Vorhandensein und der Entwicklung der SEP der wichtigsten Kunden zwingt zu einer Analyse ihrer wichtigsten Stärken (und Schwächen). Dies ergibt sich aus der Definition der SEP als **der** entscheidenden Fähigkeit oder Stärke des Kundenunternehmens, langfristig besser zu sein als seine Wettbewerber und damit seine Zukunft zu sichern.

Definition der SEP

Kunde	1	2	3
	Wächst über dem eigenen Branchendurchschnitt. Hat überzeugende SEP **Aufsteiger**	Wächst mit dem eigenen Branchendurchschnitt. Hat ausbaufähige SEP **Mitläufer**	Hat kein Wachstum, eher Stagnation, Rückgang. Keine SEP erkennbar **Absteiger**

Abb. 107: Wachstums- und SEP-Bewertung

4. Bewertung des Bindungsgrades der Kunden

In der Praxis der Unternehmensberatung hat sich gezeigt, dass es nicht ausreichend ist, die faktische Kundenbindung (Gegenteil: Kaufwiderstand) durch Messung der Lieferanteile festzustellen (siehe Abb. 108). Nach dieser Betrachtung stellt sich ein Kunde häufig als Stammkunde dar, der sich emotional längst aus der Lieferantenbeziehung gelöst hat, weil der Klient seine Pflichten z.B. durch mangelnde Lieferbereitschaft, unzureichende Termintreue und Qualität verletzt hat. Der Kunde sieht im Moment jedoch keine Alternative und hat deshalb den Lieferantenwechsel wohl geplant, aber noch nicht vollzogen. Die Analyse der emotionalen Kundenbindung wird essentiell.

Bindungsgrad emotional faktisch	**1** Hoch (Kunde bevorzugt uns) Lieferanteil:	**2** Mittel (Kunde verhält sich neutral) Lieferanteil:	**3** Gering (Kunde bevorzugt Konkurrenz) Lieferanteil:

Abb. 108: Bindungsgrad-Bewertung

Analysestufen bei

A-Kunden

Die Analysestufen werden dann in drei ABC-Ist-Kundenportfolien zusammengefasst (siehe Abb. 109), welche die Basis unterschiedlichster Auswertungen und strategischer Entscheidungen sein können:

1. Als erster Schritt werden die Spaltensummen gebildet, um festzustellen, in welchem Bereich der Schwerpunkt der Kundenbeziehungen liegt. Sind die meisten Kunden den Feldern 3, 6 und 9 zuzuordnen, so gilt dies als Alarmsignal und löst strategische Entscheidungen aus, die eine Veränderung des Ist-Portfolios in ein risikoärmeres Soll-Portfolio zum Inhalt haben. Konkret bedeutet dies, dass durch veränderte Vertriebsstrategien, die durch Zielvereinbarungen mit dem Vertrieb umgesetzt werden, der künftige Schwerpunkt der Kundenbeziehungen in Richtung der ersten Spalte verschoben wird.

2. Durch Interpretation der Zeilensummen erhält der Berater Aufschluss darüber, ob der Schwerpunkt der Kundenbeziehungen im Stammkunden-, im Wechselkunden- oder im Konkurrenzkundenbereich liegt. Zeigt es sich, dass vorwiegend eine große Anzahl von Konkurrenzkunden bedient wird, die nur winzige Restbedarfe durch das Klientenunternehmen decken, so wird ebenfalls durch veränderte Vertriebsstrategien versucht, den Schwerpunkt in Richtung der ersten Zeile zu verschieben.

Kunden namentlich

benennen

Für die Praktiker des Vertriebs wird das Portfolio allerdings erst dann richtig transparent und animierend, wenn die summarische Analyse ergänzt wird durch die Namen der Kunden in jedem Feld. Durch die Zuordnung, die jeder Vertriebsbeauftragte mit Unterstützung des Beraters, für die von ihm betreuten Kunden selbst vornehmen sollte, wird gleichzeitig das gesamte bei ihm vorhandene Wissen aktiviert.

Gruppe A-Kunden

Wachstum SEP / Kunden-bindung	1 wächst über dem Branchendurch schnitt – Aufsteiger		2 wächst mit dem Branchendurch schnitt - Mitläufer		3 Kein Wachstum, Stagnation, Rückgang – Absteiger	
	abs.	%	abs.	%	Abs.	%
1 hoch, bevorzugt uns — Ist / Soll	Einer-Kunden		Zweier-Kunden		Dreier-Kunden	
2 mittel, verhält sich neutral — Ist / Soll	Vierer-Kunden		Fünfer-Kunden		Sechser-Kunden	
3 gering, bevorzugt andere — Ist / Soll	Siebener-Kunden		Achter-Kunden		Neuner-Kunden	
Ist Σ						
Ist %						100

Abb. 109: Summarische Ist- und Soll-Kundenportfolio[68]

Analog zur Analyse der A-Kunden wird auch mit den B- und C-Kunden verfahren. Mögliche Einzelstrategien sind in Abbildung 110 [75] zusammengefasst.

Wachstum SEP / Kundenbindung	**1** wächst über dem Branchendurchschnitt. Hat überzeugende SEP **- Aufsteiger-**	**2** wächst mit dem Branchendurchschnitt. Hat ausbaufähige SEP **- Mitläufer-**	**3** kein Wachstum, Stagnation, Rückgang. Keine SEP erkennbar **- Absteiger-**
1 Stammkunde Unser Angebot passt optimal	**Idealkunde** bevorzugen, pflegen (1)	**Brot u. Butter-Kunde** bevorzugt besuchen, pflegen (2)	**Barzahlungskunde** kritisch beobachten (3)
2 Sowohl-als auch-Kunde Unser Angebot passt wie Konkurrenzangebot	**Potentieller Idealkunde** umwerben, hoher Aufwand (4)	**Quo-vadis-Kunde Standardkunde** umwerben, kostenbewusst akquirieren (5)	**Mitnahmekunde** wenig Aufwand, nur gegen bar, kein Service (6)
3 Konkurrenz-Kunde Unser Angebot passt ungenügend	**Beobachtungskunde** situationsbedingter Aufwand (7)	**Karteikunde** gelegentlich beobachten, eher meiden (8)	**zu meidender Kunde** kein Aufwand, nicht besuchen (9)

Abb. 110: Plakative Einzelstrategie pro Portfoliofeld

3. Immer wieder überraschend ist die Tatsache, dass bei der Frage, welche Kundengruppe in der Vergangenheit bevorzugt betreut und besucht wurde, über alle Branchen hinweg die gleiche Antwort kommt: Gruppe 1 und Gruppe 7. Eine Erklärung dafür liefern allgemein menschliche Verhaltensweisen: Der Stammkunde wird bevorzugt besucht, weil der Vertriebsbeauftragte Streicheleinheiten und leichtgängiges Geschäft braucht. Die Kunden der Gruppe 7, die den größten Teil ihres Bedarfs bei den Wettbewerbern des Klienten decken, stellen für dessen Vertriebsorganisation eine ununterbrochene Herausforderung dar, der man sich immer wieder stellen muss.

Mit dem Portfolio als Diskussionsgrundlage für die Vertriebsstrategien der Vergangenheit werden Fehler transparent gemacht und
durch die Betroffenen selbst interpretiert. Dadurch ist es für den
Berater wesentlich leichter, für veränderte Vertriebsstrategien Akzeptanz zu schaffen. Die Hauptveränderung wird immer darin
bestehen, die Konzentration der Vertriebsmannschaft auf die
Kunden der Gruppen 4 und 5 zu lenken, die durch intensive Be-
mühungen zu Stammkunden entwickelt werden sollen.

Vertriebsfehler der Vergangenheit

4. Anhand des Portfolios kann auch überprüft werden, ob Kun-
    den, die sich in der Vergangenheit als Verlustbringer heraus-
    gestellt haben, tatsächlich den Gruppe 3, 6 oder 9 zuzuordnen
    wären. In fast allen Fällen entspricht dies den Tatsachen, was
    zusätzliche Akzeptanz für dieses Instrumentarium schafft.

Verlustbringer heraus-filtern

5. Die plakativen Einzelstrategien dienen nur der Veranschauli-
    chung und sollen das Bewusstsein für die veränderten Verhal-
    tensweisen des Vertriebs schärfen. In der Praxis würde eine
    Umsetzung von neun verschiedenen Einzelstrategien jedoch
    zu einer totalen Verzettelung führen. Deshalb werden die Ein-
    zelstrategien zu 3 oder 4 Strategiebündeln zusammengefasst
    (siehe Abb. 111):

Strategiebündel bilden

a) Intensivierungsstrategie für die Kundengruppen 4 und 5,

b) Pflegestrategie für die Kunden der Gruppen 1 und 2,

c) Risikominimierungsstrategie   für   die   Kunden   der
    Gruppen 3, 6 und 9,

d) Beobachtungsstrategie für die Kundengruppen 7 und 8.

Neue Vertriebsstrategien

In mittelständischen Klientenunternehmen werden die Strategien
a) und b) zu einem Strategiebündel zusammengefasst.

Die konkrete Ausformulierung jedes einzelnen Strategiebündels
erfolgt in Abstimmung mit dem Klienten. So kann sich z.B. die
Risikominimierungsstrategie für jeden einzelnen Risikokunden
durchaus unterschiedlich darstellen. In einem Fall wird sie durch
"Lieferung nur noch gegen Vorauszahlung", im anderen Fall
durch "Lieferung nur noch in kleinen Partien" bis im konsequen-
testen Fall durch "Abbruch der Kundenbeziehung" umgesetzt. Für
die Umsetzung der Maßnahme "Abschiedsbesuch" übernimmt
meist die Geschäftsleitung die Maßnahmenverantwortung.

Mögliche Auswirkungen

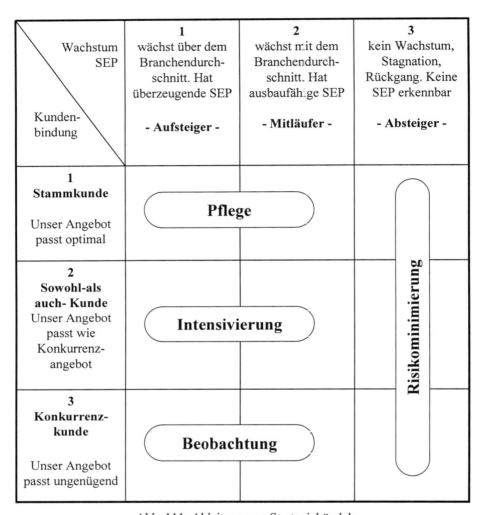

Abb. 111: Ableitung von Strategiebündeln

Kundenaktivierung/

Neukundengewinnung

6. Die Veränderung eines risikobehafteten Ist-Kundenportfolios in ein verbessertes Soll-Kundenportfolio erfolgt zum einen über die veränderten Vertriebsstrategien, zum anderen über Programme zur Kundenaktivierung und Neukundengewinnung. Dabei zeigt sich ein weiteres, sehr nützliches Einsatzgebiet dieser speziellen Portfoliotechnik: Bei der Neukundengewinnung werden die potenziellen Neukunden zuerst nach den vier Analysestufen bewertet, bevor sie angesprochen werden. Damit stellt man sicher, dass keine neuen Risikokunden eingeworben werden.

Das Kundenaktivierungsprogramm bezieht sich vorwiegend auf die Gruppen 4 und 5 und wird in folgenden Schritten durchgeführt:

Kundenaktivierung

- Festlegung der Wunschkundenstruktur im Neunerfeld,

- Inhaltliche Ausgestaltung der Strategiebündel und Festlegung von Maßnahmen zu ihrer Umsetzung für Unternehmensleitung, Marketing, Vertrieb, Service, Wartung und Innendienst,

- Abschätzung der Auswirkungen der veränderten Lieferanteile auf Umsatz und Deckungsbeiträge,

- Festlegung von Planumsätzen und Erträgen, Zielvereinbarungen mit dem Vertrieb,

- Implementierung eines Berichtssystems,

- Integration in das Controlling,

- Schaffung eines Anreizsystems mit Belohnung für besondere Erfolge bei der Neukundenaktivierung.

Die Neukundengewinnung erfolgt über folgende Teilschritte:

- Totale Erfassung aller möglichen Abnehmer im Marktsegment des Klienten,

Neukundengewinnung

- Abgleich der möglichen Abnehmer zu bereits bestehenden Kundenbeziehungen, um die tatsächlichen Neukundenadressen herauszufiltern,

- Bewertung der potenziellen Neukunden durch Einsatz der Analysestufen des Neunerfeldes,

- Analyse des bisherigen Kaufwiderstandes der potenziellen Neukunden,

- Festlegung der positiv bewerteten Neukunden,

- Festlegung einer differenzierten Gewinnungsstrategie,

- Zielvereinbarungen mit dem Vertrieb,

- Implementierung eines Berichtssystems,

- Integration in das Controlling.

2.3.6.2   Kundeneinzelanalyse

4-Felder-Portfolio

Neben der Kundenstrukturanalyse empfiehlt es sich, für die wichtigsten Schlüsselkunden auch Einzelanalysen durchzuführen, in denen noch andere und weitergehende Inhalte untersucht werden. Schwerpunkt dieser Analysen ist ein 4-Felder-Portfolio (siehe Abb. 112), in dem die wichtigsten Daten des Kunden zusammengefasst werden. Auf der Waagerechten wird der relative Lieferanteil des Klienten bei diesem Kunden und auf der Senkrechten das jährliche Kundenwachstum in den Produkten des Klienten dargestellt.

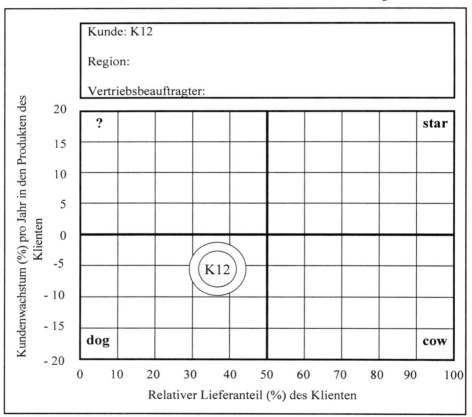

Abb. 112: Einzelkunden-Ist-Portfolio[69]

Legende:

1. Maßstab: 1 cm Kreisdurchmesser = Euro .... Umsatz

2. Außenkreis = Gesamtumsatzvolumen des Kunden

3. Innenkreis = Umsatzvolumen des Marktführers beim Kunden.

Analog zu den Ausführungen in 2.3.3.1 gelten folgende Erläuterungen zu den einzelnen Positionen in den Quadranten des Portfolios:

1. Fragezeichen: Kunden, die einen hohen Bedarf (Wachstum) an den Produkten des Klienten haben, der Lieferanteil des Klienten liegt jedoch unter 50%.

2. Stars: Kunden, die einen hohen Bedarf (Wachstum) an den Produkten des Klienten haben, der Klient ist Hauptlieferant. Der Lieferanteil liegt über 50%.

3. Cash Cows: Kunden, deren Bedarf im Wesentlichen vom Klienten gedeckt wird (Über 50% Lieferanteil), die jedoch nicht mehr wachsen.

4. Dogs: Kunden, die vom Klienten nur in geringem Maße beliefert werden und die nicht wachsen.

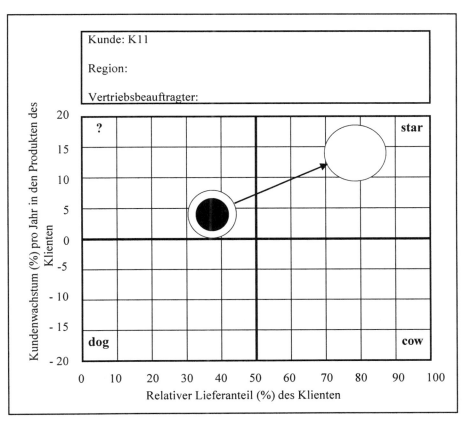

Abb. 113: Einzelkunden-Soll-Portfolio

Ergänzend zu den Inhalten des Ist-Portfolios und Soll-Portfolios[76] kann auch der derzeitige Marketingmitteleinsatz pro Kunde analysiert und im Bedarfsfall neu positioniert werden.

2.3.6.3 Kundenproblemanalyse

EKS-
Strategieberatung

Die Kundenproblemanalyse ist integrierter Bestandteil verschiedener standardisierter Problemlösungsmethoden. Beispiele hierfür sind die EKS-Strategieberatung (siehe Kap. 5), nach der ein Unternehmen seine Strategie auf die Engpässe und Probleme der Zielkunden ausrichtet, oder die Innovationsstrategieberatung, nach der bei allen Innovationen im Klientenunternehmen der Wille zur Problemlösung beim Kunden im Vordergrund steht. Nicht die eigene betriebliche Machbarkeit und das eigene Zielsystem bestimmen was realisiert wird, sondern der Bedarf und die Anforderungen der Kunden. Ist sich der Kunde seiner konkreten Problemlage nicht bewusst, so muss der Klient mit dem Berater rechtzeitig, d.h. vor seinen Wettbewerbern in der Lage sein, den Kunden bei der Problemerkennung zu unterstützen (siehe Abb. 114).

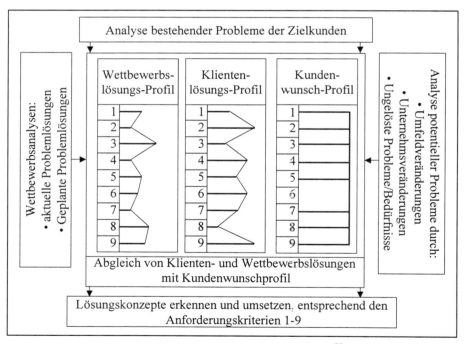

Abb. 114: Schema Kundenproblemanalyse[70]

Dabei kann eine Orientierung an einer schon existierenden Wettbewerberlösung nützlich sein. Der Umkehrschluss sollte auf jeden Fall vermieden werden: Die Imitation einer Problemlösung der Konkurrenz ohne kritischen Abgleich mit den tatsächlichen Kundenbedürfnissen kann zur Kopie einer falschen werden.

Probleminhalte können sich dabei beziehen auf:

- eine ungelöste Aufgabe oder Fragestellung,

- einen für den Kunden unbekannten Tatbestand,

- einen Fehler, eine Schwierigkeit,

- eine Abweichung des Istzustandes vom gewünschten Sollzustand,

- ein Ziel, ein Bedürfnis,

- einen Mangel,

- einen Wunsch oder einen Bedarf nach etwas Speziellem.

Als Analysetechnik werden vorzugsweise alle Spielarten der Befragung eingesetzt.

2.3.6.4   Kundenzufriedenheitsanalyse

In engem Zusammenhang mit der Kundenproblemanalyse steht die Kundenzufriedenheitsanalyse. Sie ist Bestandteil des Quality Function Deployment (QFD), einer Idee und Vorgehensweise, die zum ersten Mal 1972 von der Kobe Werft und später mit großem Erfolg bei Toyota eingesetzt wurde. Ziel von QFD ist es, alle Mitarbeiter zu motivieren, ständig an der Verbesserung der Produkteigenschaften, Herstellkosten, Arbeitsabläufe und Effizienz zu arbeiten, um den Kunden Leistungen anzubieten, die hochwertig, nützlich, ökonomisch und ökologisch sind.

Quality Function Deployment

Zur Messung der Kundenwünsche und der Reaktion auf ihre Erfüllung hat Kano (siehe Abb. 115) ein Modell entwickelt. In diesem werden die Kundenwünsche zunächst nach ihrer Art in Funktionalitätswünsche, Basiswünsche und Begeisterungseigenschaften unterschieden. Die Kundenzufriedenheit wird dann in dem Grad der Erfüllung dieser Kundenwünsche dargestellt:

- Die linearen Funktionalitätswünsche sind meistens direkt geäußerte Wünsche.

- Basiswünsche werden wegen ihres fundamentalen Charakters meist nicht artikuliert. Der Kunde geht selbstverständlich davon aus, dass der Klient sie befriedigt.

- Begeisterungseigenschaften lösen im Maße zunehmender Funktionalität unmittelbare Begeisterung beim Kunden aus.

Die Grenzen zwischen den Kundenwunscharten sind im Zeitablauf fließend. Aus den Begeisterungseigenschaften werden schnell Funktionalitätswünsche und dann Basisanforderungen. Der Klient muss mit Unterstützung des Beraters nicht nur regelmäßig die Kundenwünsche ermitteln, die Kundenzufriedenheit durch Feststellung der Erfüllungsgrade messen, sondern er muss auch die Dynamik der Veränderung der Wunschkategorien erfassen und in eigene strategische Entscheidungen umsetzen.

Wichtig: Dynamik der Veränderungen

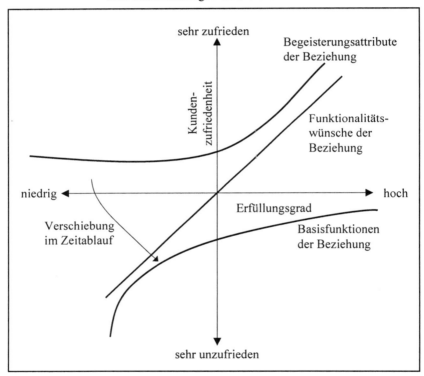

Abb. 115: Kano-Modell der Kundenzufriedenheit[71][72]

Die Durchführung der Kundenzufriedenheitsanalyse erfolgt in vier Schritten:

1. Festlegung der Erhebungseinheiten, was in den meisten Fällen eine Stichprobenauswahl unter den Kunden des Klienten bedeutet.

2. Vorbereitung der Befragung (siehe 2.2: Fragebogenentwurf, Entwurf eines Gesprächsleitfadens, Testlauf).

3. Durchführung der Befragung durch ein Beraterteam oder Unterauftragnehmer (Marktforschungsinstitut).

4. Auswertung und Visualisierung der Erhebungsergebnisse.

2.3.6.5   Kundenreklamationsanalyse

Kundenreklamationen sind ein Spiegelbild der Produkt- und Servicequalität des Klientenunternehmens. In der Analyse geht es darum, die Reklamationen zu erfassen, zu untersuchen, ob sie vermeidbar gewesen wären, ob sie in der Menge akzeptabel sind und was in welcher Zeit durch wen zu unternehmen ist, um die Reklamationen künftig abzubauen oder ganz auszuschalten.

Für die Erfassung von Reklamationen kann eine Formular (siehe Abb. 116) oder eine Direkteingabe ins Notebook gewählt werden. Bei der Aufnahme der Reklamation sollten mindestens folgende Informationen erfasst werden:

*Reklamations-
erfassung*

- Kundennummer,

- Kundenanschrift,

- Name, Telefonnummer des Gesprächspartners,

- Reklamationsgrund,

- Hinweisdaten, (Rechnungsnummer, Datum, etc.)

Die erfassten Reklamationen werden dann strukturiert und in Diagrammen visualisiert. Eine wiederholte Analyse und die Darstellung ihrer Ergebnisse im Zeitverlauf geben Hinweise über die Entwicklung von Reklamationsschwerpunkten. Neben der Auswertung der erfassten Kundenreklamationen wird der Berater immer zusätzlich noch eine Kundenbefragung durchführen (siehe Abb. 117) und beide Ergebnisse zusammenführen.

*Reklamationsschwer-
punkte entwickeln*

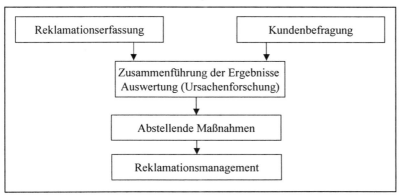

Abb. 116: Kundenreklamationsanalyse: Ablauf

Datum:	Erfasst von:

Kunde: Straße: Ansprechpartner:	Kundennummer: PLZ, Ort: Tel./Fax/ E-Mail:

Rechnungsnummer: Kontonummer:	Datum:

Reklamationsgrund/Ursache:

1	2	3	4	5	6	7

(bitte ankreuzen)

1= Allgemeine Fragen
2= Produktmängel
3= Servicemängel
4= Falschberechnung
5= Fehlende Unterlagen
6= Kulanzentscheidungen
7= Sonstige

Zwischenbescheid von:	am

Reklamationsgrund aus Kundensicht:

Reklamationsgrund aus unserer Sicht:

Reaktion Kundendienst:
    Außendienst:
    Qualitätsbeauftragter:
    Fachabteilung:

	Gutschrift	Neubelastung	KST	Betrag Euro
Arbeitszeit				
Reisekosten				
Ersatzteile				
Sonstiges				

Reklamation komplett erledigt am:
Unterschrift:

Abb. 117: Erfassungsformular Kundenreklamationen[73]

Mit der Durchführung beider Analyseteile stellt der Berater sicher, dass neben den vorwiegend objektiven Begründungen in der Reklamationsstatistik in der Kundenbefragung auch subjektive und emotionale Ansichten und Beweggründe angesprochen werden können.

Bei der Bewertung ist es besonders aufschlussreich, die Dimension der Reklamationen in Relation zur Gesamtheit einer erbrachten Leistungskategorie zu setzen und damit Reklamationskennzahlen zu bilden. Im Kundendienstbereich kann dies z.b. durch die Relation der Anzahl der Reklamationen zur Anzahl der Serviceeinsätze ausgedrückt werden.

Reklamationskennzahlen

Die Ergebnisse der Ursachenforschung beider Analyseteile führen zu bestimmten Maßnahmenkatalogen, die mit Verantwortlichkeiten und Terminen versehen, in die Umsetzung gebracht werden müssen. Eine der häufigsten Reklamationsursachen liegt in Kommunikationsfehlern mit den Kunden. Auf diesen Tatbestand müssen sich die Maßnahmen mit der höchsten Priorität beziehen. Kommunikationsqualität in diesem Zusammenhang heißt nicht nur kundenfreundliche, verständliche Darstellung in allem, was der Kunde schriftlich vom Klientenunternehmen erhält. Es ist auch darauf zu achten, dass im Reklamationsprozess so kommuniziert wird, dass beim Kunden keine negativen Signale ankommen.

Ursachenforschung

Zum Reklamationsmanagement gehört es zunächst einmal, die Bearbeitungsqualität von Kundenreklamationen zu sichern. Dazu gehören ein ausgefeiltes Berichtswesen, exakte Terminvorgaben und großzügige Kulanzregelungen. Die Kenntnisnahme des Reklamationsstatus durch die Führungsebene stellt nicht nur die Kundennähe sicher, sondern ist auch eine verlässliche Schwachstellenanalyse über alle Unternehmensbereiche hinweg. Reklamationsmanagement bedeutet aber auch, die Qualität wichtiger Schnittstellen zu sichern. So besteht eine Schnittstelle mit dem Bereich der technischen Schadensanalysen, die in Form von Wartungs-, Service- oder Kundendienstberichten in das Klientenunternehmen rückgemeldet werden. Ihre Auswertung muss, ebenso wie bei den Reklamationen, zu Verbesserungen im Produktdesign und/oder im Produktionsprozess führen. Treten bei einem Produkt gehäuft Reklamationen auf, so wird der Berater dem Klienten die Durchführung einer Wertanalyse vorschlagen, durch die bei diesem Produkt nicht nur die Qualität verbessert und damit die Reklamationsursachen beseitigt werden, sondern auch die Herstellkosten gesenkt werden können. Eine weitere Schnittstelle besteht zur Entwicklungsabteilung, die Schwerpunkte des Reklamationsstatus im Sinne von Simultaneous Engineering berücksichtigen muss.

Reklamationsmanagement

Schnittstelle zur Wertanalyse

Reklamationen, die sich auf Verhaltensweisen der Mitarbeiter im Klientenunternehmen beziehen, sind aus Beratersicht ein klassischer Anwendungsbereich der kundenorientierten Organisationsentwicklung. So gesehen ist die Kundenreklamationsanalyse die Basis für eine Vielzahl von Anschlussaufträgen.

2.3.6.6   Kundenbedarfsanalyse

Die Kundenbedarfsanalyse ist für jeden Klienten von fundamentalem Interesse. Dabei muss zwischen Neu- und Ersatzbedarf und qualitativen und quantitativen Analysen unterschieden werden (siehe Abb. 118).

Bedarfsart / Ergebnisse	Neubedarf	Ersatzbedarf
qualitativ	Ermittlung und Bewertung der Neubedarf bestimmenden Faktoren und ihrer Entwicklungstendenzen	Ermittlung und Bewertung der Ersatzbedarf bestimmenden Faktoren und ihrer Entwicklungstendenzen
quantitativ	Ermittlung konkreter Neubedarfszahlen durch Sekundärmaterial oder Primärerhebungen	Ermittlung konkreter Ersatzbedarfszahlen durch Sekundärmaterial oder Primärerhebungen

Abb. 118: Matrix der Kundenbedarfsermittlung

Bei der qualitativen Ermittlung der bedarfsbestimmenden Faktoren für Neu- und Ersatzbedarf wird zwischen allgemeinen und unternehmensspezifischen Faktoren unterschieden (siehe Abb. 119). Unter Moderation des Beraters werden beide Faktorgruppen zusammengestellt, diskutiert und in ihrer Wirkung auf das Umsatzvolumen der nächsten Jahre abgeschätzt. Es ist von besonderer Wichtigkeit, dass diese Analyse interaktiv mit dem Klienten und seinen Mitarbeitern durchgeführt wird, weil nicht nur die Ergebnisse, sondern auch die Diskussionsinhalte und die Auseinandersetzung mit unterschiedlichen Zukunftseinschätzungen zu wesentlichen Erkenntnissen führen. Das Fazit führt häufig zur Formulierung von Sofortmaßnahmen.

Bedarfsbestimmende Faktoren (Neubedarf)	Wirkt auf Absatz der nächsten 2 Jahre		
	negativ	neutral	positiv
Allgemeiner Art: • Investitionsbereitschaft • Verfügbares Masseneinkommen (Kaufkraft) • Bevölkerungsentwicklung • Bevölkerungsstrukturänderung • Globalisierung •			
Unternehmensspezifischer Art: • Fitnesstrend • Anti-Aging • Gesunde Ernährung			
Fazit:			

Abb. 119: Qualitative Erfassung der bedarfsbestimmenden Faktoren

Wesentlich aufwendiger ist die Ermittlung der quantitativen Bedarfszahlen. Dafür gibt es grundsätzlich die folgenden vier Möglichkeiten:

Zunächst muss der Berater, wie in 2.2 beschrieben, feststellen, ob aktuelles, aussagefähiges und umfassendes Sekundärmaterial im Klientenunternehmen vorhanden ist.

Ermittlung von Bedarfszahlen

1. Dieses Sekundärmaterial kann dann durch Primärerhebungen, wie z.B. durch Interviews mit Mitarbeitern des Vertriebs, weiter ergänzt und verbessert werden kann.

2. Im Klientenunternehmen vorhandene Erkenntnisse über quantitativen Bedarf der Kunden können aber auch durch externe Primärerhebungen, wie z.b. Expertengespräche mit Meinungsführern der Kundenbranchen ausgebaut werden.

3. Zur weiteren Ergänzung kann auch externes Sekundärmaterial, wie z.B. Nachfragestatistiken und Bedarfserhebungen der Verbände der Kunden des Klienten herangezogen werden.

4. Sind umfangreiche (Voll-)Erhebungen unerlässlich, so kann auch ein Marktforschungsinstitut als Unterauftragnehmer einbezogen werden.

Bei der Kommunikation von absoluten Bedarfszahlen ist es aus Gründen der Risikoeingrenzung von besonderer Wichtigkeit, die Quelle und das Datum der Zurverfügungstellung, bzw. der Erhebung des Datenmaterials genau anzugeben.

2.3.6.7   Kontaktpunkt-Analyse

Moments of Truth

Die Kontaktpunkt-Analyse oder Analyse der "Augenblicke der Wahrheit" (Moments of Truth) wird in der angloamerikanischen Literatur vorwiegend auf die Messung von Dienstleistungsqualität bezogen. In der praktischen Unternehmensberatung hat sich gezeigt, dass sie für alle Klienten mit Kundenkontakt anwendbar ist. Als "Augenblicke der Wahrheit" gelten in der Branche die Gelegenheiten, bei denen der Kunde mit dem Klienten und/oder Elementen seines Leistungsangebotes in Kontakt kommt und den Grad der Qualität erlebt (siehe Abb. 120).

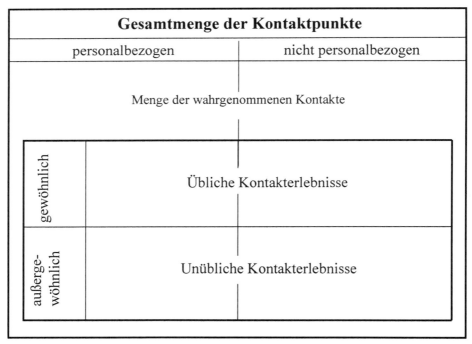

Abb. 120: Augenblicke der Wahrheit: Übersicht[74]

Die Unterscheidung zwischen gewöhnlichen und außergewöhnlichen, oder kritischen Augenblicken der Wahrheit ist deshalb wichtig, weil vor allem die kritischen Augenblicke von hoher Verhaltensrelevanz bei den Kunden sind.

Die Kontaktanalyse (siehe Abb. 121) beginnt mit einer Erfassung aller regulären und nichtregulären Kundenkontaktpunkte. Dabei geht der Berater prozessorientiert und kundenorientiert vor, d.h. er beginnt mit dem Erstkontakt und stellt dann alle im weiteren Prozess der Kundenbeziehung folgenden Kontaktpunkte aus Sicht des Kunden zusammen. In einem weiteren Schritt werden diesen Kontaktpunkten die entsprechenden Einflussgrößen zugeordnet, die das Qualitätserleben des Kunden prägen. Dazu gehört z.B. die Qualität der persönlich-interaktiven Kontakte mit den Mitarbeitern des Klienten, sowie die Funktionalität und Anmutungsqualität der physischen Umgebung in der der Kundenkontakt stattfindet. Auch die Qualitätswahrnehmung Dritter beeinflusst Kunden und muss an den entsprechenden Kontaktpunkten als Einflussgröße erfasst werden. Als Instrumentarium zur Segmentierung und Darstellung des Leistungsprozesses empfiehlt sich das Blueprinting (siehe Abb. 122).

Kontaktpunkte identifizieren

Blueprinting

Art des „ Augenblicks der Wahrheit"	Übliches Kontakterlebnis	Kritisches Kontakterlebnis
Stufen der Analyse	Analysemethoden	
1. Kontaktpunkt-Identifikation	Blueprinting	
2. Qualitative Kontaktpunkterlebnismessung		
• mit umfassender Eignung	Sequentielle Ereignismethode	Critical Incident Technique
• mit eingeschränkter Eignung für Zwecke der laufenden Überwachung	Beobachtung	Beschwerdeanalyse
	Problemkategorien	
3. Quantitative Kontaktpunkt-Problembewertung	Frequenz-Relevanz-Analyse (FRAP)	

Abb. 121: Kontaktpunkt-Analyse: Übersicht[75]

*Qualitative
Kontaktpunkt-
Erlebnismessung*

Durch Einzeichnen der "Line of Visibility" können die für den Kunden sichtbaren Teile des Leistungsprozesses und die jeweiligen Kundenkontaktpunkte veranschaulicht werden. An den Kontaktpunkten können dann Primärerhebungen zur Messung der Qualität der Interaktion vorgenommen werden. Diese qualitative Kontaktpunkt-Erlebnismessung kann mit verschiedenen Methoden durchgeführt werden:

- Beobachtung

Methoden

Die Beobachtung von Kundenkontaktsituationen mit dem Ziel der Feststellung von Mängeln und ihrer anschließenden Beseitigung kann durch Berater, deren Unterauftragnehmer, wie z.B. Marktforscher, Mitarbeiter des Klientenunternehmens oder Scheinkunden durchgeführt werden. Mit dieser Methode sind allerdings nicht alle Momente der Wahrheit zu erfassen. Außerdem besteht bei diesem Verfahren immer die Gefahr, dass die Beobachter ihre subjektiven Ansichten in die Analyse einbringen.

- Beschwerdeanalyse

Aus Sicht des Klienten sind Beschwerden seiner Kunden, die diese aus eigener Initiative und häufig mit Übernahme der Kosten nach einem Problemerlebnis artikulieren von höchster Bedeutung, da Kunden sich nur dann schriftlich äußern, wenn das Kontakterlebnis als äußerst negativ empfunden wurde. Neben der Erfassung und Auswertung dieser (schriftlichen) Beschwerden, muss der Berater dafür Sorge tragen, dass auch mündliche Beschwerden, die von Kunden gegenüber Mitarbeitern geäußert werden, erfasst werden. Da Mitarbeiter wenig geneigt sind, die Beschwerden, die sich auf ihr persönliches Verhalten beziehen, weiterzugeben, müssen besondere Vorkehrungen, z.B. durch die Installation von Beschwerdekästen, getroffen werden.

- Sequentielle Ereignismethode

Diese Methode beinhaltet Kundenbefragungen im Verlauf der einzelnen Phasen des Leistungsprozesses. Zur Vorbereitung dient wiederum der Blueprint, durch den die Kontaktpunkte visualisiert und die jeweiligen Befragungsinhalte abgeleitet werden können. In persönlichen Interviews werden die Kunden nach den Erlebnissen in den einzelnen Augenblicken der Wahrheit befragt.

- Fotomethode

Dieses Verfahren hat zum Inhalt, besonders negativ oder positiv empfundene Kundenkontaktsituationen durch Kunden fotografieren zu lassen[76]. Darüber hinaus sollten die Kunden eine Art erläuternden Text, in dem ihre Erlebnisse und Empfindungen zum Ausdruck gebracht werden, verfassen. Es ist klar, dass dieses Verfahren nur mit Einschränkungen angewendet werden kann.

- Critical Incident Technique

Der Schwerpunkt dieses Verfahrens besteht darin, Geschichten zu erfassen und zu analysieren, in denen Kunden Dritten gegenüber ihre Erfahrungen mit dem Klientenunternehmen bewerten[77]. Die Kunden werden durch standardisierte, offene Fragen veranlasst, bestimmte Kontaktsituationen in allen Einzelheiten zu schildern und ihre Wahrnehmungen und Empfindungen zu beschreiben. Die Erhebungen werden dann in mehreren Stufen ausgewertet. Durch eine genaue Analyse der geschilderten Erlebnisinhalte werden verschiedene typische Erlebniskategorien gebildet und Erlebnishäufigkeiten ermittelt. Dieses Verfahren gibt Aufschluss über die Mindesterwartungen der Kunden an das Leistungs- und Qualitätsniveau des Klientenunternehmens und zeigt Schwachstellen, aber auch Stärken in den verschiedenen Kundenkontaktsituationen auf.

Erlebniskategorien
bilden

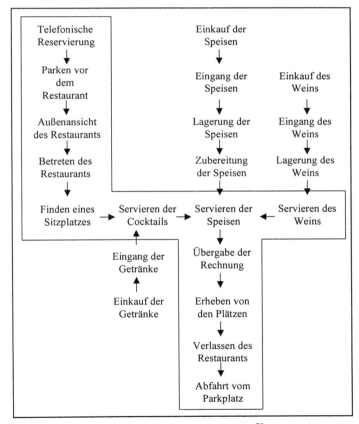

Abb. 122: Restaurant-Blueprint[78]

Kontaktpunkt-
Problembewertung

In der dritten Phase wird eine quantitative Kontaktpunkt-Problembewertung vorgenommen. Dabei stehen die Negativerlebnisse der Kunden im Kontakt mit dem Klientenunternehmen im Mittelpunkt. Für ihre quantitative Auswertung eignet sich besonders die Frequenz-Relevanz-Analyse für Probleme (FRAP). Sie wird in folgenden Stufen durchgeführt:

- Ermittlung einer Problemliste unter Einsatz der Verfahren, die unter "Qualitative Kontaktpunkt-Erlebnismessung" beschrieben wurden.

Stufen der
Durchführung

- Komprimierung der Problemliste nach Relevanz- und Redundanzgesichtspunkten.

- Erstellung eines Fragebogens mit Aussagen zu den jeweiligen Problemen. Zunächst wird gefragt, ob ein Problem überhaupt aufgetreten ist. Wird diese Frage bejaht, so schließen sich Fragen nach dem Grad der Verärgerung und den tatsächlichen oder geplanten Reaktionen an.

- Durchführung der Befragung.

- In der Auswertung werden durch Multiplikation der Skalenwerte für Verärgerung und Reaktionsverhalten Relevanzwerte gebildet. Zusammen mit den Aussagen über die Frequenz des Auftretens des Problems ergeben sich für jedes Problem Koordinatenwerte (siehe Abb. 123), die in einem Diagramm visualisiert werden können.

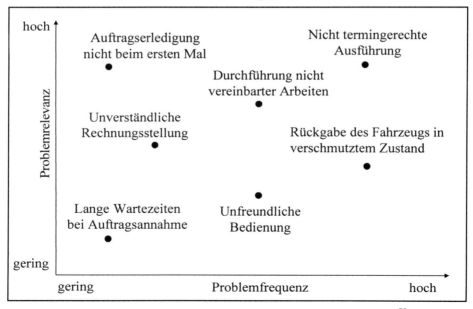

Abb. 123: Frequenz-Relevanz-Analyse Autoreparaturwerkstatt[79]

2.3.6.8   Kaufmotivationsanalyse

Führt ein Unternehmensberater im Auftrag eines Klienten eine Motivforschung durch, so geht es meist um den Analysekomplex der Kauf- oder Nichtkaufentscheidung von Kunden des Klienten.

Dabei wird zunächst ermittelt, wer konkret an dem Entscheidungsprozeß beteiligt ist (siehe Abb. 124). Der Aufwand für die Suche nach den Entscheidungsträgern eines Kaufprozesses in den Unternehmen der Kunden wird fast immer unterschätzt. Die traditionelle Aussage, dass ein Kaufprozess von zwei Personen, dem Fach- und dem Machtpromoter bestimmt wird, ist sehr stark vereinfachend. In der Praxis gibt es Beispiele, dass bis zu 18 Personen an der Entscheidung, ob bei einem Klienten oder seinen Wettbewerbern gekauft wird, beteiligt sind (siehe Abb. 125).

Entscheidungsträger

ermitteln

Entscheidungsträger		Konkrete Tätigkeit im Entscheidungs- prozess	% Anteil am Entscheidungs- prozess	% Anteil objektiv	% Anteil subjektiv	% Anteil politisch
Name	Funktion					

Abb. 124: Motivforschung bei Investitionsentscheidungen

Entscheidungsträger	Konkrete Tätigkeit im Entscheidungs- prozess	% Anteil am Ent- scheidungs- prozess	% Anteil objektiv	% Anteil subjektiv	% Anteil politisch
Gemeindevertretung	Mehrheitsbeschluss	0			
Gemeindevorstand	Mehrheitsbeschluss	0			
Bürgermeister	Unterschreibt	0			
Dezernent/	Entscheidet/segnet ab	}			
Amtsleiter	Entscheidet	} bis 80	} 15	} 80	} 5
DV-Koordinator	Entscheidet				
Sachbearbeiter	Bereitet vor	bis 20			

Abb. 125: Entscheidung "Make or Buy" von IT-Leistungen bei Kommunen

Marketingmittelein-

satz bestimmen

Sind diese Personen identifiziert, so geht es darum, ihre Bedeutung in dem Entscheidungsprozeß zu bewerten. Dazu wird zunächst ermittelt, welches ihre konkrete Tätigkeit im Entscheidungsprozeß ist und wie ihr prozentualer Anteil im Prozessgeschehen ist. In der vierten Stufe wird hinterfragt, in welchem Maße die Entscheidungen der einzelnen Beteiligten unter objektiven, subjektiven und/oder politischen Aspekten gefällt werden. Die Analyseergebnisse werden dann durch Maßnahmen zu verändertem Marketingmitteleinsatz umgesetzt. Entscheidungsträger, die vorwiegend subjektiv entscheiden, können z.B. nicht durch verbesserte Produktqualität oder eine kompetentere Vertriebsmannschaft zu Gunsten des Klienten beeinflusst werden. Bei ihnen müssen Maßnahmen, die dem weiten Bereich der Human Relations (schlicht ausgedrückt ist dies die Gruppe "Goldenes Feuerzeug") zuzuordnen sind, veranlasst werden.

2.3.6.9 Berichtswesen als Kundenanalyse

kontinuierliche

Kundenanalyse

Kundenkontakt-

berichte festlegen

Eine wesentliche Aufgabe des Unternehmensberaters besteht darin, im Zuge eines abnehmerorientierten Projektes ein Berichtswesen zu installieren, das den Klienten in die Lage versetzt, mit geringstmöglichem Aufwand eine kontinuierliche Kundenanalyse zu betreiben. In fast allen Projekten dieser Art wird man als Berater mit der Aussage konfrontiert, dass ein Berichtswesen, das diesen Anforderungen genügt, schon vor Jahren implementiert worden sei, nur sei die konkrete Umsetzung und Nutzung sehr bald im Sande verlaufen. Dies zeigt, dass auch das professionellste Rückmeldesystem dann zum Scheitern verurteilt ist, wenn es nicht mit Controllingfunktionen verknüpft wird. Somit gehört die kontinuierliche Kundenanalyse als wichtigste Aufgabe in das Pflichtenheft eines jeden Mitarbeiters mit Kundenkontakt. Die Bedeutung der Sammlung dieser kundenrelevanten Informationen und Daten muss nicht nur den eigenen Mitarbeitern, sondern auch den freien Vertretern deutlich gemacht werden. Dabei müssen die Inhalte eines Kundenkontaktberichtes (siehe Abb. 126) im Einzelnen erläutert und mit den Ausführenden abgestimmt werden. Kontaktberichtsformulare dürfen nicht, wie man immer wieder feststellen kann, z.B. von Mitarbeitern der Organisationsabteilung, die fern von jedem Kundenkontakt sind, konzipiert und dann den Außendienstmitarbeitern aufgezwungen werden. Kundenkontaktberichte sind bei Neukunden Urbelege und bei Altkunden Aktualisierungsbelege für ein aussagefähiges, Online-gestütztes Kundeninformationssystem.

Kundenkontaktbericht

von: Abteilung:

Datum:

Firma:

Adresse:

Kundennummer:

Gesprächspartner:

Umsatz: Tendenz: steigend ○   stagnierend ○   sinkend ○

Künftiges Wachstum: steigend ○   stagnierend ○   keines ○

Zusammenarbeit: laufend ○   gelegentlich ○   seit kurzem ○   keine ○

Zusammenarbeit: ja ○ Wert: nein ○   Auftrag wird erteilt am:

Nächster Besuch vorgesehen für die .... KW

Kontakt-person	Name	Verantwort-lich für	Hobby	Geburtstag

Zu welcher außerbetrieblichen Stelle sind noch Kontakte zu knüpfen?

1. Leistungsprogramm des Kunden

Produkte/Dienstleistungen	Ø Jahresmenge	Ø Jahresumsatz

Abb. 126: Kundenanalyse durch Berichterstellung Teil I

2. Bedeutung des Kunden

Bedeutung für	groß	mittel	gering
eigene Branche			
unsere Branche			

3. Wettbewerbssituation des Kunden

Wettbewerber	Stärken	Schwächen

4. Bedarf des Kunden an Produkten/Dienstleistungen unseres Leistungsprogramms

Produkt	Ø Jahres-bedarf	Liefern wir?	Liefert Wett-bewerber?	Gründe

5. Welche Anforderungen müssen wir erfüllen, welche Vorteile bieten, um liefern zu können?

Produkt	Qualität	Design	Umwelt	Preis/Leistung	Service	Sonstige

Abb. 127: Kundenanalyse durch Berichterstellung Teil II

6. Problemlösung für Kunden

Probleme	Lösung durch existierende Produkte	Lösung durch neue Produkte

7. Was könnten wir zusätzlich anbieten?

Aus dem Standardprogramm	Neuentwicklungen

8. An welchen neuen Entwicklungen arbeitet der Kunde, wie können wir mit unseren Produkten/Dienstleistungen helfen?

Neue Entwicklungen beim Kunden	Wie können wir unterstützen?

9. Haben unsere Wettbewerber schon reagiert?

Neue Entwicklungen beim Kunden	Wettbewerber: Name	Wettbewerber: Lösung

10. Mögliche Gefährdungen der Kundenbeziehung?

Abb. 128: Kundenanalyse durch Berichterstellung Teil III[80]

2.3.7   Lieferantenanalyse

Lieferantenselbst-beurteilung

Im Zuge zunehmender Zertifizierung von Unternehmen hat auch die Lieferantenanalyse eine neue Dimension erhalten: Nach ISO 9001:2000 betrifft eines der Qualitätssicherungselemente die Beschaffung. Im Zuge einer Qualitätsfähigkeitsbeurteilung kann das Klientenunternehmen unter Einsatz eines Fragebogens von seinen Lieferanten eine Selbstbeurteilung einholen. Dies umfasst die Prüfung, inwieweit bei den Lieferanten die Grundelemente eines Qualitätssicherungssystems realisiert sind und die Verfahrensanweisungen zur Qualitätssicherung befolgt werden. Jeder Lieferant, der bereits ein Qualitätssicherungssystem implementiert hat und zertifiziert worden ist, wird der Aufforderung zur Selbstbeurteilung dadurch nachkommen, dass er dem Kunden ein Exemplar seines Qualitätsmanagementhandbuches (QMH) zusendet (siehe Abb. 129).

Kurz-bezeich-nung	Bezeichnung	Verwendung	Anwendungsebene
QMH	Qualitätsmanagement-Handbuch	intern extern	Geschäftsleitung Kunden
VA	Verfahrensanweisung	intern	Mittlere Führungsebene
AA	Arbeitsanweisung	intern	Operative Ebene

Abb. 129: QMH als Qualitätsdokumentation

Die Lieferantenbeurteilung hat sich in jüngerer Zeit auch zeitlich verschoben: Nicht erst zum Zeitpunkt der Beschaffung, sondern bereits in der Forschungs-, Entwicklungs- und Testphase von Mustern und Nullserien werden qualitätsfähige Lieferanten aktiv einbezogen. Dabei haben beide Partner die gleichen Interessen:[81]

- Minimierung des Gesamtaufwandes für beide Parteien,

- Risikostreuung,

- Vermeidung von Doppelprüfungen,

- Systematische Qualitätssicherung durch fehlerverhütende Maßnahmen beim Lieferanten,

- Intensivierung des Informationsaustausches.

Neben der Anforderung einer Selbstauskunft auf der Basis des Qualitätsmanagementhandbuchs des Lieferanten kann der Berater auch Primärerhebungen zum Zwecke der Lieferantenanalyse durchführen (siehe Abb. 130). Die Befragungstechniken können situationsspezifisch frei gewählt werden (vgl. 2.2.2). In den meisten Fällen wird sich eine mündliche Befragung, telefonisch oder als offenes Gespräch als am besten erweisen.

Befragungstechniken

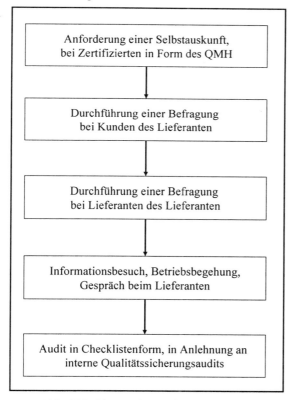

Anforderung einer Selbstauskunft,
bei Zertifizierten in Form des QMH

Durchführung einer Befragung
bei Kunden des Lieferanten

Durchführung einer Befragung
bei Lieferanten des Lieferanten

Informationsbesuch, Betriebsbegehung,
Gespräch beim Lieferanten

Audit in Checklistenform, in Anlehnung an
interne Qualitätssicherungsaudits

Abb. 130: Phasen der Lieferantenanalyse

Dabei kann auch offen über die Problematik gesprochen werden, wie tragfähig das QS-System des Lieferanten tatsächlich ist (in Anlehnung an den Kalauer, dass man die qualitätsgesicherte Produktion von Schwimmwesten mit Bleifüllung zertifizieren lassen kann). Eine Checkliste zur Lieferantenanalyse (siehe Abb. 131) sollte sich auf die drei Bereiche der wirtschaftlichen, physischen und strategischen Lieferleistung beziehen.

Checkliste zur

Lieferantenanalyse

Kriterium	Beurteilung
Wirtschaftliche Lieferleistung **1. Preise und Konditionen** • Preise, Preisgestaltung • Mengenabhängigkeit • Rabatte, Zuschläge • Bonus • Fracht (ab Werk, frei Haus) • Verpackungskosten • Rücknahme der Verpackung • Zollverrechnung • Versicherungskosten • Werkzeugkosten • Zahlungsbedingungen • Skonti • Vorauszahlungen • Valuta • Entsorgungskosten **2. Bonität und Finanzkraft** • Kapitalausstattung • Liquidität • Erfüllung eigener Verbindlichkeiten • Ertragskraft, Cashflow • Umsatz • Unabhängigkeit • Gesellschaftsform • Haftung • Image, Marktstellung • Managementkompetenz **Physische Lieferleistung** **1. Termintreue** • Angebotsabgabe • Erstmustertermine • Technische Änderungen • Sonderaktionen • Zuverlässigkeit **2. Flexibilität** • Schnellschüsse • Sonderaufträge • Volumensteigerungen • Kapazitätsanpassungen • Änderungen • Just-in-Time-Bereitschaft • Lernbereitschaft • Bereitschaft zur Konsignation	

Abb. 131: Checkliste zur Lieferantenanalyse Teil I

Kriterium	Beurteilung
3. Kapazität • Anzahl Mitarbeiter • Maschinenausstattung • Lagerkapazität • Marktanteil • Auslastung • Elastizität • Vertriebslogistik **4. Standort** • Transportdauer und –kosten • Verkehrsanbindung • Transportrisiken • Sprachbarrieren • Rechtsordnung • Geographische Lage • Mentalität **5. Qualität** • Zertifiziert nach ISO 9001:2000 • Qualitätssicherung • Qualitätsleistung • Qualitätsdokumentation **6. Service** • Beratung • Kundendienst • Kulante Reklamationsbearbeitung • Schnelligkeit • Gründlichkeit • Kostenlose Muster • Testinstallationen • Außendienst • Schulung • Problemlöser • Internet-Service ***Strategische Lieferleistung*** **1. Unternehmenspolitische Faktoren** • Konzernpolitik • Personelle Verflechtungen • Joint Ventures / Beteiligungen • Quoten • Gegengeschäfte	

Abb. 132: Checkliste zur Lieferantenanalyse Teil II

Kriterium	Beurteilung
2. Entwicklungspotential • Innovationsbereitschaft • Risikobereitschaft • Investitionsbereitschaft • Trendfeeling • Innovationsfreudigkeit • Marktwissen • Grundlagenforschung • Wertschöpfungsbeiträge **3. Know-how** • Material • Verfahren • Problemlösungen • Kreativität • Schutzrechte • Patente **4. Kommunikation** • Einhaltung von Zusagen • Verhalten bei Verhandlungen • Vorabinformation bei Störungen • Eskalation • Vertrauenswürdigkeit • Offenheit	

Abb. 133: Checkliste zur Lieferantenanalyse Teil III[82]

2.3.8   Analysen interner Teilbereiche

Außer den verschiedenen Analyseinhalten, die in den vorangegangenen Kapiteln dargestellt wurden, soll im folgenden der Vollständigkeit wegen eine Gruppe behandelt werden, die sich mit internen Teilaspekten des Klientenunternehmens befasst, wenngleich hierzu eine subjektive Auswahl getroffen werden muss. Diese Analyseinhalte können nach der jeweiligen Themenstellung entweder einzeln oder in Ergänzung und Kombination mit den anderen Analysen eingesetzt werden.

2.3.8.1   Kommunikationsanalyse

Mit dieser Analyseform wird die Häufigkeit und Dauer des Informationsaustausches zwischen verschiedenen Organisationseinheiten oder von Personen innerhalb einer Organisationseinheit untersucht.

Zwecke der Kommunikationanalyse

Die Kommunikationsanalyse wird zu unterschiedlichsten Zwecken durchgeführt:

- Im Zuge von Standortverlagerungen und damit verbundenen Raum- und Gebäude(neu)planungen, wobei es nahe liegt, Einheiten mit besonders intensiven Kommunikationsbeziehungen räumlich zusammenzufassen.

- Zur Messung von Kommunikationssträngen zwischen Organisationseinheiten. Die Wirkung dieser Art von Kommunikationsanalyse soll an einem Beispiel erläutert werden: Bei der Auswertung einer umfassenden Kommunikationsanalyse bei einem Telekommunikationsanbieter fiel auf, dass das unternehmenseigene Forschungsinstitut nur einen haarfeinen Kommunikationsstrang in das Unternehmen hatte. Die einzige Kommunikation mit den Fachabteilungen des Unternehmens bestand darin, dass einmal im Jahr eine Informationsveranstaltung stattfand, bei der die Führungskräfte des Forschungsinstituts die Produktionsabteilungen über neueste Forschungsergebnisse unterrichteten. Die dürftigen Kommunikationsbeziehungen waren Anlass zu einer vertieften und weitergehenden Analyse des Forschungsinstituts. Dabei stellte sich heraus, dass die Kommunikationsbeziehungen zu internationalen Wettbewerbern des Klienten sehr viel intensiver waren, als zum eigenen Unternehmen. Eine weiterführende Kosten-/Nutzenanalyse führte schließlich zu dem Ergebnis, dass das Institut mit großem Nutzen für das Klientenunternehmen als eigenständige GmbH zunächst ausgelagert und nach etwa drei Jahren verkauft werden sollte. Forschungsaufträge werden unter Effizienzaspekten sowohl an das Tochterunternehmen, wie auch an Auftragsforschungsinstitute vergeben.

Beispiel

- Im Zuge der Optimierung von Aufbau- und Ablauforganisationen ist die Kommunikationsanalyse ein unerlässlicher Teilbereich. Dabei wird immer unterstellt, dass häufige und intensive Kommunikationskontakte ein Indikator dafür sind, dass die Untersuchungseinheiten besonders eng zusammenarbeiten und deshalb unter bestimmten Gegebenheiten zusammengefasst werden können.

erste Phase   In der ersten Phase der Durchführung werden zunächst die Organisationseinheiten bestimmt, die einer Kommunikationsanalyse unterzogen werden sollen. An die Mitarbeiter dieser Einheiten wird dann ein Formular (siehe Abb. 134) verteilt, in das durch Selbstaufschreibung die Art und Dauer der Kommunikationsbeziehungen eingetragen wird.

Informationen von Abt. .... im Zeitraum von .... bis ....
Verantwortlich:

an:

Abteilungen	Art der Kommunikationsbeziehung				Σ
	schriftlich	**telefonisch**	**persönlich**	**elektronisch**	
Abt. A					
Abt. B					
Abt. C					
Abt. D					
•					
•					

Abb. 134: Formular zur Kommunikationsanalyse

Visualisierungs-   Am Ende des Untersuchungszeitraums werden die Formularinhalte erfasst und ausgewertet. Dabei gibt es verschiedene Möglichkeiten der Visualisierung:

möglichkeiten

- Das Kommunikationsnetz (siehe Abb. 135), in dem die Menge der Kontakte durch Ziffern und Linienbreiten dargestellt werden, und

- die Kommunikationsmatrix (siehe Abb. 136), in der die Gesamtkontakte einer Organisationseinheit und auch die Stärke der Kontakte zu allen anderen Beteiligten dargestellt werden kann. Die Kommunikationsmatrix ist damit aussagefähiger als das Kommunikationsnetz.

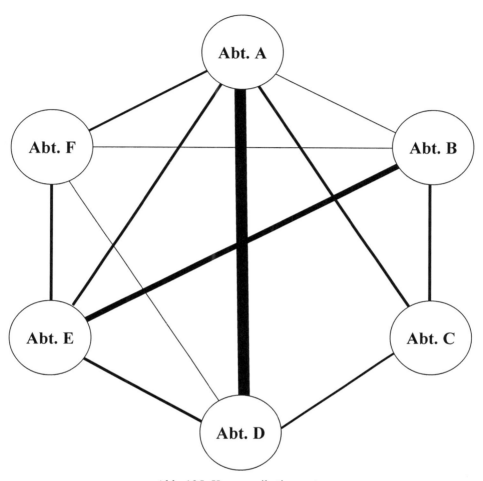

Abb. 135: Kommunikationsnetz

Aufschlussreich ist die genauere Auswertung der Fälle, in denen eine bilaterale Kommunikationsbeziehung in ihrer Stärke von den beiden Seiten vollkommen unterschiedlich bewertet wird. Dieser Fall tritt häufig bei der Messung interpersoneller Kommunikationsbeziehungen auf, und deckt bei der Auswertung meist Probleme auf der emotionalen Ebene der Mitarbeiter auf.

	Abt. A	Abt. B	Abt. C	Abt. D	Abt. E	Abt. F	$\sum$
Abt. A		10	0	40	0	10	60
Abt. B	10		80	20	70	20	200
Abt. C	0	80		10	30	10	160
Abt. D	40	20	10		30	10	110
Abt. E	0	70	30	40		40	180
Abt. F	10	20	10	0	40		80

Abb. 136: Kommunikationsmatrix

2.3.8.2   Analyse des Tätigkeitsgebietes

Insbesondere bei Strategieberatungen muss, bezogen auf das Tätigkeitsfeld des Klientenunternehmens, die grundsätzliche Frage gestellt werden: Werden die richtigen Dinge richtig getan? Dabei werden in einer ersten Stufe alle Produkte und Dienstleistungen aufgelistet.

Beispiel

Im Verlauf einer moderierten Unternehmensberatung erlebt der Berater zu seiner Überraschung immer wieder, dass bei Mitarbeitern des Klienten häufig keine Transparenz über das eigene Leistungsspektrum besteht. So ist ein Teil der Personen nicht über neueste Ergänzungen des Leistungsprogramms informiert, ein anderer ist überrascht, dass ein Produkt, das man längst eliminiert glaubte, noch angeboten wird.

Ist das Leistungsspektrum vollständig erhoben, so werden für jedes Leistungsangebot folgende Tatbestände erhoben, bzw. diskutiert:

Klärungsbedarf beim

Leistungsangebot

• Ist das Produkt/die Dienstleistung strategischer oder nicht strategischer Art? Dabei wird ein strategisches Produkt als "tragende Säule der Kundenbeziehungen" definiert. Es ist wichtig, diese Frage zu Beginn zu stellen, bevor die Deckungsbeitragssituation und andere, auf das Produkt bezogene Tatbestände, durch Diskussionen bewusst gemacht worden sind.

• Welche Umsätze hat das Produkt/die Dienstleistung im letzten Jahr gebracht?

• Wie sind die Deckungsbeiträge I und II?

- Wie ist der Verbreitungsgrad, wie viele Abnehmer welcher Zielgruppe fragen die Leistung nach?

- Wie ist die Problemlösungsqualität jedes einzelnen Produktes?

- Die Problemlösungsqualität kann auf der Grundlage der Kundenzufriedenheitsanalyse (siehe 2.3.6.4) oder auch durch intuitive Einschätzungen der Mitarbeiter des Vertriebs und des Service- und Wartungsbereichs ermittelt werden.

- Besteht bei dem Produkt die Möglichkeit, den Ertrag zu steigern, bzw. die Kosten zu senken?

- Handelt es sich um ein eigenerstelltes oder um ein fremdbezogenes Produkt? Diese Frage ist im Zusammenhang mit der Problemlösungsqualität von besonderem Interesse, da es sich in der praktischen Unternehmensberatung oft zeigt, dass Produkte mit schlechter Problemlösungsqualität Handelsware sind, deren Qualitätsniveau kaum oder nur mit Schwierigkeiten zu verbessern ist.

- Sollte das Produkt eliminiert werden und welche internen und externen Auswirkungen ergeben sich daraus?

Eliminierungskandidaten haben typische Merkmale, wie z.B.

- sie befinden sich im hinteren Drittel ihrer Lebenszyklus-Kurve,

- sie sind nicht strategisch,

- sie weisen Umsatzrückgänge auf,

- die Umsatz- und Deckungsbeitragssituation ist unbefriedigend,

- die Problemlösungsqualität ist schlecht, was sich u.a. in Reklamationshäufigkeiten dokumentiert,

- es bestehen keine Möglichkeiten der Ertragssteigerung und/oder der Kostensenkung (mehr).

Merkmale von Eliminierungskandidaten

Den Klienten und vor allem den betroffenen Produktmanagern ist immer wieder mit besonderem Nachdruck zu verdeutlichen, dass die kontinuierliche Überprüfung und Bereinigung der Leistungspalette ein natürlicher und notwendiger Prozess und kein Zeichen von Schwäche ist. In diesem Zusammenhang wird dann erörtert, wie das Spektrum der Produkte und Dienstleistungen sinnvoll zu erweitern ist, um Altkunden zu binden und Neukunden zu gewinnen (siehe Abb. 137).

Leistungen / Abnehmer	alt	neu
alt	Analyse u. Verbesserung oder Bereinigung des be- bestehenden Leistungs- programms	
neu		

Abb. 137: Leistungsprogramm-/Abnehmer-Portfolio

Weitere Dimensionen und Detaillierungsgrade werden von Cuno Pümpin in die Analyse des Tätigkeitsgebietes einge-bracht (siehe Abb. 138). Er gliedert den Analysebereich in:

Analysebereich nach
Pümpin

- Verfahren/Methoden und unterscheidet zwischen Pro-dukttechnologie, Herstelltechnologie und Vertriebsme-thoden,

- Nutzen/Funktionen, die sich sowohl auf einzelne Pro-dukt-, wie auch Marketingfunktionen beziehen, und

- Abnehmerkategorien, wobei zwischen Absatzhelfer (Mittler), Händler und Endverbraucher unterschieden wird.

Detailfragen

Dabei werden bei allen drei Dimensionen sowohl die ge-genwärtigen, wie auch die zukünftigen Bereiche gekenn-zeichnet. Im Einzelnen geht es um folgende Fragen:

- An welchen neuen Leistungen haben Altkunden Bedarf?

- Mit welchen modifizierten alten und neuen Leistungen kann man neue Kunden gewinnen?

- Wie sind die technischen, wirtschaftlichen, ergonomi-schen, ökologischen und sonstigen Anforderungen der Kunden?

- Welche alternativen Methoden zur Leistungserstellung existieren bereits, oder sind heute schon denkbar?

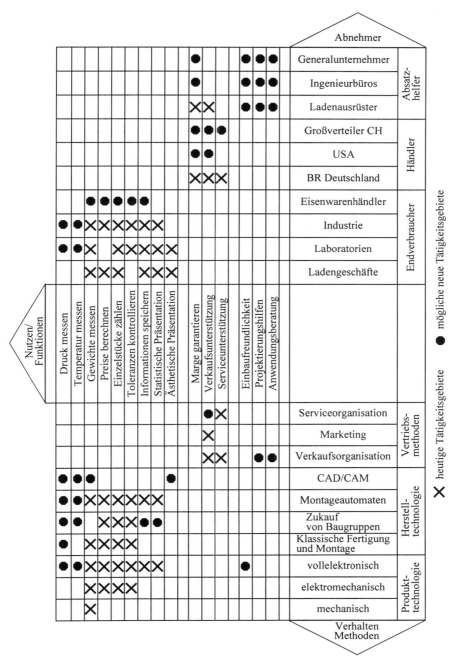

Abb. 138: Analyse des Tätigkeitsbereichs[83]

2.3.8.3   Fehlermöglichkeits- und -einflußanalyse (FMEA)

Die FMEA gehört zur Gruppe der Risikoanalysen und wird seit vielen Jahren als Produkt-FMEA und Prozess-FMEA in der Industrie eingesetzt, nachdem in der US-Raumfahrtindustrie signifikante Erfolge durch den Einsatz dieser Analysemethode verzeichnet werden konnten. Der Grundgedanke ist der, Fehler zum frühestmöglichen Zeitpunkt zu lokalisieren, ihre Ursachen zu analysieren und zu beseitigen (siehe Abb. 139). Damit ist die FMEA auch unerlässlicher Bestandteil aller Vorgehensweisen des Total Quality Management (TQM). Wie in Abb. 139 dargestellt, beginnt die Produkt-FMEA unmittelbar nach Erstellung des Entwurfs für ein neues oder verändertes Produkt. In dieser Phase ist die FMEA mit der Wertanalyse (siehe Kapitel 5) vergleichbar.

Fehler früh lokalisieren

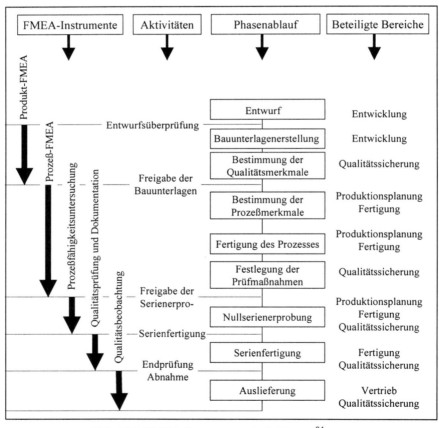

Abb. 139: FMEA-Instrumente und -Phasen[84]

Die Methode kann auch auf aufbau- und ablauforganisatorische Optimierungsprozesse bezogen werden, was allerdings noch relativ selten gemacht wird. Gegenwärtig wird die FMEA vor allem im Entwicklungsprozess neuer Produkte und Verfahren, sowie bei Änderungsvorhaben eingesetzt, wobei sie den gesamten Entstehungsprozess vom Entwurf bis zur Auslieferung begleitet.

Die FMEA wird immer in Teams durchgeführt, die von einem Berater geleitet werden.

2.4   Überprüfung der Analyseergebnisse

Nach Abschluss der Ist-Analyse ist es unbedingt notwendig, die aus den gesammelten Daten, Unterlagen und Informationen gewonnenen Erkenntnisse nochmals zu überprüfen. Dies kann in Form eines Quer- oder Gegenvergleichs, einer Abweichungsanalyse, einer Plausibilitätskontrolle oder einer nochmaligen exakten Unterscheidung zwischen Fakten und Meinungen einerseits und Ursachen und Wirkungen andererseits geschehen.

Wie bereits in den Akquisitionsgesprächen müssen auch in diesem Stadium zum wiederholten Male die Fragen nach der Projektpriorität gestellt werden. Nach den Erkenntnissen der Analysephase kann es hier durchaus zu Verschiebungen und Korrekturen der ursprünglichen Annahmen kommen.

Ein besonders wichtiger Punkt ist die erneute Problemabgrenzung und die Konzentration auf das Wesentliche. Damit ist oft auch die **Selbstdisziplin** des Beraters angesprochen, denn im Zuge der Ist-Analyse entdeckt der Berater häufig weitere Problembereiche, die mit dem Klienten bei der Abstimmung des Leistungsumfangs nicht zur Sprache gekommen sind. Unerfahrene Berater neigen in ihrem Bestreben, dem Klienten zu gefallen dazu, die neu entdeckten Problembereiche schnell "nebenbei" mit zu lösen. Das Ergebnis ist Verzettelung und Gewinnschmälerung, in manchen Fällen wird der Auftrag durch dieses Verhalten sogar in die Verlustzone gefahren.

Erfahrene Berater sammeln sorgfältig die Informationen über die weiteren Schwachstellen, machen sich Notizen und legen alles in einem Ordner "Anschlussaufträge" ab (vgl. 11.1). Am Ende des laufenden Auftrags formulieren sie aus dieser Informationssammlung ein neues Angebot.

über Schwachstellen

zu Anschlussaufträgen

2.5   Problem(neu)definition

Die Notwendigkeit der Diagnose und Definition von Problemen und Problembereichen im Klientenunternehmen ergibt
sich erstmals in der Kontakt- und anschließend in der Akquisitionsphase. In der Mehrzahl der Fälle handelt es sich um folgende Situation:

Nachdem der Klient eine Vielzahl unbefriedigender Einzelsitu-
ationen in seinem Unternehmen geschildert hat, erwartet er
vom Berater, dass dieser in der Lage ist, das Problem exakt aus
Treffsicherheit der   dieser unstrukturierten Situationsschilderung heraus zu definie-
Diagnose erreichen   ren. An der Treffsicherheit der Problemdiagnose hat auch der
Berater größtes Interesse, denn darauf basiert nicht nur seine
gesamte Auftragsplanung und -organisation, sondern auch die
Kalkulation des Angebotspreises.[85]

Trotz einer sorgfältigen Problemabgrenzung in diesen frühen
Phasen des Beratungsprozesses, kann es zu der Situation kommen, dass aus der vertieften Erkenntnislage nach der Ist-
Analyse heraus, eine Neudefinition des Problems notwendig
wird. Zumindest wird man nach den in der Ist-Analyse gewonnenen Erkenntnissen die ursprüngliche Problemdefinition
nochmals überprüfen und gegebenenfalls modifizieren. In der
Praxis zeigen viele Berater in dieser Situation, ähnlich wie Ärz-
te, eine seltsame Scheu und glauben sich selbst bloßzustellen,
wenn sie ihre ursprüngliche Problemdiagnose korrigieren müssen. Tatsache ist aber, dass jede Korrektur, einem weiteren
Vorgehen auf der Basis einer nicht treffsicheren Problemdefinition, vorzuziehen ist.

Die Bedeutung der Definition des **wirklichen** Problems soll
durch den "Fall des hungrigen Grizzlybären" [86] anschaulich
gemacht werden:

Ein Student und sein Professor wanderten in einer einsamen
Gegend Alaskas, als sie plötzlich, noch in einiger Entfernung,
von einem Grizzlybär verfolgt wurden. Sie begannen zu laufen,
aber es war beiden klar, dass der Bär sie einholen würde. Der
Beispiel   Student hielt unvermittelt an, nahm seinen Rucksack ab, holte
Grizzlybär   seine Joggingschuhe heraus und zog sie an. Der Professor sagte
zu seinem Studenten: "Auch in Joggingschuhen können Sie
nicht schneller sein als der Bär!". Der Student antwortete: "Ich
muss nicht schneller sein als der Bär, ich muss nur schneller
sein als Sie!".

Der Student hatte ganz richtig erkannt, dass das wahre Problem
nicht in der Verfolgung durch den Bären bestand, sondern darin, nicht das eine Opfer zu werden, mit dem sich der Bär zufrieden geben würde.

Zurück zur Unternehmensberatung: Die Kunst des erfahrenen Beraters besteht darin, dass bei Festpreisangeboten die Problemmodifikation oder Neudefinition innerhalb des selbst festgelegten Budgets vollzogen wird. Ist dies bei bestem Willen nicht möglich, so muss der Vertrag mit dem Klienten schriftlich ergänzt werden.

Es ist sinnvoll, in diesem Stadium nochmals die fünf Problemdefinitionstechniken einzusetzen, um die Zielgenauigkeit der weiteren Vorgehensweise sicherzustellen:[87]

Techniken der Problemdefinition

1. Verifizieren der Problemursache

- Wer hat das Problem festgestellt?
- Wer hat uns das Problem zum ersten Mal geschildert?
- Wo ist es aufgetreten?
- Welches sind die genauen Ursachen?
- Haben wir überprüft, ob exakt zwischen Ursachen und Symptomen unterschieden worden ist?
- Sind alle bisherigen Annahmen wirklich zutreffend?

2. Verifizieren des Problems

- Alle Analyseergebnisse zusammenstellen und mit der Problemdiagnose abgleichen.
- Sachdienliche Theorien und Grundlagenwissen hinzuziehen.
- Informationslücken füllen.
- Lösen einer vereinfachten Version des Problems.
- Hypothesen bilden.
- Sich ähnliche Probleme und ihre Lösungen in Erinnerung rufen.
- Qualitative Beschreibung möglicher Problemlösungswege.
- Ausformulieren des verifizierten Problems.

3. Lage-/Ziel-Technik (Ist und Soll)

- Ausformulieren: Wo sind wir heute, wo wollen wir zum Zeitpunkt X sein?
- Stimmen die Parameter der gegenwärtigen Situation und der zukünftigen Wunschsituation überein?
- Führt eine Veränderung der Parameter zu einer Modifikation der Problemdefinition?
- Führt eine Veränderung der Parameter zu einer Modifikation des Ziels, das durch die Problemlösung erreicht werden soll?

Diese Problemdefinitionstechnik soll an einem Beispiel erläutert werden: [88]

Situation:

Beispiel

Während des Zweiten Weltkriegs wurden viele Flugzeuge der Alliierten bei Luftangriffen über Deutschland abgeschossen. Die Maschinen, die wieder zu ihren Stützpunkten zurückkehrten, waren von Geschoßlöchern durchsiebt. Die beschädigten Flächen waren bei allen Flugzeugen in etwa die gleichen.

Zur Lösung des erkannten Problems wurde angeordnet, diese Flächen mit einer stärkeren Panzerung zu versehen.

Ist-Zustand:	**Soll-Zustand:**
Viele Projektile durchschlagen die Flugzeuge	Es sollen weniger Flugzeuge abgeschossen werden

1. Überprüfung:

Es besteht keine Übereinstimmung der Parameter von Ist und Soll, da auch völlig durchschossene Flugzeuge wieder sicher zurückkehren.

Ist-Zustand:	**Soll-Zustand:**
Viele Projektile durchschlagen die Flugzeuge	Weniger Einschüsse

2. Überprüfung:

Die Parameter stimmen jetzt überein, aber der Unterschied zwischen Ist und Soll ist nicht klar genug, da auch ein einziger Einschuss ausreichen kann, ein Flugzeug zum Absturz zu bringen.

Ist-Zustand:	**Soll-Zustand:**
Viele Projektile durchschlagen die Flugzeuge	Weniger Einschüsse in kritischen Bereichen

3. Überprüfung:

Diese beiden Aussagen stimmen überein. Der Unterschied zwischen Ist und Soll ist jetzt klar und eröffnet eine Vielzahl von Lösungsmöglichkeiten, wie z.B. Verstärkung kritischer Flächen, Ummontage wichtiger Motorenteile in geschütztere Bereiche, Installation von Ersatzgeräten und Notfallaggregaten, usw.

Die ursprüngliche Problemlösung, die eine Verstärkung der durchschossenen Flächen vorsah, wäre sinnlos gewesen. Die Tatsache, dass die zurückgekehrten Flugzeuge dies überstanden hatten, zeigte, dass dies nichtkritische Maschinenflächen waren.

4. Das Duncker-Diagramm

Die Lage-/Ziel-Technik wird durch das Duncker-Diagramm ergänzt. Das Prinzip dieser Problemdefinitionstechnik besteht darin, dass den Lösungswegen zur Zielerreichung (vom Ist zum Soll) solche gegenübergestellt werden, die zeigen, wie man den Sollzustand so verändert, dass er zum Ist-Zustand wird (vom Soll zum Ist).[89] Diese verwirrende Aussage soll an einem einfachen Beispiel verdeutlicht werden: *Lage-/Ziel-Technik*

Das **Ist** sei das gegenwärtige, äußerst unbefriedigende Arbeitsverhältnis, das **Soll** der neue, alle wesentlichen Erwartungen erfüllende Job. Die rechte Seite des Duncker-Diagramms (siehe Abb. 140) zeigt Wege auf, wie man das erwünschte Ziel, das neue Beschäftigungsverhältnis, erreicht, die linke Seite zeigt die Schritte, die notwendig sind, um die Wunschvorstellungen auch im gegenwärtigen Job zu realisieren.

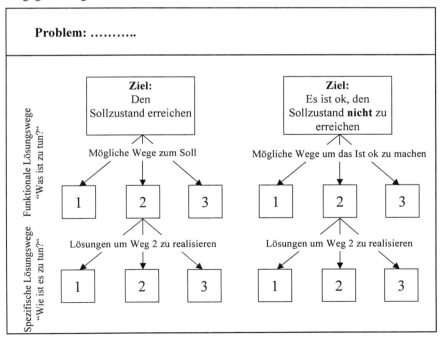

Abb. 140: Duncker-Diagramm

Dabei wird jeweils zwischen allgemeinen, funktionalen und spezifischen Lösungswegen unterschieden. Die allgemeinen Lösungswege zeigen die grundsätzlichen Alternativen auf, die funktionalen nur solche, ohne deren Machbarkeit zu überprüfen und die spezifischen zeigen, wie die funktionalen Lösungen umgesetzt werden können.

Das Duncker-Diagramm soll an einem einfachen Beispiel[90] erläutert werden (siehe Abb. 141).

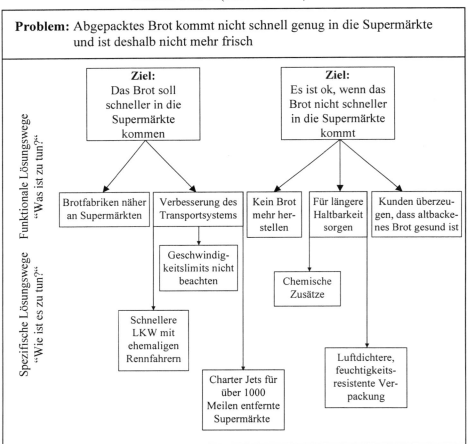

Abb. 141: Duncker-Diagramm: Beispiel

5. Neuformulierungstechnik

Die endgültige, genaue Problemdefinition wird durch Neuformulierungen des Problems erreicht (siehe Abb. 142). Zu diesen Neuformulierungen kommt man durch sogenannte Auslöser.

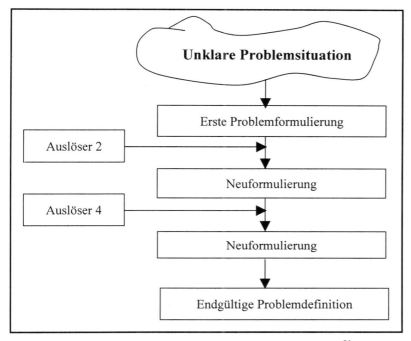

Abb. 142: Neuformulierungstechnik nach Parnes[91]

Auslöser können wie folgt entwickelt werden:

Typ 1: In der ersten Problemformulierung werden bestimmte Worte und Ausdrücke anders betont, z.B.:

a) Abgepacktes **Brot** kommt nicht schnell genug in die Supermärkte, und ist deshalb nicht mehr frisch.

Beispiel

Frage: Haben wir andere Produkte, die schneller auf dem Markt sind?

b) Abgepacktes Brot **kommt** nicht schnell genug in die Supermärkte, und ist deshalb nicht mehr frisch.

Frage: Können wir die Entfernung/Zeit verkürzen?

c) Abgepacktes Brot kommt nicht schnell genug in die **Supermärkte**, und ist deshalb nicht mehr frisch.

Frage: Können wir Distributionszentren errichten?

Typ 2: Man wählt einen Begriff aus, der fest definiert ist, und stellt diese Definition zur Disposition, wann immer der Begriff auftaucht, z.B.:

Abgepacktes Brot kommt nicht schnell genug in die Supermärkte, und ist deshalb **nicht mehr frisch**.

Frage: Wie ist der Zusammenhang zwischen Verpackung und Verderblichkeit?

Typ 3: Der ursprünglichen Problemdarstellung wird eine Gegendarstellung entgegengestellt. Positive Aussagen werden in negative umgewandelt und umgekehrt, z.B.:

Abgepacktes Brot kommt nicht schnell genug in die Supermärkte, und ist deshalb nicht mehr frisch.

Wie können wir einen Weg finden, dass das Brot so langsam zu den Verkaufsstätten kommt, dass es immer verdorben ist?

Frage: Wodurch kann man Frische kontrollieren?

Typ 4: Man ändert Ausdrücke wie "jeder" in "einige", "immer" in "manchmal", "manchmal" in "niemals" und umgekehrt, z.B.:

Abgepacktes Brot kommt nicht schnell genug in die Supermärkte, um **immer** frisch zu sein.

Frage: Warum ist unser Brot eigentlich nicht immer frisch?

Typ 5: Alle Ausdrücke mit Überzeugungskraft in der ursprünglichen Problemdefinition, wie z.B. "offensichtlich", "klar", "sicher" werden entfernt in der Absicht, alle Scheingenauigkeiten auszuschalten und alle scheinbar sicheren Annahmen erneut zu hinterfragen.

Typ 6: Es wird versucht, Worte und Aussagen in einer Formel oder in einer Abbildung darzustellen; z.B. wird vorgeschlagen, anhand der folgenden Formel zu diskutieren:

Formelbeispiel

$$\text{Frische} = \frac{(\text{Verfalldatum} - \text{Backdatum})}{(\text{Kaufdatum} - \text{Auslieferdatum})}$$

6. Evaluation der endgültigen Problemdefinition

Abschließend wird die Problemdefinition mit folgenden Fragen nochmals überprüft:

Abschließende Fragen

- Sind alle Details des Problems identifiziert?
- Sind alle mit dem Problem zusammenhängenden Restriktionen bekannt?
- Was fehlt noch?
- Was ist unwesentlich bei der Problemdefinition?
- Sind alle Ergebnisse der Istanalyse und alle sich daraus ergebenden Annahmen nochmals hinterfragt worden?
- Ist klar zwischen Meinungen und Fakten unterschieden worden?

2.6   Problemkommunikation

In diesem Stadium ist es außerordentlich wichtig, durch eine Kommunikation und Diskussion der Analyseergebnisse mit Mitarbeitern des Klienten oder direkt Betroffenen das intern vorhandene Wissen zu aktivieren und zum Zweck der erneuten Problemdefinition zu nutzen. Durch dieses Feedback kann die Sichtweise des Beraters durch wesentliche Aspekte ergänzt werden. Inhaltlich werden folgende Schwerpunkte gesetzt:

- Vordergründige Tatbestände und Erkenntnisse müssen gemeinsam hinterfragt werden,

- Die ursprünglichen Annahmen und Prämissen müssen erneut in Frage gestellt werden,

- Der Berater sollte nicht die geringste Scheu haben, alles, was ihm im Zuge der Ist-Analyse unklar oder unverständlich vorgekommen ist, durch Fragen zu klären. Es hat sich immer wieder gezeigt, dass gerade die unvoreingenommenen und direkten Fragen des Externen und das Befragen von Mitarbeitern der operativen Ebene die zementierten Denkmuster im Klientenunternehmen aufbrechen und Kreativität freisetzen können.

Viele Berater führen ein Feedback nicht erst am Ende der Analysephase durch, sondern kommunizieren in regelmäßigen Abständen während des Analyseprozesses die Ergebnisse. Dadurch kann es bereits im Prozessablauf zu Feinkorrekturen des analytischen Vorgehens kommen.

Regelmäßiges Feedback

Weldon[92] beschreibt den Nutzen einer solchen Vorgehensweise an folgendem einfachen Beispiel: Ein Hotel erfreute sich mit zunehmendem Bekanntheitsgrad steigender Nachfrage. Diese offenbarte bald das Problem, dass die Fahrstuhlkapazität offensichtlich falsch geplant war, sodass sich immer wieder Schlangen wartender Hotelgäste in der Hotelhalle stauten, die ihren Unmut offen äußerten. Nachdem die Hotelleitung zum wiederholten Male mit einer Expertengruppe vor Ort die Nachteile des nachträglichen Einbaus eines weiteren Fahrstuhls (Baulärm, Schmutz, Verlust von Zimmern) erörterte, mischte sich der Türsteher mit der Bemerkung ein, es sei wirklich schade, dass man keine Fahrstühle an der Außenseite von Gebäuden anbringen könne. Da sich dieser Mitarbeiter fast ausschließlich außerhalb des Gebäudes aufhielt, hatte er einfach seine Sicht der Problemstellung und -lösung eingebracht. Dies soll die Geburtsstunde der inzwischen weit verbreiteten Außenfahrstühle gewesen sein.

Beispiel

2.7 Qualitätssicherung in der Analysephase

Exakte Aufgabenbe-

schreibung notwendig

Die Qualitätssicherung in der Phase der Problemanalyse kann sich, wie in allen anderen Phasen auch, immer nur auf die Endprodukte der einzelnen Phasensegmente und ihrer weiteren Untergliederungen beziehen (siehe Abb. 143). Nur durch eine exakte und detaillierte Aufgabenbeschreibung, eine genaue Definition dessen, was als Ergebnis erwartet wird, und eine Festlegung von Qualitätsnormen für jede Hierarchie von Endprodukten ist der Projektleiter in der Lage, im Prozessablauf Qualitätssicherung zu betreiben. Diese Vorgehensweise wirkt gleichzeitig auch motivierend und absichernd auf alle Mitglieder des Projektteams.

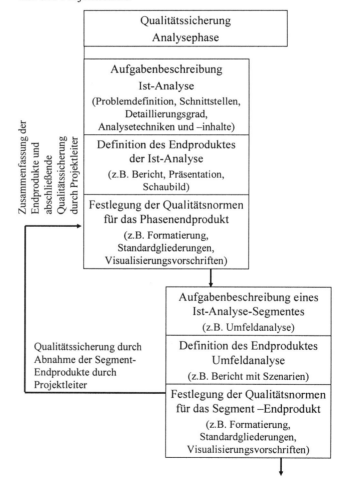

Abb. 143: Qualitätssicherung in der Analysephase

3   Prognosen

Der Unternehmensberater kommt in vielen Beratungsaufträgen nicht umhin, für bestimmte Tatbestände und Entwicklungen, die er in der Ist-Analyse ermittelt hat, auch Prognosen aufzustellen und sei es nur zu dem Zweck, dem Klienten eine zukunftsgefährdende Entwicklung zu verdeutlichen.

3.1   Vergangenheitsbasierte Verfahren

Unter diesem Sammelbegriff werden Verfahren zusammengefasst, die direkt auf der Beobachtung von Verläufen und Relationen in der Vergangenheit aufbauen (siehe Abb. 144).

Verfahren	Form / Definition	Prämissen	Anwendung
Trend-extrapolation	• linear • nichtlinear • Exponential Smoothing Verlängerung einer Vergangenheitszeitreihe in die Zukunft	• Vorhandensein von langen Zeitreihen aus der Vergangenheit; sie müssen einen Trend erkennen lassen • Bisherige Entwicklung läuft in Zukunft weiter, d.h. Einflussfaktoren müssen in Zukunft in gleicher Weise wirken	Nur wenn kein höherwertiges Verfahren verwendbar ist
Regressions-verfahren	• Einfachkorrelation • Mehrfachkorrelation Zeitreihenverlängerung aufgrund einer Korrelation zu einer oder mehreren bekannten Einflussgrößen	• Es muss eine Korrelation gegeben sein (plausibel); diese muss auch in Zukunft wirken • Die Prognose der unabhängigen Größe muss bekannt sein oder leichter zu prognostizieren sein	z.B. Produktion des Maschinenbaus in Abhängigkeit vom Investitions-volumen
Analogie-Verfahren	Vergleich mit bekanntem Entwicklungsverlauf • mit zeitlicher Verschiebung • in einem anderen Wirtschaftsraum	• Analoge Entwicklungsverläufe müssen erkennbar sein • Technische oder sozioökonomische Bedingungen müssen vergleichbar sein	z.B. Entwicklungen in einem Land, verglichen mit anderen Ländern
Input-Output-Tabellen	Aufteilen der Wirtschaft in Sektoren, prognostizieren der Warenströme zwischen den Sektoren	• Aktuelle Tabellen zur Beschreibung früherer Beziehungen müssen vorliegen	z.B. Prognosen der Bedeutung einer Branche für eine andere

Abb. 144: Auswahl vergangenheitsorientierter Prognoseverfahren

3.2   Zukunftsbezogene Verfahren

Für Unternehmensberater sind die Verfahren, die auf einer direkten Einschätzung der Zukunft aufbauen, von besonderer Bedeutung (siehe Abb. 145). Vor allem die Szenariotechnik, deren Denkmodell in Abb. 146 dargestellt ist, wird häufig auch als eigenständige Problemlösungsmethode angewandt. Sie soll, losgelöst von der Vergangenheit, dabei helfen, "Bühnenbilder der Zukunft" zu entwickeln. Sie ist aber auch die Basis und integrierter Bestandteil vieler anderer standardisierter Problemlösungsmethoden, wie z.b. der systematischen Diversifikationsplanung oder der Implementierung strategischer Frühwarnsysteme.

Verfahren	Form/Definition	Prämissen	Anwendung
Intuition	Ein Marktkenner gibt eine Prognose ab	Wissen und Erfahrung über komplexe Markt- und Technologiezusammenhänge	Nur wenn kein höherwertiges Verfahren anwendbar ist
MAF-Methode	Sukzessive Informationsgewinnung und Gewichtung. Es werden aus der Literatur und in zahlreichen Fachgesprächen Informationen gesammelt. In einer Gesamtschau wird eine Prognose erstellt	Zugriff auf Experten und Marktkenner. Erfassen komplexer Zusammenhänge	z.B. Produktions- und Investitionsgütermarketing Nachteil: Subjektive Bewertung
Delphi	Mit Hilfe einer Informationsrückkopplung wird eine Konvergenz der Meinungen von Experten erzielt	Problem der Zusammenfassung der Aussagen zu Prognosewerten	z.B. technologische Entwicklungen
SEER-Technik (System for Event Evaluation and Review)	Verfeinerung der Delphi-Methode, Ermittlung der notwendigen und fördernden Voraussetzungen zur Erreichung von Zielen	Bei interdependenten Problemstellungen mit vernetzten Einflüssen	Selten, für langfristige Planungen
Szenario-Technik	Erarbeiten von alternativen Zukunftsbildern (Szenarien) und Aufzeigen des Entwicklungsverlaufs, der zu diesen Zukunftssituationen führt	Team von Experten, interdisziplinäres Wissen	Strategische Unternehmensplanung

Abb. 145: Auswahl zukunftsbezogener Prognoseverfahren

Die für Unternehmensberater besonders wichtige Szenariotechnik ist ein systematisches achtstufiges Vorgehen zur Erarbeitung von Zukunftsbildern, aus denen Maßnahmen und Planungen abgeleitet werden. Mit Hilfe dieser Methode kann man die gegenwärtige Situation analysieren, plausible Annahmen über die künftigen Haupteinflussfaktoren erstellen und unter Berücksichtigung vor Störereignissen (z.B. massive Arbeitskämpfe, Anstieg der Arbeitslosigkeit auf 20%) alternative, in sich konsistente Zukunftsbilder entwickeln. Das Ziel der Szenariotechnik besteht in der Ableitung von Planungsmaßnahmen, zum Abstecken des zukünftigen Handlungsspielraums und zur plastischen Ausleuchtung der Zukunft.[93] Die Vorteile der Anwendung des Verfahrens bestehen darin, dass der Auftraggeber und seine Mitarbeiter flexibler in der Beurteilung zukünftiger Entwicklungen werden. Es kann vor allem in jungen Branchen eingesetzt werden, um, ausgehend von einer vorgegebenen Situation, aufzuzeigen, wie sich eine zukünftige Branchensituation als Abfolge hypothetischer Ereignisse in einem bestimmten Zeitraum entwickeln könnte. Die Szenariotechnik kann mit geringem Aufwand auch in kleinen und mittleren Unternehmen eingesetzt werden.[94]

Ziel der

Szenariotechnik..

...auch für KMU

1. Stufe:	Strukturierung und Definition des Untersuchungsfeldes (z.B. Abteilung F+E, Gesamtunternehmen, Konzern)
2. Stufe:	Identifizierung und Strukturierung der wichtigsten Umfelder und Einflussbereiche auf das Untersuchungsfeld. (vgl. 2.3.1)
3. Stufe:	Ermittlung von Entwicklungstendenzen und Festlegung kritischer Deskriptoren für die Umfelder. (vgl. 2.3.1)
4. Stufe:	Bildung und Auswahl konsistenter Annahmenbündel für die Entwicklung der kritischen Deskriptoren (Szenarienbildung).
5. Stufe:	Interpretation der ausgewählten Umfeldszenarien.
6. Stufe:	Einführung und Auswirkungsanalyse signifikanter Störereignisse.
7. Stufe:	Ausarbeiten der Szenarien bzw. Ableiten von Konsequenzen für das Untersuchungsfeld.
8. Stufe:	Konzipieren von Maßnahmen und Planungen für das Unternehmen

Abb. 146: Ablaufschema Szenariotechnik

Einführen von
Störereignissen

Der Szenariotrichter (siehe Abb. 147) entsteht, indem man
für die Deskriptoren der kritischen Umfelder eine stark positive (oberer Eckwert) und eine stark negative (unterer Eckwert) Entwicklung annimmt. Die wahrscheinliche und plausible Entwicklung wird sich dann zwischen der Nullvariante
und den Eckwerten bewegen. Hat man diese Entwicklung
prognostiziert (Linie S), führt man nachträglich hypotheti-
sche Störereignisse ein und überprüft, inwieweit diese die
angenommene Zukunftsentwicklung beeinflussen. Es werden dann Maßnahmen formuliert, die umgesetzt werden
müssen, um trotz der Störereignisse wieder auf die plausible
Entwicklungslinie zu kommen, oder sich ihr zumindest an-
zunähern (Linie S1). Ziel ist neben der Flexibilisierung des
Denkens der Betroffenen und der strategischen Planung des
Klientenunternehmens die Entwicklung von "Schubladen-
plänen" für den Fall X.

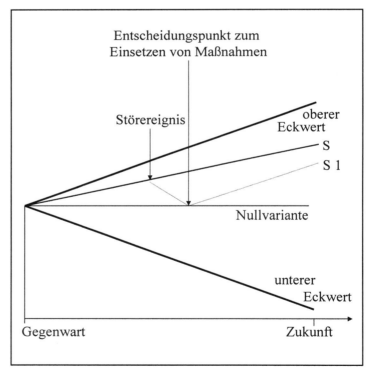

Abb. 147: Denkmodell für Szenarien

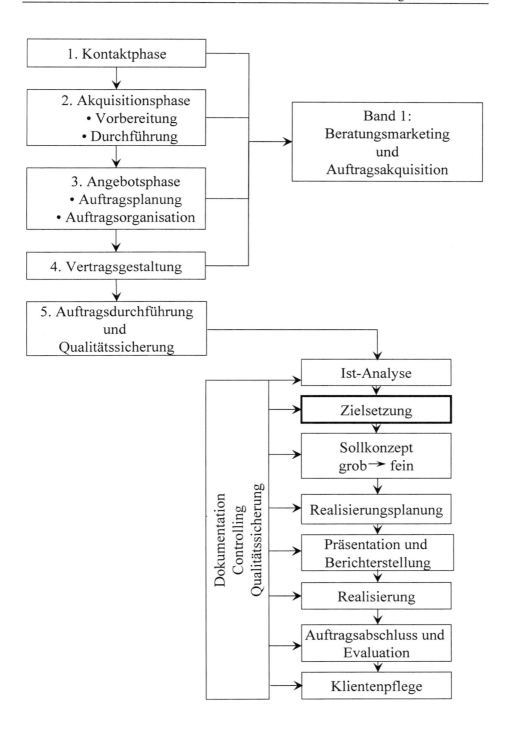

Abb. 148: Zielsetzung im Phasenablauf eines Beratungsprojektes

4   Zielsetzung

Zwischen der Analysephase und der Sollkonzeptentwicklung werden zunächst die Ziele festgelegt, bzw. im strategischen Bereich neu bestimmt. Die Neubestimmung der strategischen Stoßrichtungen ergibt sich vorrangig aus den Erkenntnissen der Umfeldanalysen. Die operativen Zielsetzungen beziehen sich meist auf die Ergebnisse der internen Stärken-/Schwächen-Analysen. Nach neueren Erkenntnissen sollen sie nicht nur dazu dienen, Schwachstellen zu beseitigen, sondern in erster Linie die Stärken des Unternehmens festigen und ausbauen.

Orientierung an den Stärken

Die Stärkenorientierung erleichtert dem Berater die Akzeptanz seiner Person und der von ihm vorgeschlagenen Veränderungen. Für den Berater ist es außerdem grundsätzlich erfolgsentscheidend, ob er in diesem Stadium qualitative oder quantitative Ziele vereinbart (siehe Abb. 149).

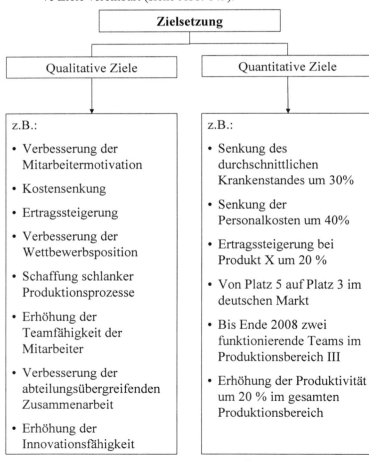

Abb. 149: Qualitative und quantitative Ziele im Überblick

4.1   Qualitativ versus quantitativ

Der Zusammenhang zwischen Soll, Sollkonzept und Ziel eines
Beratungsauftrags ist wie folgt zu definieren:

Das Soll beschreibt das Ziel, das mit dem Beratungsauftrag
erreicht werden soll. Es ist gleichzeitig Messgröße für den Beratungserfolg. Das Sollkonzept zeigt durchaus auch alternative
Wege auf, die zu diesem Ziel führen.

Für die Akquisitionsphase[95] gilt die ausdrückliche Aussage,
dass der Berater sich unter keinen Umständen dazu verleiten   *Vorsicht bei quantita-*
lassen soll, in diesem frühen Stadium des Beratungsprozesses   *tiven Aussagen*
quantitative Aussagen zur Zielerreichung des Beratungsauftra-
ges zu machen. Nur in absoluten Ausnahmefällen, wie z.B. der
hochstandardisierten Problemlösungsmethode "Gemeinkostenwertanalyse" ist dies ohne Risiko möglich. Grundsätzlich ist
man aber immer auf der sicheren Seite, wenn zunächst nur qualitative Zielerreichungsgrade vereinbart werden.

Nach Abschluss der Ist-Analyse werden die meisten Klienten
aber darauf drängen, dass der Berater doch messbare Ergebnisse
des weiteren Beratungsablaufs aufzeigt. Auch hier sei eindring-
lich **gewarnt**: Absolute Zahlen waren schon oft des Beraters
Tod! Der nächste Schritt von der qualitativen Zielvereinbarung
hin zu quantitativen Angaben sind Bandbreiten und Schätzwerte
("ca."). Ein Beratungsauftrag ist ein Prozess, in dem sich ständig Änderungen ergeben, auf die der Berater im Rahmen seiner
eigenen Planungsvorgaben reagieren muss. Ein quantitatives
Ziel festzuschreiben ist aus diesem Grunde nicht nur höchst
riskant, sondern in vielen Fällen auch unseriös.

4.2   Strategische Zielsetzungen

Aufgabe der neuen oder veränderten strategischen Zielsetzung
soll es sein, auf den Erkenntnissen der Ist-Analyse aufbauend
das Unternehmen erfolgreicher zu positionieren. Die möglichen
Inhalte einer strategischen Unternehmenszielsetzung sind in
Abb. 150 und Abb. 151 dargestellt.[96] Die Strategie ist immer
erst dann bestimmt, wenn die erwarteten Ziele und Ergebnisse
festgelegt sind. Zu diesem Zweck sind Kriterien zu definieren,
nach denen die Strategie beurteilt werden kann, wie z.B. ROI,
Umsatzrentabilität, Kapitalwert, interner Zinssatz, Wertschöpfung, Marktanteilsgewinn, Wettbewerbsposition, Imageverbes-
serung. Die erwarteten Ergebnisse der strategischen Zielsetzung
müssen dann in einer Nutzwertanalyse auf ihren Erfüllungsgrad
in Bezug auf die Kriterien untersucht werden.

Inhalte strategischer Zielsetzungen

A.   **Das Leitbild**
Tätigkeitsgebiet und Grundausrichtung des Unternehmens

B.   **Strategische Erfolgsposition**
Ausbau einer besonderen Stärke/Fähigkeit, um langfristig besser zu sein als der Wettbewerber.

C.   **Strategische Stoßrichtung Markt**

D.   **Strategische Stoßrichtung interne Funktionen**
z.B. für die Bereiche:
Marketing
Forschung und Entwicklung
Produktion
Kommunikation und IT
Mitarbeiter
Führung
Organisation (Struktur und Abläufe)
Finanzmanagement

E.   **Zeitbezug und Verantwortlichkeit**

Abb. 150: Inhalte einer strategischen Zielsetzung

Zu A.: Das Leitbild sollte kurz und für alle Mitarbeiter, sowie Kunden und Lieferanten verständlich und einprägsam sein. Es sollte Aufforderungscharakter haben und auf das gemeinsame Ziel ausgerichtet sein.

Zu B.: Die Strategische Erfolgsposition (SEP) wird aus einer für alle Mitarbeiter, Kunden, Lieferanten, Wettbewerber erkennbaren und akzeptierten Stärke des Unternehmens entwickelt, die das Klientenunternehmen langfristig besser macht als alle seine Wettbewerber. Es hat sich in der Beratungspraxis als sinnvoll erwiesen, nur eine SEP festzulegen und auf diese alle Ressourcen zu konzentrieren.

Zu C.: Für Produkte und Märkte werden in der Regel quantitative Ziele (Spannen, Bandbreiten, Schätzwerte) formuliert, wie z.B. Umsatz- und Marktanteilzuwachsraten.

Zu D.: Für die wichtigsten funktionalen Teilbereiche des Unternehmens werden unter Mitwirkung der Betroffenen quantitative oder qualitative Rahmenziele bestimmt.

Zu E.: Auch strategische Rahmenziele müssen mit Terminen und der Festlegung von Verantwortung abgesichert werden.

Abb. 151: Zielsystem des Klientenunternehmens

Zwischen dem Leitbild und der SEP bestehen enge Zusammenhänge. Viele Klienten bestehen darauf, die Reihenfolge zu verändern und zunächst aus den Stärken die SEP zu bestimmen, um dann daraus das Leitbild zu entwickeln. Für die Formulierung strategischer Ziele gelten folgende Prinzipien:

Prinzipien

1. Einfache und prägnante Formulierungen.
2. Konkrete, klare und verbindliche Aussagen.
3. Harmonisierung sämtlicher Unternehmensaktivitäten unter dem Dach "Leitbild" und "SEP".
4. Konzentration der Kräfte.
5. Motivation der Mitarbeiter.

Produkt-/Markt-Ziele

Zur Festlegung der Produkt-/Marktziele und der strategischen Stoßrichtungen kann der Unternehmensberater als Hilfsmittel eine morphologische Matrix (siehe Abb. 152 - Abb. 154), in der die Ziele und ihre möglichen Ausprägungen festgelegt sind, einsetzen. Dieses vielseitige, für den Unternehmensberater sehr wichtige Werkzeug zur kreativen Ideen- und Entscheidungsfindung wird in dem Kapitel "Innovative Problemlösungsmethoden" (vgl. 5.3) näher beschrieben. Im Beispiel der Abb. 152 - Abb. 154 wurden als Zielelemente die Produkt-/Abnehmer-Kombination, die Nutzung von Synergiepotenzialen, die ausgewählten Portfolio-Normstrategien, Wachstum, Komplexität, Wettbewerbsstrategien und interne Funktionen ausgewählt.

Funktionale Ziele

Ebenso wie Produkt-/Markt-Zielkombinationen können auch die auf die funktionalen Bereiche des Klientenunternehmens bezogenen strategischen Ziele mit Hilfe des morphologischen Kastens abgeleitet werden. Auch in diesem Fall werden zunächst die Zielelemente, wie z.B. Marketing, Forschung und Entwicklung, Beschaffung, Leistungserstellung, Finanzmanagement, usw. mit ihren notwendigen Untergliederungen in die linke Spalte der Matrix eingetragen. In den rechten Matrixfeldern werden dann die Strategiealternativen verbalisiert und ausgewählt. In diesem Auswahlprozess ergibt sich für den Berater immer eine gute Gelegenheit, die verschiedenen Alternativen einzelner Zielelemente nochmals detailliert mit dem Auftraggeber und seinen Mitarbeitern zu diskutieren und gegeneinander abzuwägen. Das Zielsystem entsteht dann durch eine Verknüpfung der Alternativen der einzelnen Zielelemente.

Der Einsatz des morphologischen Kastens eröffnet auch die Möglichkeit, zunächst verschiedene Zielsysteme zu entwickeln, sie dann gegeneinander zu bewerten (vgl. 5.5) und das tragfähigste auszuwählen.

Die SEP, das Leitbild, die strategischen Rahmenziele und die operativen Ziele können dann als System in einer Abbildung (siehe Abb. 156) dargestellt werden.

Produkt-/Markt-Zielelemente	Mögliche Alternativen zur Auswahl und Kombination			
1. Produkt-/Abnehmer-Kombination	Marktdurchdringung (1)	Marktentwicklung (2)	Produktentwicklung (3)	Diversifikation (4)

Wir wollen

	Bisherige Abnehmer	Neue Abnehmer
Bisherige Produkte	(1)	(2)
Neue Produkte	(3)	(4)

Marktdurchdringung (1)

z.B.
- O Intensivierung der Marktbearbeitung
- O Relaunch
- O Imitation
- O Kosten- und Preissenkung
- O Unbundling

Marktentwicklung (2)

z.B.
- O Marktausweitung
- O Neue Abnehmer
- O Neue Vertriebskanäle
- O Neue Anwendungen
- O Neue Dienstleistungen
- O Problemlösungen

Produktentwicklung (3)

z.B.
- O Neue Produkte/Problemlösung
- O Neue Produktlinien

Diversifikation (4)

z.B.
- O Neue Produkte in neuen Märkten

2. Nutzung von Synergiepotenzialen	Technologieorientierung	Kundenorientierung	Funktionsorientierung

Unsere besonderen Fähigkeiten bestehen in der...

Technologieorientierung

z.B.
Produkte und Leistungen, die auf der gleichen Produkt- und Verfahrenstechnologie basieren.

SEP=Produkt- und Verfahrenstechnologie

Kundenorientierung

z.B.
Beliebige Produkte, die aber alle die Bedürfnisse einer bestimmten Kundengruppe, z.B. Autofahrer, erfüllen.

SEP=Detaillierte Kenntnis der Kundenbedürfnisse

Funktionsorientierung

z.B.
Breite Produktpalette für verschiedene Kundengruppen zur Erfüllung bestimmter Funktionen, z.B. Recycling.

SEP-Anwendungs-Know-how

Abb. 152: Morphologischer Kasten zur Auswahl und Kombination der Zielelementalternativen Teil I

3. Portfolio Normstrategie	Desinvestition (Abstoßen)	Abschöpfung (Melken)	Investionen (Fördern)	Segmentation (bewusste Auswahl)
Wir wollen für das Gesamtunternehmen oder die SGE				

4. Wachstum	Expandieren z.B. O Übernahme O Beteiligung O Kooperation	Halten (Status quo)	Konsolidieren (bewusste Selbstbeschränkung)	Schrumpfen
Wir wollen für das Gesamtunternehmen oder die SGE				

5. Problemlösungstiefe/ Komplexität	Nachgelagerte Verarbeitungstufen integrieren	Wie bisher	Vorgelagerte Verarbeitungsstufen integrieren
Wir wollen für das Gesamtunternehmen oder die SGE			

Abb. 153: Morphologischer Kasten zur Auswahl und Kombination der Zielelementalternativen Teil II

6. Unternehmensfunktion z.B. Marktbearbeitung	Über unseren wichtigsten Wettbewerber	Wie unsere wichtigsten Wettbewerber	Unter unseren wichtigsten Wettbewerber
Wir wollen folgendes Preisniveau...			

7. Unternehmensfunktion z.B. Distribution	Nur Fachhandel	Direktvertrieb	Vertreter	Internet
Wir wollen folgendes Vertriebskonzept				

8. Verhalten gegenüber dem Wettbewerb	destruktiv	aggressiv	offensiv	defensiv	kooperativ
Wir wollen für das Gesamtunternehmen od. die SGE.... folgende Wettbewerbspolitik betreiben					

Abb. 154: Morphologischer Kasten zur Auswahl und Kombination der Zielelementalternativen Teil III

4.3 Operative Ziele

Die operativen Ziele, häufig auch Subziele oder Subzielsysteme genannt, dienen der Ausgestaltung der strategischen Rahmenziele (siehe Abb. 155) und der weitergehenden Berücksichtigung der Ergebnisse der Stärken-/Schwächen- und Chancen-/Risiken-Analyse. Sie stellen gleichzeitig die notwendige Kategorisierung der sich daraus ergebenden Maßnahmen dar.

Gefahr bei der Festlegung

Bei der Festlegung der operativen Ziele besteht häufig die Gefahr, dass bereits Maßnahmen formuliert werden. Hier greift der Unternehmensberater im Workshop zu dem einfachen Trick, dass er selbst die Zielformulierung mit den Worten einleitet: "Wir wollen in einem Jahr ....".

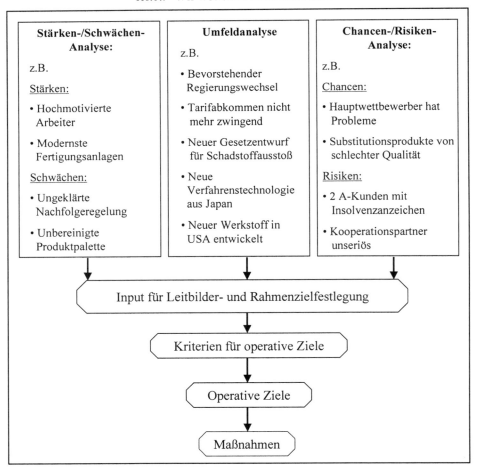

Stärken-/Schwächen-Analyse:

z.B.

Stärken:

• Hochmotivierte Arbeiter

• Modernste Fertigungsanlagen

Schwächen:

• Ungeklärte Nachfolgeregelung

• Unbereinigte Produktpalette

Umfeldanalyse

z.B.

• Bevorstehender Regierungswechsel

• Tarifabkommen nicht mehr zwingend

• Neuer Gesetzentwurf für Schadstoffausstoß

• Neue Verfahrenstechnologie aus Japan

• Neuer Werkstoff in USA entwickelt

Chancen-/Risiken-Analyse:

z.B.

Chancen:

• Hauptwettbewerber hat Probleme

• Substitutionsprodukte von schlechter Qualität

Risiken:

• 2 A-Kunden mit Insolvenzanzeichen

• Kooperationspartner unseriös

Input für Leitbilder- und Rahmenzielfestlegung

Kriterien für operative Ziele

Operative Ziele

Maßnahmen

Abb. 155: Ableitung operativer Ziele

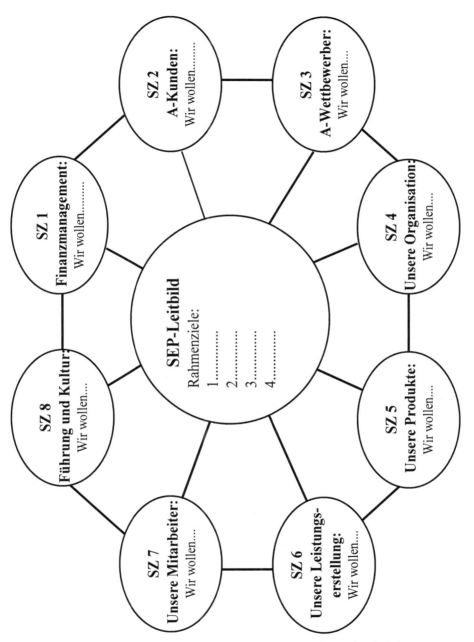

Abb. 156: Visualisierung von SEP, Leitbild, Rahmenzielen und Subzielsystemen

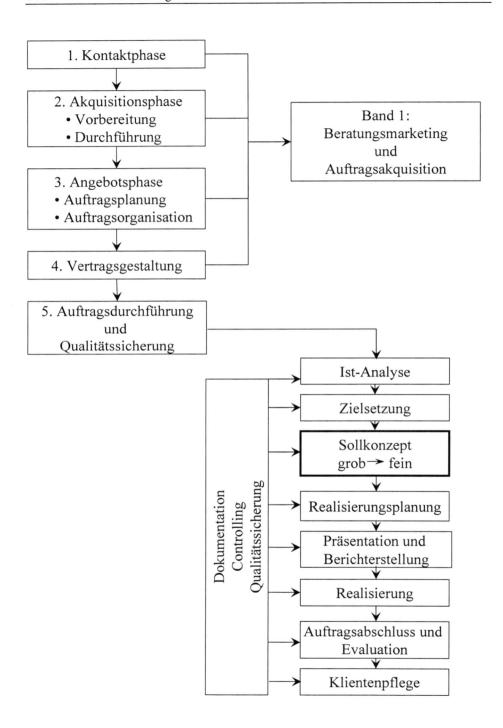

Abb. 157: Sollkonzept im Phasenablauf eines Beratungsprojektes

5   Problemlösung (Sollkonzepterstellung)

Viele Einzelberater, die vorwiegend fachlich und zeitlich überschaubare Kurzberatungen machen, können mit dem Begriff
Sollkonzepterstellung nicht viel anfangen, er ist für sie reine
Theorie. In den meisten dieser Fälle werden im Anschluss an
die "Schwachstellenanalyse", wie sie immer noch bezeichnet
wird, Maßnahmen, die zur Beseitigung der Engpässe und   *Ziele vor Maßnahmen*
Schwachstellen führen, formuliert und umgesetzt oder dem   *festlegen*
Klienten zur Umsetzung empfohlen. Auch das explizite Ausformulieren der Zielsetzung, nach der Feststellung des Ist-
Zustandes, wird in diesen Fällen meist vernachlässigt. Sie wird
ebenso wie die Sollkonzepterstellung übersprungen, die Zielsetzung und Problemlösung liegt in jeder einzelnen Maßnahme.
Dies ist bei kleinen Projekten ohne Schaden möglich, weil es
für jede Schwachstelle meist nur eine plausible Lösung gibt, die
man sofort in Maßnahmen umsetzen kann.

Erst bei komplexeren Aufgabenstellungen wird deutlich, dass
zwischen der Analyse des Ist-Zustandes und der Maßnahmenplanung zur Zielerreichung ein kreativer Prozess, eine konzeptionelle Phase liegen muss. Diese hat zum Inhalt, sich zu überlegen, auf welchen Wegen man vom analysierten, unbefriedi-
genden Ist-Zustand zu dem Ziel kommt, das man sich als wünschenswerten Zustand gesetzt hat. Bei mehrschichtigen Auf-
tragsinhalten sind dabei in der Regel mehrere Lösungsalternativen auf den ersten Blick plausibel. Sie müssen deshalb ausgearbeitet und auf ihren Zielerreichungsgrad hin bewertet werden.
Die Alternative mit dem höchsten Zielerreichungsgrad und einem möglichst niedrigen Risikowert wird dann durch Maßnahmen umgesetzt. Es ist **das** zur Umsetzung empfohlene Sollkonzept.

Die Festlegung der Ist-Analyseinhalte und die Erarbeitung der
Lösungsalternativen können immer wieder vollkommen kreativ
erfolgen, selbst wenn sich die Themenstellungen wiederholen.
Eine solche Vorgehensweise ist in höchstem Maße unproduktiv
und wird immer wieder zum Thema internationaler Beraterkon-
gresse gemacht[97]. Fazit der dort stattfindenden Workshops ist
stets die Aufforderung an die Branche, ihre Vorgehensweisen
weiter zu standardisieren und das Methodenwissen transparent
zu machen. Dies führt zu der Unterscheidung zwischen standardisierten Beratungsprodukten, bei denen das Phasenschema der
Vorgehensweise festgelegt ist, und kreativen und analytischen
Lösungsmethoden, die immer nur dann zum Einsatz kommen
sollten, wenn kein standardisiertes Produkt verfügbar oder anwendbar ist.

5.1   Überblick

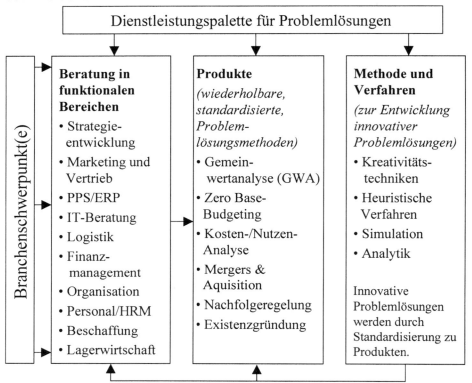

Abb. 158: Problemlösungsmethoden in der Unternehmensberatung

Im Jahre Null der Unternehmensberatung und den darauf folgenden Jahren, als die ersten Unternehmensberater mit ihren
ersten Klienten zusammentrafen, wurden alle Klientenprobleme
zunächst auf der rechten Schiene der Abb. 158 gelöst.

Größere Beratungsunternehmen, wie z.B. McKinsey und A.T.
Kearney gingen aber schon bald dazu über, erfolgreiche individuelle Vorgehensweisen der Problemlösung zu verallgemei-
nern, zu standardisieren und wie Produkte zu vermarkten. Die
Kunst eines erfahrenen Beraters bestand von da an darin, ein
Standardprodukt beim Klienten so anzupassen und umzufor-
men, dass immer eine maßgeschneiderte Problemlösung daraus
wurde, oder zumindest dieser Eindruck entstand. Im Laufe der
Jahrzehnte entstand auf diese Weise eine beachtliche Sammlung
standardisierter Beratungsprodukte, wie sie auszugsweise in der
linken Hälfte der Abb. 158 dargestellt sind. Man geht davon
aus, dass heute weltweit knapp 50 dieser, zum Teil hochstandardisierten Vorgehensweisen eingesetzt werden.

Beratungsunternehmen mit besonders umsatzstarken Produkten
legen größten Wert auf zwei Dinge:

1. Die standardisierten Beratungsprodukte als Betriebsge-
   heimnis zu hüten, was bei der Vermarktung und Durchführung mit gewissen Schwierigkeiten verbunden ist.

2. Rundweg abzustreiten, dass es überhaupt standardisierte
   Beratungsprodukte gibt.

Bedeutung

standardisierter

Beratungsprodukte

Aus diesen Gründen existiert die große Sammlung aller standardisierter Beratungsprodukte nur virtuell, denn auch Berater,
die den Arbeitgeber wechseln, werden sich hüten, das mitge-
nommene Methodenwissen zu verbreiten.

Dies wiederum hat zur Folge, dass vor allem Einzelberater und
kleinere Beratungsunternehmen, die diese Produkte nicht kennen und sich auch nicht aneignen können, nach wie vor nicht
standardisiert und damit höchst unproduktiv arbeiten. Sie erfin-
den das Rad immer wieder von neuem und sind nach kurzer
Zeit den Wettbewerbern unterlegen, die auf dem Gerüst einer
Standardlösung nur noch den klientenspezifischen Anpassungsaufwand betreiben müssen.

Die Innovationskraft eines Beratungsunternehmens und auch
eines Einzelberaters lässt sich an der Lebenszyklusposition seiner wichtigsten Beratungsprodukte messen. In der Praxis existieren folgende Extreme: Ein mittelständisches Beratungsunternehmen hat seit 10 Jahren kein neues Beratungsprodukt entwickelt, das gesamte Kerngeschäft befindet sich in der Alterungs-
phase. In einem zweiten Beratungsunternehmen fragt der Geschäftsführer jeden Senior-Berater, den er zu Gesicht bekommt,

ob er in diesem Monat schon ein neues Beratungsprodukt entwickelt hat.

Im **Idealfall** sollte es so sein: Standardprobleme der Klienten werden mit standardisierten Methoden gelöst, neue, "innovative" Probleme werden mit kreativen und analytischen Methoden bearbeitet. Diese Projekte sind immer teurer und enthalten wesentlich mehr Risiken als standardisierte Vorgehensweisen. Das hat zur Folge, dass sie grundsätzlich sorgfältiger geplant und kalkuliert werden müssen. Aus kreativen Lösungen entstehen durch Abstraktion weitere Standardprodukte. Die echten kreativen Problemlösungen sind die Keimzellen des Wachstums im Beratungsmarkt. Nur durch Bearbeitung neuer Probleme und durch eine immer weiter betriebene Standardisierung dieses neu gewonnenen Methodenwissens ist eine qualitativ hochwertige Professionalisierung und Produktivitätssteigerung in der Beratungsbranche möglich.

5.2   Standardisierte Problemlösungsmethoden

Standardisierte Problemlösungsmethoden oder Beratungsprodukte sind in der Regel nichts anderes als Flussdiagramme des Phasenablaufs eines bestimmten Lösungsvorgehens, das sich in der Praxis über Jahre oder gar Jahrzehnte hinweg als sinnvoll, realisierbar und erfolgreich erwiesen hat. In diesem Flussdiagramm ist festgelegt, welche Inhalte die Ist-Analyse enthalten muss, was in der Sollkonzepterstellung berücksichtigt werden sollte und wie am Ende die Problemlösung entwickelt wird. Innerhalb dieser Leitschiene kann der Berater dann klientenspezifische Anpassungen vornehmen, ohne bei diesen Themenstellungen beim absoluten Nullpunkt anfangen zu müssen.

klientenspezifische

Anpassungen

Am Anfang einer jeden Standardmethode stand einmal ein innovatives Vorgehen, mit dem sich in der Vergangenheit Unternehmensberater einem Klientenproblem gestellt haben. Durch Abstraktion und methodische Untermauerung der ursprünglich kundenspezifischen Problemlösung wurde diese auf andere Klienten und Branchen transferierbar gemacht.

5.2.1   Wertanalyse

Die Wertanalyse (WA) gilt als eines der ältesten Standardprodukte (siehe Abb. 159) und ist nach VDI 2800 normiert.[98]

Phase	Segment
1. Vorbereitende Maßnahmen	1.1 Auswählen des Wertanalyse-Objektes und Stellen der Aufgabe 1.2 Festlegen des qualifizierten Zieles 1.3 Bilden der Arbeitsgruppe 1.4 Planen des Ablaufs
2. Ermitteln des Ist-Zustandes	2.1 Informationen beschaffen und Beschreibung des Wertanalyseobjektes 2.2 Beschreiben der Funktionen 2.3 Ermitteln der Funktionskosten
3. Prüfen des Ist-Zustandes	3.1 Prüfen der Funktionserfüllung 3.2 Prüfen der Kosten
4. Ermitteln von Lösungen	4.1 Suche nach denkbaren Lösungen
5. Prüfen der Lösungen	5.1 Prüfen der sachlichen Durchführbarkeit 5.2 Prüfen der Wirtschaftlichkeit
6. Vorschlag und Verwirklichen der Lösung	6.1 Auswählen der Lösungen 6.2 Empfehlen einer Lösung 6.3 Verwirklichen der Lösung

Abb. 159: Standard-Phasenschema der Wertanalyse (gekürzt)

In ihrer ursprünglichen Version ist die Wertanalyse ein Verfahren zur Senkung der Herstellkosten von bereits im Markt befindlichen Produkten, bei möglichst gleichzeitiger Verbesserung der Funktionsqualität dieser Objekte. Die Methode kann von einem klienteninternen Team allein, unter Leitung eines externen Beraters als Projektleiter, durch ein gemischtes Team oder auch nur durch externe Berater durchgeführt werden. Die betroffenen Abteilungen und Mitarbeiter müssen, unabhängig davon, welche der genannten Projektorganisationsformen gewählt wird, auf jeden Fall eingebunden werden.

Das Standardprodukt ist in sechs Phasen mit einer unterschiedlichen Anzahl von Segmenten untergliedert. Die erste Phase, als *Erste Phase* "Vorbereitende Maßnahmen" bezeichnet, entspricht in dem verallgemeinerten Ablaufschema des Beratungsprozesses der Voruntersuchung oder Projektinitialisierung. Im ersten Segment (1.1) dieser Phase wird das Wertanalyseobjekt, das Produkt, das der Wertanalyse unterzogen werden soll, ausgewählt.

Bei dieser Auswahl sind Erkenntnisse aus dem Klientenunternehmen selbst, aber auch Rückmeldungen aus dem Markt hilfreich. So ergeben oft Wettbewerbsanalysen den Hinweis, dass Konkurrenzprodukte nicht nur qualitativ besser sind, sondern auch preisgünstiger angeboten werden und die Anforderungen der Kunden besser erfüllen. Eine Analyse der Reklamationsstatistik oder des Produktes selbst verschafft schließlich Gewissheit bei der Festlegung des Wertanalyseobjektes. In einem zweiten Schritt (1.2) werden dann quantitative Ziele festgelegt, die mit der Wertanalyse erreicht werden sollen. Dabei ist eine Orientierung am so genannten IDEAL üblich. Dieses Ideal kann ein tatsächlich existierendes Konkurrenzprodukt oder ein virtuelles Vergleichsprodukt sein. Quantitative Ziele beziehen sich meist auf die Senkung der Herstellkosten und die damit verbundene Ergebnisverbesserung innerhalb einer festgelegten Zeitspanne. Diese wird in Relation zum geplanten Projektaufwand gesetzt und ermöglicht damit Aussagen zur Projektwirtschaftlichkeit. Neben den wirtschaftlichen Zielen werden auch sonstige Ziele formuliert, die sich vor allem auf eine Qualitätsverbesserung des Wertanalyseobjektes beziehen. Im dritten und vierten Segment (1.3 und 1.4) geht es um die Teilaufgaben des Projektmanagements wie Bildung des Projektteams und Planung des Projektablaufs mit der Festlegung von Terminen. Dabei wird deutlich, dass sich in den einzelnen Phasen die Einzelarbeit der Teammitglieder und Gruppenarbeit in Workshops, in denen die Ergebnisse der Einzelarbeiten zusammengetragen und diskutiert werden, abwechseln.

Zweite Phase

In der zweiten Phase wird dann der Ist-Zustand ermittelt. Dazu gehört im einzelnen die Beschaffung von Informationen über das Wertanalyseobjekt (2.1), wie z.B. Konstruktionsunterlagen, Stücklisten, Kostenanalysen, Leistungsdaten, Funktionsbeschreibungen, Reklamations- und Wartungsberichte und Marktanalysen. Im nächsten Segment (2.2), der Funktionsanalyse, wird das Produkt in seine einzelnen Haupt- und Nebenfunktionen (Funktionsbäume) zerlegt, denen die ihnen entsprechenden Kosten (Kostenanalyse) zugeordnet werden.

Dritte Phase

Die dritte Phase ist eine Prüfung des Ist-Zustandes. Durch eine Funktionsbewertung wird zunächst die Funktionserfüllung (3.1) geprüft und anschließend, wiederum durch Vergleich mit dem IDEAL oder mit Normteilen die Funktionskosten (3.2) evaluiert.

Vierte Phase

Phase vier entspricht der eigentlichen Sollkonzepterstellung. Durch den Einsatz von Kreativitätstechniken (siehe 5.3) wird für jede einzelne Funktion des Produktes nach alternativen Lösungen gesucht.

Diese Lösungsalternativen für jede Einzelfunktion werden in einer morphologischen Matrix (siehe 5.3.2) zusammengestellt. Durch Verknüpfung verschiedener Matrixelemente erhält man mehrere denkbare Neuversionen des Produktes.

Diese neuen Produktalternativen werden dann in der fünften Phase auf ihre sachliche (5.1) und wirtschaftliche (5.2) Machbarkeit hin überprüft.

Fünfte Phase

In der sechsten Phase geht es um die Auswahl (6.1), die Präsentation und Empfehlung (6.2) und die Realisierung (6.3) der als sachlich machbar und wirtschaftlich sinnvoll bewerteten Lösungsalternative.

Sechste Phase

In der Literatur wird die methodische Vorgehensweise am Beispiel eines Türfeststellers für Automobile demonstriert. Ziele sind die Senkung der Herstellkosten um 20% und die Beseitigung der wichtigsten Reklamationsgründe, wie z.B. Schwergängigkeit und zu schwache Rastung. Für die Einzelfunktionen des Türfeststellers, wie

Beispiel 1

- Türöffnungswinkel begrenzen,

- Anschlagkräfte übertragen,

- Raststellung halten,

- Korrosion verringern,

- Umlaufbedingungen erfüllen,

werden unter Einsatz verschiedener Kreativitätstechniken alternative technische Lösungen gesucht, kombiniert, verglichen und ausgewählt. Nachdem die Produktalternativen in einem Dauertest geprüft worden sind, wird die technisch und wirtschaftlich beste Lösung zur Realisierung vorgeschlagen. Für die Umsetzung der verbesserten Produktversion wird ein Projektmanagement installiert.

Anfang der achtziger Jahre erregte der neue Geschäftsführer des britischen Automobilunternehmens Jaguar, Mr. John Leopold Egan nicht nur mit seiner Sanierungsstrategie und Problemlösungsmethode "Ich stelle fest, was zu tun ist, und dann trete ich den Leuten solange in den Hintern, bis sie es tun"[99] weltweites Aufsehen. Er hatte sich sehr viel vorgenommen, denn der Ruf der britischen Luxuslimousine war stark angeschlagen. Die Kunden klagten, dass oft schon nach wenigen Wochen der Lack abblätterte, die Servolenkung ausfiel und die Elektrik versagte. Einem bundesdeutschen Diplomaten in Washington wurde ein fabrikneues Fahrzeug ohne Rückwärtsgang geliefert.

Beispiel 2

Egan ließ die zahlreichen Garantiefälle genau analysieren und entdeckte 150 Schwachstellen seiner Produkte. Getreu seinem Motto "Knack Deutschland, und du sitzt im Schlaraffenland" sah er in erster Linie Mercedes und BMW als Hauptkonkurrenten und Musterbeispiele zugleich. Er ließ alle den Jaguarmodellen vergleichbaren Mercedes- und BMW-Limousinen kaufen und nach England verschiffen. Unter Mitwirkung eines englischen Unternehmensberaters startete er ein klassisches Wertanalyseprojekt, indem er die BMW- und Mercedesmodelle bis auf die Einzelteile zerlegen und Teil für Teil mit den entsprechenden Jaguarkomponenten vergleichen ließ. In diesem Fall waren die BMW- und Mercedeswagen das IDEAL, an dem die britischen Wertanalyseobjekte nach technischem Standard, Kosten und Qualität gemessen wurden.

Parallel dazu wurden Qualitätszirkel, Qualitätskontrollen bei den vorwiegend britischen Zulieferanten, neue Vertriebssysteme und regelmäßige Kundenbefragungen eingeführt. Den Zulieferern wurde rigoros gekündigt, wenn sie die neuen Qualitätsstandards nicht umgehend erfüllen konnten.

Die Wertanalyse kann als Insellösung eingesetzt werden, wie am Beispiel des Türfeststellers gezeigt wird.

Kombination mit anderen Bausteinen

Am Beispiel von Jaguar wird deutlich, dass die Wertanalyse ein Baustein ist, der sich in hervorragender Weise mit anderen Bausteinen (Total Quality Management, Neukonzeption von Vertriebssystemen, Neuordnung der Lieferantenbeziehungen), die ebenfalls als standardisierte Beratungsprodukte bezeichnet werden können, kombinieren lässt. Diese Eigenschaft haben fast alle standardisierten Vorgehensweisen, was besonders bei der Generierung von Anschluss- und Folgeaufträgen von Interesse ist.

Am Beispiel der Wertanalyse kann auch gezeigt werden, dass es für einige Standardprodukte der Unternehmensberatung keine echten Lebenszyklen gibt: Viele Altprodukte, wie z.B. auch die Gemeinkostenwertanalyse, tauchen unter neuem Etikett oder in neuer Verpackung zusammen mit anderen standardisierten Vorgehensweisen wieder auf. Die GWA wird z.B. von McKinsey unter dem Namen TOP (Total Operational Performance) vermarktet, die WA hat als Simultaneous Engineering eine Wiedergeburt erlebt. Auf dem Produktlebenszyklus nach vorn, in die Phase Forschung und Entwicklung gezogen, wird sie nun bereits in der Entwicklung von Produkten, und nicht erst nach der Markteinführung, eingesetzt.

5.2.2   Systematische Diversifikation

Diversifikation ist eine unternehmerische Investitionsentscheidung in neue Produkte und Märkte[100].

Das Unternehmen betritt hinsichtlich

* Angewandter Technologie,

* Produktfunktion,

* Abnehmer und Märkte

Neuland und schafft sich dadurch ein weiteres "Bein" im Markt (siehe Abb. 160). Je mehr Neuland betreten wird, umso riskanter ist die Diversifikation. Es gilt deshalb die Faustregel: Zuerst mögliche Chancen dort ermitteln, wo nur eine neue Komponente realisiert wird. Ausschlaggebend ist, ob die vorhandenen Fähigkeiten und Stärken des Klientenunternehmens die neue Aktivität begünstigen.

Die Suche nach Diversifikationsideen beginnt immer in nahe liegenden Feldern der Produkt- und Marktpositionierung.

Funktion	Technologie	Abnehmergruppen	
		alt	neu
alt	alt	Markterhaltung	Markterweiterung
alt	neu	Organische Produktprogramm-erweiterung	Diversifikation Typ I (Technologie-Abnehmer-Diversifikation)
neu	alt	Diversifikation Typ II (Einfache Funktions-diversifikation)	Diversifikation Typ III (Funktions- Abnehmer-Diversifikation)
neu	neu	Diversifikation Typ IV (Funktions-Technologie-Diversifikation)	Diversifikation Typ V (Totale Diversifikation)

Abb. 160: Diversifikationstypen

Die Diversifikationsplanung ist ein Teilbereich der langfristigen Unternehmensplanung. Sie kann eine Regelaufgabe im Klientenunternehmen sein und ist in diesem Fall als Linien- oder Stabsfunktion in der Aufbauorganisation des Unternehmens verankert.

Die Denkanstöße für Diversifikationsideen ergeben sich vorwiegend aus dem betrieblichen Vorschlagswesen und aus Marktanalysen.

Diversifikationen können aber auch zufällig oder durch besondere Situationen veranlasst werden, wobei Unternehmensberater mit der standardisierten Vorgehensweise der Systematischen Diversifikationsplanung unterstützen können.

Anlässe

Besondere Anlässe als Auslöser einer Systematischen Diversifikationsplanung können z.B. sein:

- Generelle oder branchenspezifische Veränderungen,
- Veralten der Verfahrens-/Produktionstechnologie,
- Veralten der Produkttechnologie,
- Veränderungen in den politischen, sozioökonomischen, rechtlichen oder ökologischen Rahmenbedingungen.

Diese Anlässe sind für den Berater gleichzeitig Aufhänger für eine Akquisitionsmaßnahme, wie z.B. Versendung einer Streuansprache mit Beratungsprodukt.

Ziele

Ziele der Diversifikation aus Klientensicht sind:

- Expansion,
- Erhaltung des Beschäftigungsgrades,
- Streuung des Risikos,
- Globalisierung,
- horizontale oder vertikale Integration,
- Verbesserung der Wettbewerbsposition.

Vorteil

Der Vorteil einer systematischen Diversifikationsplanung unter Einsatz eines Unternehmensberaters besteht darin, dass gezielt von den Stärken des Unternehmens ausgegangen wird, Vor- und Nachteile einander objektiv gegenübergestellt werden und der Zeitpunkt exakt bestimmt werden kann. Das systematische Vorgehen garantiert eine große Zahl von Ideen und damit eine hohe Wahrscheinlichkeit, dass die besonders erfolgsversprechende Diversifikationsalternative darunter ist. Die letztendlich ausgewählte Diversifikationsidee passt genau zum Unternehmen und wird durch seine Stärken unterstützt.

Phasenschema

Das Phasenschema dieses Beratungsproduktes besteht aus sechs Phasen mit einer unterschiedlichen Anzahl von Segmenten (siehe Abb. 161). Der professionell arbeitende Unternehmensberater beginnt auch ein Diversifikationsprojekt immer erst mit einer Untersuchung der Ist-Situation des Klientenunternehmens und stellt die Frage, ob in der gegebenen Situation

Phase	Segment
1. Ist-Analyse	1.1 Stärken /Schwächen-Analyse 1.2 Chancen/Risiken-Analyse 1.3 Strategische Lücke bestimmen 1.4 Szenarien entwickeln
2. Zielsetzung	2.1 Qualitative Ziele 2.2 Quantitative Ziele
3. Suchfeld- bestimmung	3.1 Ableitung von Such- und Bewertungs- kriterien aus den Unternehmensstärken und allgemeinen Trends 3.2 Aufstellen von Suchfeldern anhand der Suchkriterien
4. Suche nach Problemen und Bedürfnissen des Marktes innerhalb der Suchfelder, finden von Ideen	4.1 Ideenfindung 4.2 Ideenbewertung 4.3 Ideenauswahl Vorauswahl Basisauswahl Endauswahl • Informationsverdichtung • Kriteriendifferenzierung • Reifegrad der Ideen
5. Realisierungsphase	5.1 Informationsbeschaffung, Marktanalysen 5.2 Wirtschaftlichkeitsrechnung 5.3 Investitionsplanung 5.4 Maßnahmenpläne
6. Realisierung	6.1 Organisatorische Eingliederung 6.2 Produkt- und Systemkonzeption 6.3 Marketingkonzeption

Abb. 161: Standard-Phasenschema der Systematischen Diversifikation

wirklich alle Chancen und positiven Entwicklungsmöglichkeiten
ausgelotet sind. Die erste Phase hat in diesen Fällen meist den Charakter einer Voruntersuchung mit der Fragestellung, ob eine kosten-
verursachende Diversifikation überhaupt notwendig ist, oder ob innerhalb des bestehenden Rahmens noch erhebliche Ergebnisverbesserungen zu realisieren sind. Liegt die Vermutung nahe, dass dies
der Fall ist, so wird man die Ist-Analyse besonders gründlich und
sorgfältig durchführen, da danach das Projekt zu Ende ist, bzw. im
positiven Fall ein neues aufgesetzt werden muss.

In einem Fall wie diesem wird deutlich, was Ethik in der Unternehmensberatung heißt, denn oft ist die Entscheidung im Klientenunternehmen schon in Richtung Diversifikation gefällt worden, und es bedarf der Überzeugungskraft des seriösen Beraters, die Führungskräfte des Klientenunternehmens zur Revision der eigenen Entscheidung zu bringen.

Erste Phase

Die erste Phase hat die Untersuchung der Umfelder (vgl. 2.3.1) mit dem Ziel der Ermittlung der Chancen und Risiken des Klientenunternehmens (1.1) zum Inhalt. Dabei werden plausible und mögliche Entwicklungstendenzen und Ereignisse in den wichtigsten Umfeldern des Unternehmens aufgezeigt und ihre wahrscheinlichen Auswirkungen interpretiert. In einem zweiten Segment wird eine interne Stärken- und Schwächenanalyse (vgl. 2.3.2.2) durchgeführt (1.2). Hier geht es vor allem darum, zu ermitteln welche Kernfähigkeiten und Stärken die Diversifikationsabsicht unterstützen würden. Die Analyse der strategischen Lücke (vgl. 2.3.3.3) soll aufzeigen, ob sich das Klientenunternehmen unter Berücksichtigung der durchschnittlichen Inflationsrate und der durchschnittlichen Produktivitätssteigerung der eigenen Branche in absehbarer Zukunft noch innerhalb der Bandbreite des durchschnittlichen Branchenwachstums bewegt, oder ob sich bereits eine strategische Lücke geöffnet hat (1.3). Bei Bedarf kann dann in einem vierten Segment noch ergänzend die Szenariotechnik (1.4) eingesetzt werden, um durchzuspielen, wie sich das Unternehmen entwickeln würde, wenn keine Diversifikation durchgeführt wird. Die Ergebnisse der ersten Phase werden dann zusammengeführt und in einer Art Meilensteinentscheidung über das weitere Vorgehen entschieden. Die effizienteste Vorgehensweise bei diesen Segmenten der ersten Phase, ist die Durchführung von Workshops unter Leitung des externen Beraters und unter Mitwirkung aller im Klientenunternehmen betroffenen Führungskräfte und Mitarbeiter.

Zweite Phase

In der zweiten Phase werden dann, ebenfalls gemeinsam, die Diversifikationsziele festgelegt. Zunächst wird qualitativ beschrieben, was durch die Diversifikation erreicht werden soll, wie z.B. Auslastung der Produktionskapazitäten, Risikostreuung und Sicherung von Rohstoffquellen (2.1). Mit den quantitativen Zielen wird in Bandbreiten oder Schätzwerten, z.B. die erwartete Rendite, das Investitionsvolumen und die Amortisationsdauer festgelegt.

Dritte Phase

In der dritten Phase beginnt man mit der Suchfeldbestimmung, durch die festgelegt wird, innerhalb welcher Rahmen nach Diversifikationsideen gesucht werden soll.

Durch die Suchfeldkriterien (3.1) wird zunächst festgelegt, ob in unternehmensidentischen, -verwandten, -naheliegenden oder -fernen Bereichen gesucht werden soll, wobei auch eine Kombination möglich ist. Nach dieser Festlegung werden innerhalb des Bereichs oder der Bereiche Suchfelder bestimmt (3.2). Bei dieser Aufgabe ist es nützlich, eine Suchfeldmatrix zu entwickeln (siehe Abb. 162). Für die Suchfelder werden Suchfeldrepräsentanten bestimmt, die im weiteren Vorgehen das Suchfeld und alle darin gefundenen Ideen vertreten.

Interne Stärken \ Marktbezogene Stärken	Genaue Kenntnis der Kundenprobleme	Beste Kontakte zum Fachhandel	
Finanzkraft	Suchfeld 1		
Modernste Herstellverfahren			
Hervorragende Kenntnis der Produkttechnologie			
Hochmotivierendes Entlohnung- und Beteiligungssystem		Suchfeld 8	

Abb. 162: Matrix für Suchfelder unternehmensverwandter Bereiche

Aus der Vielzahl möglicher Suchfelder werden unter Abgleich mit den Zielsetzungen die treffsichersten ausgewählt.

In der vierten Phase werden dann, unter Einsatz von Kreativitätstechniken, innerhalb der ausgewählten Suchfelder gezielt Ideen generiert. In einem Zwei-Stufen-Brainstorming (vgl. 5.3.2) wird zunächst die Frage nach ungelösten Problemen und unbefriedigten Bedürfnissen innerhalb der einzelnen Suchfelder gestellt. In der zweiten Stufe wird dann nach Problemlösungen für die identifizierten Probleme und Bedürfnisse gesucht. Hat die Gruppe dazu genügend Ideen entwickelt, werden diese durch weitere Informationsverdichtung bewertet, verdichtet und ausgewählt (siehe Abb. 163). Hierbei werden nach Bedarf auch Experten hinzugezogen.

Vierte Phase

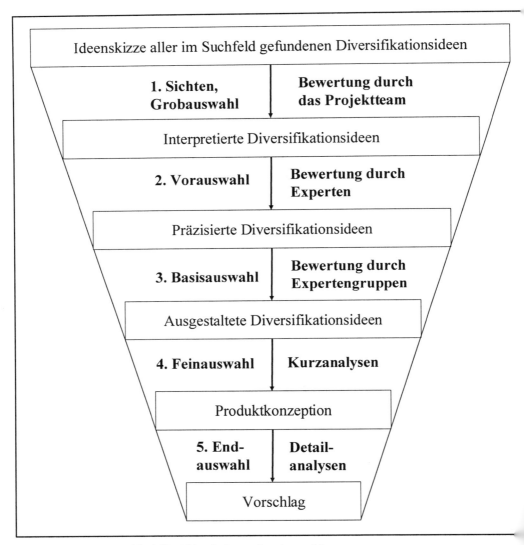

Abb. 163: Ablaufschema des Auswahlprozesses

In dieser Phase wird die Gruppenarbeit mit den Mitarbeitern des Klientenunternehmens durch Gespräche mit externen Experten, Expertengruppen, potenziellen Kunden und Mittlern ergänzt, die insbesondere zu Problemen, Bedürfnissen und wünschenswerten Problemlösungen objektive Aussagen machen können. Für alle Ideen, die in die Endauswahl kommen, werden von den internen Suchfeldrepräsentanten oder den Beratern Kurzmarktanalysen durchgeführt, die vor der Unternehmensleitung präsentiert werden. Die nach diesem Auswahlschritt verbleibenden Ideen werden in Form eines Informationsmarktes (vgl. 2.1.5) *Informationsmarkt* allen Mitarbeitern vorgestellt, die ihrerseits aufgefordert werden, auf Karten oder Flipcharts Stellungnahmen abzugeben. Auch in dieser Phase scheiden noch Ideen aus. Für die verbleibenden Vorschläge werden "Gutachten" erstellt, so dass am Ende 2 - 5 Ideen übrig bleiben. Diese, nach dem Auswahlprozess verbliebenen Ideen werden zum Zweck der endgültigen Auswahl einer Nutzwertanalyse unterzogen (siehe Abb. 164).

Bewertungs-kriterium	G	Bewertungs-Skala (Punkte)	A1		A2		A3	
			E	N	E	N	E	N
Zu erwartendes Umsatzvolumen im ersten Jahr nach der Realisierung	0,8	bis Euro 10 Mio = 1 bis Euro 15 Mio = 2 bis Euro 20 Mio = 3 bis Euro 25 Mio = 4 bis Euro 30 Mio = 5						
Benötigte Realisierungszeit bis zur Markteinführung	0,6	ca. 4 Jahre = 1 ca. 3 Jahre = 2 ca. 2 Jahre = 3 ca. 1 Jahr = 4 < 1 Jahr = 5						
Erforderliche Investitionshöhe	0,9	ca. Euro 15 Mio = 1 ca. Euro 13 Mio = 2 ca. Euro 10 Mio = 3 ca. Euro 5 Mio = 4 < Euro 5 Mio = 5						
Zu erwartende Kapitalrendite	1,0	Unter dem Ø = 0 Branchen Ø = 1 Über dem Ø = 2 Branchenspitze = 3						
Teilnutzwert N = G * E			Summe		Summe		Summe	
Rangfolge der Alternativen								

Abb. 164: Nutzwertanalyse zur Auswahl von Alternativen

Für die Nutzwertanalyse werden zunächst die wichtigsten Kriterien für eine Bewertung der Diversifikationsalternativen zusammengestellt. Die unterschiedliche Bedeutung dieser Kriterien wird durch ihre Gewichtung G (im Beispiel: 0,6, 0,8, 0,9, 1,0) zum Ausdruck gebracht. Als nächster Schritt werden für die Kriterien Bewertungsskalen entwickelt. Die Punktangaben dürfen nicht darüber hinwegtäuschen, dass es sich bei einer Nutzwertanalyse immer um subjektive Einschätzungen handelt. Für jede der Alternativen wird dann diskutiert bis zu welchem Grad sie die vorgegebenen Kriterien erfüllt (E). Bei der Festlegung der Erfüllungsgrade (E) wird auf die zuvor entwickelte Bewertungsskala zurückgegriffen. Durch die Multiplikation der Kriteriengewichtung mit den jeweiligen Erfüllungsgraden der Alternativen erhält man den Teilnutzwert (N). Durch Addition aller Teilnutzwerte erhält man den Nutzwert einer Alternative. Die Diversifikationsidee mit dem höchsten Nutzwert erhält die Rangfolge 1 und wird zur Realisierung vorgeschlagen.

Fünfte Phase

Die Aktivitäten der Realisierungsplanung beziehen sich hauptsächlich auf die Formulierung von Maßnahmen, die zur Umsetzung der Diversifikationsidee notwendig sind. Dazu gehören unter anderem die Entwicklung, Investitionsplanung, Finanzierungsplanung, Personalplanung, Planung der Markteinführung, der organisatorischen Einbindung usw. Jedes Maßnahmenbündel muss mit Verantwortlichkeiten und Terminen versehen werden, bevor es in die Umsetzung gegeben wird.

Sechste Phase

Die Realisierung selbst ist nichts anderes als der Vollzug der Maßnahmen innerhalb der vorgegebenen Zeit- und Kostenbudgets.

Beispiel 1

Auf den ersten Blick sehr einfach war das Problem des Tochterunternehmens eines deutschen Konzerns in Solingen, das Autoräder herstellt. Wie bekannt, besteht das Autorad aus zwei Komponenten, der Felge und der Schüssel. Der traditionelle Markt für dieses Produkt, die internationale Automobilindustrie, schien gesättigt. Es war allen Anstrengungen, wie Produktmodifikationen, Entwicklung neuer Marketingstrategien, zum Trotz nicht gelungen, in diesem Markt noch weitere Umsatzsteigerungen zu erzielen. Das Unternehmen war aber zur gleichen Zeit mit der Tatsache konfrontiert, dass ca. 20 % der Produktionskapazität nicht genutzt wurden. Die Aufgabenstellung für die Berater lautete kurz und bündig: Findet Absatzmöglichkeiten für Autoräder außerhalb der Automobilindustrie, damit wir unsere Produktionskapazität voll und doch flexibel auslasten können. Dies war ein klassisches Diversifikationsprojekt vom Typ III (vgl. Abb. 160), das unter Verkürzung der ersten Phase exakt nach dem Standardablaufschema der Abb. 161 bearbeitet wurde.

Ein mittelständischer Familienbetrieb mit ca. 200 Beschäftigten und einem Jahresumsatz von ca. 25 Mio. Euro stellt orthopädische Hilfsmittel, elastische Textilien, chirurgische Instrumente zur Frakturbehandlung und einfache medizinische Geräte und Hilfsmittel her. Die Umstrukturierungen im Gesundheitswesen, der steigende Wettbewerbsdruck aus Billiglohnländern und der zunehmende Kosten- und Preisdruck führten dazu, dass die Umsätze des Klientenunternehmens seit vier Jahren stagnierten. Das Unternehmen sah sich zu tiefgreifenden Rationalisierungsmaßnahmen gezwungen. Die Aufgabenstellung für die Berater lautete: Suche nach neuen Aktivitäten, die eine Weiterbeschäftigung der Mitarbeiter sicherstellen und die Ertragslage wesentlich verbessern.

Beispiel 2

Eine regional führende Bausparkasse musste aus verschiedenen Gründen Rückgänge im Bauspargeschäft befürchten. Es war daher dringend geboten, für die mittel- und langfristige Zukunft ein Produkt- und Marktkonzept zu entwickeln, das die Beschäftigung und Wirtschaftlichkeit sicherte.

Beispiel 3

Das kann nur sinnvoll geschehen, wenn zunächst die künftige Geschäftsentwicklung mit dem bestehenden Produktprogramm sorgfältig prognostiziert wird. In dieser Phase ist es sinnvoll, die Szenariotechnik einzusetzen (vgl. 3.2), um die langfristigen alternativen Entwicklungen der Umfelder auf das Bauspargeschäft zu ermitteln. Das setzt voraus, dass diese Umfelder zunächst ermittelt und in ihren Deskriptoren festgelegt werden müssen.

Darauf folgend wird geprüft, welche neue Geschäftstätigkeit sich anbietet, welche Bedeutung sie vom Markt her haben könnte, inwieweit diese neuen Aktivitäten zur Bausparkasse passen und wie sie zur Schließung der bereits vorhandenen strategischen Lücke dienen können. Diversifikation ist risikoreich und erfordert hohe Investitionen. In diesem Fall war es sinnvoll, sich zunächst auf die vorhandenen Stärken zu konzentrieren und durch gezielte Innovationen im angestammten Bereich die Position zu verbessern. Der nächste Schritt war die Suche nach Diversifikationsideen im bausparnahen Bereich.

Die Auswahl der Beispiele sollte verdeutlichen, dass die standardisierte Vorgehensweise der Systematischen Diversifikationsplanung für alle Branchen und Produktionsstufen einsetzbar ist.

5.2.3   Absatzpotenzialermittlung

Die Ermittlung des unternehmensspezifischen Absatzpotenzials (USAP) ist eine standardisierte Problemlösungsmethode, die in den achtziger Jahren von Mitarbeitern des Battelle Instituts unter Mitwirkung von externen Experten entwickelt wurde. Ausgangsbasis war ein Gruppenprojekt, das eine Untersuchung der Probleme und Methoden des Marketings für Produktions- und Investitionsgüter zum Inhalt hatte. An dem Gruppenprojekt waren 250 Unternehmen der europäischen Investitionsgüterindustrie beteiligt.

USAP: Unternehmens-spezifisches Absatz-potenzial

Als Leiterin der Arbeitsgruppe "Investitionsgütermarketing" des Battelle Instituts hat die Autorin die Methode bei einer Vielzahl von Klienten unterschiedlichster Branchen zum Einsatz gebracht. Als marktanalytischer Workshopblock sind die USAP-Bausteine in die Leistungsform des Lean Consulting integriert worden.

Der Unterschied zu einer "normalen" Marktanalyse besteht im wesentlichen darin, dass die marktanalytischen Erkenntnisse in mehreren Stufen mit den Stärken und Schwächen im Klientenunternehmen abgeglichen werden, so dass sich nicht ein allgemeines, sondern ein unternehmensspezifisches Absatzpotenzial ergibt. Es wird nicht ermittelt, was das Unternehmen idealerweise für Marktchancen hätte, sondern welche Stärken das Unternehmen bei der Ausschöpfung der Absatzmöglichkeiten unterstützen, und welche internen Schwächen dabei hindern.

Vorgehensweise mit sieben Phasen

Das Standardprodukt besteht aus sieben Phasen mit einer unterschiedlichen Anzahl von Segmenten (siehe Abb. 165). Es ist sowohl für Investitionsgüter als auch für Dienstleistungen, sowohl für das Gesamtunternehmen, als auch für einzelne interne Abteilungen anwendbar. Mit ihr kann der Unternehmensberater beim Klienten die unterschiedlichsten Frage- und Problemstellungen lösen, wie z.B.:

- Wie sind unsere Marktchancen, unser Marktpotenzial heute und künftig?

- Wie stehen wir im Vergleich zum Wettbewerb?

- Wie ist ein neues Produkt auf den Markt zu bringen?

- Warum geht der Absatz einer bestimmten Produktgruppe zurück?

- Wie werden sich Nachfrage und Angebot in Zukunft entwickeln?

- Wie ist unser Image bei Kunden und Nichtkunden?

- Wie ist der Einfluss neuer Technologien?

Der **Bedarf** nach Beratungsleistung in diesem Feld entsteht vor
allem durch die Tatsache, dass nach wie vor, vor allem in größeren Unternehmen, keine Kommunikation zwischen Forschung, Entwicklung und Produktion auf der einen, und Marketing, Vertrieb und Service auf der anderen Seite besteht.

Weitere Schwachstellen beim Auftraggeber sind z.B.:

*häufige Schwach-
stellen*

- Systematische Marktanalysen werden nicht durchgeführt,

- die kritischen Umfelder werden nicht analysiert,

- die Lebenszyklen der Produkte werden nicht verfolgt,

- die Produktpolitik ist wettbewerbsorientiert und nicht kundenorientiert,

- Vertriebssysteme sind veraltet,

- Produkte werden nicht als Problemlösungen verkauft,

- die Marketingfunktion ist überhaupt nicht oder unzureichend vorhanden,

- der Vertrieb wird nicht durch Zielvereinbarungen geführt,

- Volumendenken, nicht Ertragsdenken herrscht vor,

- Aufbau- und Ablauforganisation sind nicht auf den Markt
ausgerichtet, sondern historisch gewachsen,

- die betriebliche Machbarkeit beherrscht alles,

- Mut zur Nische ist nicht vorhanden.

Die erste Phase hat die Analyse der Produkt- oder Dienstleis-
tungspalette und die Untersuchung ihrer Systemzusammenhän-
ge zum Inhalt. Es wird zunächst das gegenwärtige Leistungs-
profil der einzelnen Produkte untersucht und ihre denkbaren,
künftigen Profilerweiterungen diskutiert. Im zweiten Segment
werden die heutigen Einsatzgebiete und die zukünftigen An-
wendungsbereiche, sowohl für bestehende wie für neue Kunden
reflektiert. Die Problemlösungsqualität, der Kundennutzen, der
Verbreitungsgrad und die Frage, ob es sich um ein eigenes oder
fremdes Produkt handelt, werden im Weiteren analysiert. Mit
der Prüfung des Deckungsbeitrags I und II und der Diskussion
der Frage, ob es möglich ist, beim Leistungserstellungsprozess
Kosten zu senken oder Erträge zu steigern, kristallisiert sich
heraus, ob das Produkt oder die Dienstleistung ein möglicher
Eliminierungskandidat ist.

erste Phase

Mit der Untersuchung der Frage nach den Systemzusammen-
hängen zu vor- und nachgelagerten Produkten oder Dienstleistungen werden gleichzeitig sowohl der Analyseumfang als auch
die Analyseschnittstellen bestimmt. So genügt es z.B. bei der
Absatzpotenzialermittlung für einen neuen PC nicht, von der

Annahme auszugehen, das Gerät werde nur stand alone eingesetzt. Bei diesem Produkt sind verschiedene Systemzusam-
menhänge, wie Einsatz im Client Server-Betrieb als Thin
Client, als Multimedia-System etc. zu berücksichtigen.

zweite Phase

In der zweiten Phase werden die Abnehmer und Mittler erfasst
und strukturiert. Neben der klassischen, im Klientenunternehmen meist vorhandenen ABC-Analyse nach Umsätzen der
Vergangenheit, werden die Abnehmer einzeln danach analysiert, welches Umsatzpotenzial sie in den kommenden drei
(fünf) Jahren im Marktsegment der Produkte des Klienten darstellen. Damit erhält die vergangenheitsorientierte ABC-
Analyse einen Potenzialaspekt, unter dem sich ein gegenwärtiger A-Kunde in Zukunft durchaus als C-Kunde darstellen kann.
In einem weiteren Segment wird geprüft, wie die zukünftige
Entwicklung jedes einzelnen Abnehmers (Bei großer Grundge-
samtheit werden Gruppen gebildet), gemessen an dem durchschnittlichen Wachstum seiner eigenen Branche verlaufen
wird. In einem dritten Schritt wird der faktische und emotionale Bindungsgrad der Abnehmer an den Klienten oder seine
Wettbewerber untersucht. Die Ergebnisse werden in einer drei-
dimensionalen Neunfeldermatrix zur Abnehmersegmentation
dargestellt und bilden die Grundlage für die Ableitung zielgruppenspezifischer Vertriebsstrategien.

dritte Phase

Die dritte Phase hat zunächst die Diskussion der bedarfsbestimmenden Faktoren für den Ersatz- und Neubedarf bei den
einzelnen Abnehmergruppen zum Inhalt und führt dann zu einer Ermittlung der gegenwärtigen und zukünftigen Bedarfszahlen pro Abnehmer(Segment).

vierte Phase

In der vierten Phase werden die direkten Wettbewerber des
Klienten sowie die Surrogat- und Substitutionsanbieter analysiert. Neben ihren Leistungskennzahlen, Stärken, Schwächen
und Besonderheiten, die in einem Wettbewerberprofil dargestellt werden, sind der Einsatz ihrer Marketingmittel und ihre
zukünftige Entwicklung von besonderem Interesse.

fünfte Phase

Die Auseinandersetzung mit den konkreten wirtschaftlichen,
ergonomischen, technischen, ökologischen und ästhetischen
Anforderungen der Abnehmer ist Inhalt der fünften Phase. Dabei werden die gegenwärtigen und künftigen Anforderungen
der Kunden zunächst ermittelt, um anschließend zu hinterfragen, in welcher Weise die Produkte des Klienten die Anforderungen besser, gleichwertig oder schlechter als die der Wettbewerber erfüllen, bzw. erfüllen werden.

Das Ergebnis der Anforderungsanalyse ist eine Einschätzung
des wegen eines schlechten Anforderungserfüllungsgrades verschlossenen Marktsegments.

Dies ist der Anteil der potenziellen Abnehmer, die bei den Wettbewerbern kaufen, weil der Klient und seine Produkte ihre individuellen Anforderungen nicht erfüllen.

In der Imageanalyse geht es zunächst darum, zu ermitteln, welches Image das Unternehmen und die Produkte des Klienten bei tatsächlichen und potenziellen Klienten haben. Dazu werden zunächst die gegenwärtig und zukünftig imagebestimmenden Faktoren untersucht. Im Folgenden wird dann die Frage gestellt, wie sich das Image des Klientenunternehmens und seiner Produkte aus Abnehmersicht von dem seiner wichtigsten Wettbewerber unterscheidet.

sechste Phase

Das Ergebnis der Imageanalyse ist eine Einschätzung des wegen negativer Images verschlossenen Marktsegments. Dies besteht aus den potenziellen Abnehmern, die eine negative Einstellung zu dem Klienten und seinen Produkten haben.

In der Kaufentscheidungsanalyse wird untersucht, welche Personen bei den einzelnen Abnehmergruppen typischerweise an dem Kaufentscheidungsprozess beteiligt sind und welches ihre konkrete Tätigkeit in dem Entscheidungsprozess ist. Im Folgenden wird analysiert, wie hoch der Prozentsatz ihrer objektiven, subjektiven und/oder politischen Entscheidungsmotivation ist. Aus diesen Erkenntnissen sind wichtige Hinweise über zukünftige Vertriebsstrategien abzuleiten, da ein objektiv Entscheidender mit anderen Mitteln zu beeinflussen ist, als ein subjektiv oder politisch motivierter Entscheidungsträger.

siebte Phase

Das unternehmensspezifische Absatzpotenzial (USAP) ergibt sich wie eine Gleichung, in der man alle Erkenntnisse der sieben Phasen zusammenführt (siehe Abb. 166): Von dem in der Bedarfsanalyse ermittelten Gesamtbedarf der jeweiligen Abnehmergruppen wird der Bedarf der Kunden subtrahiert, deren Anforderungen derzeit nicht erfüllt werden sowie der Abnehmer, bei denen der Klient und seine Leistungspalette derzeit ein negatives Image haben. Nach dieser zweimaligen Subtraktion von den Gesamtbedarfszahlen ergibt sich für jede Kundengruppe das jeweilige Teil USAP. Diesem wird der tatsächliche Absatz mit dieser Kundengruppe gegenübergestellt, um zu ermitteln, ob das Teil-USAP bereits ausgeschöpft wird, oder ob der verfügbare und offene Marktanteil nicht ausgeschöpft, sondern verschenkt wird. Aus den Erkenntnissen der Anforderungs- und der Imageanalysen sowie aus den Ergebnissen der Gegenüberstellung von Teil-USAP und tatsächlichem Absatz pro Kundengruppe ergibt sich für alle Beteiligten sofort nachvollziehbarer Handlungsbedarf.

Fazit

Phase	Segment
1.Produkt- systemanalyse	1.1 Welches Leistungsprofil hat das Produkt heute, künftig? 1.2 Welche Einsatzgebiete heute, künftig? 1.3 Welche Problemlösungsqualität, welchen Nutzen, Verbreitungsgrad? 1.4 Welchen Deckungsbeitrag, Ertragssteigerung, Kostensenkung? 1.5 Systemzusammenhang zu vor- und nachgelagerten Produkten?
2. Abnehmer- strukturanalyse	2.1 Welche Abnehmergruppen heute und künftig? 2.2 Wie groß sind die Abnehmergruppen, wie strukturiert heute, künftig ? 2.3 Wie sind die Abnehmergruppen regional verteilt ? 2.4 Welche Leistungsstrukturdaten haben die Abnehmergruppen? 2.5 Wie sind die Zukunftserwartungen unserer Abnehmergruppen? 2.6 Wie ist ihre faktische / emotionale Bindung an uns ?
3. Bedarfsanalyse	3.1 Welches sind die bedarfsbestimmenden Faktoren ? (Neu-, Ersatz-) 3.2 Wie groß ist der Bedarf der Abnehmergruppen heute und künftig ?
4. Wettbewerbs- analyse	4.1 Welche gleichartigen Konkurrenzprodukte sind auf dem Markt ? 4.2 Welche Substitute und Surrogate ? 4.3 Leistungskennzahlen der Konkurrenzprodukte? 4.4 Wer zählt zur Konkurrenz, Stärken, Schwächen, Besonderheiten ? 4.5 Welche Marketingmittel setzen die Konkurrenten ein? 4.6 Wie ist die künftige Entwicklung der Wettbewerbssituation ?

5. Anforderungs-
analyse
	5.1 Welche Anforderungen stellen welche Abnehmer an das Produkt?
	    (technisch, wirtschaftlich, ergonomisch, ästhetisch,ökologisch)
	5.2 Welche Anforderungen erfüllt es im Vergleich zum Wettbewerb nicht ?
	Ergebnis: Größe des verschlossenen Marktes wg. Nichterfüllung der
	    Anforderungen = objektive Gründe

6. Imageanalyse	6.1 Welches Image haben Unternehmen und Produkte bei tatsächlichen / potentiellen Abnehmern? 6.2 Wie unterscheidet sich unser Image von dem der Wettbewerber ? 6.3 Welche Faktoren bestimmen das Image mit welchem Gewicht ? **Ergebnis:** Größe der verschlossenen Marktes wg. unpassendem Image = subjektive Gründe
7. Kaufent- scheidungs- analyse	7.1 Wer ist am Kaufentscheidungsprozeß in welchem Maße beteiligt ? 7.2 Was ist die Motivation der Entscheidungsträger ? 7.3 Reihenfolge der Motive: objektiv, subjektiv, emotional, politisch...
Fazit: Absatzpotential- abschätzung	Gesamtnachfrage minus Nachfrage der Kunden, deren Anforderungen wir nicht erfüllen minus Nachfrage der Kunden, deren Vorstellung von uns negativ sind = USAP Welche Maßnahmen /Prioritäten ergeben sich für die Neukundengewinnung ?

Abb. 165: Standard-Phasenschema der Absatzpotenzialermittlung

Ein schwedischer Papierhersteller hatte in Erwartung möglicher Einschränkungen bei der Verfügbarkeit seiner Rohstoffe den Plan gefasst, in den Bereich der Kunststoffherstellung zu diversifizieren. Er vergab kurzfristig den Auftrag, das Absatzpotenzial für das Produkt "Geotextilien", ein Kunststoffvlies für verschiedene Einsatzgebiete im Tiefbau, zu ermitteln. Das Produkt erschien nach ersten Voruntersuchungen, die der Auftraggeber selbst durchgeführt hatte, durchaus marktfähig und vielversprechend zu sein.

Beispiel 1

Kundengruppe		X1		X2		X3		X4	
		absolut	%	absolut	%	absolut	%	absolut	%
1.	Gesamtbedarf	1000 Stück							
2.	minus verschlossener Markt wegen Nichterfüllung von Anforderungen	200 Stück							
3.	minus verschlossener Markt wegen negativem Image	150 Stück							
4.	= „offener Markt" / Teil-USAP	650 Stück							
5.	minus tatsächlicher Absatz	400 Stück							
6.	=„Verschenkter Markt" / nicht genutzter Markt	250 Stück							

Abb. 166: Quantitative Darstellung des USAP: Beispiel

Nach der vierten Phase, der Wettbewerbsanalyse, die ergab, dass die drei wichtigsten Hersteller von Geotextilien erhebliche Absatzprobleme hatten und große Lagerbestände verwalten und finanzieren mussten, zeichnete sich die Empfehlung an den Klienten ab, dass er von seiner Diversifikationsidee Abstand nehmen sollte.

Eine mittelgroße Sparkasse hatte, wie alle anderen Geldinstitute auch, das Problem, dass mittelständische Firmenkunden bezüglich ihrer Kreditwürdigkeit nicht zukunftssicher eingeschätzt werden konnten. Die Folge davon sind jährliche Einzelwertberichtigungen in beträchtlichem Ausmaß.

Beispiel 2

Die Frage lautete in diesem Fall, auch unter den Aspekten von Basel II, wie man im Zuge der Ermittlung des Absatzpotenzials im Firmenkundenmarkt auch Instrumentarien entwickeln und implementieren kann, die eine treffsichere Einschätzung der Zukunftserwartungen mittelständischer Kreditnehmer ermöglicht. In der ersten Phase wurden die Bankprodukte, die vor allem für Firmenkunden entwickelt wurden dahingehend analysiert, wie sie genutzt werden und wie sich die Ertragssituation pro Produkt darstellt. Tiefgreifende Erkenntnisse und Veränderungen in der Kundenbewertung und Vertriebsorganisation ergab der Baustein Abnehmerstrukturanalyse, durch den Risikokunden eindeutig identifiziert werden konnten. Durch die Entwicklung neuer zielgruppenspezifischer Vertriebsstrategien wurde sichergestellt, dass das Risikopotenzial abgebaut und zukunftssichere Kunden gewonnen werden konnten.

Die Bedarfsanalyse ergab in Kombination mit dem Baustein Wettbewerbsanalyse Ansatzpunkte dafür, welche konkreten Bedürfnisse der Kunden vorhanden sind, und auch von den wichtigsten Wettbewerbern noch nicht gedeckt werden. Die Ergebnisse der Imageanalyse konnten sofort in imageverbessernde Sofortmaßnahmen, z.B. durch ein neues Werbekonzept umgesetzt werden.

Beispiel 3

Vorerst schnell beendet war der Auftrag eines deutschen Großkonzerns, der zum Inhalt hatte, für einen in der Entwicklung befindlichen Assoziativspeicher, der künftig einen Systemzusammenhang mit marktgängigen PCs eingehen sollte, das Absatzpotenzial zu ermitteln und eine Marketingkonzeption zu entwickeln. Bereits die erste Phase der Produktsystemanalyse ergab, dass dieses neue Produkt bereits in seinem Entwicklungsstadium eine Generation hinter den PCs zurück war, mit denen es unabdingbar einen Systemzusammenhang eingehen sollte. Die Empfehlung lautete hier, entweder zusätzlich einen exakt kalkulierten Millionenbetrag in die weitere Entwicklung und Aufrüstung dieses Produktes zu investieren oder aber von einer Vermarktung abzusehen. Der zweite Baustein, die Abnehmerstrukturanalyse, hatte zusätzlich ergeben, dass nur Museen und ähnliche Institutionen an diesem Produkt Interesse haben werden. Eine weltweite Hochrechnung ergab, dass das sich daraus ergebende Absatzpotenzial so gering ist, dass sich innerhalb der nächsten 10 Jahre nicht einmal die erheblichen Entwicklungskosten amortisieren würden.

5.2.4   Strategieberatung (SEP, EKS, BSC)

Strategieberatungen haben immer Konjunktur. Selbst Klienten, die für sich in Anspruch nehmen, bereits seit langem nach einer Unternehmensstrategie zu leben, fragen dieses Beratungsprodukt immer dann wieder nach, wenn es zum Beispiel um eine Strategiefortschreibung oder um eine strategische Neupositionierung geht.

Was ist eine Strategie? Sie ist die Leitplanke für den Weg von der Gegenwart in die Zukunft, innerhalb der die Marschrichtung für das operative Handeln vorgegeben wird (siehe Abb. 167).

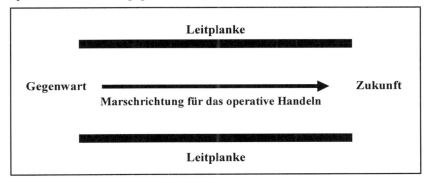

Abb. 167: Strategie als Leitplanke

Diese Leitplanke wird aus folgenden Faktoren entwickelt:

1. Vision (Zukunftsbild) des Unternehmens.

2. Herausragende Stärken und Fähigkeiten des Unternehmens.

3. Langfristige Ziele für

    • Produkt-Marktbereiche und

    • Unternehmensfunktionen.

In der Strategieberatung haben sich sowohl auf Klienten-, als auch auf Beraterseite drei Glaubensgemeinschaften gebildet: Die Anhänger der SEP (Strategische Erfolgsposition), der EKS (Engpasskonzentrierte Strategie/Energo-Kybernetisches System) und der BSC (Balanced Scorecard). Alle Ansätze miteinander zu verknüpfen, erscheint einem vierten Lager als die beste aller Möglichkeiten. Bei der SEP-Strategieberatung (siehe Abb. 168) wird grundsätzlich von den Stärken des Klientenunternehmens ausgegangen.

SEP/EKS/BSC

Phase	Segment

1. Ist-Analyse	1.1 Umfeldanalysen
	   1.1.1 Allgemeine Umfelder
	   1.1.2 Spezifische Umfelder
	   1.1.3 Chancen/Risiken
	1.2 Unternehmensanalyse
	   1.2.1 **Stärken**/Schwächen
	   1.2.2 Portfolioanalyse

**2. Sollkonzept =
Strategieentwicklung mit
Zeitbezug**
	2.1 Formulierung der Leitidee
	   (Tätigkeitsgebiet und Anspruch)
	2.2 **Bestimmung der SEP aus den Stärken**
	   (Alleinstellung)
	2.3 Ziele und Prioritäten für Produkt-Marktbereiche
	2.4 Ziele für einzelne Unternehmensfunktionen
	   (Marketing, F+E, Produktion, Führung, etc.)

3. Realisierung = Strategieumsetzung	3.1 Direkte Maßnahmenkataloge 3.2 Indirekte Maßnahmenkataloge (Information der Mitarbeiter, Corporate Image, Aus- und Weiterbildung etc.) 3.3 Machbarkeitsprüfung 3.4 Fortschrittskontrolle
4. Nachbereitung = Strategieüberprüfung	4.1 Überprüfung der Strategieprämissen 4.2 Abweichungsanalysen 4.3 Korrigierende Maßnahmen

Abb. 168: Standard-Phasenschema der SEP-Strategieberatung

Definition der SEP

Bei der SEP-zentrierten Strategieberatung wird das strategische Denken darauf ausgerichtet, strategische Erfolgspositionen zu erkennen und zu entwickeln.[101] Die SEP ist definiert als eine besondere Fähigkeit/Stärke, die es dem Klientenunternehmen erlaubt, langfristig besser zu sein als alle seine Wettbewerber. Die SEP kann eine besondere Stärke im Produkt- oder Dienstleistungsbereich, im Marktauftritt, in der Führung, bei den Mitarbeitern oder in einzelnen funktionalen Bereichen des Klientenunternehmens sein. Die SEP ergibt sich aus einer detaillierten Analyse der Stärken des Klientenunternehmens.

Bei der Interpretation der Stärken mit dem Ziel der Identifikation der SEP muss darauf geachtet werden, dass die besondere Fähigkeit wirklich langfristig wirksam und noch nicht von Wettbewerbern besetzt ist.

In der Ist-Analyse wird demzufolge zunächst eine Umfeldanalyse (vgl. 2.3.1) zur Feststellung der Chancen und Risiken durchgeführt. Die darauffolgende Stärken-/Schwächenanalyse (vgl. 2.3.2.2) ergibt Hinweise auf die mögliche SEP. Eine anschließende Portfolioanalyse präzisiert die Annahmen über Wettbewerbsvorteile, Marktattraktivität und Marktpositionierung des Unternehmens, einzelner Strategischer Geschäftseinheiten oder Produkte.

erste Phase

Das Sollkonzept besteht aus der Entwicklung der Strategie mit Zeitbezug. Aus der Interpretation der Stärken-/Schwächenanalyse ergeben sich Hinweise auf Inhalte eines Leitbildes, das in diesem ersten Segment der zweiten Phase entwickelt wird. Das Leitbild bezieht sich auf das zukünftige Tätigkeitsgebiet und den Marktanspruch des Klientenunternehmens, der gleichzeitig Aufforderungscharakter an alle Mitarbeiter hat.

zweite Phase

In einer Analyse der Unternehmensstärken ergibt sich die SEP als langfristige Alleinstellung, auf die im Folgenden alle Ressourcen des Unternehmens ausgerichtet werden sollen. Im dritten Segment werden Ziele und Prioritäten für Produkt-Marktbereiche erarbeitet, die sich auf die strategischen Stoßrichtungen der Marktdurchdringung, Produktentwicklung, Marktentwicklung und Diversifikation beziehen können.

Im vierten Segment werden schließlich strategische Ziele für einzelne Unternehmensfunktionen, wie z.B. Marketing, F+E, Organisation, Führung, Leistungserstellung festgelegt, wie z.B. "Wir wollen eine prozessorientierte Organisationsstruktur haben", oder "Wir wollen unsere IT-Funktionen auf einen Outsourcer übertragen". In der praktischen Unternehmensberatung variiert der Zeithorizont strategischer Ziele mit der Unternehmensgröße. Die Zeithorizonte der reinen Theorie von über fünf Jahren sind in mittelständischen Unternehmen nicht nachvollziehbar. Hier ist häufig der Zeithorizont strategisch, der in Großunternehmen als operativ definiert wird.

Zur Umsetzung der strategischen Ziele werden direkte Maßnahmenkataloge formuliert. Mit der Festlegung indirekter Maßnahmen, die in keinem unmittelbaren Bezug zum Sollkonzept stehen, stellt der Berater sicher, dass sich im Klientenunternehmen auch der mentale Wandel vollzieht.

dritte Phase

In einer Machbarkeitsprüfung wird jede einzelne direkte Maßnahme auf ihre technische, finanzielle, zeitliche, personelle und
soziale Machbarkeit hin überprüft. Um sicherzustellen, dass
keine Maßnahme im Sande verläuft, wird ein Fortschrittskontrollvorgehen (vgl. 8.3) vereinbart.

vierte Phase

Die Nachbereitung des Beratungsauftrags ist identisch mit der
Strategieüberprüfung und -fortschreibung. Sie besteht aus einer
Prüfung der Strategieprämissen ("Sind wir von den richtigen
Annahmen ausgegangen?") und einer Analyse der Abweichungen zwischen dem strategischen Plan und den tatsächlich eingetretenen Ergebnissen. Bei signifikanten Abweichungen werden korrigierende Maßnahmen (vgl. 8.4) eingeleitet.

Beispiel 1

Unter dem Druck eines zu erwartenden weiteren Subventions-
abbaus beschloss die Geschäftsführung eines kommunalen Service-Rechenzentrums, eine Strategie umzusetzen, die es in die
Lage versetzt, auch im freien Wettbewerb und ohne öffentliche
Zuschüsse zu bestehen. Dabei ging es im Produkt-
Marktbereich um die strategische Kernfrage, ob künftig weiter
zentrale Verfahren oder nur noch dezentrale Anwendungen von
den Kunden nachgefragt werden und ob diese Nachfrage gesteuert werden kann. Die Unterstützung dezentraler Verfahren
beinhaltet die Gefahr, die Kunden auf ihrem Weg in die autar-
ke Unabhängigkeit zu entlassen und damit zu verlieren. Das
Festhalten an zentralen Anwendungen kann zu der gleichen
Entwicklung führen. Die strategischen Überlegungen wurden
auf die SEP Kundenbindung bezogen. Die strategischen Ziele
für die internen Bereiche beinhalteten vor allem eine
verschlankte Organisationsstruktur mit der neuen funktionalen
Einheit "Marketing" und die Schaffung von prozessorientierten
Strategischen Geschäftseinheiten sowie eine komplette Bereinigung der Leistungspalette. Das äußere Erscheinungsbild
wurde grundlegend modernisiert. Die gemeinsame Strategie-
entwicklung führte bei allen Mitarbeitern zu einem starken
Motivationsschub.

Beispiel 2

Ein mittelständisches Beratungsunternehmen hatte zunehmende interne Querelen zum Anlass genommen, über die Entwicklung einer eigenen Strategie nachzudenken, und dabei externe
Hilfe in Anspruch zu nehmen. Die Umfeldanalyse ergab, dass
die Geschäftsleitung, die voll mit dem Tagesgeschäft ausgelastet war, sich bisher kaum mit den Entwicklungstendenzen der
unternehmensspezifischen Umfelder auseinandergesetzt hatte.
Die interne Stärken-/Schwächen-Analyse zeigte als wesentlichen Engpass, dass die gesamte Palette an Beratungsprodukten
nur in den Köpfen einzelner Berater, die innerhalb des Beratungsunternehmens wie Einzelkämpfer agierten, existierte.
Dies führte vor allem bei den Juniorberatern zu Frustration und
Unsicherheit. Seit mehreren Jahren war kein neues Produkt

oder methodisches Vorgehen entwickelt worden. Die überragende Stärke und damit die SEP lag in der starken Branchenorientierung und in der langjährigen Marktpräsenz.

Die Strategie für den Produkt-Marktbereich bestand darin, dass die bisherige Angebotspalette entrümpelt und die Entwicklung eines neuen, bedarfsorientierten Beratungsprodukts in die Wege geleitet wurde.

Intern wurden die einzelnen Fachbereiche personell und funktional verschlankt. Die Umsatzbeteiligung der Berater wurde nicht mehr auf ihren Umsatz, sondern auf den Deckungsbeitrag ihrer Fachbereiche bezogen. Die umsatzbeteiligten Seniorberater wurden verpflichtet, ihr persönliches Know-how zu dokumentieren und es jeweils zwei Juniorberatern, zu deren Paten sie erklärt wurden, zu erschließen.

Grundsätzlich andersartig ist der Denkansatz bei der EKS-Zentrierten Strategieberatung (siehe Abb. 169 und Abb. 170).

Der aus der militärischen Strategielehre stammende Grundsatz, dass wann immer es möglich ist, die Streitkräfte konzentriert und gezielt auf den schwächsten Punkt des Gegners eingesetzt werden sollen, statt sich an mehreren Stellen zu verzetteln, war der Anstoß für die Entwicklung der EKS-Strategie durch Wolfgang Mewes[102].

schwächsten Punkt

ermitteln

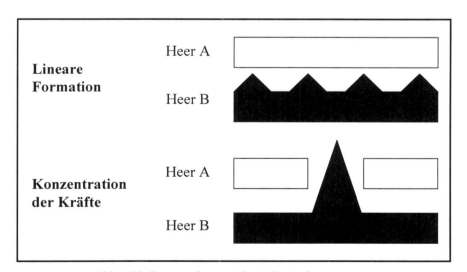

Abb. 169: Engpass-konzentrierte Strategie

Auf Unternehmen übertragen, lautet die strategische Grund-
aussage: Je konsequenter ein Unternehmen seine Kräfte auf
die Lösung der jeweils brennendsten Probleme einer bestimmten Kundengruppe konzentriert, desto erfolgreicher ist
es. Das bedeutet, dass sich nur die Unternehmen am
schnellsten, sichersten und dauerhaftesten entwickeln, die
ihre eigene Strategie auf die Lösung von Problemen ihrer
wichtigsten Kunden ausrichten.

Damit ist im Gegensatz zur SEP-Strategieberatung nicht die
eigene, überragende Stärke der Strategiepromotor, sondern
die Kundenbedürfnisse, das genaue Zielen auf den wirk-
samsten Punkt. Demzufolge ist das Phasenschema des Projektablaufs einer EKS-Beratung ein anderes als das einer
SEP-Beratung (siehe Abb. 170).

Phase	Segment

1. Ist-Analyse	1.1 Unternehmensanalyse
	   1.1.1 Stärken/Schwächen
	   1.1.2 Chancen/Risiken
	1.2 Zielgruppenanalyse
	   1.2.1 Identifikation der wichtigsten **Teilzielgruppe**
	   1.2.2 Bedarfsanalyse der Gruppe „Das brennendste Problem"

2. Sollkonzept	2.1 Problemlösungen zu den Engpassbereichen/ Problemen der Zielgruppe entwickeln 2.2 Innovationsstrategie 2.3 Kooperationsstrategie 2.4 Neues Leitbild entwickeln
3. Realisierung = Strategieumsetzung	3.1 Direkte Maßnahmenkataloge 3.2 Indirekte Maßnahmenkataloge (Information der Mitarbeiter, Stärkung des Corporate Image, Aus- und Weiterbildung etc.) 3.3 Machbarkeitsprüfung 3.4 Fortschrittskontrolle
4. Nachbereitung = Strategieüberprüfung	4.1 Abweichungsanalysen 4.2 Laufende Verbesserung der Problemlösung

Abb. 170: Standard-Phasenschema der EKS-Strategieberatung

Der Schwerpunkt der Analysephase liegt, nach einer kurzen Betrachtung der eigenen Stärken und Chancen, in der Zielgruppenanalyse und in der Identifikation der wichtigsten, erfolgversprechendsten Teilzielgruppe des Klientenunternehmens. Ist diese als Gruppe oder einzeln namentlich ermittelt worden, so beginnt man mit einer intensiven Analyse der Bedürfnisse, Probleme und Engpässe dieser Kunden. Diese Analyse wird meist in Form von Expertengesprächen durchgeführt. In der Praxis hat es sich als sinnvoll erwiesen, sich auch mit den Stärken der Teilzielgruppe auseinanderzusetzen, da man beim Kunden auch Nutzen dadurch stiften kann, dass man ihm nicht nur bei der Beseitigung seiner Mängel hilft, sondern ihn auch beim Ausbau seiner besonderen Stärken unterstützt.

Erste Phase

Die konzeptionelle Phase beinhaltet die Entwicklung von Problemlösungen für die vordringlichsten Engpässe, die bei der Teilzielgruppe ermittelt wurden. Dabei soll immer von den immateriellen Faktoren ausgegangen werden, bei gleichzeitiger Konzentration auf die Kernbereiche. Mit der Entwicklung einer innovations- und Kooperationsstrategie sowie eines neuen Leitbildes soll verdeutlicht werden, dass das Klientenunternehmen künftig seine eigene Strategie auf die totale Kundenorientierung ausrichtet.

Zweite Phase

In der Realisierungsphase werden direkte und indirekte Maßnahmen auf den Weg gebracht, die zur Umsetzung der Problemlösungen für die Kunden dienen. Die Maßnahmen werden auf ihre Machbarkeit überprüft und mit einem Fortschrittskontrollvorgehen in die Umsetzung gegeben.

Dritte Phase

Dieses Beratungsprodukt hat praktisch keinen Abschluss, wie andere standardisierte Problemlösungsmethoden, da die letzte Phase die fortlaufende Verbesserung der Problemlösungen für „das brennendste Problem" der Teilzielgruppe beinhaltet.

Vierte Phase

Wenn man die Aussagen von Porter[49] heranzieht, der davon ausgeht, dass sich ein Unternehmen nur in drei strategische Stoßrichtungen entwickeln kann:

1. Umfassende Kostenführerschaft,

2. Differenzierung (Mehrwert),

3. Konzentration auf Schwerpunkte,

so kann man festhalten, dass sowohl der SEP-, als auch der EKS-Ansatz auf Differenzierung und Schwerpunktkonzentration und weniger auf Kostenführerschaft abheben.

Balanced Scorecard   Im Zusammenhang mit der Wertorientierung in der Managementtheorie tauchte Mitte der neunziger Jahre der Begriff der Balanced Scorecard[103] auf. Anlass war zunächst die Kritik an etablierten Kennzahlensystemen, die sich zur strategischen Steuerung von Unternehmen in hochdynamischen Umfeldern als immer ungeeigneter erwiesen. Zugleich wurde bemängelt, dass die starke Fokussierung auf die Interessen der Kapitalgeber (Shareholder) zu unausgewogenen Strategieansätzen führte. Mit dem Balanced Scorecard - Ansatz sollte ein Gleichgewicht zwischen der Shareholderperspektive und den Perspektiven Kunden, Mitarbeiter und Prozesse hergestellt und strategisch gesteuert werden (siehe Abb. 171).

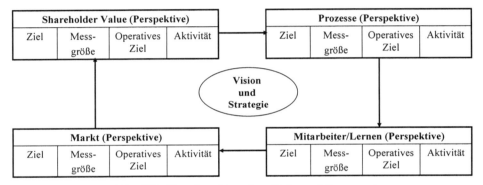

Abb. 171: Grundstruktur einer Balanced Scorecard

Dabei sollten gleichzeitig die klassischen Schwachstellen der Entwicklung und Durchsetzung von kennzahlengetriebenen Unternehmensstrategien beseitigt werden, wie z.B.

- mangelnde Methodensicherheit und Methodenstringenz bei der Definition von Kennzahlen, besonders im internationalen Kontext
- Kritik an der Shareholderfokussierung
- Informationsüberflutung und Unkenntnis strategisch relevanter Steuerungsgrößen auf der Managementebene
- geringe Akzeptanz und Motivation zur Strategieumsetzung.

Die ersten BSCs waren einfach strukturiert (siehe Abb. 172) und riefen gleich die Kritiker auf den Plan, die folgendes bemängelten:

1. Die Festlegung der strategischen Ziele, der Messgrößen und der operativen Ziele in einer BSC erfolgen ohne vorherige Analyse der vier Bereiche Shareholder, Mitarbeiter, Kunden, Prozesse. Damit fehlt diesem Ansatz

das richtige Fundament, da die Zielfestlegungen in den vier Bereichen praktisch frei schwebend in Interviews mit der Führungsebene, ohne Kenntnis der realen Situation, getroffen werden.

2. Die BSC geht davon aus, dass bereits eine Strategie vorliegt, die nun in ihrer Umsetzung messbar gemacht wird. Die Qualität und Aktualität dieser bestehenden Grundstrategie werden ebenfalls nicht hinterfragt.

3. Wichtige Perspektiven wie Führung, Unternehmenskultur und –kommunikation tauchen in der BSC – Diskussion so gut wie nie auf.

Perspektiven	Strat. Ziele	Messgrößen	Operative Ziel
Finanzielle Perspektive: Wie sollten wir aus Kapitalgebersicht dastehen?	• ROCE über Branchendurchschnitt • Schneller als der Markt wachsen • Cash-Flow steigern	• Return on Capital Employment • Umsatzwachstum • Discounted Free-Cash-Flow	• ROCE über 24% • Wachstum über 13% • Zuwachs von 15%
Kundenperspektive: Wie sollten wir aus Kundensicht dastehen?	• Innovatorimage • Preis-/Leistungsverhältnis hervorragend • Vorzugslieferant sein	• Umsatzanteil neuer Produkte • Kundenbewertung • Umsatzanteil Stammkunden	• Anteil Leistungen, jünger als 2 Jahre: 60% • Nr. 1 bei mind. 60% der Kunden • Anteil über 50%
Prozessperspektive: Bei welchen Prozessen/ Produkten müssen wir Hervorragendes leisten?	• Frühes Einwirken auf Kundenanforderungen • Entwicklung des Regionalmarktes A • Schnelle Hardware-Installation • Überragendes Projektmanagement	• Beratungsstunden vor Angebot • Anzahl Neukunden in Region A • Arbeitstage zw. Auftrag und Inst. • Anteil Projekte ohne Kostenüberschreitung	• Anstieg um 5% p.a. • Anstieg um 30% p.a. • 90% unter 10 Arbeitstagen • 90%
Mitarbeiter/ Lernen: Wie können wir flexibel und verbesserungsfähig bleiben?	• Kontinuierliche Verbesserung • Hohe Mitarbeiterzufriedenheit • Innovationsanreize für Mitarbeiter	• Halbwertzeitindex • Index Mitarbeiterzufriedenheit • Anzahl Verbesserungsvorschläge pro Mitarbeiter	• Jährl. Verbesserung um über 10% • Zufriedenheitsindex über 80% • Mehr als 20 Vorschläge pro Mitarbeiter

Abb. 172: Beispiel der BSC eines Softwareunternehmens

Kaplan und Norton haben ihren Ansatz inzwischen zur „BSC Strategy Map"[104] weiterentwickelt. Diese stellt die Erfahrungen vieler BSC - Projekte zu einem Rahmengerüst auf Metaebene zusammen und soll dazu dienen, die Annahmen der Strategie und die logische Ursache-Wirkungskette zwischen den Messgrößen darzustellen. Für mittelständische Klienten wird der Denkansatz der BSC dadurch nicht leichter nachvollziehbar. Für den Berater, der, wie es seinen Grundsätzen entspricht, mit einer Vorbereitung und Analyse beginnt, ergibt sich das in Abb. 173 dargestellte Vorgehensschema.

Phase	Segment
1. Vorbereitung	1.1 Initialisierungsworkshop mit der Unternehmensleitung • Unternehmenszielsystem (s. 4.) • Kennzahlen, die im Unternehmen bekannt und gebräuchlich sind • Top Down Ansatz festlegen • Projektorganisation mit Projektleitung, Projektsponsor, Teamzusammensetzung • Projektdauer

2. Analyse	2.1 Stärken/Schwächen Finanzperspektive
	   2.1.1 Strategische Führung
	   2.1.2 Finanzmanagement
	   2.1.3 Organisation (inkl. IT)
	   2.1.4 Planung und Steuerung
	2.2 Stärken und Schwächen Prozesse
	   2.2.1 Operative Führung
	   2.2.2 Innovationsprozess
	   2.2.3 Beschaffungsprozess
	   2.2.4 Leistungserstellungsprozess
	2.3 Stärken und Schwächen Mitarbeiter
	   2.3.1 Soziale Führung
	   2.3.2 Mitarbeiterverhalten
	   2.3.3 Wissen und Lernen
	   2.3.4 Kommunikation und Unternehmenskultur
	2.4 Stärken und Schwächen Markt
	   2.4.1 Produkt-/Abnehmermix
	   2.4.2 Konditionenmix
	   2.2.3 Distributionsmix
	   2.2.4 Kommunikationsmix
	2.5 Umfeldanalyse (s. 2.3.1)

3. Sollkonzept (Konzeption des ersten BSC – Entwurfs)	3.1 Shareholderperspektive
	   3.1.1 Strategische Ziele
	   3.1.2 Messgrößen
	   3.1.3 Operative Ziele
	3.2 Prozessperspektive
	   3.2.1 Strategische Ziele
	   3.2.2 Messgrößen
	   3.2.3 Operative Ziele
	3.3 Mitarbeiterperspektive
	   3.3.1 Strategische Ziele
	   3.3.2 Messgrößen
	   3.3.3 Operative Ziele
	3.4 Marktperspektive
	   3.4.1 Strategische Ziele
	   3.4.2 Messgrößen

	3.4.3 Operative Ziele
4. Realisierungsplanung	4.1 Direkte Maßnahmen festlegen (s. 6.1) zur Umsetzung der operativen Ziele der
	4.1.1 Shareholderperspektive
	4.1.2 Prozessperspektive
	4.1.3 Mitarbeiterperspektive
	4.1.4 Marktperspektive
	4.2 Indirekte Maßnahmen (s. 6.6) zur Mobilisierung der Veränderungsbereitschaft bei Führungskräften und Mitarbeitern
	4.2.1 Zielvereinbarungen
	4.2.2 Anreizsysteme
5. Realisierung	5.1 Umsetzen der direkten Maßnahmen
	5.2 Umsetzen der indirekten Maßnahmen
	5.3 Fortschrittskontrollsystem (s. 8.3)
	5.4 Projektcontrolling (s. 11.2)
6. Fortschreibung	6.1 Veränderungen im Markt?
	6.2 Veränderungen intern?
	6.3 Neue strategische Ziele?
	6.4 Neue Kennzahlen /Messgrößen?
	6.5 Ergänzung/Fortschreibung der BSC

Abb. 173: Phasenschema Balanced Scorecard

Das Phasenschema der Vorgehensweise im BSC Beratungsprojekt weicht in einigen Punkten von der reinen BSC Lehre ab. Wenn eine Strategie nachhaltig und akzeptiert sein soll, so muss deren Entstehung über lange Strecken von allen Betroffenen miterlebt werden. Ein umfassender Analyseteil, wie er in der Literatur nicht einmal erwähnt wird, ist deshalb unerlässlich. Darum empfiehlt es sich, den gesamten Beratungsprozess methodisch in Form von moderierten Workshops durchzuführen. Nur wenn ein Konsens aller über die eigene Situation in den vier oder mehr strategischen Perspektiven herbeigeführt wird, kann darauf aufbauend eine fundierte Strategie entstehen. Alles andere ist Hypothesenschusterei bis hin zur Illusions- und Selbstfindungsveranstaltung. Nur wenn nach der Analyse, d.h. in klarer Kenntnis aller Stärken und Schwächen, Chancen und Risiken die BSC mit allen Betroffenen gemeinsam entwickelt wird und die einzelnen dann freiwillig Maßnahmen zur Umsetzung übernehmen, kann man mit einer Durchsetzung bis auf die operative Ebene rechnen. Nur dann wird sie nachhaltig und motiviert von allen gelebt und fortgeschrieben.

moderierte

Workshops

5.2.5   Nachfolgeregelung

In Deutschland steht bei mehreren tausenden Unternehmen die Übergabe an einen Nachfolger an. Nach einer Untersuchung des Beratungsunternehmens Droege & Comp. hat jeder zweite Unternehmer über 50 Jahre noch keine Vorstellung davon, wie es nach seinem Ausscheiden mit dem Unternehmen weitergehen soll. Damit wird versäumt,

häufige

Versäumnisse

- rechtzeitig einen kompetenten Nachfolger zu finden und ihn auf seine Aufgabe vorzubereiten,

- das Vermögen so zu strukturieren, das auch bei der Abfindung der für die Nachfolge nicht geeignete Erben das Finanzgefüge des Unternehmens nicht negativ beeinflusst wird,

- Entscheidungen zu treffen, die die Erbschaftssteuer auf das Mindestmaß beschränken,

- ein Testament zu hinterlassen, das den Willen des Erblassers rechtskräftig zum Ausdruck bringt.

Schwerpunkte

Die Schwerpunkte einer Nachfolgeregelungsberatung beziehen sich auf die

- Suche, Auswahl und Qualifizierung des Nachfolgers/der Nachfolger,

- Regelung der sukzessiven Führungsübergabe,

- Planung der Übergangsregelungen,

- Berufung eines Beirats aus Internen und Externen,

- kontinuierliche Verbesserung des Marktauftritts und aller funktionalen Bereiche des Unternehmens,

- Vermeidung unnötiger Liquiditätsabflüsse durch:

  – Die Wahl des richtigen Güterstandes mit dem Ziel, dass der Ehepartner nicht für Verbindlichkeiten des Unternehmens haften muss, und dass im Fall einer Scheidung das Unternehmen vor Ansprüchen geschützt ist.

  – Pflichtteilsverzichtvereinbarungen mit den sonstigen Erben, da Pflichtteilsansprüche sofort ausgezahlt werden müssen.

  – Vorweggenommene Erbfolge durch Schenkung, da durch zeitliche Splittung erhebliche Erbschaftssteuervorteile erlangt werden können.

  – Abstimmung des Testaments mit dem Gesellschaftsvertrag, um zu vermeiden, dass im Testament z.B. die

Witwe als Alleinerbin, im Gesellschaftsvertrag der Sohn als Nachfolger benannt ist, was zu unternehmenschädigenden Auseinandersetzungen führen kann.

Die Beratung zur Nachfolgeregelung umfasst sechs Phasen mit einer unterschiedlichen Anzahl von Segmenten (siehe Abb. 174).[105]

Phase	Segment
1. Vorbereitende Maßnahmen	1.1 Sondierungsgespräch
	1.2 Gemeinsame Festlegung der Ziele der Nachfolge
	1.3 Fixieren eines Stufenplans mit Eckwerten
	1.4 Bestimmung eines Beirats
	1.5 Hinzuziehen von Juristen, Steuerberater/WP
2. Ist-Analyse	2.1 Stärken/Schwächen; Chancen/Risiken
	2.2 Finanzkraft und Finanzierungspotenzial
	2.3 Meinungsbild aller Betroffenen erheben
	2.4 Suche nach Nachfolger(n) im Bedarfsfall
3. Soll-Konzept	3.1 Aufzeigen verschiedener Lösungsalternativen
	3.2 Bestimmung der Nachfolger/ Erarbeiten einer Nachfolgeregelung
	3.3 Festlegung des Übergangsprozesses mit Zeitbezug
	3.4 Konzepte, inkl. vertrauensbildender Aktionen, und Gestaltung des dritten Lebensabschnitts
	3.5 Notfall-Szenario
4. Übergangs-/ Implementierungsphase	4.1 Kontinuierliche Verbesserung des Unternehmens, Schaffung eine hohen Attraktivität nach außen
	4.2 Verträge- und Testamentgestaltung
	4.3 Einarbeitung der Nachfolger, sukzessives Heranführen an Führungsaufgaben
	4.4 Steuer- und erbrechtliche Regelungen treffen
	4.5 Ablösung in der operativen Führung
	4.6 Verzicht des Seniors auf Einflußnahme
5. Begleitendes Coaching/ Nachbereitung	5.1 Beiratsfunktion (Vorsitz) wahrnehmen
	5.2 Vermitteln bei emotionalen Spannungen
	5.3 Coaching bei nachfolgebedingten Problemen

Abb. 174: Standard-Phasenschema der Nachfolgeregelungsberatung

erste Phase

In der vorbereitenden Phase werden zunächst Informationen über das Unternehmen und die beteiligten Personen gesammelt, damit sich der Berater ein Bild über die Dimensionen der Nachfolgeregelung machen kann. Im Vordergrund stehen Gespräche mit dem Unternehmer, um seine wirkliche Bereitschaft zum Rückzug zu klären, mit ihm Aufgaben und Ziele der dritten Lebensphase zu besprechen und klarzustellen, dass Unternehmensinteressen stets Vorrang vor Familieninteressen haben müssen. Eine gemeinsame Definition der Ziele und die Abstimmung des Projektplans konkretisieren den weiteren Ablauf. Zur Überwachung und fachlichen Steuerung des Projekts wird unter Leitung des Beraters ein Beirat gebildet, dem sowohl der Unternehmer und betroffene Familienangehörige, als auch Externe, wie z.B. der Steuerberater, der Rechtsanwalt sowie ein Vertreter der Hausbank (strittig!) angehören können.

zweite Phase

In der Ist-Analyse geht es zunächst darum, die Stärken und Schwächen sowie Chancen und Risiken des Unternehmens zu ermitteln. Besondere Aufmerksamkeit wird dabei den Bereichen Finanzkraft und Finanzierungspotenzial gewidmet, um sicherzustellen, dass sich das Unternehmen bei der Einleitung der Nachfolgeregelung in einem finanziell stabilen Zustand befindet. Auch die Eindeutigkeit und Qualität der Aufgaben-, Verantwortungs- und Kompetenzregelung wird überprüft. Persönliche Gespräche mit den Betroffenen, vor allem dem potenziellen Nachfolger(n), bzw. die Suche nach einem möglichen Nachfolger und die Überprüfung von Nachfolgealternativen runden die Analysetätigkeiten ab.

dritte Phase

Die konzeptionelle Phase beginnt, sofern der Nachfolger nicht bereits feststeht, mit einer Auflistung verschiedener Möglichkeiten zur Regelung der Nachfolge, wie z.B. durch Schenkung an Familienangehörige, qualifizierte Nachfolge, Betriebsaufspaltung, Adoption, Vor- und Nacherbschaft, Verkauf an interne Führungskräfte (Management Buy Out) oder Unternehmensverkauf an Externe. Nach Auswahl der besten Lösungsalternative wird der Übergangsprozess in Maßnahmenkatalogen festgelegt und terminiert. Flankierend zu den eigentlichen, die Nachfolge betreffenden Maßnahmen werden auch solche in die Wege geleitet, die dem Abbau der Schwachstellen und der Festigung der Stärken des Unternehmens dienen. Da sich der Nachfolgeregelungsprozess über mehrere Jahre hinzieht, ist es sinnvoll, ein sogenanntes Notfall-Szenario mit entsprechenden Notfallmaßnahmen zu entwickeln. Einer der naheliegendsten Notfälle ist das Ableben des Seniors vor dem Vollzug der eigentlichen Nachfolgeregelung. Durch die dann greifenden Notfallmaßnahmen wird verhindert, dass durch hektischen Aktionismus de Regelungsprozess gefährdet wird.

In der Umsetzungsphase geht es zunächst um die kontinuierliche Verbesserung des Unternehmens und die Schaffung einer hohen Attraktivität nach außen und innen, um die bei Nachfolgeprozessen typische Tendenz zu vermeiden, dass durch Verunsicherung und nachlassende Motivation der Mitarbeiter ein schleichender Qualitätsverlust in allen operativen Bereichen des Unternehmens eintritt. Nach einer umfassenden Klärung der Rechts- und Steuerfragen, bei denen der Berater weitere Experten, die idealerweise Mitglieder des Beirats sind, hinzuzieht, geht es im weiteren Verlauf vor allem um die Einarbeitung des Nachfolgers und sein sukzessives Heranführen an Führungsaufgaben. Dabei wird häufig der Weg gewählt, dass zunächst eine Mitgeschäftsführung unter Dominanz des Seniors übergeleitet wird in eine solche, bei der der Nachfolger dominiert bis hin zu seiner Alleingeschäftsführung. In der letzten Phase verzichtet der Senior vollkommen auf Einflussnahme, er zieht sich auch aus dem Beirat zurück.

vierte Phase

In der letzten Phase übernimmt der Berater eine reine Coachingfunktion. Falls der Beirat weiterhin besteht, behält er den Vorsitz, wobei sich die Funktionen des Beirats in der Hinsicht verändern, dass vor allem der Nachfolger nun fachlich und mental begleitet wird. Die wichtigste Aufgabe für den Berater besteht aber darin, den Verbesserungsprozess im Klientenunternehmen weiter in Gang zu halten, emotionale Spannungen zu glätten und nachfolgebedingte Probleme zu lösen.

fünfte Phase

Nach Abschluss der Berufsausbildung und einigen Lehrjahren in Unternehmen, zu denen Geschäftsbeziehungen bestehen, wird der Junior mit seinem 30. Geburtstag in das väterliche Unternehmen aufgenommen. Er bekommt 25% der Anteile geschenkt. Diese Form der Nachfolgeregelung ist für Unternehmer geeignet, die sicher sind, einen geeigneten Nachfolger zu haben, aber zunächst weiter entscheidenden Einfluss ausüben und den Junior sukzessive an seine Aufgabe heranführen wollen. Handelt es sich um ein Einzelunternehmen, so unterliegt der Unternehmer keinen Beschränkungen, er kann aufnehmen, wen er will. Mit der Schenkung muss er allerdings nun eine Personen- oder Kapitalgesellschaft gründen. Bei Unternehmen kleiner oder mittlerer Größe ist die Rechtsform der OHG, der KG, bzw. unter dem Aspekt der Haftungsbeschränkung die GmbH & Co KG und die GmbH sinnvoll.

Beispiel 1:
Schenkung

Der zwischen Senior und Junior abgeschlossene Gesellschaftsvertrag enthält folgende Bestimmungen:

- Geschäftsführung und Vertretungsberechtigung am Anfang allein für den Senior,

- Beschlussfassung nach Kapitalanteilen und nur mit Mehrheit,

- Beschränkung des Entnahmerechts durch Einführung eines Darlehenskontos und Verteilung des Restgewinns nach Kapitalanteilen,

- Kündigung oder Konkurs eines Gesellschafters soll die Gesellschaft nicht auflösen,

- Lange Kündigungsfristen,

- die Anteile sind vererblich und übertragbar,

- die Anteile können nur mit Zustimmung der Gesellschaft abgetreten werden,

- die Mitgesellschafter haben Vor- und Ankaufsrecht bei der Veräußerung von Anteilen.

Beispiel 2:
Betriebsaufspaltung

Der Senior möchte sich unmittelbar nach seinem 65. Geburtstag zur Ruhe setzen und seinem Sohn das Unternehmen übergeben. Er ist jedoch finanziell auf Einkünfte aus dem Unternehmen angewiesen und möchte für einen überschaubaren Zeitraum auch noch einen gewissen Einfluss auf die Unternehmensentwicklung nehmen.

Das Unternehmen wird in eine Besitz- und eine Betriebsgesellschaft aufgespalten. Der Senior behält alle Grundstücke und Gebäude in seiner Besitzgesellschaft. Über einen Pachtvertrag werden diese der Betriebsgesellschaft, die dem Junior kostenlos übertragen wird, zur Verfügung gestellt. Die Betriebsgesellschaft hat die Rechtsform einer GmbH, um die Haftung auf das Gesellschaftsvermögen zu beschränken. Durch die Pachteinnahmen erhält der Senior eine feste Altersrente und ist nicht auf einen möglicherweise schwankenden Gewinnanteil angewiesen. Im Gesellschaftsvertrag ist auch die Errichtung eines Beirats unter Vorsitz des Seniors, der vom Berater gecoached wird, geregelt. Neben den Beratungsfunktionen hat der Beirat Kontroll- und Zustimmungsbefugnisse.

Besonderheiten des Pachtvertrages sind:

- Den Erhaltungsaufwand für die Pachtsachen übernimmt der Pächter,

- die Pachthöhe ist angemessen und marktüblich,

- es ist eine Wertsicherungsklausel sowie Anpassungsmöglichkeiten enthalten, wenn die wirtschaftliche Existenz des Pächters gefährdet ist.

Im Gesellschaftsvertrag ist neben den üblichen Bestandteilen vor allem folgendes geregelt:

- Anzahl, Funktion und Namen der Beiratsmitglieder,

- zeitlich unbefristeter Vorsitz des Seniors,

- Vergütung für die Beiratstätigkeit.

Der Senior will bis zu seinem Tod das Unternehmen leiten. Alleinnachfolger soll sein ältester Sohn werden, die anderen Kinder sollen sich das übrige Vermögen teilen. Diese Alleinnachfolge muss im Gesellschaftsvertrag durch eine "qualifizierte Nachfolgeklausel" geregelt werden. Eine testamentarische oder erbvertragliche Regelung hat keine unmittelbare gesellschaftsrechtliche Wirkung, sondern gilt lediglich als Teilungsanordnung. Sind alle Nachkommen als gleichberechtigte Erben eingesetzt und übersteigt der Unternehmenswert die dem Junior zustehende Erbquote, so müsste er seinen Miterben die Differenz erstatten. Dies kann dadurch verhindert werden, dass die Ausgleichspflicht durch Testament geregelt oder ganz ausgeschlossen wird. Liquiditätsverluste durch sofort fällige Pflichtteilsansprüche werden durch Zuwendungen von sonstigem Vermögen oder durch rechtzeitige Schenkungen an den Junior vermieden.

Beispiel 3:

Qualifizierte Nachfolge

Im Gesellschaftsvertrag muss außer den üblichen Regelungen vor allem enthalten sein:

- Eine qualifizierte Nachfolgeklausel, die den Geschäftsanteil nur für den designierten Nachfolger vererblich erklärt,

- die Festlegung, dass der Geschäftsanteil nur mit dem Buchwert verrechnet wird.

- Im Testament muss festgehalten sein:

  - Die Berufung des im Gesellschaftsvertrag bestimmten Nachfolgers zum Erben des gesamten Geschäftsanteils,

  - die Erbregelung für die anderen Anspruchsberechtigten,

  - der Ausschluss oder die rechtsverbindliche Regelung der Ausgleichspflicht.

Nach seinem 60. Geburtstag möchte sich der kinderlose Unternehmer zur Ruhe setzen und mit dem Verkaufserlös seines Unternehmens in seinem Haus am Fairway, einem der schönsten Golfplätze Floridas, seine dritte Lebensphase genießen.

Beispiel 4:
Verkauf

Der Unternehmer verkauft mit notariellem Vertrag sein Unternehmen als Ganzes. Im Kaufvertrag wird seine Haftung für Sachmängel und zugesicherte Eigenschaften ausgeschlossen. Der Käufer haftet für die Schulden des übernommenen Unternehmens, wenn er die bisherige Firma fortführt. Genauer Regelungsbedarf besteht bei Steuerfragen: Welche Partei übernimmt welche noch anfallenden Steuern. Stellt sich bei einer späteren Betriebsprüfung heraus, dass noch Steuern nachzuzahlen sind, so verpflichtet sich der Käufer, diese zu übernehmen. Der Gewinn aus dem Unternehmensverkauf gilt als außerordentliche Einnahme, die versteuert werden muss, wobei allerdings Freibeträge wirksam werden.

5.2.6 Gemeinkostenwertanalyse

Die Gemeinkostenwertanalyse (GWA) ist ein systematisches Interventionsprogramm mit dem Ziel der Kostensenkung durch den Abbau nicht zielgerechter Leistungen (Effektivität) und rationellere Aufgabenerfüllung (Effizienz), vorwiegend im Verwaltungsbereich von Unternehmen (siehe Abb. 175).

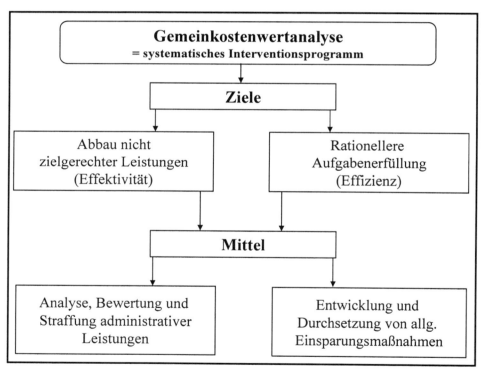

Abb. 175: GWA-System-Übersicht

Die GWA wird in vier Phasen mit einer jeweils unterschiedlichen Anzahl von Segmenten durchgeführt (siehe Abb. 176).[106]

Phase	Segment
1. Vorbereitungs-phase	1.1 Festlegung Projektrahmen (Ziele, Dauer, Bestimmung der Untersuchungseinheiten) 1.2 Festlegung Projektorganisation 1.3 Durchführung vorbereitender Programme (Informationsprogramm, Schulungsprogramm, Einstellungsstopp)
2. Durchführungs-phase	2.1 Erfassung und Strukturierung von Leistungen und Kosten in den Untersuchungseinheiten 2.2 Effektivitätsprüfung der einzelnen Leistungen 2.3 Effizienzprüfung der verbleibenden Kernleistungen 2.4 Entwicklung von Einsparungskonzepten und –ideen 2.5 Konzepte- und Ideenbewertung 2.6 Maßnahmenkataloge zur Umsetzung der Konzepte
3. Realisierungs-phase	3.1 Zuordnung der Maßnahmen auf Stellen und Personen 3.2 Personalmaßnahmen umsetzen 3.3 Sachmaßnahmen umsetzen
4. Kontrollphase	4.1 Fortschrittskontrolle 4.2 Abweichungsanalyse 4.3 Korrekturen

Abb. 176: Standard-Phasenschema der GWA

In der vorbereitenden Phase wird der Projektrahmen bestimmt. Der erste Schritt ist dabei, mit dem Klienten gemeinsam die Ziele des GWA-Projektes festzulegen. In der Regel ist das Hauptziel die Senkung der Gemeinkosten, wobei die meisten Beratungsunternehmen quantitative Zielvorgaben zwischen 25% (z.B. Ernst & Young) und 40% (z.B. McKinsey) angeben. Gerade dieser Aspekt hat das Produkt GWA vielfach in Verruf gebracht, weil Berater eventuell, nur um das vorgegebene quantitative Ziel zu erreichen, Einsparungsmaßnahmen zur Umsetzung bringen, die objektiv nicht vertretbar sind. Weitere Ziele der GWA können

erste Phase

weitere Ziele der GWA

- Kostenumverteilungen,

- Qualitäts- und Wertsteigerung sowie

- Humanziele (GWA ohne Freisetzungen) sein.

Nach der Zielfestlegung werden die Untersuchungseinheiten im Klientenunternehmen bestimmt. Aus naheliegenden Gründen wird die Gemeinkostenwertanalyse (Neuer Name: TOP = Total Operational Performance) nie in allen vorhandenen Organisationseinheiten durchgeführt.

Durch eine gezielte Auswahl einzelner Untersuchungseinheiten wird verhindert, dass ein Solidarisierungseffekt gegen das Projekt und die Berater über die Gesamtorganisation des Klientenunternehmens eintritt. Sind die zu untersuchenden Einheiten bestimmt worden, so wird das Projekt nach den Grundzügen des Projektmanagements mit Meilensteinen strukturiert und terminiert.

Besondere Regeln gelten auch für die Projektorganisation (siehe Abb. 177).

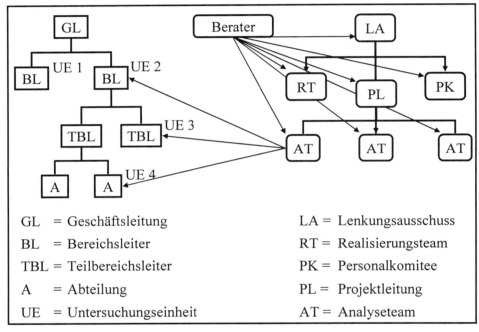

GL = Geschäftsleitung   LA = Lenkungsausschuss

BL = Bereichsleiter   RT = Realisierungsteam

TBL = Teilbereichsleiter   PK = Personalkomitee

A   = Abteilung   PL = Projektleitung

UE = Untersuchungseinheit   AT = Analyseteam

Abb. 177: Projektorganisation bei GWA-Projekten

Im Lenkungsausschuss (LA) sollen im Idealfall die Geschäftsleitung des Klientenunternehmens und der externe Projektleiter vertreten sein. Die Projektleitung (PL) besteht zu Beginn aus externen Beratern, die aber im Projektablauf sukzessive durch Interne abgelöst werden. Das Realisierungsteam (RT) besteht nur aus Internen, vorwiegend den Leitern der Untersuchungseinheiten und Mitgliedern der Analyseteams, es ersetzt in der Umsetzungsphase die Projektleitung. Das Personalkomitee (PK), dem auch die Personalvertretung angehören sollte, hat die Aufgabe, die Verbindung und Abstimmung zwischen Lenkungsausschuss, Geschäftsleitung und Mitarbeitern sicherzustellen. Die Analyseteams bestehen aus Führungskräften und Mitarbeitern des Klientenunternehmens und externen Beratern, deren Präsenz jedoch im Verlauf des Auftrags abgebaut wird.

Die vorbereitende Phase beinhaltet auch die Durchführung einer
Folge von Programmen:

- Informationsprogramm für alle Mitarbeiter, in dem über
  Notwendigkeit, Ziele und Methoden des Projektes informiert wird,

- Schulungsprogramm für alle Mitglieder von Analyseteams und die Leiter der Untersuchungseinheiten (LUE),

- Personaleinstellungsprogramm, was einem Einfrieren
  des gegenwärtigen Personalbestandes entspricht und mit
  einem sofortigen Einstellungsstopp verbunden ist.

Die Durchführungsphase beginnt mit der Erfassung und Strukturierung, aller in den Untersuchungseinheiten erbrachten Leistungen und den ihnen entsprechenden Kosten durch das Analyseteam unter Anleitung des Leiters der Untersuchungseinheit
(siehe Abb. 178). Dem ist in den Fällen, in denen entsprechende   *zweite Phase*
Aufzeichnungen fehlen, die Erstellung eines Organigramms der
Untersuchungseinheit vorgeschaltet. Ist somit eine Transparenz
über die Struktur der personellen Besetzung und ihrer Einzel-
leistungen hergestellt, kann mit der Überprüfung von Effektivität und Effizienz begonnen werden. Die Erkenntnisse dieser
Überprüfung münden in die Entwicklung von Einsparungsideen
durch die Leiter der Untersuchungseinheiten (siehe Abb. 179),
die mit der quantitativen Zielsetzung des Projektes verglichen
werden. Die vorgeschlagenen Einsparungsideen werden nach
ihrer sachlichen, finanziellen und betrieblichen Machbarkeit
von den Leitern der Untersuchungseinheiten in Zusammenarbeit mit der Projektleitung bewertet. Das Ergebnis wird in einem Ranking dokumentiert: "A" bedeutet, Maßnahme ist durchführbar, die Umsetzung kann sofort erfolgen. Diese Maßnahmen werden vor dem Lenkungsausschuss präsentiert, der über
die tatsächliche Umsetzung entscheidet. Die mit 'B' bewerteten
Maßnahmen müssen noch weiter überprüft werden, eventuell
sind sie erst durchführbar, wenn vorab bestimmte Voraussetzungen erfüllt werden. Sie werden zu einem späteren Zeitpunkt
erneut geprüft und dann mit "A" oder "C" bewertet. Die "C"-
Maßnahmen sind vorerst nicht durchführbar.

Name der Untersuchungseinheit:	LUE:	Personalbestand: .... per		Blatt: ....
Nr.	Leistungen (Output) bzw. Tätigkeiten (wofür?)	Leistungs-empfänger	Aufwand		Sachkosten
			Zeit	Kosten	
	Total/Übertrag				

Abb. 178: Formular zur Erfassung von Leistungen bei GWA-Projekten

Name der Untersuchungseinheit:	LUE:		Personalbestand: ....per.........	Blatt:			
Nr.	Einsparungs-maßnahmen	Leistungs-empfänger	Rang A,B,C	Ersparnis		Durchführung	
				Mann-jahre	Sach-kosten	Verant-worlich	Termin
Übertrag/Total				=....% des Personalbestandes			
Unterschrift:		Analyseteam:			LUE:		

Abb. 179: Formular zur Erfassung von Einsparungsideen bei GWA-Projekten

dritte Phase   Die Umsetzung der beschlossenen Einsparungsmaßnahmen (siehe Abb. 180) erfolgt nach Projektplänen, die von den Leitern der Untersuchungseinheiten erstellt werden.

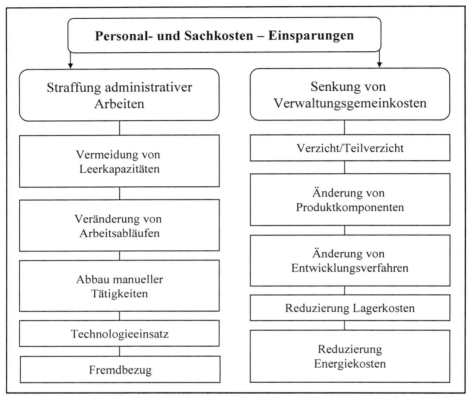

Abb. 180: Beispiele für Einsparungsideen bei GWA-Projekten

Neben der Zuordnung jeder Maßnahme auf einen Maßnahmenverantwortlichen werden Termine festgelegt. Dabei ist zu beachten, dass Maßnahmen im Sachkostenbereich meist ohne Probleme sofort vollzogen werden können, während die Einsparungen im Personalkostenbereich immer einen längeren Zeitraum in Anspruch nehmen, insbesondere dann, wenn auf Personalfreisetzungen verzichtet werden soll. Für den Maßnahmenvollzug wird vom Lenkungsausschuss ein Realisierungsverantwortlicher bestimmt.

vierte Phase   In der letzten Phase übernimmt der Realisierungsverantwortliche die Kontrollfunktion. Dabei gehört es zu seinen Aufgaben, zu überprüfen, ob die Maßnahmen in dem vorgesehenen Zeitraster und in der festgelegten Qualität umgesetzt werden. In besonderen Fällen und in Abstimmung mit dem Lenkungsausschuss muss er Maßnahmenkorrekturen vornehmen.

Ein in der Rechtsform einer Aktiengesellschaft geführtes Unternehmen mit 500 Mitarbeitern beschließt, ein Pilotprojekt zur Senkung der Gemeinkosten durchzuführen. Der Pilotcharakter ergibt sich aus der Tatsache, dass zunächst nur die Abteilung Zentrale Dienste (ZD) mit 70 Mitarbeitern einer Gemeinkostenanalyse unterzogen werden soll. Der Lenkungsausschuss besteht aus dem zuständigen Vorstandsmitglied, einem stellvertretenden Vorstandsmitglied und dem externen Projektmanager. Der Betriebsrat wird bereits zu diesem frühen Zeitpunkt über das Vorhaben des Vorstandes unterrichtet. Das quantitative Ziel des Auftrags wird mit 30% festgelegt, die Laufzeit beträgt vier Wochen. Der Leiter der Abteilung Zentrale Dienste wird zum Leiter der Untersuchungseinheit bestimmt, das Analyseteam besteht aus internen Mitarbeitern und externen Beratern, deren Präsenz sich innerhalb der vier Wochen sukzessive verringern soll. Für die internen Mitglieder des Analyseteams wird ein dreitägiges Schulungsprogramm durchgeführt, parallel erfolgt die Information aller anderen Mitarbeiter.

Beispiel:
Zentrale Dienste

Der LUE-ZD fertigt für seine Untersuchungseinheit ein Organigramm an und ermittelt pro Mitarbeiter die Arbeitszeit in Mannjahren (MJ), wobei ein MJ 220 Arbeitstagen oder 1760 Stunden entspricht. Die Abteilung hat 70 Mitarbeiter, die Arbeitszeit beträgt 60 Mannjahre, der Unterschied ergibt sich aus Fehlzeiten. Anschließend werden die Leistungen jedes Mitarbeiters, ihr Zeitbedarf und die Leistungsempfänger analysiert. Nach diesen Erkenntnissen können nun die Einsparungsideen entwickelt werden, aus denen sich eine Gesamtersparnis von 10 MJ ergibt. In Abstimmung mit den leistungsempfangenden Stellen wird die tatsächliche Durchführbarkeit geprüft und ein ABC-Ranking aufgestellt. Für die A-Maßnahmen wird ein Personal- und Sachkostenabbauplan erstellt, der neben den Verantwortlichkeiten auch die Termine und Durchführungskosten enthält. Der Lenkungsausschuss bestimmt einen Realisierungsbeauftragten, der in laufenden Fortschrittskontrollen Soll-Ist-Vergleiche durchführt, die Maßnahmen dadurch absichert und im Notfall auch, wiederum in Abstimmung mit dem Lenkungsausschuss, korrigiert.

5.2.7   Personalflexibilisierung

Die Personalflexibilisierung nach dem Prinzip "Grundlast/Flexibilität" ist ein Beratungsprodukt von besonderer Aktualität, da es dem Zweck dient, den Personalbedarf und -einsatz in Übereinstimmung mit dem Arbeitsaufkommen zu planen. Das Produkt ist besonders in den Klientenunternehmen erfolgreich einsetzbar, die öfters im überjährigen aber auch unterjährigen Bereich unprognostizierbare, stochastische Schwankungen ihres Arbeitsaufkommens zu verzeichnen haben (siehe

Bestimmen der Grund-
lastlinie

Abb. 181). Wurde bisher der Personalbedarf an der Spitze des potenziellen Arbeitsaufkommens orientiert geplant, was im tatsächlichen Verlauf dann meist zu Überkapazitäten führte, so soll es durch die Umsetzung dieses Beratungsansatzes künftig möglich sein, den Personaleinsatz annähernd punktgenau dem schwankenden Arbeitsaufkommen anzupassen. Dies wird erreicht, indem das Stammpersonal des Klientenunternehmens auf Grundlastniveau abgesenkt wird. Die Grundlastlinie sollte das tiefste Tal des Arbeitsaufkommens schneiden und das darüberliegende Tal tangieren. Das so abgesenkte Stammpersonal ist bis auf wenige, kurze Zeiträume ständig voll ausgelastet. Das über dem Grundlastniveau schwankende Arbeitsaufkommen wird durch flexibel einsetzbare Arbeitskräfte, die vorrangig aus dem Unternehmen selbst stammen sollen, abgedeckt. Mit dieser Prämisse werden die Einwände der Personalvertretungen entkräftet, die in dem Ansatz (siehe Abb. 182) in erster Linie ein Instrumentarium zur Freisetzung von Stammkräften vermuten könnten.

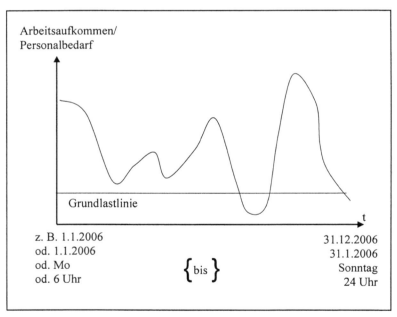

Abb. 181: Schwankungen des Arbeitsaufkommens (z.B. Fahrkarten-/Ticketausgabe)

Phase	Segment
1. Vorunter-suchung	1.1 Auswahl der zu flexibilisierenden Tätigkeitsbereiche nach P-Anzahl und Stärke der Schwankungen des Arbeitsaufkommens 1.2 Festlegung der weiteren Vorgehensweise • Auswahl und Sichtung des Sekundärmaterials • Festlegung der notwendigen Primärerhebungen • Auswahl der zu untersuchenden Stellen 1.3 Information der Personalvertretungen
2. Ist-Analyse	2.1 Detailanalysen zur Ermittlung der Schwankungsbreiten pro Tätigkeitsbereich 2.2 Ermittlung der Grundlast pro Tätigkeitsbereich 2.3 Ermittlung des Flexibilitätsbedarfs pro Tätigkeitsbereich 2.4 Identifikation von Nehmer- und Geberbereichen für Verzahnung und internen Ausgleich 2.5 Bestimmung externer Flexibilitätsgeber 2.6 Quervergleiche für kritische Tätigkeitsbereiche 2.7 Information der Personalvertretungen
3. Soll-Konzept	3.1 Zusammenführung aller Ergebnisse, endgültige Festlegung der Grundlasten , des Flexibilitätsbedarfs und der Flexibilitätsgeber und –nehmer 3.2 Arbeitszeitmodelle 3.3 Arbeitsrechtliche/beamtenrechtliche Prüfung aller Vorschläge 3.4 Anreizsysteme zur Mitarbeiterflexibilisierung
4. Reali-sierung	4.1 Maßnahmen umsetzen zur Absenkung auf Grundlast 4.2 Maßnahmen zur Aktivierung der Flexibilitätsgeberbereiche (Anreizsysteme) 4.3 Beschaffung externer Flexibilität 4.4 Neue Dienstplangestaltung 4.5.Neue Zugangsbestimmungen 4.6 Ausbildungsverkürzung

Abb. 182: Standard-Phasenschema der Personalflexibilisierung

erste Phase

In Großunternehmen mit mehreren hundert Tätigkeitsbereichen muss zunächst eine Entscheidung darüber herbeigeführt werden, welche der Arbeitsgebiete personell flexibilisiert werden sollen. Auswahlkriterien sind dabei die Höhe des Personalbestandes und die Stärke der Ausschläge des schwankenden Arbeitsaufkommens. Sind die Tätigkeitsbereiche bestimmt, so muss zunächst festgestellt werden, ob aussagefähige Unterlagen zur Auswertung zur Verfügung stehen, oder ob die Charakteristika der Schwankungen in einzelnen Tätigkeitsbereichen durch Primärerhebungen erst ermittelt werden müssen. Ist letzteres der Fall, so müssen für die Durchführung der Primäruntersuchungen vor Ort die Tätigkeitsbereiche und Stellen identifiziert und die Untersuchung selbst geplant und terminiert werden. In dieser, wie in allen folgenden Phasen ist die Information und Gewinnung der Personalvertreter ein obligatorisches Segment des Projektablaufs.

zweite Phase

In der Ist-Analyse werden sowohl die vorhandenen und verwendbaren Statistiken des Arbeitsaufkommens einzelner Tätigkeitsbereiche ausgewertet als auch die notwendigen Primärerhebungen in den Bereichen, in denen keine verwendbaren Aufzeichnungen existieren, durchgeführt. Danach werden die Grundlast und der Flexibilitätsbedarf pro relevantem Tätigkeitsbereich ermittelt. Dazu ist es zunächst notwendig, Kenngrößen des Arbeitsaufkommens pro Tätigkeitsbereich zu bestimmen, wie z.B. Anzahl Geschäftsvorfälle, bediente Kunden, verkaufte Stücke, falls solche Kenngrößen in dem Klientenunternehmen nicht bereits existieren. In einem Rechenverfahren (siehe Abb. 183) wird das jeweilige Arbeitsaufkommen über diese Kenngrößen in Personalbedarf umgerechnet. Damit können konkrete Aussagen über den Personalbedarf der Grundlast jedes Tätigkeitsbereichs und seines individuellen, zeitabhängigen Flexibilitätsbedarfs gemacht werden.

Identifizieren der
Flexibilitätsgeber

Da die flexibel einsetzbaren Arbeitskräfte vorrangig aus dem Unternehmen selbst kommen sollen, müssen nun Flexibilitätsgeberbereiche identifiziert werden. Dies sind in erster Linie Bereiche des Klientenunternehmens, die im Gegensatz zu den in das Projekt einbezogenen Stellen, ein stetiges und zeitunkritisches Arbeitsaufkommen haben. Geberbereiche sind Stellen, die ihr Arbeitsaufkommen ohne Schaden für das Unternehmen zeitlich verschieben können oder bei denen die Spitzen des Arbeitsaufkommens zeitlich so verschoben sind, dass sie bei geringerer Auslastung als Geber in anderen Tätigkeitsbereichen fungieren können. Kann nach dieser Verzahnung (Geber gehört zur gleichen Dienststelle/Organisationseinheit) und dem internen Ausgleich (Geber gehört zu einer anderen Dienststelle/Organisationseinheit) der Flexibilitätsbedarf nicht vollständig gedeckt werden, so ist der externe Arbeitsmarkt zu erschließen.

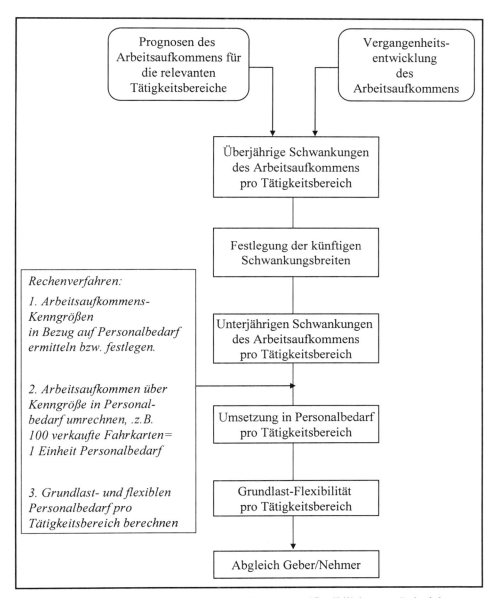

Abb. 183: Methodische Vorgehensweise Personalflexibilisierung: Beispiel

Sind trotz ständiger und umfassender Information der Personalvertretungen erhebliche Widerstände zu erwarten, so wird
in der Ist-Analyse-Phase, parallel zum eigentlichen Projekt,
ein Quervergleich mit identischer Themenstellung in einem
anderen Unternehmen gleicher Art mit dem Ziel durchgeführt, Argumentationshilfen zu sammeln. Die Auswahl des
anderen Unternehmens, in dem der Quervergleich durchgeführt wird, erfolgt interaktiv mit dem Klienten, der auch alle
Vorkehrungen treffen lässt, damit in dem Vergleichsunternehmen schnell und effizient analysiert werden kann.

dritte Phase

In der konzeptionellen Phase werden alle Ergebnisse der Ist-
Analyse zusammengeführt: Grundlastlinie pro Tätigkeitsbereich, individueller Flexibilitätsbedarf zur Abdeckung der
unterschiedlichen unterjährigen und überjährigen Schwan-
kungsbreiten und individuelle interne und externe Flexibilitätsgeber. Im weiteren Verlauf bietet es sich an, neue Ar-
beitszeitmodelle zu konzipieren. Alle neuen Ansätze müssen
dann auf ihre arbeitsrechtliche und gegebenenfalls beamten-
rechtliche Machbarkeit hin überprüft werden. Für Mitarbeiter, die künftig bereit sind, als Flexibilitätsgeber zu fungieren, und dabei Erschwernisse hinnehmen, wird ein materielles und immaterielles Anreizsystem geschaffen. Am Ende
dieser Phase werden die wirtschaftlichen Auswirkungen ermittelt und bewertet.

vierte Phase

Die Realisierungsphase ist bei Projekten dieser Art, die einen massiven Eingriff in die Personalstruktur darstellen,
besonders langwierig und schwierig. Dies ist bei der Maßnahmenplanung und besonders bei der Terminierung zu berücksichtigen. Die Kernmaßnahmen beziehen sich auf die
Absenkung des Stammpersonals auf die Grundlastlinie und
die Aktivierung der Flexibilitätsgeberbereiche durch wirk-
same Anreize. Die Beschaffung interner und externer, flexibel einsetzbarer Personalkapazität ist immer dann besonders
zeitaufwendig, wenn das Klientenunternehmen dezentrali-
siert ist und jeder Standort individuelle Möglichkeiten bietet.
Die Kernlösung muss dann an jeden Standort maßgeschnei-
dert angepasst werden. Im Zuge der Gesamtveränderung
werden auch alle Dienstpläne dahingehend überprüft, ob die
Sozialverträglichkeit ihrer Gestaltung in Einklang mit den
Erfordernissen des Marktes steht. Die Zugangsvoraussetzun-
gen zu bestimmten Tätigkeitsbereichen werden vermindert
und Ausbildungszeiten verkürzt.

5.3   Innovative Problemlösungsmethoden

Innovative Vorgehensweisen sollten nur zur Lösung der Problemstellungen eingesetzt werden, für die in der Beratungsbranche noch keine standardisierten Produkte entwickelt wurden. Vereinfacht gesagt: Standardprobleme werden mit standardisierten Problemlösungsmethoden (Produkte) gelöst, nur absolut neue Fragestellungen werden durch den Einsatz innovativer Werkzeuge und Methoden einer Lösung zugeführt. Die besondere Bedeutung der kreativen Vorgehensweisen ergibt sich jedoch aus der Tatsache, dass sie auch unerlässlicher Bestandteil der Sollkonzeptionsphase bei allen Beratungsprodukten und standardisierten Vorgehensweisen sind.

Kreative Problemlösungsideen können spontan entstehen oder methodisch entwickelt werden (siehe Abb. 184).

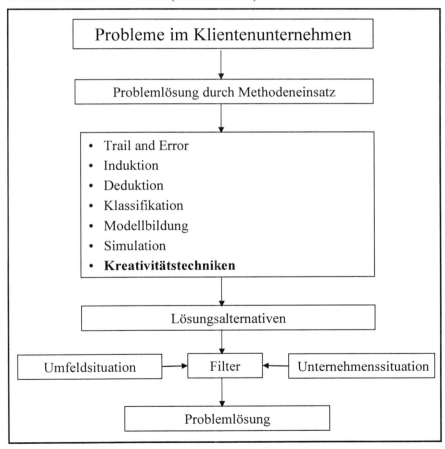

Abb. 184: Methoden zur innovativen Problemlösung

In der Praxis der Unternehmensberatung werden vor allem die Kreativitätstechniken (Methoden der Ideenfindung) eingesetzt, da sie auf dem Gruppenprinzip aufbauen und so die spontane Einbeziehung der betroffenen Mitarbeiter im Klientenunternehmen sicherstellen können. Die Kreativitätstechniken haben den anderen methodischen Ansätzen gegenüber noch weitere Vorteile:

Vorteile der Kreativitätstechniken

- Auch für schlecht strukturierte Probleme (Lücken im Wissen um die Wirkungszusammenhänge, Informationsdefizite) kann eine systematische Lösungssuche vorgenommen werden.

- Die Wahrscheinlichkeit, dass unter der Vielzahl generierter Ideen auch realisierbare sind, ist sehr hoch.

- Mit den Methoden der Ideenfindung können gezielt und zeitlich planbar Ideen erzeugt werden.

- Der Zeitaufwand ist gering und in jeder Situation vertretbar.

Nebeneffekte

Als Nebeneffekte können immer wieder festgestellt werden:

- Erhöhte Kreativität der einzelnen Beteiligten,

- verbessertes Kommunikationsverhalten,

- erhöhte Fähigkeit der Integration,

- größere Bereitschaft, auch über außergewöhnliche und risikobehaftete Alternativen nachzudenken und sie in Entscheidungsprozessen zu berücksichtigen.

Weiterhin ist stets festzustellen, dass interne Mitarbeiter, die häufig in Veränderungsprozessen unter Leitung von Beratern Ideenfindungsmethoden anwenden, lernen, das intellektuelle Potenzial ihrer Kollegen zu schätzen; sie werden nicht länger als Rivalen, sondern als Wissens- und Fähigkeitsressourcen betrachtet, die man öfter nutzen sollte.

Grundlage der Kreativität

Grundlage der Kreativität ist die Fähigkeit, Wissenselemente aus verschiedenen, nicht miteinander in Beziehung stehenden Wissens- und Erfahrungsbereichen zu neuen Lösungen zu verschmelzen. Eine Idee wird durch Kombination, Variation oder Umkehrung bestehender Lösungen erzeugt oder entsteht durch analoge Anwendung eines bekannten Prinzips oder assoziativ aus einem bekannten Erfahrungshintergrund heraus. Wenn man Kreativität demzufolge als die Fähigkeit ansieht, bisher beziehungslose Wissens- und Erfahrungselemente zu neuen Problemlösungen zu verschmelzen, so wird deutlich, dass das Kreativitätspotenzial einer Gruppe größer ist als das eines Individuums. Ein kreativer Prozess kann allerdings nur dann ausgelöst werden, wenn das Wissen und die Erfahrung kommu-

niziert, also zwischen den Teilnehmern einer Gruppe ausgetauscht werden. Die optimale Gruppengröße liegt bei 5 bis 7
Teilnehmern (siehe Abb. 185). Wird die Gruppe größer, so
bringt jeder Teilnehmer zunehmend weniger zusätzliches Wissen ein und die Kommunikation wird erschwert.

Optimale Gruppen-
größe

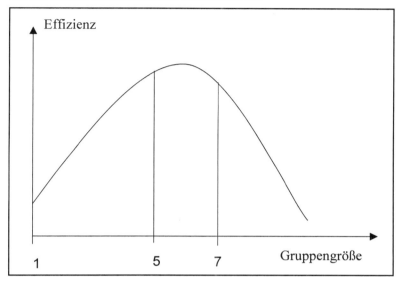

Abb. 185: Optimale Gruppengröße

Die Methoden der Ideenfindung können nach zwei Aspekten
strukturiert werden: Dem ideenauslösenden Prinzip und der
Vorgehensweise. Eine Gruppe von Methoden hat zum Ziel, die
intuitive Ideengenerierung zu stimulieren, bei einer anderen
Gruppe wird systematisch-analytisch vorgegangen. Des Weiteren können die Methoden der Ideenfindung danach gegliedert
werden, ob die Ideen durch

• Assoziation (Abwandlung) oder

• Konfrontation entstehen.

Bei der Assoziation werden die Lösungsideen dadurch erzeugt,
dass vorgestellte Lösungswege spontan oder systematisch ab-
gewandelt werden. Beim Konfrontationsprinzip werden Ideen
dadurch generiert, dass die Problemlöser sich mit dem Konfron-
tationsobjekt auseinandersetzen und dessen Strukturen oder
Prinzipien auf das zu lösende Problem übertragen. Nach diesen
vier Strukturierungsmerkmalen lassen sich die Kreativitätstechniken in einer Vierfelder-Matrix (siehe Abb. 186) darstellen.
Die Begriffe "Methoden der Ideenfindung", "Kreativitätstechniken" und "Problemlösungstechniken" werden in diesem Zusammenhang als Synonyme verwendet.

Assoziation

Ideenauslösendes Prinzip / Vorgehensweise	Assoziation/ Abwandlung	Konfrontation
Verstärkung der Intuition	**Methoden der intuitiven Assoziation:** • Brainstorming - Klassische Brainstorming - Discussion 66 - Zwei-Stufen-Brainstorming • Brainwriting - Methode 635 - Brainwriting-Pool - Ideenkarten-Brainwriting - Galerienmethode - Ideen-Delphi - Collective Notebook	**Methoden der intuitiven Konfrontation** • Reizwortanalyse • Synektik • Visuelle Konfrontation - Bildmappen - Konfrontation in der Gruppe • Semantische Konfrontation
Systematisch-analytischer Ansatz	**Methoden der systematischen Assoziation oder Abwandlung:** • Mehrdimensionale Morphologie - Konzeptionelle Morphologie - Sequentielle Morphologie - Modifizierte Morphologie - (Attribute Listing) • Progressive Abstraktion	**Methoden der systematischen Konfrontation:** • Morphologischer Matrix • TILMAG • Systematische Reizobjektermittlung

Abb. 186: Kreativitätstechniken-Übersicht[107]

In der praktischen Unternehmensberatung wird nur eine Auswahl der in Abb. 186 dargestellten Kreativitätstechniken eingesetzt. Auswahlkriterien sind dabei die relative Einfachheit in der Anwendung, die Verständlichkeit und die Plausibilität der jeweiligen Methode. Die wichtigsten dieser ausgewählten Methoden werden, ergänzt um vorbereitende Methoden, im Folgenden kurz dargestellt.

Prozess in Phasen   Der kreative Prozess durchläuft, bei allen Problemlösungstechniken in gleicher Weise, einen Phasenablauf (siehe Abb. 187).

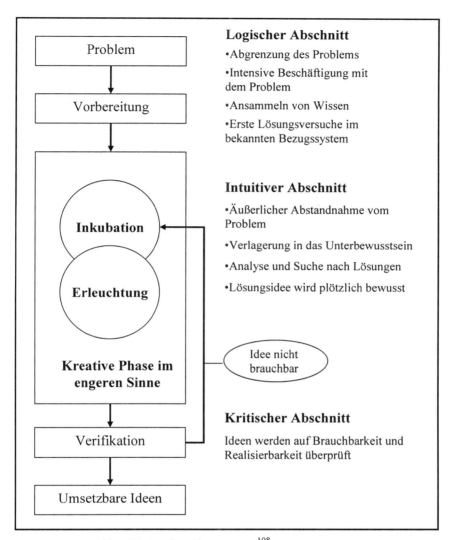

Abb. 187: Der kreative Prozess[108]

In der Praxis sind die einzelnen Phasen, anders als in der Abb. 187 dargestellt, nicht exakt gegeneinander abgegrenzt, sondern gehen meist fließend ineinander über. Lösungssuche und Verifikation werden häufig personell getrennt durchgeführt.

5.3.1   Vorbereitende Techniken

Die vorbereitenden Techniken (siehe Abb. 188) werden, wie der Name sagt, nicht vorrangig zur Lösungssuche, sondern zur Vorbereitung der Ideengenerierung eingesetzt.

Techniken Merkmale	Rollenspiel	Utopiespiel	Pro- u. Contra Spiel
Problem	definiert	bekannt	definierte Lösungsansätze
Regeln	wenige	wenige	wenige
Teilnehmerkreis	6 bis 30 Personen (2-4 Rollen)	4-5 Gruppen von je 4 bis 6 Personen	6 bis 30 Personen (4-6 aktive Teilnehmer
Durchführungsart	zentral	zentral	zentral
Steuerung	in Ausnahmenfällen Moderatoren	Moderator je Gruppe	keine
Vorbereitungszeit	ca. 1 Std.	keine	ca. ½ Std.
Durchführungszeit	15 Min	20 bis 30 Min., ohne Präsentation	20 Min.
Auswertungszeit	gering	gering	gering
Ergebnis	Verhaltensänderung, Sammlung von Argumenten	Utopien	Argumente

Abb. 188: Vorbereitende Techniken[109]

Neben ihrer sachlich vorbereitenden Funktion haben diese Techniken auch die Aufgabe, die Teilnehmer eines Problemlösungsworkshops aufzulockern, miteinander bekannt zu machen und für das Thema selbst oder angrenzende Themenbereiche aufzuschließen.

5.3.1.1　Rollenspiel

Das Ziel des Rollenspiels besteht darin, die Spannungen innerhalb einer Gruppe aufzudecken und deutlich zu machen, ob die Gruppe als ganzes oder einzelne ihrer Teilnehmer in einem Spannungsverhältnis zur Problemstellung stehen.

Ziel

Die Vorbereitung auf das Rollenspiel umfasst folgende Einzelaufgaben:

Vorbereitung

- Auflistung der Konfliktpartner der Problemstellung und ihrer individuellen Konfliktsituationen,

- Bewertung durch die Gruppe und Festlegung des Themas einer bestimmten Konfliktsituation,

- Übernahme der Rollen der Konfliktpartner durch "Spieler",

- getrennte Vorbereitung der Rollenspieler (ca. 15 Min.) auf ihre Rolle in der bestimmten Konfliktsituation,

- Aufteilen der Gesamtgruppe in "Parteien", die bei der Vorbereitung helfen,

- Bestimmung eines Protokollanten, der das Spiel dokumentiert.

In der Diskussion der Konfliktpartner sind alle Tricks erlaubt, jedem Spieler ist es gestattet, so zu argumentieren, dass er Recht behält. Leerformeln und Worthülsen der Gegenpartei werden sofort aufgedeckt. Der Protokollant hält alle Argumente und Gegenargumente fest. Das Rollenspiel sollte auf 15 Minuten begrenzt sein.

Durchführung

In der gemeinsamen Auswertung wird diskutiert, welche Fragen und Argumente die unangenehmsten waren und welche Fronten gegenüber der Problemstellung klar erkennbar wurden. In gleicher Weise wird analysiert, welches die besten Vorschläge und Ansätze zur Auflösung des Konflikts waren. Besonders auffällige Verhaltensweisen werden ebenfalls zum Thema der Auswertung gemacht.

Auswertung

Das Rollenspiel wird nicht nur in Interaktion mit dem Klienten, seinen Mitarbeitern und den Personalvertretungen, sondern auch innerhalb des Beraterteams eingesetzt. Hier geht es dann meist um Themen wie:

- Verbesserung der Zusammenarbeit im Beraterteam,

- Konfliktlösung zwischen Projektleiter(n) und Team,

- Lösungssuche und

- Vertretung von Lösungsalternativen.

5.3.1.2   Utopiespiel

Ziel

Das Ziel beim Einsatz des Utopiespiels ist es, über die Anregung der Phantasie, das Außerkraftsetzen geltender Normen und Verhaltensmuster, das Überwinden von Angstschwellen und Hemmungen die Problemlöser für unkonventionelle Problemlösungen zu öffnen. Aus Sicht der Berater ist es außerdem eine ideale Methode, auf spielerische Weise, lösungsrelevante Informationen von Mitarbeitern des Klientenunternehmens zu erlangen.

Vorbereitung

Die Vorbereitung ist relativ kurz, sie besteht aus der Erläuterung des Utopiethemas und, falls die Gruppe zu groß ist, aus einer Aufteilung in Sympathiegruppen.

Durchführung

Die Kleingruppen entwickeln in ca. 20 Minuten Ideen zum Utopiethema und visualisieren diese auf Packpapier. Die Ergebnisse werden anschließend von jeder Kleingruppe vor dem Plenum vorgetragen, diskutiert und bewertet. Das Fazit der Bewertung wird in einer Präferenzmatrix dargestellt.

Auswertung

In der Auswertung werden sogenannte Dystopiemodelle dargestellt, die eine Abbildung unerwünschter Zukunftserwartungen sind. Daneben werden alle die Sachzwänge aufgedeckt, die einer Utopie im Wege stehen.

Beispiele

Berater können durch Nennung und Bearbeitung von Utopiethemen durch die Mitarbeiter des Klientenunternehmens interessante, lösungsrelevante Informationen gewinnen, wie z.B.:

* Mein idealer Arbeitsplatz,

* mein Traumvorgesetzter,

* unser Unternehmen ohne Verwaltung,

* unser virtuelles Unternehmen,

* unser Logistikkonzept im Jahr 2010.

5.3.1.3   Pro- und Contra-Spiel

Ziel

Die Zielsetzung beim Einsatz des Pro- und Contra-Spiels besteht vor allem in der Überprüfung von Standpunkten, Ideen, später auch Lösungsalternativen (vgl. 5.5) auf Nutzen und Umsetzungsfähigkeit.

Vorbereitung

Die Vorbereitung besteht in der Auflistung der Standpunkte, Ideen und Alternativen und einer Prioritätenvergabe. Danach werden pro Standpunkt zwei oder drei Vertreter ausgewählt, die die Lösung vertreten oder ablehnen sollen. Je Gruppe wird ein Protokollant bestimmt, der den Argumentationsaustausch dokumentiert.

Die Vertreter von Pro und Contra sitzen sich gegenüber und tauschen ihre Argumente aus. Nach ca. 10 Minuten werden die Rollen getauscht, so dass jeder Befürworter nun die Gegenrolle übernehmen muss. Danach werden die Pro- und Contra-Argumente im Plenum vertieft und im Bedarfsfall zur Weiterbearbeitung an Kleingruppen verwiesen.

Durchführung

In Beratungsprojekten wird diese Methode auch häufig von den Beratern selbst angewandt, um erste Lösungsansätze zu durchleuchten und zu bewerten. Ein weiteres wichtiges Anwendungsfeld ist es, sich durch das Pro- und Contra-Spiel erste Eindrücke über Ansichten und Widerstände der Mitarbeiter im Klientenunternehmen zu machen.

Beispiele

5.3.2   Problemlösungstechniken

Aus der Vielzahl der in Abb. 186 dargestellten Problemlösungstechniken sollen nur die für die Unternehmensberatung wichtigsten dargestellt werden (siehe Abb. 189 [115]). Diese umfassen den Katalog der "klassischen" Methoden, die vor etwa vierzig Jahren entwickelt und im Laufe jahrelanger praktischer Erfahrung weiter verbessert und ausgebaut wurden. Damit steht heute ein schlagkräftiges Instrumentarium zur Verfügung, das den Engpass Kreativität in Beratungs-, Planungs- und Entscheidungsprozessen überwinden hilft. Dieser Engpass besteht vor allem aufgrund der Tatsache, dass hochkreative Menschen ausgesprochen selten (ca. 2 - 3%) sind. Da die in den Klientenunternehmen vorhandenen kreativen Mitarbeiter nicht alle anstehenden Probleme allein lösen können und außerdem nur schwer in strukturierte Planungs- und Entscheidungsprozesse zu integrieren sind, haben Unternehmensberater die Aufgabe, durch Transfer ihres Instrumentariums für kreative Problemlösungen diese Mitarbeiter zu aktivieren und in Entscheidungsprozesse einzubinden.

5.3.2.1   Brainstorming

Brainstorming ist die bekannteste und auch am häufigsten angewandte Methode der Ideenfindung. Alex Osborn entwickelte sie aufgrund seiner Beobachtung, dass Konferenzen durch die ständige gegenseitige Kritik der Teilnehmer nur zu langatmigen Diskussionen, jedoch kaum zu brauchbaren Ergebnissen und Lösungen führten.

Techniken / Merkmale	Brainstorming	Methode 635	CNB-Methode	Synektik	Morphologische Analyse
Problem	definiert	definiert	Problemfeld bekannt	definiert	definiert und geeignet
Regeln	wenige	wenige	wenige	viele	viele
Teilnehmerkreis	5 bis 6 Personen	in der Regel 6 Personen	Experten	5 bis 7 geübte Teilnehmer	5 bis 7 Personen
Durchführungsart	zentral	zentral	schriftlich dezentral	zentral	zentral
Steuerung	1 bis 2 Moderatoren	nur Initiator	nur Initiator	Moderator	Moderator
Vorbereitungszeit	abhängig von Beschaffung der Hilfsmittel	gering	1 Sitzung	abhängig von Beschaffung der Hilfsmittel	keine
Durchführungszeit	max. 30 Min	45 Min	1 bis 10 Wochen	2 bis 6 Std.	½ bis 2 Std.
Auswertungszeit	mittel	mittel	1 Sitzung	Auswertung durch Außenstehende	groß
Ergebnis	viele Ideen	Vielzahl von Lösungsansätzen	Lösungskonzeption	unkonventionelle Lösungsansätze	Lösungen

Abb. 189: Problemlösungstechniken

Ziel

Ziel einer Brainstormingsitzung ist es, eine möglichst große Anzahl von Ideen zu entwickeln, wobei die Frage der Realisierung zunächst vollkommen in den Hintergrund tritt.

Die vier Grundregeln zur Durchführung lauten:

Regeln

1. Es darf keine Bewertung der Ideen während der Sitzung stattfinden, da diese die intuitiven und assoziativen Prozesse stören. Insbesondere die sogenannten „Killerphrasen", wie z.B.: „Zu teuer!", „Geht überhaupt nicht!", „Hatten wir schon vor 10 Jahren!" sind ebenso zu unterlassen wie höhnisches Gelächter.

2. Alle Beteiligten sollen ihre Ideen frei und ungehemmt äußern. Auch noch so absurd erscheinende Beiträge sind willkommen, weil andere Teilnehmer dadurch in ihrer Kreativität angeregt werden.

3. Die Ideen anderer sind vom einzelnen aufzugreifen und weiterzuentwickeln. Dazu gehört ein konzentriertes Zuhören.

4. Die Ideen sollen nicht in epischer Breite, sondern kurz und knapp geäußert werden.

Ein Brainstorming sollte nicht spontan durchgeführt werden, obwohl auch hier die Ausnahmen die Regel bestätigen. Im Normalfall sind für eine Brainstorming-Sitzung folgende Vorarbeiten zu leisten: *Vorbereitung*

- Die Sitzung muss durch den Initiator organisatorisch vorbereitet (Raum, Organisationsmittel) werden,

- die zu bearbeitende Problemstellung sollte nicht zu komplex sein, sonst muss sie in Teilprobleme aufgespalten werden,

- es ist die optimale Gruppengröße (5 - 7) zu beachten,

- die ausgewählten Teilnehmer (kein Konfliktpotenzial in die Gruppe tragen) werden unter Bekanntgabe des Themas einige Tage vorher eingeladen,

- es wird deutlich gemacht, dass keine besondere Vorbereitung, wie z.B. Lesen von Fachbüchern, notwendig ist.

Für die Durchführung hat sich folgender Ablauf als sinnvoll erwiesen: *Durchführung*

Der ein internes Team moderierende Unternehmensberater

- begrüßt die Teilnehmer, nennt und visualisiert eventuell das Thema und erinnert an die Einhaltung der Regeln,

- schreibt die geäußerten Ideen für alle sichtbar (Tafel, Flipchart, Overhead-Projektor) auf,

- achtet unaufdringlich auf die Einhaltung der Regeln, vermeidet es, die Gruppe zu dominieren,

- hält seine eigenen Ideen zurück.

Bei Stockungen des Ideenflusses lenkt er vor allem durch Fragestellungen (Sokratiker!) das Denken der Teilnehmer in neue Richtungen,

- verliest am Ende der Sitzung nochmals alle Ideen, um erneut einen Anreiz zur Ideenfindung zu geben,

- und achtet darauf, dass die Sitzung nicht länger als 30 bis 60 Minuten dauert.

Beispiele aus der Unternehmensberatung:

Beispiele

1. Für einen Sportwagenhersteller soll ein Messestand konzipiert werden.

2. Ein Hersteller von Glückwunschkarten, Geschenkverpackungen und Geschenkpapier möchte zum bevorstehenden Weihnachtsfest eine neue und vollkommen neuartige Geschenkpackung auf den Markt bringen.

5.3.2.2 Brainwriting

Beim Brainwriting werden die Ideen nicht verbal geäußert, sondern auf Karten oder Zetteln niedergeschrieben, die dann unter den Teilnehmern zirkulieren. Brainwriting-Methoden basieren ebenfalls auf dem Prinzip der Assoziation: Die Teilnehmer sollen sich von den niedergeschriebenen Ideen ihrer Kollegen anregen lassen, und diese Ideen weiterentwickeln.

Bei diesen Verfahren tritt die Gruppendynamik im Vergleich zum Brainstorming in den Hintergrund und die Moderation wird problemlos.

Die in der Unternehmensberatung gebräuchlichsten Methoden sind:

a) Methode 635,

b) Ideenkarten-Brainwriting und

c) Collective Notebook.

Zu a):

Methode 635

Die Methode 635 beinhaltet, dass 6 Personen jeweils 3 Ideen in 5 Minuten niederschreiben. Jeder Teilnehmer hat ein 635-Formular (siehe Abb. 190) vor sich liegen, das eine kurze Beschreibung des zu lösenden Problems enthält. Im ersten Durchgang schreibt jeder Teilnehmer in ca. 5 Minuten 3 Lösungsvorschläge zum vorgegebenen Problem in drei Spalten nieder und gibt sein Formular an den Nachbarn weiter. Dieser liest die Ideen seines Vorgängers, lässt sich davon inspirieren und schreibt seinerseits drei neue oder weiterentwickelte Ideen auf.

Dies wird so lange fortgesetzt, bis die Teilnehmer im letzten Rotationsschritt wieder ihr Ausgangformular vor sich liegen haben. Es sind dann 108 Ideen erzeugt worden.

Problemstellung:.....................			
	Idee 1	Idee 2	Idee 3
Person 1			
Person 2			
Person 3			
Person 4			
Person 5			
Person 6			

Abb. 190: Das 635-Formular

Probleme bei der Durchführung sind:

Erfahrungen mit der

- Der 5-minütige Rotationsrhythmus entspricht nicht dem Leistungsvermögen der Teilnehmer,

Methode

- der Zeitdruck erzeugt Stress und Unlust bis zur Verweigerung,

- die Redundanz der Ideen kann sehr groß sein

und

- das Herausfiltern der besten wird dadurch zeitaufwendig.

Beispiele aus der Unternehmensberatung:

Beispiele

1. Veranlasst durch den bevorstehenden Umzug der Bundes-regierung nach Berlin, möchte die Stadt Bonn eine Werbe-kampagne starten. Gesucht wird nach einem neuen Werbe-slogan für Bonn.

2. Im Zuge der Flexibilisierung der Personaleinsatzplanung eines Verkehrsbetriebes soll ein immaterielles Anreizsys-tem für die Mitarbeiter geschaffen werden, die sich als Fle-xibilitätsgeber für andere Tätigkeitsbereiche zur Verfügung stellen.

3. Im Zuge der Durchführung einer Gemeinkostenwertanalyse sollen Energiesparmöglichkeiten im Produktionsbereich ge-funden werden.

Zu b):

Ideenkarten-Brainwriting

Beim Ideenkarten-Brainwriting werden die Verfahrensansätze des Brainwritings mit Elementen der Metaplantechnik kombi-niert: Einzelne Ideen werden mit breiten Filzstiften auf Karten geschrieben und an Pinnwänden für alle sichtbar angeheftet. Der Vorteil besteht darin, dass die Ideen sofort und problemlos strukturiert und umstrukturiert werden können. Diese Methode kann auch über einen längeren Zeitraum angewandt und einer

Verfahren

Vielzahl von Mitarbeitern im Klientenunternehmen erschlossen werden: Die Pinnwände werden für alle Mitarbeiter zugänglich aufgestellt (Kantine, Flure, Durchgänge), jeder kann im Ablauf von 1 - 2 Wochen seine eigenen Ideen anheften oder die Ideen anderer ergänzen und umstrukturieren. Diese Methodenvarian-te hat sich als akzeptanzschaffende Maßnahme in der Unter-nehmensberatung bewährt. Der Berater kann sich mit dieser Methode nach Ablauf einer bestimmten Zeit ohne eigenen Zeitaufwand ein Meinungsbild der Mehrheit der Mitarbeiter im Klientenunternehmen verschaffen und erhält Hinweise für die eigene Sollkonzeptentwicklung.

Beispiele

Beispiele aus der Unternehmensberatung:

1. Neue Produkte für existierende Kunden?

2. Verbesserung der Organisationsstruktur und Beschleu-nigung der Abläufe

Hypercard

Das Verfahren kann auch online mit hypercardartigen Techni-ken durchgeführt werden, ist jedoch erfahrungsgemäß für Teil-nehmer realiter befriedigender.

Zu c):

Eine bestimmte Anzahl von Personen erhält den Auftrag, zu einem vorgegebenen Problem zwei Wochen lang Ideen, Gedanken, Beobachtungen usw. in einem Notizbuch festzuhalten. Jede Eintragung sollte mit einer kurzen Erläuterung und einem Hinweis auf das ideenauslösende Faktum versehen werden. Nach zwei Wochen werden die Ideen nochmals gelesen, um zu weiteren Ideen und Lösungsansätzen zu kommen.

Collective Notebook

Die Notizbücher werden dann unter den Beteiligten ausgetauscht, die im Verlauf einer weiteren Woche versuchen, neue Ideen zu entwickeln. Der Unternehmensberater beteiligt sich nicht an dem Verfahren, sondern sammelt die Notizbücher zu einem festgelegten Zeitpunkt zur eigenen Auswertung und Weiterentwicklung ein.

Verfahren

Dieses Verfahren eignet sich für Problemlösungen, über die man längere Zeit nachdenken muss (Tüftelprobleme) und die am besten in Einzelarbeit gelöst werden können.

Beispiele aus der Unternehmensberatung:

Beispiele

1. Maßnahmen zur Kostensenkung bei dem komplexen Produkt X.

2. Auswirkung auf Produktionsprozess und Kosten, wenn Produkt Y eliminiert wird (Problem des Teileverwendungsnachweises)

5.3.2.3   Morphologische Analyse

In der Unternehmensberatung wird die morphologische Analyse nicht nur als Instrument der Ideenfindung eingesetzt, sondern dient auch zur Entscheidungsfindung, da die Lösungsalternativen sofort bewertet werden können. Kernstück der morphologischen Analyse ist die Aufstellung einer problemspezifischen Matrix (siehe Abb. 192 [115]). Nach der Formulierung der Problemstellung werden voneinander möglichst unabhängige Einflussgrößen/Bestimmungsfaktoren des Problems ermittelt und in der linken Spalte der Matrix aufgeführt. Für jede Einflussgröße/Bestimmungsfaktor werden alle denkbaren Ausprägungen bestimmt und in den Zeilen der Matrix aufgeführt. In der Matrix ist dann jede Kombination von Ausprägungen aller Einflussgrößen eine theoretisch mögliche Lösung. Die Auswahl der Lösungsalternativen erfolgt in der Beratungspraxis meist intuitiv. Der Ablauf zur Erstellung einer Morphologischen Matrix ist in Abb. 191 dargestellt.

Kern der morphologischen Analyse

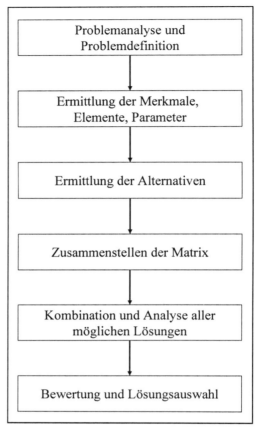

Abb. 191: Ablaufdiagramm morphologische Matrix

Die Morphologie kann für Themenstellungen aller Art eingesetzt werden. Am bekanntesten ist das Beispiel, wie durch eine
Matrix von acht Merkmalen und jeweils 10 Ausprägungen die
Strukturen von 80 Millionen verschiedenen Kriminalromanen
erzeugt werden können.

Bei der Zusammenstellung der Merkmale und ihrer Ausprägungen ist die Morphologie eine Kreativitätstechnik; wenn
einzelne Merkmalsausprägungen miteinander zu Lösungen
verbunden werden, wird sie zur Entscheidungstechnik. Die
Kombination der Ausprägungen zu Gesamtlösungen sollte
nicht rein mechanistisch vorgenommen werden. Die Zahl der
Lösungen ergibt sich nach der Kombinatorik als Produkt der
Zahl der Ausprägungen aller Merkmale.

Merk-male	Ausprägungen				
Seminar-ziel	Weiter-bildung	Grund-wissen	Erfahrungs-austausch	Problem-lösungen	Motivation
Inhalte	Arbeits-techniken	Krea-tivitäts-techniken	Training Führung	Sach-themen	Training Verkauf
Art	Vorträge	Workshops	Planspiele	Plenums-diskussion	Projekt-arbeit
Ort	Hotel	Unter-nehmen	Schiff	Berghütte	Wellness-/Golfhotel
Refe-renten	Externe Experten	Interne Führungs-kräfte	Trainer	Aufsichts-ratmitglied	Kunden
Teil-nehmer	Auszubil-dende	Untere Führungs-ebene	Mittlere Führungs-ebene	Service und Vertrieb	Kunden-betreuer
Wieder-holung	wöchent-lich	monatlich	viertel-jährlich	halbjähr-lich	jährlich

● = Verknüpfung der Ausprägungen zur Lösung „Seminar für Kundenbetreuer"

Abb. 192: Morphologische Matrix: Beispiel Mitarbeiterseminar

Es ist daher wenig sinnvoll, alle denkbaren Lösungen zu betrachten und einzeln zu überprüfen. Man sollte die Auswahl vielmehr so vornehmen, dass gleich eine überschaubare Zahl von interessanten und realisierbaren Lösungen herausgearbeitet wird.

5.3.2.4   Synektik

Ziel

Die Synektik gehört zu den Methoden der intuitiven Konfrontation. Das Wort entstammt der griechischen Sprache und bedeutet sinngemäß "Zusammenbringen von, vorher nicht in Beziehung stehenden, Elementen". Ziel des Einsatzes der Methoden dieser Kategorie ist es, den natürlichen kreativen Prozess, wie er bei hochkreativen Menschen abläuft, simulativ nachzuahmen, wobei die Konfrontation mit problemfremden Elementen das eigentliche ideenauslösende Moment ist (siehe Abb. 193).

Die bekannten Beispiele für intuitive Konfrontation sind Newton, dem beim Fallen eines Apfels der Grundsatz der Gravitation klar wurde, oder Kekulé, dem beim Anblick eines Kaminfeuers und der Flammen, die zu ringartigen Gebilden zusammenwuchsen, die Strukturformel für Benzol einfiel.

Durchführung
in zehn Stufen

Die Durchführung von Synektiksitzungen erfolgt in zehn Stufen:

1. Problemerläuterung, -definition und -analyse:

Das Problem wird vom Moderator oder Betroffenen vorgetragen, Verständnisfragen werden beantwortet und diskutiert. Oft werden hier schon völlig neue Aspekte des Problems aufgezeigt.

2. Spontane Lösungssuche in einem Kurz-Brainstorming:

Die Teilnehmer nennen alle, ihnen spontan einfallenden Lösungsideen, die vom Moderator nach den Regeln des Brainstorming dokumentiert werden.

3. (Um-) Formulierung des Problems durch die Gruppe:

Durch die gemeinsame Neudefinition des Problems wird sichergestellt, dass die Gruppe ein einheitliches Problemverständnis hat.

4. Bildung direkter Analogien zur Problemstellung:

Es hat sich in der Praxis als sinnvoll erwiesen, für strukturelle und prozessorientierte Fragestellungen Analogien in der Natur zu suchen. Andere Analogiebereiche, wie z.B. Kunst, Geschichte, Politik, Medizin sind ebenfalls möglich, wirken oft aber zu weit hergeholt und stoßen deshalb, vor allem bei Mitarbeitern im Klientenunternehmen auf zu wenig Akzeptanz. Die Suche nach Analogien wird erleichtert, indem man zunächst gemeinsam die Ziele und Aufgaben der angestrebten Problemlösung analysiert.

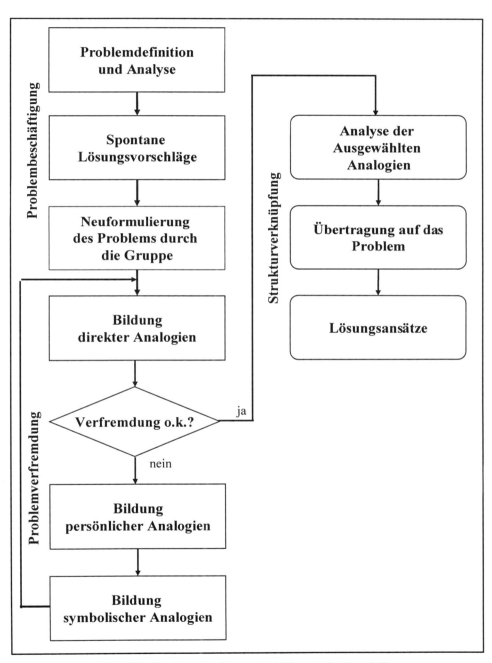

Abb. 193: Der kreative Prozess bei Einsatz der Synektik

5. Bildung persönlicher Analogien (Identifikation):

Zu einer gewählten Analogie sollen frei und ungehemmt alle Eindrücke, Meinungen, Empfindungen und Gefühle geäußert werden, die entstehen, wenn man sich persönlich mit der Analogie identifiziert (Was empfindet der Leiter des Rechnungswesens als Rosskastanie?).

6. Bildung symbolischer Analogien (Kontradiktion):

Eine ausgewählte persönliche Analogie wird in eine symbolische Analogie umgesetzt, d.h. in einem aus zwei Wörtern bestehenden Ausdruck ausgedrückt, der in sich widersprüchlich oder paradox ist.

7. Bildung direkter Analogien zu einer Kontradiktion:

Zu einer ausgewählten Kontradiktion werden aus einem anderen Analogiebereich neue Analogien gesucht.

8. Übertragung von Strukturmerkmalen der zweiten direkten Analogie auf das Problem:

Die Teilstrukturen der Analogieobjekte werden auf die Problemstellung mit der Frage übertragen, ob diese Strukturen als Lösungsansätze tauglich sind.

9. Entwicklung von Lösungsansätzen:

Aus problemrelevanten Strukturmerkmalen, die in den Analogieobjekten gefunden wurden, werden erste Lösungsansätze entwickelt.

10. Auswahl und Umsetzung:

Mit einem Verfahren der Moderationstechnik (Zuruftechnik, Punkteverfahren) werden Lösungsalternativen ausgewählt, bewertet und zur Umsetzung empfohlen.

Der Zeitaufwand für eine Synektiksitzung beträgt mindestens 90 Minuten. Es ist zu beachten, dass es ungeübten Teilnehmern häufig schwer fällt, die für den skurrilen Verfremdungsprozess notwendige Überwindung psychologischer Barrieren zu vollziehen.

Beispiele

Die Synektik eignet sich besonders zur Lösung von Designproblemen (Innenraumgestaltung eines kinderfreundlichen PKWs, Büro 2020-Einrichtung), zur Entwicklung neuer Produktideen (Entwicklung einer Tapeziermaschine) oder zur Ideenfindung bei der Reaktion auf gesetzliche Auflagen (Neue Verpackungsformen, innovatives Recycling).

5.4 Bewertung und Auswahl der Lösungsalternativen

Die Suche nach Problemlösungen führt häufig nicht zu einem einzigen überzeugenden Lösungsweg, sondern lässt mehrere Alternativen auf den ersten Blick als sinnvoll erscheinen. In der Praxis erfolgt die Auswahl aus mehreren Möglichkeiten meist unsystematisch, situativ oder im Wege einer konsensorientierten Diskussion zwischen Mitgliedern des Beratungsteams und Mitarbeitern des Klientenunternehmens. Damit wird diese, für den Beratungserfolg so wichtige Entscheidung über das Ausscheiden bestimmter Alternativen weitgehend auf rein subjektive, in ihrem Zustandekommen kaum nachvollziehbare Beurteilungen einzelner Personen gestützt. Im Interesse einer überzeugenden Lösungsauswahl ist es deshalb empfehlenswert, neben der intuitiven Einschätzung auch andere Bewertungs- und Auswahlmethoden einzusetzen.

Die Kombination von systematischen Bewertungsmethoden, Entscheidungs- und Nutzwertanalyse, sowie Risikoanalyse schafft optimale Voraussetzungen für eine sachgerechte Alternativenauswahl, die auch entscheidende Argumentationshilfen gegenüber dem Auftraggeber liefert.

Eine Bewertungssituation entsteht durch das Zusammenwirken von sechs Elementen:

Elemente einer Bewertungssituation

1. Bewertungsobjekte:

Dies sind nicht nur die zu bewertenden Lösungsalternativen, sondern alle damit im Zusammenhang stehenden Ereignisse, Folgen, Ziele, Erwartungen und Prognosen.

2. Informationsgrundlagen:

Informationsgrundlagen der Alternativenbewertung sind die Mengen und Qualitäten aller Daten und Informationen über die Lösungsalternativen und ihre Umfelder.

3. Ziel- und Kriteriensystem:

Lösungsalternativen werden daran gemessen, wie hoch ihr Beitrag zur Erreichung des vom Klienten interaktiv mit dem Berater festgelegten Zieles des Beratungsauftrages ist und in welchem Maße sie die Prämissen und Kriterien der Auftragserteilung erfüllen.

4. Bewertungsmethoden:

Bewertungsmethoden sind Vorgehensweisen und Verfahren, mit denen man Bewertungsinformationen erzeugen kann, die den Berater in die Lage versetzen, eine Rangfolge der Alternativen festzulegen.

5. Bewertungsträger:

Träger der Bewertung sind der Berater, das Beraterteam, der Klient und weitere Entscheidungsträger im Klientenunternehmen. Durch diese Bewertungsträger gehen individuelle und gruppenbezogene Aspekte, wie Informationswahrnehmungsfähigkeit und -verarbeitungsfähigkeit, Betroffenheit, Motivation und Engagement in die Bewertungssituation ein.

6. Organisation und Führung:

Professionell durchgeführte Bewertungsprozesse müssen wegen ihrer Komplexität organisiert und geführt werden. Da durch diese beiden Elemente die Beziehungen zwischen den anderen Elementen hergestellt werden, hängt die Effizienz des Bewertungsergebnisses in hohem Maße von ihnen ab.

Zusammenfassend ist festzustellen, dass die Bewertungssituation grundsätzlich unbefriedigend strukturiert ist. Die Teilelemente und ihre Beziehungen sind zu Beginn der Bewertung meist nicht oder nur unvollständig bekannt. Aus diesem Grund kann man auch nicht die optimale, langfristig gültige Rangfolge der Lösungsauswahl erwarten, denn das gegenwärtige Optimum muss nicht das künftige Optimum sein. Unter diesen Voraussetzungen ist es besonders wichtig, Verfahren einzusetzen, die in dieser schlecht strukturierten Bewertungssituation zumindest zufriedenstellende Bewertungsergebnisse sicherstellen können.

Ziel: Zufriedenstellende Bewertungen

Alle hier genannten Verfahren sind sowohl zur Anwendung auf der obersten Ebene der Bewertungsauswahl, wenn es konkret um die endgültigen Lösungsalternativen des Beratungsauftrags geht, als auch bei der Bewertung von Teilaspekten innerhalb der einzelnen Phasen der Projektdurchführung geeignet.

5.4.1   Methoden der intuitiven Bewertung

Unter intuitiver Einschätzung von Lösungsalternativen versteht man die Bewertung aufgrund des Gesamteindrucks, den man von der einen Alternative im Vergleich zu den anderen hat. Dabei liegt die Vorstellung zugrunde, dass man sich an einigen Kriterien, die zusammen einen Gesamteindruck vermitteln, orientieren kann und, dass dieses Orientierungsvermögen ausreicht, eine Präferenzordnung zu bilden.

a. Klasseneinstufung

Bei der Klasseneinstufung werden die Alternativen verschiedener Klassen, die durch eine Nominalskala dargestellt werden, zugeordnet. Dabei gilt die Prämisse, dass die bewertenden Personen in der Lage sind, die Sollkonzeptalternativen durch intuitives Abwägen den Klassen zuzuordnen, wie z.B.:

1. Voll realisierbar,

2. bedingt realisierbar,

3. nur teilweise realisierbar,

4. nicht realisierbar.

Beispiel zur

Klasseneinordnung

Bei der Festlegung von Klassen sollte keine ungerade Zahl gewählt werden, da dadurch eine neutrale Klasse entsteht, in die sich unsichere Entscheider flüchten können.

b. Punktvergabe

Bei diesem Verfahren wird den Bewertern ein Punktebudget zur Verfügung gestellt, das kleiner ist als die Anzahl der Alternativen. Damit wird ein schnelles Ausscheiden ungeeigneter Vorschläge erzwungen. Die Punktevergabe sollte in Einzelarbeit erfolgen, da in einer Gruppe die Gefahr der gegenseitigen Beeinflussung besteht.

c. Ranking

Bei dem Ranking-Verfahren werden den Lösungsvorschlägen Rangplätze zugeordnet, um auf diese Weise eine starke oder schwache Rang- oder Präferenzordnung zu erzeugen.

d. Paarvergleich

Beim Paarvergleich werden unter Einsatz der Strukturierungsmethode Matrix (siehe Abb. 184) die Alternativen systematisch miteinander verglichen, z.B. unter der Fragestellung "Welcher Lösungsvorschlag erfüllt unser Auftragsziel am besten?" Dazu werden die Alternativen, im Beispiel der Abb. 194 sind es sieben, in einer Paarvergleichsmatrix angeordnet. Man kann nun das Element L1 aus der Kopfspalte mit allen Elementen der Kopfzeile vergleichen. Bis auf das Element L6, wird L1 in der Spalte allen anderen Elementen vorgezogen. Damit man nicht den gleichen Bewertungsvorgang zweimal durchführen muss, kann man beim spaltenweisen Vergleich nur die untere Hälfte, beim zeilenweisen Vergleich nur die obere Hälfte der Matrix benutzen. Alle Prioritäten werden dann addiert und nach der Häufigkeit eine Rangfolge gebildet. Die höchste Rangordnung im Beispiel hat der Lösungsvorschlag L1. Es liegt jedoch keine stark ausgeprägte Präferenzordnung vor, da im Folgenden drei Alternativen, nämlich L2, L6 und L7 in gleicher Weise bevorzugt werden und zusammen auf Rang zwei liegen.

	L1	L2	L3	L4	L5	L6	L7
L1	X						
L2	L1	X					
L3	L1	L3	X				
L4	L1	L2	L3	X			
L5	L1	L2	L3	L4	X		
L6	L6	L2	L6	L6	L6	X	
L7	L1	L2	L7	L7	L7	L7	X
Priorität	5	4	3	1	0	4	4
Rangfolge	1	2	3	4	5	2	2

Abb. 194: Paarvergleichsmatrix

Die Grenzen der intuitiven Bewertung liegen in der Fähigkeit der Bewerter, aufgrund von unvollständigen Informationen Aussagen über die Qualität eines Lösungsvorschlags zu machen.

5.4.2   Methoden dialektischer Bewertung

Bewertung der intuitiven Methoden

In diese Gruppe gehören alle Verfahren, mit denen Vor- und Nachteile (These und Antithese) von Lösungsalternativen argumentativ abgewogen werden können, um zu einem differenzierten Meinungsbild (Synthese) zu kommen. Neben den Kreativitätstechniken (vgl. 5.3) und Methoden der Meinungsbildung kommen hier auch formale Verfahren zur Anwendung, die es erlauben, Argumente zu strukturieren und miteinander zu vergleichen.

a. Pro- und Contra-Methode

Dieses Verfahren wurde bereits in Kapitel 5.3 (Innovative Problemlösungsmethoden) behandelt und absichtlich als Pro- und Contra-Spiel bezeichnet, weil es dort als vorbereitende Methode und in diesem Kontext spielerischen Charakter hat.

Die Pro- und Contra-Methode wird in zwei Phasen durchgeführt. In der ersten Phase wird je Lösungsalternative ein Pro-Contra-Katalog angelegt. Ein Moderator legt eine zweispaltige Liste für Pro- und Contra-Argumente an und stimuliert die Gruppe zu entsprechenden Meinungsäußerungen. Dabei lassen sich Pro-Argumente durch Negation leicht in Contra-Argumente überführen und umgekehrt. Der Moderator trägt die Argumente, gegebenenfalls visualisiert, für alle sichtbar in den Katalog ein.

Pro-und-Contra-Katalog

In der zweiten Phase gewichtet die Gruppe die Argumente und ordnet sie in einem neuen Katalog nach der Rangfolge ihrer Gewichtung. Damit erhält man für jede Lösungsalternative eine gewichtete Pro-und-Contra-Bilanz und kann die Rangreihen der Vor- und Nachteile vergleichen.

Pro-und-Contra Bilanz

Durch die damit ermittelte Struktur des Meinungsbildes kann dann eine Gesamtbeurteilung durch intuitive Bewertung vorgenommen werden.

b. Anwaltsverfahren

Beim Anwaltsverfahren muss der Berater, in Ausnahmefällen auch ein Mitarbeiter des Klientenunternehmens, eine bestimmte Lösungsalternative vor einem Gremium, wie z.B. dem Projektteam, dem Lenkungsausschuss oder dem Projektführungsteam vertreten. Er hat dabei die Aufgabe, durch sein Plädoyer die Gremiumsmitglieder von der Qualität und Umsetzungswürdigkeit des Lösungsvorschlags zu überzeugen. Ein Anwalt sollte möglichst immer nur eine Alternative vertreten. Das Plädoyer sollte entsprechend dem folgenden Stufenplan gestaltet werden.

1. Stufe: Problemkommentar

Der Problemkommentar ist ein Bericht über Probleme und Engpässe des Ist-Zustandes im Klientenunternehmen. Dabei geht es vor allem darum, problemrelevante Fakten, umfassend und visualisiert darzustellen und zu erklären.

Stufenplan eines Plädoyers

2. Stufe: Darstellung der Problemfolgen

Aus der Problem- und Engpassbeschreibung leitet der Anwalt die Problemfolgen und -auswirkungen ab. Er erläutert sie im Detail und begründet insbesondere ihre zukünftigen Wirkungen.

3. Stufe: Beschreibung des Sollzustandes

Nach der Erörterung der Engpassbereiche sowie Kernprobleme und ihrer Folgen wird der Sollzustand als Beratungsziel qualitativ, in Ausnahmefällen quantitativ, beschrieben. Dabei wird auch der Nutzen des Beratungsauftrages herausgearbeitet.

4. Stufe: Aufzeigen von Spannungen und Schwierigkeiten

Der Anwalt weist auf die methodischen, sachlichen und personellen Schwierigkeiten hin, die beim Anstreben des erwünschten Sollzustandes auftreten. Er kann auch durchaus die Frage aufwerfen, ob überhaupt ein Lösungsweg gefunden werden kann oder realisierbar ist.

5. Stufe: Vorstellung der Lösungsalternative

Der Anwalt zeigt die Möglichkeit eines Lösungsweges auf und beschreibt ihn im Einzelnen, wobei er die wesentlichen Zusammenhänge visualisiert. Die Ableitung der Konsequenzen der Umsetzung des Vorschlags nimmt er zweckmäßigerweise so vor, dass seine Argumentationskette zu steigender Überzeugung bei dem Bewertungs- oder Entscheidungsgremium führt.

6. Stufe: Beurteilung und Entscheidung

Der Anwalt zieht das Fazit seines Plädoyers so, dass die Angemessenheit und die Vorteile seines Lösungsvorschlags deutlich werden. Er muss dabei dem Gremium klare Entscheidungsgrundlagen liefern. In einem abschließenden Appell weist der Anwalt auf die Dringlichkeit der Problemlösung und den Nutzen seiner Lösungsalternative hin.

Grundtypen der Argumentation

Beim Entwurf eines Plädoyers und zur Analyse von Gegenplädoyers sind drei verschiedene Argumentationsformen zu unterscheiden:

1. Die rationale Argumentation:

Diese basiert auf mehr oder weniger objektiven Fakten, wie Statistiken, Bilanzkennzahlen, Planungsunterlagen, Prognosen und richtet sich ausschließlich an den Verstand der Gesprächspartner.

2. Die ethische Argumentation:

Diese Argumentationsform basiert auf Wertvorstellungen und appelliert an das Gewissen.

3. Die plausible Argumentation:

Mit dieser Aussageform richtet man sich an Vorurteile und Gefühle der bewertenden Entscheidungsträger.

Jeder der drei Argumentationstypen kann zur dialektischen Vertretung von Lösungsalternativen verwendet werden: Faktenwissen bildet die Basis für Wertvorstellungen. Werte ermöglichen es, Fakten miteinander zu vergleichen und Vorurteile dienen zur Beschleunigung der Informationsverarbeitung im Bewertungsprozess.

Neben der Erstellung eines Stufenplans für das Plädoyer und einer bewussten Auswahl der Argumentationstypen ist es weiterhin wichtig, Argumente zu sammeln und zu Argumentationsstrategien zu verdichten. Dabei kann man grundsätzlich nach folgenden Strategien vorgehen:

Argumentationsstrategien

1. Die lineare Argumentationsstrategie folgt einem Kettenmuster, bei dem einfach alle Argumente, die für den Lösungsvorschlag sprechen, aneinandergereiht und alle Gegenargumente unterdrückt werden.

Lineare Argumentationsstrategie

1. Die Möglichkeiten der Marktdurchdringung und Markterweiterung sind erschöpft.

2. In den nächsten drei Jahren wird sich für das Klientenunternehmen signifikante strategische Lücke ergeben.

3. Funktions-, Abnehmer- und Technologiediversifikation reichen nicht aus um die strategische Lücke zu füllen.

4. Nur eine totale Diversifikation kann künftig einen zufriedenstellenden Beschäftigungsgrad sichern.

Die einfache Aneinanderreihung kann in der Wirkung verstärkt werden, wenn die einzelnen Argumente untereinander verschränkt werden:

a) Durch die Ableitung des besonderen Arguments aus dem allgemeinen Argument (Deduktion).

b) Durch Schlussfolgerung des allgemeinen Arguments aus dem besonderen Argument (Induktion).

c) Durch Analogieschluss, bei dem das besondere Argument aus dem besonderen Argument abgeleitet wird.

Die dialektische Argumentationsstrategie bezieht negative Argumente und Gegenpositionen mit ein und arbeitet durch interpretierendes Abwägen zwischen beiden Standpunkten das Urteil über die Lösungsalternative heraus. Man beginnt immer mit einem Argument, das für die Alternative spricht, zeigt dann eine genehme Gegenposition auf und relativiert damit die Eigenposition (siehe

Dialektische Argumentationsstrategie

2. Abb. 195). Dann geht man zum nächsten positiven Argument über, bis auch hier die Argumentationskette erschöpft ist.

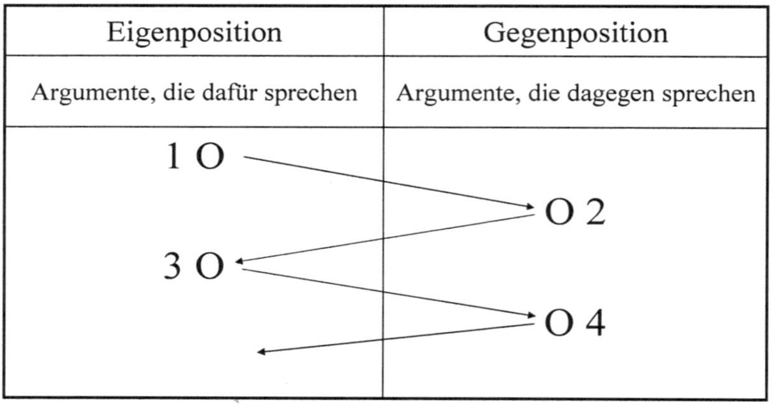

Eigenposition	Gegenposition
Argumente, die dafür sprechen	Argumente, die dagegen sprechen

Abb. 195: Dialektische Argumentationsstrategie

bestes Argument am

Schluss

Es hat sich in der Praxis als sinnvoll erwiesen, die besten Argumente zum Schluss zu bringen, da bei der anschließenden Diskussion von dem Bewertungsgremium meist das letzte Argument aufgegriffen wird.

c. Bewertungsdiskussion

In die Bewertungsdiskussion kann der Berater den Auftraggeber und alle betroffenen Mitarbeiter des Klientenunternehmens einbeziehen. Der Berater agiert im Wesentlichen wie ein Moderator, indem er das Bewertungsgespräch stimuliert, für eine gelockerte Atmosphäre sorgt und auf einen geregelten Gesprächsverlauf achtet. Er erfüllt dabei sowohl aufgabenbezogene wie auch gruppenbezogene Funktionen.

aufgabenbezogene
Funktionen

1. Aufgabenbezogene Funktionen beziehen sich vor allem auf folgende Bereiche:

• Fragen stellen mit dem Ziel,

– Standpunkte zu klären,

– Meinungen von Tatsachen zu trennen,

– die Gruppe zum Nachdenken zu animieren,

– Interesse an der Bewertung als Methode zu wecken,

– die Absichten zu verdeutlichen, die ein Gremiumsmitglied mit seiner Argumentation vertritt.

- Informationen liefern mit dem Ziel, die Lösungsalternativen, ihre Rahmenbedingungen und ihre Auswirkungen transparent zu machen.

- Kerngedanken herausarbeiten mit dem Ziel,

  - Widersprüche bei einzelnen Bewertungen zu zeigen,

  - spezielle Bewertungsaussagen auf ihre konkreten Folgen hin zu untersuchen,

  - Diskussionsepisoden zusammenzufassen,

  - Zusammenhänge zwischen Bewertungsbeiträgen zu zeigen, den Stand der Bewertungsfindung bei allen Alternativen transparent zu machen,

  - Fortschritte im Bewertungsprozess zu verdeutlichen.

- Aussagen machen hinsichtlich der Qualität und Vorgehensweise der Urteilsfindung mit dem Ziel, die Gruppe in ihrer Bewertungseffizienz zu steuern.

- Gremiumsdiskussion auswerten mit dem Ziel, der Gruppe eine Rückmeldung zu geben über:

  - Die thematischen Sachverhalte, die bei den einzelnen Lösungsalternativen im Mittelpunkt standen,

  - die Bewertungssichtweisen, unter denen die Alternativen betrachtet wurden,

  - typische Verhaltensweisen, Urteile, Emotionen der Gruppe oder Einzelner in der Bewertungssituation,

  - Ausweich- und Verdrängungsstrategien der Gruppe oder Einzelner,

  - offene Fragen, bei denen die Kompetenz der Gruppe nicht ausreichte,

  - die Bewertungsunterschiede und -übereinstimmungen bei einzelnen Lösungsalternativen,

  - den Beschluss über die Rangfolge der Lösungsvorschläge.

2. Gruppenbezogene Funktionen beziehen sich vor allem auf die Bereiche:

Gruppenbezogene Funktionen

- Schaffung und Stärkung einer Gruppenkultur, durch Anregung aller Teilnehmer zu Mitarbeit und gegenseitiger Toleranz.

- Konfliktmanagement durch Betonung des gemeinsamen Ziels, Herausstellen gleichgerichteter Vorgehensweisen und Beseitigung von Konfliktursachen.

- Konsens- und Kompromissfindung durch Sokratische Gesprächsführung.

- Förderung der Kommunikation durch Einsatz kommunikationsstützender Methoden, wie Fragetechnik, Moderationstechnik und Visualisierung.

- Überwachung der Einhaltung von Gruppennormen durch Dämpfung dominanter Verhaltensweisen einzelner Gremiumsmitglieder und Ermunterung zurückhaltender Gesprächspartner.

Bewertung der Methoden

Der Vorteil der dialektischen Bewertungsmethoden liegt vor allem in der Strukturierung und Visualisierung der Lösungsalternativen und ihren jeweiligen Bewertungssituationen. Berater können die Methoden sowohl im inneren Zirkel des Projektteams, praktisch als Trockenübung vor dem Auftritt vor dem Klienten, als auch bei Gesprächen und Präsentationen mit dem Klienten einsetzen. Das frühzeitige Auseinandersetzen mit Gegenargumenten, die von verschiedenen Interessengruppen im Klientenunternehmen aufgebracht werden können, stärkt die eigene Position und schafft Sicherheit und Akzeptanz für die Lösungsalternative, die umgesetzt werden soll.

Grenzen der Methoden

Grenzen haben die Methoden da, wo es um die relative Bewertungswahrheit, also um die mögliche Manipulation von Argumenten geht. Der Einsatz dieser Methoden bedingt deshalb, dass der Berater in Rhetorik, Dialektik und Gruppendynamik geschult ist. Durch Ausbildung und Training in diesen Bereichen wird zum einen die Fähigkeit verbessert, Lösungsprioritäten begründet zu artikulieren, zum anderen wird Transparenz über den Ablauf von Bewertungsprozessen geschaffen.

5.4.3　Methoden analytischer Bewertung

Bei den analytischen Methoden unterscheidet man zwischen offenen und geschlossenen analytischen Verfahren. Wie aus der Bezeichnung dieser Verfahren deutlich wird, werden sie nicht nur in Bewertungs-, sondern auch in Analysesituationen eingesetzt.

a. Offene analytische Verfahren

Zu den offenen Verfahren gehören Checklisten und Wertprofile. Beide Vorgehensweisen werden auch in der Ist-Analyse des Klientenunternehmens eingesetzt (vgl. 2.3.2).

Checklisten

Im Zusammenhang mit der Bewertung von Lösungsalternativen sind Checklisten als Kataloge unternehmensrelevanter Kriterien zu sehen, nach denen die Merkmale von Lösungsalternativen überprüft werden (siehe Abb. 196).

Die Kriterien können sowohl als offene als auch als geschlossene Fragen formuliert sein. Offene Fragen sind immer dann zu
stellen, wenn in der Bewertungssituation auch Begründungen
interessant sind.

Skala \ Kriterien	Sehr gut	gut	mit Einschrän kungen	überhaupt nicht
1. Qualitätsstandard erhöhen	●			
2. Preisniveau gleichbleibend			●	
3. Stärkere Kundenbindung		●		
4. Marktanteile gewinnen	●			
5. Wettbewerbsposition stärken		●		
6. Mitarbeitermotivation steigern		●		
7. Globalisierung				●
8. Know-how-Zuwachs		●		

Abb. 196: Checkliste und Polaritätsprofil Lösungsalternative A

Werden geschlossene Fragen formuliert, so wird die Checkliste
mit einer Skala (z.B. sehr gut, mittel, schlecht, sehr schlecht)
versehen, durch die alternative Antworten vorgegeben sind.

Checklisten können weiterentwickelt werden zu Wertprofilen,
die eine Darstellung der Bewertungsstruktur ermöglichen.
Wertprofile können in Form von Polaritätsprofilen und Polar-
profilen angelegt werden.   *Wertprofile*

Polaritätsprofile erhält man, indem die Ausprägungen der
Checkliste durch Linienzüge verbunden werden, auch „Kiviat-
Graph" genannt.   *Polaritätsprofile*

Liegen zur Bewertung von Lösungsalternativen nur wenige
Kriterien vor, so können zum Vergleich der Vorschläge Polar-
koordinaten herangezogen werden. In diesem Koordinatensys-
tem (siehe Abb. 197) entspricht jedem Kriterium ein vom Pol
ausgehender Strahl. Die Ausprägungen der Kriterien eines Lö-   *Polarprofile*
sungsvorschlags werden durch den Abstand des Bewertungs-
punktes vom Pol angegeben. Maßstab für die Ausgewogenheit
eines Lösungsvorschlags bezüglich der Ausprägungen ihrer
Merkmale ist die Größe und Gleichmäßigkeit des Vielecks.

Soll eine Gewichtung der Kriterien vorgenommen werden, so eignet sich die Darstellung in einem Balkendiagramm wesentlich besser als die Wertprofile.

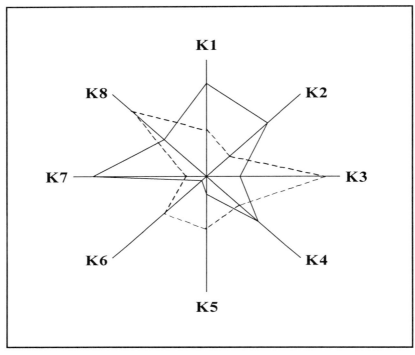

Abb. 197: Polarprofil zweier Lösungsalternativen

Idealsituation:

Ein Stern

Die Bewertungskriterien der diagonal liegenden Achsen können so gewählt werden, dass sie ihren Bestzustand im Nullpunkt aufweisen, die anderen (X-,Y-Achse) an den äußeren Endpunkten. Eine Idealsituation zeigt dann einen Stern. Je näher man dem Stern kommt, desto besser ist die Gesamtsituation. Das Verfahren stammt aus der Simulationstechnik.

b. Geschlossene analytische Verfahren

Scoringmodell

Die geschlossenen analytischen Verfahren unterstützen sowohl die Suche und Analyse als auch die Informationsverarbeitung über die Merkmale von Lösungsalternativen. In der Unternehmensberatung werden schwerpunktmäßig die geschlossenen analytischen Verfahren Nutzwertanalyse (Scoringmodell) und Nutzen-Kosten-Analyse eingesetzt. Unter dem Nutzwert oder Score versteht man eine Maßzahl auf Rang-, Intervall- oder Verhältnisskalenniveau, einen Punktwert, der die Bewertung eines Lösungsvorschlags zum Ausdruck bringt. Bei der Kosten-Nutzen-Analyse wird die nicht-monetäre Bewertung der Nutzwertanalyse um Kostenaspekte ergänzt.

Eine Nutzwertanalyse zur Bewertung und Auswahl von Lösungsalternativen wird in folgenden Schritten durchgeführt:

Nutzwertanalyse

1. Aufstellung eines Ziel- und Kriteriensystems

Dieses System ist relativ leicht zu erstellen, da die Ziele des Beratungsauftrags mehrfach abgesteckt wurden: Zuerst im Akquisitionsgespräch, als grober und meistens qualitativer Rahmen, dann verfeinert und quantitativ nach der Ist-Analyse. Aus diesem Zielsystem können nun Muss- und Kannkriterien für die Beurteilung der Lösungsalternativen abgeleitet werden.

2. Skalierung der Kriterien

In vielen Fällen müssen die Kriterien zum Zwecke der Präzisierung skaliert werden. Damit wird, wie in Abb. 152 - Abb. 154 dargestellt, in vielen Fällen erst eine Operationalisierung erreicht.

3. Gewichtung der Kriterien

Am Beispiel der Strategiealternativen eines kommunalen Service-Rechenzentrums (siehe Abb. 198) wird dargestellt, dass die Muss-Kriterien nicht skaliert werden, da davon ausgegangen werden kann, dass alle Muss-Kriterien gleichgewichtig sind. Eine Gewichtung, die je Kriterium den Beitrag zur Erreichung des Auftragsziels zum Ausdruck bringt, wird nur bei den Kann-Kriterien vorgenommen. Die Skala ist frei wählbar.

4. Ermittlung der Teilnutzwerte

Für jede Lösungsalternative wird nun der Erfüllungsgrad oder die Note, in Bezug auf jedes einzelne Kriterium geprüft. Die Skala für die Festlegung der Erfüllungsgrade ist ebenfalls frei wählbar. Durch Multiplikation der Kriteriengewichtung mit den Erfüllungsgraden erhält man die Teilnutzwerte.

5. Wertsynthese und Prioritätenbildung

Die Teilnutzwerte jedes Vorschlags werden addiert, wodurch sich automatisch eine Rangfolge der Alternativen ergibt.

Die Verwendung von Zahlen in der Nutzwertanalyse darf nicht darüber hinwegtäuschen, dass es sich auch hier ausschließlich um ein subjektives, qualitatives Bewertungs- und Auswahlverfahren handelt. Die wesentliche Bedeutung der Anwendung dieses Verfahrens liegt in der Diskussion und geistigen Auseinandersetzung mit den Inhalten einzelner Verfahrensschritte.

Bewertung

In der Praxis hat es sich oft gezeigt, dass die Lösungsalternative mit dem höchsten Gesamtnutzwert auch gleichzeitig die riskanteste war. Deshalb ist es immer sinnvoll, im Anschluss an das Auswahlverfahren mit Hilfe der Entscheidungsanalyse eine Risikoanalyse (siehe Abb. 199) durchzuführen.

Entscheidungsanalyse

| Projektbezeichnung: | | |
| Projektnummer: | | |

| Datum: | Projektleiter: | Lösungsalternativen Gesamtprojekt: Strategie für kommunales Service- RZ
Lösungsalternativen Phase / Segment |

Alternativen / Zielkriterien

- **Alternative 1:** Wie bisher, nur zentrale Verfahren
- **Alternative 2:** Zunehmend dezentrale Anwendungen
- **Alternative 3:** Fusion des RZ- Betriebs mit drei anderen Anbietern

Soll-Zielkriterien

	Alt. 1 Bewertung	Alt. 2 Bewertung	Alt. 3 Bewertung
1. Marktanteil halten	ja	ja	ja
2. Qualitätsstandard halten	ja	ja	ja
3.			

Kann-Zielkriterien

	Gewicht G (1-10)	Alt. 1 Hinweise	Alt. 1 Note N (1-5)	Alt. 1 Nutzwert G*N	Alt. 2 Hinweise	Alt. 2 Note N (1-5)	Alt. 2 Nutzwert G*N	Alt. 3 Hinweise	Alt. 3 Note N (1-5)	Alt. 3 Nutzwert G*N
1. Kundenbindung	10	Kundenwün-sche	2	20		4	40		5	50
2. Beschäftigung sichern	8		2	16		3	24		2	16
3. Erträge steigern	6		1	6	kurzfristig	3	18		4	24
4. Kosten senken	6		1	6		1	6		5	30
5. Flexibilität	7		1	7		5	35		3	21
6. Verfügbarkeit	9	Parallel-prozessoren	5	45		4	36		4	36
Summe				100			159			177

Fazit: Die Strategiealternative „Fusion der Produktionsstätten mit drei anderen kommunalen Service-Rechenzentren und Umwandlung der bisherigen Rechenzentren in reine Vertriebs- und Serviceeinheiten" hat unter den gegebenen Kriterien den höchsten Nutzwert.

Abb. 198: Entscheidungsanalyse am Beispiel von RZ-Strategiealternativen

Die Anwendung der Kosten-Nutzen-Analyse zur Bewertung und Auswahl von Lösungsalternativen setzt einen sehr hohen Informationsstand der Entscheidungssituation voraus. Wenn plausible Schätzungen monetärer Erlös-, Aufwands- und Kostenkategorien möglich sind, führt man zusätzlich zur Nutzwertanalyse, bei der dann nur nicht-monetäre Kriterien einbezogen werden, eine Cost-Benefit-Analyse durch. Bei einer reinen Kosten-Nutzen-Analyse wird der nicht-monetär bewertete Nutzen (in Punktwerten) den geschätzten oder geplanten Kosten (in Euro) gegenübergestellt.

Kosten-Nutzen-Analyse

Offene analytische Verfahren können alle wichtigen Aspekte einer Alternativenbewertung berücksichtigen und leisten damit einen wichtigen Beitrag zur methodisch fundierten Auswahl. Ihre Grenzen haben diese Vorgehensweisen in Entscheidungssituationen, in denen eine Vielzahl, z.B. über 100, verschiedener Kriterien berücksichtigt werden muss.

Bewertung

Geschlossene analytische Verfahren führen gezielt zu einer Rangfolge der Lösungsvorschläge. Durch Zusammenstellung und Differenzierung der Kriterien, ihre Skalierung und Gewichtung und die Beurteilung der Kriterien-Erfüllungsgrade jeder Alternative wird eine intensive geistige Durchdringung der Entscheidungssituation erzwungen.

5.4.4   Methoden der Wirtschaftlichkeitsrechnung

Der Vollständigkeit wegen sollen kurz die Methoden der Wirtschaftlichkeitsrechnung aufgeführt werden, obwohl sie in der klassischen Managementberatung, im Gegensatz zur technischen Beratung nur eine geringe Rolle spielen. Voraussetzung für die Anwendung dieser Verfahren ist immer, dass die Lösungsalternativen als Investitionen anzusehen sind, die mit quantitativ wertbestimmenden Faktoren, wie z.B. Gewinn und Rentabilität, abgeschätzt werden können. Die Methoden der Wirtschaftlichkeitsrechnung werden nicht nur zur Bewertung und Auswahl von Lösungsalternativen eingesetzt, sondern auch in den Fällen, in denen das Beratungsprojekt selbst als Investition bewertet werden kann. In diesem Fall dienen die Methoden der Ermittlung der Projektwirtschaftlichkeit.

Alternativen oder Projekte als Investition

a. Statische Verfahren

Die statischen Verfahren gehen davon aus, dass die zu erwartenden Einnahmen und Ausgaben einer Lösungsalternative in den dem Realisierungszeitpunkt folgenden Perioden von gleicher Bedeutung sind, die Zeit wird demnach als Einflussfaktor nicht berücksichtigt.

Der Rentabilitätsrechnung (Return on Investment (ROI)) liegt die Ermittlung von Renditekennziffern zugrunde. Im einfachsten Fall bedeutet dies, dass für jede Lösungsalternative der Quotient aus den zu erwartenden Erträgen und Kosten gebildet wird:

$$ROI = \frac{\text{geschätzter Ertrag}}{\text{geschätzte Kosten}}$$

Anstatt mit Erträgen und Kosten kann auch mit den Größen erwarteter Gewinn und eingesetztes Kapital gearbeitet werden:

$$ROI = \frac{\text{erwarteter Gewinn}}{\text{eingesetztes Kapital}}$$

Unter Berücksichtigung der Erfolgswahrscheinlichkeit kann die Rentabilität von verschiedenen Lösungsvorschlägen wie folgt berechnet werden:

$$ROI = \frac{\text{Erfolgswahrscheinlichkeit} * \Sigma \text{ Erfolge der Alternative}}{\Sigma \text{ Aufwendungen der Alternative}}$$

Bewertung

Der ROI-Ansatz geht davon aus, dass die Lösungsvorschläge zeitpunktartig realisiert werden und die Erfolge über die folgenden Perioden gleichmäßig anfallen. Änderungen der Kosten- und Ertragssituation bleiben unberücksichtigt. Dies sind Prämissen, die für Lösungsalternativen aus Beratungsprojekten unrealistisch sind.

Break-Even-Analyse

Der Einsatz der Break-Even-Analyse zur Bewertung und Auswahl von Lösungsalternativen eines Beratungsprojektes ist ebenfalls problematisch, da es kaum möglich ist, die auf Produktmengen, -erlöse und -kosten bezogene Vorgehensweise auf Lösungswege zu beziehen.

Amortisations-rechnung

Die Amortisationsrechnung kann ebenfalls nur mit Einschränkungen zur Bewertung von Lösungsvorschlägen eingesetzt werden. Die ausschließliche Betrachtung der Amortisationsdauer bei der Bewertung von Lösungsvorschlägen würde dazu führen, dass die Alternative die höchste Priorität bekäme, die die kürzeste Amortisationszeit hat. Diese Betrachtungsweise kann zu Fehlentscheidungen führen, da innovative Lösungswege mit hohen Amortisationszeiten oft erst nach der Amortisation ihren vollen Erfolg zeigen.

b. Dynamische Verfahren

Die dynamischen Verfahren versuchen die Dynamik künftigen Marktgeschehens einzubeziehen, indem der zeitlich unterschiedliche Anfall von Ausgaben und Einnahmen berücksichtigt wird.

Die Kapitalwertmethode geht davon aus, dass sich die Wirtschaftlichkeit oder Rentabilität einer Lösungsalternative aus der Differenz aller abgezinsten Einnahmen und Ausgaben, die durch die Alternative entstehen, ergibt. Alle Einnahmen und Ausgaben, die später als zum Realisierungszeitpunkt (Zeitpunkt null) entstehen, müssen mit einem Kalkulationszinssatz auf den Zeitpunkt null abgezinst werden. Dadurch werden die zu aufeinanderfolgenden Zeitpunkten anfallenden Beträge vergleichbar gemacht, sie werden in ihrem Barwert ausgedrückt. Durch diese Diskontierung haben die unsicheren Einnahmen- und Ausgabenschätzungen zukünftiger Perioden einen geringen Einfluss auf das Rentabilitätsergebnis der einzelnen Alternativen. Nach der Kapitalwertmethode hat der Lösungsvorschlag die höchste Umsetzungspriorität, der den höchsten Kapitalwert hat.

Kapitalwertmethode

Bei der internen Zinsfußmethode wird statt des Kapitalwertes der Zinssatz selbst zum Maßstab der Beurteilung gemacht. Die Prämissen dieses Verfahrens sind für Lösungsvorschläge unrealistisch.

Interne Zinsfuß-Methode

Die Verfahren der Wirtschaftlichkeitsrechnung werden meist der Realität der Fragestellung in der Beratungspraxis nicht gerecht. Die statischen Verfahren unterstellen, dass die Bedeutung von Ausgaben und Einnahmen in den Perioden gleich ist, die dem Realisierungszeitpunkt folgen. Die dynamischen Verfahren unterstellen, dass man Einnahmen, Ausgaben und den Kalkulationszinsfuß schätzen kann, und dass die Einnahmen und Ausgaben exakt den Lösungsalternativen zugerechnet werden können. Beide Gruppen von Verfahren gehen davon aus, dass eine Lösungsalternative immer als eine Investition angesehen werden kann. In der überwiegenden Mehrzahl der Beratungsfelder der Managementberatung führt diese Grundannahme zu völlig falschen Erkenntnissen, oder ist auch nicht einmal im Ansatz anwendbar.

Bewertung

Neben der Suche nach der Bewertungsrangfolge alternativer Lösungskonzepte ist auch die Frage von Interesse, wie stabil eine festgelegte Priorität gegenüber Umfeldveränderungen ist.

5.4.5   Risikoanalyse

Die Entscheidungsanalyse für das Beispiel "Strategiealternativen für ein kommunales Service-Rechenzentrum" (siehe Abb. 198) hat eine klare Rangfolge der verschiedenen Konzepte ergeben. Um die Gefahr auszuschließen, dass die Alternative mit dem höchsten Nutzwert gleichzeitig den höchsten Risikowert hat, bietet es sich an, die Alternativen auch unter dem Aspekt möglicher Risiken zu untersuchen (siehe Abb. 199).

Risiken der Alternativen ermitteln

Die Vorgehensweise ist wie folgt:

1. Stufe

1. In einem Brainstorming oder mittels der Sokratischen Moderation mit den betroffenen Mitarbeitern des Klientenunternehmens wird jede einzelne Alternative nochmals analysiert unter der Fragestellung "Welche Risiken sind in diesem Konzept wahrscheinlich enthalten?". Die im Konsens identifizierten Risiken werden kurz ausformuliert und in das Formular "Risikoanalyse" eingetragen.

2. Stufe

2. Für jedes Risiko wird, ebenfalls im Konsens, die Eintrittswahrscheinlichkeit (0,0 bis 1,0) ermittelt.

3. Stufe

3. Jedes Risiko hat, im Falle seines Eintritts, eine individuelle Schadensgröße. Es gibt Risiken, die nach ihrem Eintritt einen weniger großen, andere, die einen sehr großen Schaden im Klientenunternehmen anrichten. In einer moderierten Diskussion werden die einzelnen Schadensgrößen festgelegt. Die Skala der Schadensgrößen ist frei wählbar (z.B. 1-100 oder 1-10).

4. Stufe

4. Der Risikoteilwert ergibt sich aus der Multiplikation der Eintrittswahrscheinlichkeit mit der Schadensgröße.

5. Stufe

5. Durch Addition aller Risikoteilwerte erhält man den Risikowert jeder Alternative. Das Konzept mit dem niedrigsten Risikowert sollte nach dieser Betrachtungsweise die höchste Realisierungspriorität erhalten, insbesondere dann, wenn es, wie im Beispiel der Abb. 198 und 194 dargestellt, auch gleichzeitig die Alternative mit dem höchsten Nutzwert ist.

Weichen die Ergebnisse der Nutzwert- und der Risikoanalyse voneinander ab, so entscheidet die Situation im Klientenunternehmen, welches Analyseergebnis als entscheidend angesehen wird. Prosperierenden Unternehmen mit guten Zukunftsaussichten kann die Alternative mit dem höchsten Nutzwert zur Umsetzung empfohlen werden, auch wenn sie identifizierte Risiken mit hoher Eintrittswahrscheinlichkeit enthält.

Risikoanalyse

| Datum: | Projektleiter: | Projektbezeichnung:
Projektnummer:
Lösungsalternativen Gesamtprojekt: Strategie für kommunales Service-RZ
Lösungsalternativen Phase/Segment: | | | |

Alternativen	Wahrscheinliche Risiken	Wahrscheinlichkeit W	Schadens-ziffer S	Risiko W*S
A1 Wie bisher, nur zentrale Verfahren	1. Kunden werden unzufrieden, Marktanteil kann langfristig doch nicht gehalten werden. Entspricht nicht Client-Server Konzept.	0,7	10	7
	2. Entwicklungsengpässe bei neuen zentralen Verfahren.	0,8	8	6,4
	3. Keine flexiblen Aktionen möglich.	0,7	6	4,2
	Risikowert A1			17,6
A2 Zunehmend dezentrale Anwendungen nach Kundenanforderungen	1. Sukzessiv nachlassende Kundenbindung, Kunden werden immer autarker	0,9	10	9
	2. Kunden üben mit Sonderwünschen Druck aus	0,7	5	3,5
	3. Kunden diktieren Preise	0,4	5	2
	Risikowert A2			14,5
A3 Fusion des RZ-Betriebs mit drei anderen Anbietern, drei der RZs nur noch als Vertriebseinheiten	1. Hohe Kosten durch Sozialpläne	0,8	4	3,2
	2. Keine Mitarbeiter mit Vertriebserfahrung verfügbar	0,8	9	7,2
	3. Fusion bedingt umfassend neues Systemdesign (Linux, SAP R3 u.a.m.)	0,5	4	2
	Risikowert A3			12,4

Abb. 199: Risikoanalyse am Beispiel von RZ-Strategiealternativen

Genereller Nachteil:

Subjektivität

Das Zahlenwerk der Nutzwert- und der Risikoanalyse darf nicht darüber hinwegtäuschen, dass es sich auch bei diesen Methoden um rein subjektive Einschätzungen handelt. Es geht deshalb auch überhaupt nicht um die Zahlenwerte, die in den Analyseformularen eingetragen werden, sie können im Prinzip um einige Punkte nach oben oder unten abweichen. Von nicht zu unterschätzender Wichtigkeit für den Beratungserfolg sind jedoch die Inhalte, die bei der Durchführung beider Analyseschritte automatisch diskutiert werden. Die damit verbundene Bewusstseinsbildung hat einen starken Einfluss auf die Stichhaltigkeit der Alternativenbewertung und -auswahl.

5.4.6   Bewertungsstabilität

Da die wichtigste Ursache für Bewertungsinstabilität die Unsicherheit ist, ergibt sich die Frage, wie Unsicherheit in Bezug auf die Bewertungsfindung berücksichtigt werden kann. Da alternative Lösungskonzeptionen einmalig sind, kann nicht mit statistischen, sondern nur mit subjektiven Wahrscheinlichkeiten gearbeitet werden. Die subjektive Wahrscheinlichkeit ist eine Zahl, die den Grad des Vertrauens einer bewertenden und auswählenden Person in den Eintritt eines Ereignisses zum Ausdruck bringt. Zur Berücksichtigung von Unsicherheit in Bewertungssituationen sind verschiedene Verfahren entwickelt worden, die hier kurz aufgezählt werden sollen.

Sensitivitätsanalyse

Mit der Sensitivitätsanalyse wird geprüft, wie stabil die Rangfolge von Lösungsalternativen ist, wenn die Kriterienwerte variiert werden. Die Überlegenheit einer Alternative zeigt sich in dem Maß, in dem sie trotz Variation von Schlüsselgrößen die anderen Alternativen dominiert.

A-fortiori-Analyse

Die A-fortiori-Analyse stellt dem bevorzugten Lösungsvorschlag unter negativen Annahmen einer Alternative gegenüber. Die Analyse wird durchgeführt, indem der Bewerter bei den wichtigsten Unsicherheiten für die bevorzugte Alternative die ungünstigsten, für den anderen Lösungsvorschlag die günstigsten Bedingungen annimmt. Gewinnt der präferierte Vorschlag diesen "Härtetest", so hat der Bewerter gleichzeitig eine Transparenz für Ausnahmesituationen geschaffen.

Cost-Constraint-Analyse

Die Cost-Constraint-Analyse bezieht sich auf die Realisierungswiderstände gegen einen Lösungsvorschlag im Klientenunternehmen. Es werden die Kosten geschätzt, die zur Neutralisierung und Abwehr dieser Widerstände aufgewendet werden müssen.

5.5 Qualitätssicherung der Problemlösungsphase

Auch in der Problemlösungsphase kann eine effiziente Qualitätssicherung nur an den Endprodukten der Phasen, Segmente und Arbeitspakete erfolgen (siehe Abb. 200).

In der Aufgabenbeschreibung muss den Mitgliedern des Projektteams nicht nur deutlich gemacht werden, was konkret zu tun ist, wie z.B. ein Standardprodukt oder eine kreative Lösungstechnik einzusetzen sind. Es müssen auch die entsprechenden Verfahren, Methoden und Techniken vermittelt und die technische Unterstützung, z.B. durch Notebooks und Anwendungs-Software gewährt werden.

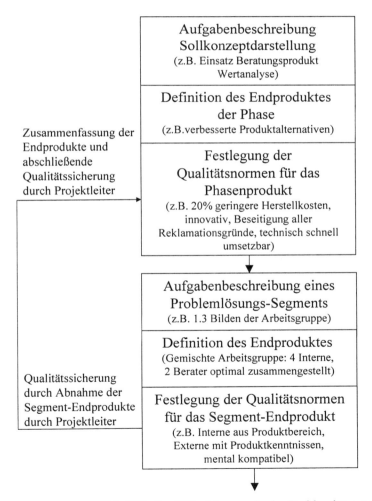

Abb. 200: Qualitätssicherung in der Problemlösungsphase

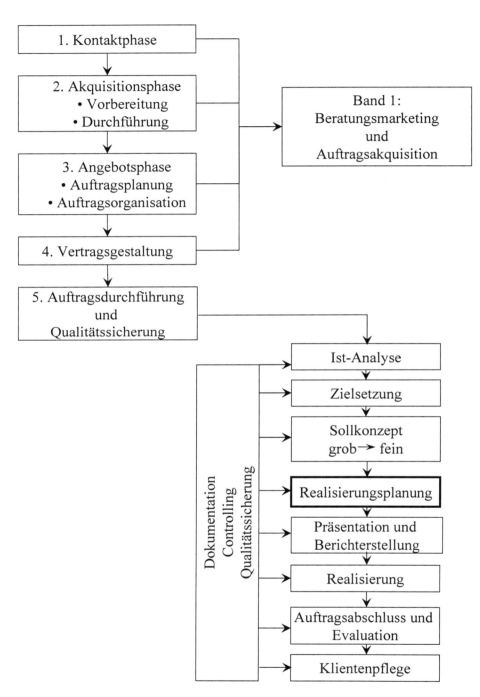

Abb. 201: Realisierungsplanung im Phasenablauf eines Beratungsprojektes

6 Realisierungsplanung

Realisierungsplanung bedeutet nichts anderes als die Umsetzung der besten Problemlösungsalternative des Sollkonzepts in Maßnahmenkataloge. Dabei ist genau darauf zu achten, dass keine logischen Brüche und veränderte Fokussierungen zwischen den Erkenntnissen der Ist-Analyse, den Zielsetzungen und den Maßnahmenkatalogen auftreten (siehe Abb. 202).

Bei langläufigen Aufträgen entsteht häufig das Problem, dass durch den zeitlichen Abstand zwischen der Ist-Aufnahme und der Maßnahmenformulierung beim Berater selbst eine veränderte Wahrnehmung eingetreten ist und sich nur die aktuellsten Eindrücke in Maßnahmen niederschlagen.

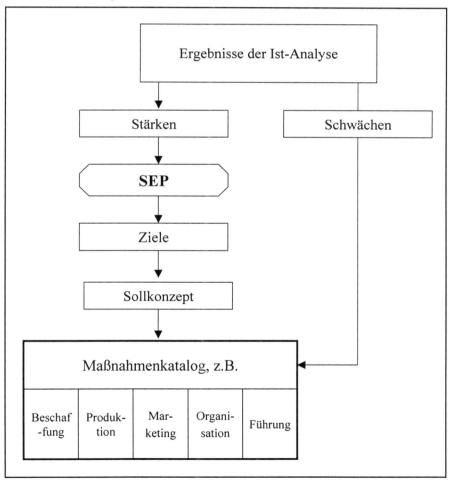

Abb. 202: Logische Verknüpfung der Phasenelemente

In der modernen, stärkenorientierten Auffassung von Unternehmensberatung ist die logische Verknüpfung der Durchführungsphasen, wie in Abb. 202 gezeigt:

Aufdecken von
Stärken und Schwächen

- Im Zuge der Ist-Analyse des Klientenunternehmens werden Stärken und Schwächen aufgedeckt. In der traditionellen Unternehmensberatung, bei der die Ist-Analyse bezeichnenderweise immer noch "Schwachstellen-Analyse" genannt wird, werden die Stärken kaum zur Kenntnis genommen. Durch Überbetonung der Unternehmensengpässe und -schwächen und möglicherweise überhebliche persönliche Schuldzuweisungen auf Mitarbeiter des Klienten entsteht das bekannte traditionelle Arbeitsklima, in dem heute kein modern ausgerichteter Unternehmensberater mehr arbeiten möchte.

- Der auf Konsens, Akzeptanz und Motivation zielende, neue Typus von Berater nimmt die Schwächen fast schweigend zur Kenntnis und konzentriert sich, vor allem in der Kommunikation mit betroffenen Mitarbeitern, auf die Stärken und Potenziale des Unternehmens. Durch die intensive Beschäftigung mit den Stärken und Potenzialen können die wichtigen Motivatoren wie Strategische Erfolgsposition, Leitbild und Zielsysteme schnell und überzeugend herausgearbeitet werden.

- Bei der Festlegung der Zielsysteme und bei der Sollkonzeptentwicklung muss der Berater dann besonders darauf achten, dass auch alle Aspekte und Faktoren berücksichtigt werden, die zur Schwachstellen- und Engpassbeseitigung notwendig sind. Durch das positive Klima der Zusammenarbeit kann jetzt auch offen über diese Analyseerkenntnisse diskutiert werden.

- Mit der Frage "Wie erreichen wir das, was wir wollen?" leitet der Berater dann die Phase der Realisierungsplanung ein: Im Konsens werden Maßnahmenkataloge für jeden relevanten Bereich formuliert.

6.1 Maßnahmenplanung

Kernstück der Realisierungsplanung ist der Maßnahmenplan (siehe Abb. 203). Dabei ist es eine eiserne **Regel**, kein spontanes Maßnahmen-Sammelsurium anzulegen, sondern für jeden Bereich oder jede Kategorie die Maßnahmen katalogartig zusammenzufassen, z.B. alle Maßnahmen in Bezug auf Veränderungen im Marketingbereich, davon getrennt die Maßnahmen mit Bezug auf Organisationsveränderungen, Mitarbeiter, Produktionsablauf, Einkauf, Führung, Marktbearbeitung, Planung und Steuerung, Finanzmanagement usw.

Das bedeutet, dass für jeden Bereich, in dem etwas verändert werden soll, ein eigener Maßnahmenplan festgelegt werden muss.

Dieser Plan hat folgende Bestandteile:

- Jede einzelne Maßnahme wird kurz aber umfassend beschrieben und, falls notwendig, in Teilschritte untergliedert.

  Bestandteile des Maßnahmenplans

- Der Verantwortliche ist entweder ein Mitarbeiter aus dem Klientenunternehmen oder der/die Berater. In der Spalte "Verantwortlich" kann man genau ablesen, welche Art von Realisierungszusage seitens der Berater gemacht wurde:

  Stehen in dieser Spalte nur Beraternamen, so handelt es sich um eine Vollrealisierung. Tauchen die Beraternamen nur sporadisch auf und werden die meisten Maßnahmen von Internen umgesetzt, so spricht man von einer Teilrealisierung. Bei der dritten Version, der so genannten Realisierungsbegleitung, beschränken sich die Berater auf die Regelung von Ausnahmesituationen, sie übernehmen für keine Maßnahme selbst die Realisierungsverantwortung.

Maßnahmenplan		Projektbezeichnung: Projektnummer:						
Datum:	Projektleiter:	Maßnahmenkategorie/Maßnahmenbezug:						
Nr.	Maßnahme	Verant- wortlich	Termine Start Ende	Pate Kontroll- punkte	Kosten 1mal xmal	Mach- barkeit	Risiko Ja nein	Wirkung Innen außen

Abb. 203: Maßnahmenplan

Bedeutung des Paten

- Der Pate ist eine Kontrollinstanz (Vorgesetzter oder Kollege des Verantwortlichen), der zu festgelegten Terminen den Maßnahmenvollzug überprüft. Bei Teilrealisierung und Realisierungsbegleitung ist er praktisch der Vertreter der Berater, der den Umsetzungsfortschritt überwacht und Qualität sichert. Die Kontrollpunkte werden in Abhängigkeit von der Gesamtlaufzeit der Maßnahme täglich oder wöchentlich oder monatlich festgelegt.

- Die Kosten der Maßnahmenumsetzung werden in einmalig auftretende und laufend wiederkehrende unterschieden und geschätzt.

Machbarkeitsprüfung notwendig

- Die im Konsens durchgeführte Machbarkeitsprüfung (vgl. 6.2) bezieht sich auf die finanzielle, personelle, soziale und betriebliche Machbarkeit der jeweiligen Maßnahme.

- Die über die Machbarkeitsprüfung hinausgehende Risikoanalyse jeder Maßnahme führt zu Überlegungen, welche Risiken mit welcher Wahrscheinlichkeit eintreten können und wie sie einzugrenzen sind (vgl. 6.3).

- Mit der Wirkungsprüfung wird hinterfragt, ob und wie stark die Maßnahme auch nach außen, vor allem auf die Zielgruppen des Klienten wirkt.

6.2 Machbarkeitsprüfung

personelle Machbarkeit

Die Machbarkeitsprüfung jeder Maßnahme ist ein absoluter Erfolgsfaktor für den Realisierungsgrad des Beratungsauftrags. Es wird zwischen vier Arten von Machbarkeit unterschieden: Die personelle und kostenbezogene (siehe Abb. 204 und 200), die betriebliche und soziale Machbarkeit (siehe Abb. 206).

a. Personelle Machbarkeit

Überlastung vermeiden

Die eigentlichen Engpassfaktoren bei der Maßnahmenumsetzung sind immer personenbezogen: Die Zeitbudgets der internen Maßnahmenverantwortlichen sind bereits ausgeschöpft, und mit der Maßnahmenumsetzung sollen neue Aufgaben hinzukommen. Dies kann in einer Überlastung der Maßnahmenverantwortlichen resultieren, die zu Frustration bis hin zur Leistungsverweigerung führt.

Daher muss für jeden Verantwortlichen folgendes geregelt werden:

- Die bisherigen Aufgaben werden hinsichtlich ihrer Relevanz für den Wandel und die Subziele bewertet, weniger wichtige Aufgaben werden verschoben oder deligiert.

- Die individuellen Zeitbudgets werden auf bisherige und neue Aufgaben neu verteilt.

• Weniger wichtige Aufgaben werden zurückgestellt bzw. anderen Mitarbeitern zugeordnet.

Nr.	Maßnahmen-kategorie: Maßnahme	Maßn.-Verant-wortlicher	Zeitliche Beastung Zusätzliche Tagewerke				Fazit
			Verant-wortlich	Andere	Einmalig	laufend	

Abb. 204: Übersicht personeller und kostenbezogener Machbarkeit

Das Formular der Abb. 205 leitet dazu an, für den Zeitraum der Maßnahmenumsetzung eine veränderte Aufgabenstruktur innerhalb eines gegebenen Zeitbudgets festzulegen:

• Der Maßnahmenverantwortliche listet zunächst die Gesamtheit aller seiner Regelaufgaben auf und ordnet ihnen den jeweiligen Zeitbedarf zu. Alle bisherigen Aufgaben müssen sich zu einem Zeitbudget von 100% addieren.

• In einem zweiten Schritt wird jede Regelaufgabe dahingehend analysiert, ob sie an einen anderen Mitarbeiter delegiert, zeitlich bis nach dem Realisierungszeitraum verschoben, oder ganz aufgegeben werden kann.

• Durch Delegation, Verschiebung oder Aufgabeneliminierung ergibt sich ein neues, reduziertes Zeitbudget.

• Die nun vorhandene Leerkapazität kann mit den zeitkritischen Aufgaben der Maßnahmenumsetzung gefüllt werden.

1. Bisherige Aufgaben	Zeit-budget in %	2.Delegieren Verschieben Aufgeben	3. Modifizierte Aufgaben-struktur	Zeit-budget in %
a.				
b.				
c.				
d.				
e.				
	100 %		4. Aufgaben aus Maßnahmen	
Aufgabenstruktur und Zeitbudget für Realisierungszeitraum				100 %

Abb. 205: Modifizierte Aufgabenstruktur für Maßnahmenverantwortliche

b. Kosten- und finanzwirtschaftliche Machbarkeit

Maßnahmen versus Projekte

Die meisten Maßnahmen sind in der Regel im Rahmen des bisherigen Budgets umsetzbar. Wo dieser Rahmen gesprengt wird, handelt es sich entweder um einmalige Ausgaben oder Investitionen mit oder ohne Folgekosten. Der Rahmen wird auch dann gesprengt, wenn es sich nicht um Maßnahmen im eigentlichen Sinne handelt, sondern um neue Projekte (vgl. 6.4). Zur Feststellung der kostenbezogenen Machbarkeit werden die für die Umsetzung der einzelnen Maßnahmen zusätzlich notwendigen Kosten und Investitionen nach Jahren aufgelistet und in einem Fazit beurteilt.

c. Betriebliche Machbarkeit

Unter diesem Aspekt wird überprüft, ob die einzelne Maßnahme unter den technischen, gesetzlichen und sonstigen betrieblichen Rahmenbedingungen überhaupt in vollem Umfang umsetzbar ist, oder ob im Vorfeld bereits Einschränkungen der betrieblichen Machbarkeit erkennbar sind.

d. Soziale Machbarkeit

Für jede Maßnahme wird überprüft, ob durch ihre Umsetzung der soziale Friede im Klientenunternehmen durch Auseinandersetzungen mit den Personalvertretungen nachhaltig gestört werden kann.

Nr.	Maßnahme	Verant-wortlich	Unternehmen fremd	Einmalig/ laufend	**Fazit**

Abb. 206: Übersicht betrieblicher und sozialer Machbarkeit

6.3 Risikoanalyse und Maßnahmenabsicherung

Risikoanalyse und Maßnahmenabsicherung, in der Praxis häufig vernachlässigt, sind ebenfalls die kritischsten Erfolgsfaktoren für die Realisierungsquote des Beratungsauftrags.

Für jede Maßnahme wird zunächst durch eine Risikoanalyse geprüft, welche sonstigen, außer den Machbarkeitsrisiken bestehen, wie hoch ihre Eintrittswahrscheinlichkeit ist und welche vorbeugenden Aktivitäten unternommen werden können, um die Eintrittswahrscheinlichkeit zu senken oder die Risikoursachen ganz zu beseitigen. Die Maßnahmenabsicherung umfasst aber nicht nur die Vorbeugung: Für den Fall, dass trotz aller vorbeugenden Aktivitäten das Risiko doch eintritt, werden Eventualpläne festgelegt, mit deren Hilfe der Umsetzungsprozess trotz allem in Gang gehalten wird (siehe Abb. 207).

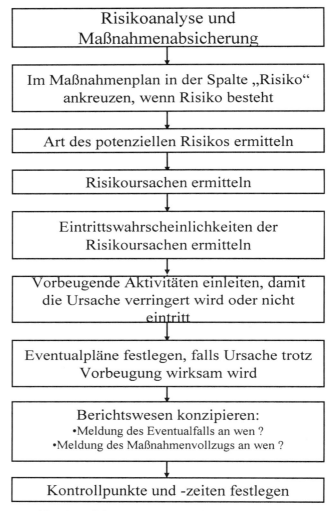

Abb. 207: Risikoanalyse und Maßnahmenabsicherung

genaue Analyse des
Risikospektrums

Für alle Maßnahmen, für die im Maßnahmenplan ein Risiko identifiziert wurde, wird eine vertiefte Risikoanalyse (siehe Abb. 208), ähnlich wie bei der Bewertung der Lösungsalternativen, durchgeführt. Das heißt konkret, dass das Risikospektrum, das zunächst nur intuitiv vermutet wurde, genauer analysiert wird. Die Art der potenziellen Maßnahmenrisiken wird diskutiert und im Konsens definiert. Danach wird auch hier die Eintrittswahrscheinlichkeit der Risiken geschätzt und die Schadenswertziffer (z.B. 1 - 10) für den Fall des Risikoeintritts bestimmt.

Die Rangfolge der abzusichernden Risiken ergibt sich aus der Höhe des Risikowertes als Produkt von Eintrittswahrscheinlichkeit und Schadenswertziffer.

Risikoanalyse		Maßnahme Nr.:.....		
Datum:	Projektleiter:	Beschreibung:		
Nr.	Mögliche Risiken	Eintritts-wahrschein-lichkeit W	Schaden (0-100) S	Risiko W · S

Abb. 208: Formular Maßnahmen-Risikoanalyse

Bei einer besonders großen Zahl von risikobehafteten Maßnahmen kann die Gefahr bestehen, dass die Maßnahmenabsicherung so umfangreich und arbeitsaufwendig wird, dass sie den Anschein eines Selbstzwecks erweckt. In diesen Fällen kann sich der Berater dahingehend festlegen, dass nur die Maßnahmen abgesichert werden, die z.B. einen Risikowert > 5 haben.

Auch bei der Risikoanalyse kommt es vor allem auf die Inhalte der Diskussionen und die damit verbundene Bewusstseinsbildung aller Betroffenen an. Insbesondere in den Fällen der Teilrealisierung und Realisierungsbegleitung ist es wichtig, den internen Maßnahmenverantwortlichen gegenüber mit offenen Karten zu spielen und transparent zu machen, dass eine Maßnahme risikobehaftet ist und eventuell Umsetzungsprobleme verursachen wird. In der Praxis wird immer wieder der Fehler gemacht, dass Berater die Maßnahmen als völlig unproblematisch zur Umsetzung empfehlen, weil der Irrglaube herrscht, das Zugeständnis einer vom Berater formulierten, risikobehafteten Maßnahme wäre das Eingeständnis eigener Schwäche. Die ahnungslosen internen Maßnahmenrealisierer sehen sich dann völlig unvorbereitet einem oder mehreren Problemen gegenüber, die der Umsetzung im Wege stehen. Sie werden frustriert, weil sie die Ursache zunächst bei sich selbst suchen. Wenn eine Umsetzungskontrolle oder Projektsteuerung durch den Paten fehlt oder nur halbherzig

durchgeführt wird, lösen die frustrierten Maßnahmenverantwortlichen ihr Problem schließlich dadurch, dass sie die in ihren Augen unrealisierbare Maßnahme einfach versanden lassen.

Der zweite Schritt nach der Risikoanalyse ist dann die eigentliche Maßnahmenabsicherung (siehe Abb. 209).

Maßnahmenabsicherung	Risiko Nr.:
Datum: Projektleiter:	Zu Maßnahme Nr.:

Denkbare Ursachen	Vorbeugende Aktionen	Eventualpläne

Abb. 209: Formular Maßnahmenabsicherung

vorbeugende

Aktionen festlegen

Nachdem die Ursachen jedes einzelnen Risikos ermittelt wurden, wird überlegt, mit welchen vorbeugenden Aktionen verhindert werden kann, dass die Ursache virulent wird. Tritt die
Ursache trotz aller vorbeugenden Aktivitäten ein, so soll durch
dann umzusetzende Eventualpläne verhindert werden, dass der
Realisierungsprozess nachhaltig gestört wird.

6.4   Maßnahmenwirkungskontrolle

Mit der Wirkungskontrolle wird für jede Maßnahme überprüft, ob sie nur nach innen wirkt, oder vorwiegend eine Außenwirkung und hier vor allem auf die Zielgruppen des Klientenunternehmens hat (siehe Abb. 210). Die Intensität und der Eintrittszeitpunkt dieser Außenwirkung werden dann abgeschätzt.

Aus der Wirkungskontrolle ergibt sich eine Rangordnung der Maßnahmen: Höchste Priorität haben die Maßnahmen, die relativ schnell und stark eine Wirkung auf die wichtigsten Zielgruppen des Unternehmens haben.

Rangordnung der Maßnahmen

Maßnahmen, die nur nach innen wirken, können bei vorrangiger Zielgruppenfokussierung zeitlich verschoben werden, um personelle und finanzielle Ressourcen für die Maßnahmen mit starker Außenwirkung freizusetzen. Damit ist die Maßnahmenwirkungskontrolle gleichzeitig ein Instrument zur Prioritätenbildung, falls zu umfangreiche Maßnahmenkataloge zur Umsetzung anstehen und die personelle Machbarkeit dafür nicht gegeben ist.

Nr.	Maßnahme	Wirkung und Intensität		wann? (Monat /Jahr)
		in-tern	extern auf Zielgruppen	

Wirkung und Intensität, z.B.:

XXXX = starke Wirkung   XXX = mittlere Wirkung   XX = schwache Wirkung   X= keine Wirkung

Abb. 210: Formular Maßnahmenwirkung

6.5   Projektsteuerung

Bei vielen Beratungsaufträgen ergeben sich Maßnahmen, die Projektcharakter haben. Diese Projekte können entweder von Beratern als Anschluss- und Folgeaufträge akquiriert oder, bei hohem Zeit- und Kostendruck, von internen Projektgruppen parallel durchgeführt werden. Für beide Durchführungsformen gelten die gleichen Regeln. Projekte haben immer dann den größeren Umsetzungserfolg, wenn

Umsetzungserfolg

sicherstellen

- sie anforderungsgerecht strukturiert sind,

- die Aktivitäten konkret und richtig formuliert sind,

- die Endprodukte pro Aktivität exakt definiert sind,

- die Projektarbeit insgesamt systematisch überwacht wird,

- die Endprodukte pro Aktivität qualitätsgesichert werden,

- die Unternehmensleitung die Projektbearbeitung fördert,

- Instrumente des Projektmanagements eingesetzt werden,

- ein kompetenter Projektmanager/Projektleiter eingesetzt wird, der die möglichen Teilprojekte koordiniert.

In einer Gesamtprojektübersicht (siehe Abb. 211) werden die Maßnahmen mit Projektcharakter zusammengestellt. In dieser Übersicht ist erkennbar,

- für welchen Zeitraum welche Maßnahmen und Teilprojekte terminiert sind,

- in welchem Maße externe Berater involviert sind,

- für welche internen Mitarbeiter welche zusätzlichen Arbeitsbelastungen geplant wurden,

- wer die Gesamtverantwortung hat.

Durch die Gesamtprojektübersicht können Erkenntnisse gewonnen werden, die Aktivitäten auslösen, wie z.B.

- eine Verlängerung des Fertigstellungstermins der Projektteilaufgaben,

- die Aufstockung der internen und externen Bearbeitungskapazität (zeitweise, permanent), die Verlagerung von Maßnahmen auf andere Mitarbeiter oder Unterauftragnehmer,

- das Erkennen des kritischen Weges, zur zeitlichen und personellen Optimierung der Einzelprojekte.

6.6 Indirekte Maßnahmen (Change Management)

Direkte Maßnahmen zur Umsetzung des Sollkonzepts, gleich welchen Inhalts, reichen bei vielen Problemstellungen nicht aus, um einen wirklichen Wandel im Klientenunternehmen herbeizuführen. Zur Verstärkung der Durchsetzung und Wirkung direkter Maßnahmen müssen flankierend indirekte Maßnahmen eingeleitet werden.

Diese Maßnahmen sind qualitativer Natur und vor allem darauf ausgerichtet, den Mitarbeitern die Angst vor Veränderungen zu nehmen und zu verhindern, dass Aggressionen und Widerstände entstehen. Sie dienen dazu, die Betroffenen sowohl mental als auch verhaltensmäßig auf die Veränderungen vorzubereiten und für den Wandel aufnahmebereit zu machen (siehe Abb. 212).

Angst vor Veränderungen bedenken

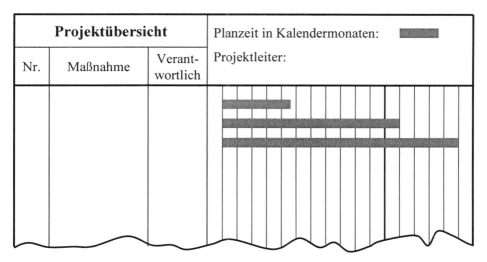

Abb. 211: Gesamtprojektübersicht

Zu den wichtigsten indirekten Maßnahmen gehören:

* Information der Mitarbeiter:

Die Information aller Mitarbeiter sollte so früh wie möglich, am besten schon mit dem Akquisitionsgespräch, einsetzen. Im Zuge der Auftragsdurchführung sollten die Mitarbeiter regelmäßig umfassend und verständlich auf dem Laufenden gehalten werden, um das Entstehen von Gerüchten und Verunsicherungen zu vermeiden.

Die Information kann mündlich, schriftlich oder in kombinierter Form erfolgen. Bei jeder Informationsart ist die Möglichkeit einer Rückkopplung vorzusehen, denn nur dadurch erreicht man den erwünschten Identifikationseffekt.

- Information nach außen:

Eine rechtzeitige und positive Kommunikation der geplanten Veränderungen nach außen, z.B. über die Medien Kundenzeitschrift, Kundenseminare, Messen, Pressemitteilungen, Veröffentlichungen, Geschäftsbericht und direkte Gespräche, wirkt nicht nur auf die Marktpartner, sondern hat auch eine Rückwirkung auf die Mitarbeiter.

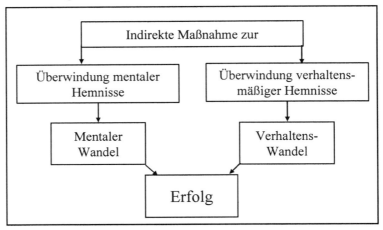

Abb. 212: Wirkungskette indirekter Maßnahmen

- Aus- und Weiterbildung

Die potenziellen Veränderungen müssen von den Betroffenen als positiver Faktor, auch in der persönlichen Entwicklung, empfunden werden. Aus- und Weiterbildungsprogramme, die in erkennbarem Zusammenhang mit dem Wandel stehen, bewirken diesen Effekt im Sinne einer Motivationsförderung. Inhaltlich müssen diese Angebote so gestaltet sein, dass sie den mentalen Wandel bei den Mitarbeitern unterstützen.

- Anreizsysteme

Materielle und immaterielle Anreizsysteme, die eindeutig darauf ausgerichtet sind, den verhaltensmäßigen Wandel der Mitarbeiter zu fördern und zu belohnen, spielen als indirekte Maßnahmenbündel eine sehr große Rolle. Besonders viel Kreativität wird vom Berater bei der Konzeption immaterieller Anreize gefordert, denn die meisten Klienten sind nicht willens und in der Lage, ein materielles Anreizsystem zu finanzieren.

• Corporate Identity und Unternehmenskultur

Das frühzeitige Herstellen eines Zusammenhangs zwischen den geplanten Veränderungen und positiven Auswirkungen auf die Corporate Identity und Unternehmenskultur ist ebenfalls von entscheidender Wichtigkeit. Jeder Wandel hat Wirkungen auf die kulturellen Wertvorstellungen und Normen eines Unternehmens. Die Aufgabe des Beraters besteht darin, durch entsprechende Maßnahmen zu verhindern, dass diese Wirkungen einen negativen Verlauf nehmen. Durch positiv besetzte symbolische Handlungen und Zeremonien, wie z. B. öffentliche Belobigung eines Mitarbeiters, der besonders schnell auf die geplanten Veränderungen reagiert hat, kann dieses Ziel erreicht werden.

Auswirkungen auf die Unternehmenskultur

6.7   Qualitätssicherung   in   der   Realisierungsplanung

Auch die Realisierungsplanung ist eine Phase des Beratungsauftrags, die wie alle vorgelagerten Phasen in verschiedene Segmente und Arbeitspakte pyramidenförmig untergliedert ist. Für diese Strukturelemente sind ebenfalls Endprodukte definierbar, an denen die Qualitätssicherung vollzogen werden kann (siehe Abb. 213).

Kernaufgabe der Phase ist die Erstellung direkter und indirekter Maßnahmenkataloge, die in weiteren Bearbeitungsphasen auf Machbarkeit und Risikopotenzial überprüft, abgesichert und auf ihre Wirkung hin kontrolliert werden. Das Ergebnis jeder dieser Tätigkeiten ist als Endprodukt definierbar. So ist z.B. das Endprodukt des Segmentes Machbarkeitsprüfung eine tatsächlich an jeder Maßnahme vollzogene Kontrolle, ob die Maßnahme personell, finanziell, betrieblich und sozial durchführbar ist. Das Endprodukt ist tatsächlich als solches vorhanden, nämlich in Form der ausgefüllten Formulare der Abb. 204, Abb. 205 und Abb. 206. Das Endprodukt des Segments Maßnahmenabsicherung sind die verwendeten Formulare der Abb. 208 und Abb. 209 und das Endprodukt des Segments Projektsteuerung ist der konkrete Projektplan, der exakt nach den Vorgaben angelegt ist. Hiermit wird erneut deutlich, welche Bedeutung die Endprodukte für die Qualitätssicherung haben. Nur durch die vorher festgelegten Qualitätsnormen und -vorgaben kann nach der Produkterstellung überprüft werden, ob die dadurch dokumentierte Arbeit den Qualitätsanforderungen entspricht.

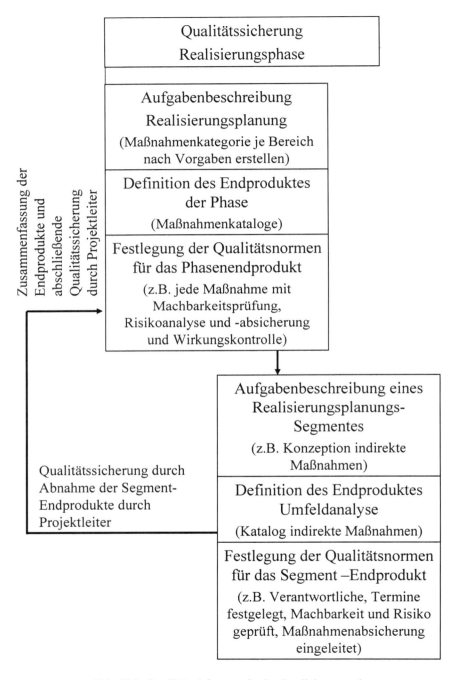

Abb. 213: Qualitätssicherung in der Realisierungsplanung

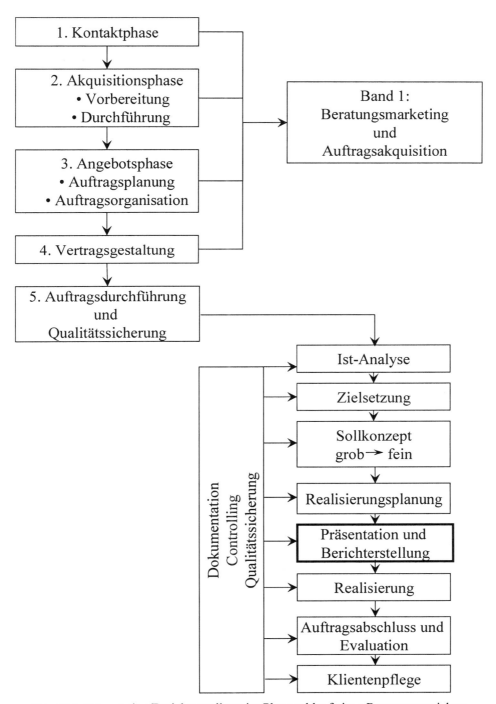

Abb. 214: Präsentation/Berichterstellung im Phasenablauf eines Beratungsprojektes

7 Präsentation und Berichterstellung

Zwischen den Phasen der Realisierungsplanung und der eigentlichen Realisierung liegt meist die Phase der Präsentation und Berichterstellung. Nach dieser Zäsur entscheidet der Klient, ob er die vorgeschlagenen Maßnahmen sofort oder später, ganz oder teilweise oder aber überhaupt nicht umsetzt. Obwohl im Laufe der gesamten Auftragsdurchführung Zwischenergebnisse und Fortschrittsberichte dem Klienten kommuniziert werden, kommt der Vorbereitung und Durchführung der Schlusspräsentation und der Erstellung des Endberichts eine besondere, offizielle Bedeutung zu.

Jeder Berater muss sich der Tatsache bewusst sein, dass er mit beiden Präsentationsformen eine Visitenkarte abgibt, die über den weiteren beruflichen Erfolg entscheiden kann. Besonders bei Berichten weiß der Berater nie, auf welchen verschlungenen Wegen diese in welche Hände geraten können. Insbesondere sollte man nicht vergessen, dass nachfolgende Berater standardmäßig nach früheren Beratungsprojekten und den dazugehörigen Berichten fragen und die Bitte äußern, diese zum "Überfliegen" ausgehändigt zu bekommen. Aus der Praxis weiß man, dass nur wenige Klienten dagegen Einwände erheben. Auf diese Weise hat schon mancher Bericht zur Unterhaltung der Wettbewerber beigetragen.

Aus diesen Gründen sollten bei der Planung und Vorbereitung von Präsentation und Berichterstellung folgende Aspekte beachtet werden:

- Im Zuge der Vorbereitungen muss man sich Klarheit über den Adressatenkreis, dessen Interessenlage und Wissensstand verschaffen, um den Rahmen, den Detaillierungsgrad und die anzuwendende Terminologie zielgerecht festlegen zu können. Nur wenn man die Erwartungen der Teilnehmer kennt, kann man mit einer zusammenfassenden Darstellung des Nutzens, den sie aus den Veränderungen ziehen werden, ihre positive Grundeinstellung erreichen.

Die obere Managementebene interessiert sich vor allem für die Wirkungen der Veränderungsvorschläge auf das gesamte Unternehmen und die damit verbundenen Kosten. Das mittlere Management möchte vor allem darüber informiert werden, welche Auswirkungen auf ihre einzelnen Organisationseinheiten zu erwarten sind und für welche Art von Wandel sie persönlich verantwortlich sind. Die operationale Ebene, die vor allem für die konkrete Durchführung der Problemlösungen zuständig ist, möchte genaue Arbeitsanweisungen bekommen und wissen, welche Änderungen in ihrem Tagesgeschäft zu erwarten sind.

- Bei beiden Präsentationsformen muss die Möglichkeit einer Rückkopplung und Evaluation durch die Adressaten gegeben sein.

- Die Fokussierung auf wesentliche Inhalte und positive Auswirkungen erhöht die Aufmerksamkeit der Zielgruppe. Die Hauptinhalte müssen so dargestellt werden, dass die wichtigsten Personen für sich einen Vorteil darin erkennen.

- Mit dem Grundsatz "Herausfinden, was die wichtigsten Entscheidungsträger wollen und ihnen dann zeigen, wie sie es durch unsere Problemlösung bekommen" schafft man ein wichtiges Akzeptanzkriterium.

- Die Aufforderung zur Tat der Umsetzung muss ebenfalls mit einer Darstellung des dadurch zu gewinnenden Nutzens verbunden werden.

7.1   Präsentation

Die Anforderungen, die an eine Präsentation zu stellen sind, hängen von Inhalt, Dauer und Organisationsform des Auftrags ab. Bei einem langläufigen Strategieprojekt, das mehrstufig in Meilensteinen und in einem gemischten Team durchgeführt wurde, sind der Klient und seine Mitarbeiter inhaltlich so stark involviert, dass eine Präsentation kaum etwas Neues bieten kann. Sie erfüllt in diesem Fall lediglich die Aufgabe, alle Ergebnisse und Empfehlungen gut strukturiert und auf den Punkt gebracht zusammenzufassen und nochmals für zügige Umsetzung zu werben. In anderen Fällen, wie z.B. Rationalisierungsprojekten, arbeiten die externen Berater oft hinter verschlossenen Türen und der Auftraggeber hat kein Interesse daran, Zwischenergebnisse schon vor Auftragsende einer breiteren Öffentlichkeit bekannt zu machen. In diesen Fällen sind die Inhalte der Präsentation für die meisten Zuhörer völlig neu, und der Berater muss für seine Vorschläge Interesse und Akzeptanz wecken.

7.1.1   Vorbereitung

Die sorgfältige Vorbereitung einer Präsentation ist erfolgsentscheidend. Es geht, neben den üblichen Vorbereitungsaufgaben[110] im Einzelnen um die Klärung und Planung folgender beratungsspezifischer Aktivitäten:

1. Wer präsentiert?

Präsentationsrisiken

Im Normalfall wird der Projektleiter die Präsentation durchführen, da er sowohl die Problemlösungskompetenz als auch die Projektmanagementkompetenz am überzeugendsten darstellen und zu allen Fragen die richtigen Antworten geben kann. In der Praxis kommen jedoch folgende Variationen vor, die Risiken enthalten können:

Beispiel 1

- Ein Top-Manager des Beratungsunternehmens, z.B. ein Vizepräsident oder Senior Partner möchte unbedingt einen Part in der Schlusspräsentation übernehmen, da er darin ein Mittel der Klientenpflege und Anschlussakquisition sieht. Da er in dem Auftrag nicht mitgearbeitet hat, kann er inhaltlich keine fundierten Aussagen machen. Seine Rolle müsste auf ein kurzes, allgemein gehaltenes Einleitungsstatement und eine zur Tat auffordernde Schlussbemerkung und Dankesformel beschränkt sein. Das Risiko besteht darin, dass die Schnittstellen nicht genau festgelegt sind oder vom Top-Manager aus eigenem Antrieb, oder weil er vom Klienten in weitergehende Diskussionen verwickelt wird, nicht eingehalten werden. Der nicht mit Auftragsdetails vertraute Top-Manager befindet sich plötzlich auf Terrain, auf dem er unsicher und ahnungslos ist und gefährdet damit den Erfolg der Präsentation.

Beispiel 2

- Der Projektleiter hat den Auftrag zwar hervorragend durchgeführt, es ist jedoch allen Beteiligten klar, dass er kein begnadeter Rhetoriker ist. In diesem Fall bieten sich andere Teammitglieder an, die Präsentation durchzuführen. Hierbei besteht die Gefahr darin, dass der Projektleiter während der Präsentation seine Selbstbeherrschung verliert, weil ein Teammitglied seiner Meinung nach nicht richtig agiert, und doch die Aufgabe an sich zieht mit den zu erwartenden Folgen.

Beispiel 3

- Entscheidet das Beraterteam, nach einer genau festgelegten Dramaturgie gemeinsam zu präsentieren, so liegt auch in diesem Fall das Risiko in der Schnittstellenproblematik. Durch Diskussionsbeiträge und Fragen der Klientenseite kann sich ein Teilpräsenter plötzlich auf einem Gebiet befinden, das eigentlich nur sein Kollege kompetent vertreten kann.

In diesen geschilderten Fällen ist es wichtig, sich der möglichen Risiken bewusst zu werden und entsprechende Vermeidungsstrategien zu planen.

2. Was wird präsentiert?

Inhaltliche Grundlage der Präsentation und des Berichts ist eine nach den höchsten professionellen Anforderungen geführte Auftragsdokumentation. Besondere Bedeutung innerhalb der Projektdokumentation kommt dem Ordner "Weitere Projektideen" (vgl. 11.1.2) zu, in dem während der Durchführung alles gesammelt wird, was zu Anschluss- und Folgeaufträgen führen kann. Gleichzeitig verhindert dieser Ordner, dass man sich mit Problemen beschäftigt, oder sie gar zu lösen versucht, die mit dem eigentlichen Auftrag überhaupt nichts zu tun haben.

Aus der Auftragsdokumentation werden die wesentlichen Inhalte, ergänzt um abschließende Empfehlungen, herausgefiltert, wie z.B.: *Inhalte der Präsentation*

- Ziele und Umfang des Auftrags,

- Terminplan und seine Einhaltung,

- Phasen der Vorgehensweise,

- wesentliche Ereignisse bei der Auftragsdurchführung,

- Zusammenfassung der Ergebnisse der einzelnen Phasen,

- Zusammenfassung der Schlussfolgerungen,

- Zusammenfassung der Empfehlungen zur Problemlösung,

- Darstellung und Diskussion des zu erwartenden Nutzens,

- Maßnahmenplanung zur Umsetzung der Problemlösung,

- weitere Vorgehensweise.

Darüber hinaus sollte auf folgende Inhalte eingegangen werden: *Weitere Inhalte*

- Welche Risiken sind in der Umsetzung der Maßnahmenpläne enthalten?

- Was müssen der Klient und seine Mitarbeiter beitragen, um die Empfehlungen erfolgreich umzusetzen?

- Welche Teilaspekte konnten aus welchen Gründen in dem Auftrag nicht gelöst werden?

3. Wie wird präsentiert?

Es werden grundsätzlich zwei Arten von Präsentationsunterlagen vorbereitet, die identisch sein können, aber nicht müssen:

a. Die Präsentationsunterlagen (Handouts) für die Teilnehmer auf Klientenseite. Dies können einfach nur die Kopien der Overheadfolien sein, die von den Beratern zur Unterstützung der Präsentation eingesetzt werden. Die Folienkopien können aber auch durch Textteile ergänzt sein, so dass die Zuhörer mehr in den Händen haben, als sie in der Folienpräsentation sehen. Als *Umgang mit Handouts* grober Fehler gilt es, den Teilnehmern auf Klientenseite weniger auszuhändigen, als ihnen in der Präsentation gezeigt wird. Die dann auftretenden Unmutsäußerungen können den Erfolg jeder Präsentation gefährden.

Sollen Inhalte präsentiert werden, die der Geheimhaltung unterliegen, so ist darauf zu achten, dass jeder Teilnehmer ein persönliches, auf seinen Namen ausgestelltes Exemplar erhält, dessen Empfang er durch Unterschrift bestätigt.

Die Präsentationsunterlagen sollten den Teilnehmern zusammen mit der schriftlichen Einladung ca. 14 Tage vor der Präsentation zugestellt werden.

b. . Die Präsentationscharts, sei es für den Beamer oder Projektor, müssen nach höchsten professionellen Standards mit Unterstützung der üblichen Präsentations-Software, wie PowerPoint und Excel, angefertigt werden. Das heißt, jedes Chart ist übersichtlich gestaltet und bezieht sich nur auf einen Punkt, einen Bereich oder eine Kernaussage. Die Zusammenhänge sollten, wenn immer möglich, visualisiert werden, denn eine Präsentation mit reinen Textfolien ermüdet die Zuhörer sehr schnell. Graphische Darstellungen sind ein wichtiges Kommunikationsmittel und ein Schaubild sagt mehr als tausend Worte.

Fehler bei der Visualisierung
Doch auch bei der Visualisierung können grobe Fehler gemacht werden:[111]

Die Schaubilder sind vollkommen überladen und unübersichtlich.

Die Aussage stimmt nicht mit der Art des Schaubildes überein, es wird z.B. eine Strukturaussage gemacht und eine Rangfolgendarstellung gewählt.

Das Schaubild ist so schwer verständlich, dass zu seiner Erläuterung mehr gesagt werden muss, als zum eigentlichen Tatbestand.

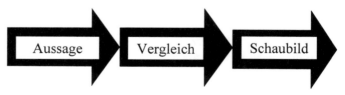

Abb. 215: Ablauf Visualisierung

Für die Wahl der richtigen Visualisierung sollte folgender Ablauf gelten (siehe Abb. 215): Ausgehend von den Informationsinhalten und Daten muss zunächst festgelegt werden, welche konkrete Aussage gemacht werden soll. Der zweite Schritt ist dann die Entscheidung, welche Art von Vergleich mit dieser Aussage gezogen werden soll. Es gibt fünf Grundtypen von Vergleichen: Struktur, Rangfolge, Zeitreihe, Häufigkeitsverteilung oder Korrelation. In einem dritten Schritt wird dann die zum Vergleichstyp passende Schaubildform gewählt. Auf diese Weise ergibt sich eine Zuordnungsmatrix von Vergleichsgrundtypen und Grundformen von Schaubildern (siehe Abb. 216).[112]

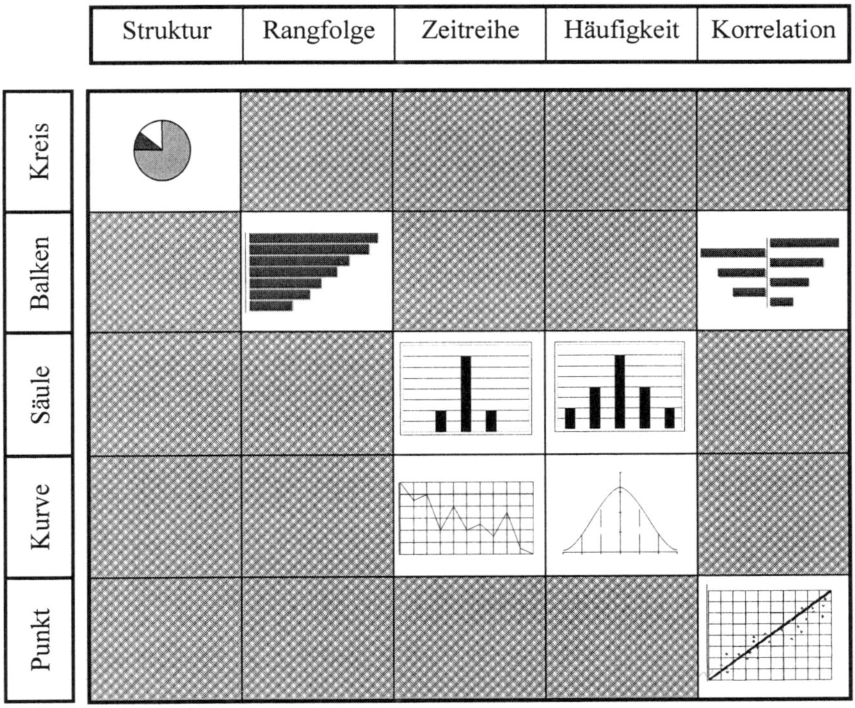

	Struktur	Rangfolge	Zeitreihe	Häufigkeit	Korrelation
Kreis	⬤				
Balken		▬			▬
Säule			▮	▮	
Kurve			∿	⋀	
Punkt					⟋

Abb. 216: Zuordnungsmatrix Visualisierung

Der Versuch, andere Medien als Beamer oder Folienprojektor einzusetzen, wie z.B. vorbereitete Flipchartblätter, vermittelt immer den Eindruck von Unprofessionalität. Da Flipchartblätter manuell angefertigt werden müssen, haben sie immer den Charakter eines Provisoriums und nicht spontaner Kreativität, wie die Ersteller oft meinen. Ein weiteres Problem mit Flipchartblättern besteht darin, dass eine Möglichkeit der Aufhängung im Präsentationsraum gesucht werden muss, was oft zu panikartigen Situationen führt.

Flipcharts

4. Wo wird präsentiert?

In der überwiegenden Zahl der Fälle wird im Klientenunternehmen präsentiert, seltener in den Räumen des Beratungsunternehmens. Vorrangige Aufgabe der Berater ist es, den Raum rechtzeitig reservieren zu lassen und dafür zu sorgen, dass die notwendige Präsentationstechnik und eine ausreichende Anzahl von Sitzplätzen vorhanden sind. Selbst wenn diese Aufgaben, z.B. an eine Sekretärin im Klientenunternehmen delegiert wurden, muss eine Kontrolle vor der Präsentation durch die Berater erfolgen.

5. Wann und wie lange wird präsentiert?

*Dauer der
Präsentation*

Der Zeitpunkt und -umfang der Präsentation wird mit dem Klienten abgestimmt. Die Einladung mit Bekanntgabe der Zeit erfolgt durch den Auftraggeber allein oder gemeinsam mit den Beratern. Der Zeitumfang wird durch die Dauer und Komplexität des Auftrags bestimmt. Man sollte darauf achten, ein Zeitraster von maximal 1,5 Stunden einzuhalten. Danach ist die Präsentation entweder beendet, oder es wird eine Pause eingelegt. Sollte bei Großprojekten die Präsentation mehr als 3 mal 1,5 Stunden erfordern, so ist es ratsam, an einem weiteren Tag die Präsentation fortzusetzen.

7.1.2 Durchführung

Für die Durchführung von Schlusspräsentationen von Beratungsaufträgen hat sich im Laufe der Zeit ein internationaler Standard herausgebildet, der in einigen Punkten von dem allgemeiner Präsentationen[113] abweicht (siehe Abb. 217). Die Vorbereitung und die Durchführung der Präsentation ist auch eng mit der Erstellung des Endberichts verzahnt, was Abb. 217 zeigt.

Vorkopplung

Vor jeder Präsentation, meist parallel mit ihrer Vorbereitung, liegt die Phase der Vorkopplung (Preselling). In dieser Phase wird Kontakt mit direkt betroffenen Mitarbeitern des Klientenunternehmens aufgenommen mit dem Ziel, einen Gesprächstermin zu vereinbaren. Direkt betroffen sind nicht nur die Mitarbeiter, in deren Arbeitsumfeld sich gravierende Veränderungen ergeben werden, sondern vor allem diejenigen, die im Zuge der Auftragsdurchführung als personifizierte Schwachstellen identifiziert wurden, oder die direkt und persönlich bestimmte Engpässe zu verantworten haben. Die in dieser Art Betroffenen sollen, bevor diese Erkenntnisse vor einem größeren Kreis präsentiert und diskutiert werden, Gelegenheit erhalten, sich umfassend informieren zu lassen, sich zu rechtfertigen und eventuell zu beweisen, dass sie bereits Schritte eingeleitet haben, die zur Verbesserung der Engpasssituation führen. Letzteres lassen sich die Berater nicht nur erzählen, sondern sie bitten den Gesprächspartner, Beweise für seine Rechtfertigung oder Entlastung vorzulegen. Nur in diesen Fällen kann man in Erwägung ziehen, die bisherigen Annahmen und Aussagen zugunsten des Betroffenen zu modifizieren.

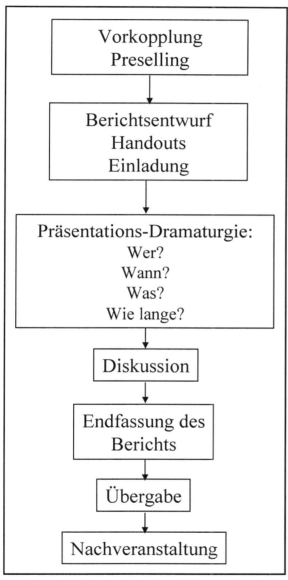

Abb. 217: Ablauf Präsentation und nachfolgende Phase

Vorkoppelungs-
gespräche

Die Vorkopplungsgespräche mit diesem Personenkreis sollten grundsätzlich unter sechs Augen geführt werden (Gesprächspartner und zwei Berater), denn je sensibler die Gesprächsinhalte sind, umso größer ist die Wahrscheinlichkeit, dass von den betroffenen Mitarbeitern versucht wird, die Berater zu beeinflussen. Der Versuch der Beeinflussung hat meist den Zweck, die Berater zu veranlassen, unangenehme Tatbestände zu verschleiern oder abzuschwächen.

Bei dem anderen Personenkreis, der negative Auswirkungen auf sein Arbeitsumfeld zu erwarten hat, dient die Vorkopplung vor allem dem Zweck, um Verständnis und Akzeptanz zu werben und damit die negativen Diskussionsbeiträge in der Präsentation abzuschwächen oder ganz auszuschalten.

Die Präsentation wird dann, wie geplant durchgeführt. Die Auftragsdokumentation ist die inhaltliche Basis für die Präsentation und den ersten Berichtsentwurf. Noch vor einigen Jahren war es üblich, den bereits fertig gestellten Endbericht in der vereinbarten Anzahl von Exemplaren mitzubringen und im Anschluss an die Schlusspräsentation dem Auftraggeber mit freundlichen Wünschen und aufmunternden Worten auszuhändigen. Damit gab es keine Möglichkeit, wesentliche Diskussionsbeiträge noch in den Bericht einfließen zu lassen, sie blieben praktisch "im Raume stehen". Dies hat oft und zu Recht zu Unmutsäußerungen seitens der Klientenmitarbeiter geführt.

endgültige Fassung
des Berichts

Jetzt ist es üblich, zunächst nur einen Berichtsentwurf anzufertigen und die endgültige Fassung erst nach der Schlusspräsentation zu erstellen, damit auch die Inhalte dieser Veranstaltung noch mit in dem Bericht berücksichtigt werden können. Die Diskussion zwischen Beratern und Auftraggeber während und nach der Schlusspräsentation hat nicht nur eine Informations- und Überzeugungsfunktion, sondern dient auch gleichzeitig der Rückkopplung und Evaluation des Beraters und seiner Tätigkeit.

Direkt nach der erfolgreich und harmonisch verlaufenen Präsentation oder zu einem späteren Zeitpunkt sollte eine Nachveranstaltung geplant werden, in der Berater, Klient und Mitarbeiter informell, z.B. bei einer Weinprobe, oder einem gemeinsamen Essen nochmals zusammenkommen, um in gelockerter Atmosphäre über das gemeinsame Projekt und mögliche Anschlussaufgaben zu sprechen.

7.2 Berichterstellung

Der Bericht im Verlauf oder am Ende eines Beratungsauftrags ist ein formaler Akt mit dem Ziel, dem Klienten zu dokumentieren, dass die Zielsetzung einer bestimmten Phase oder des gesamten Projekts erfüllt und der Auftrag damit beendet ist. Gleichzeitig werden Perspektiven einer weiteren Zusammenarbeit bei der Realisierung und in Bezug auf Anschluss- und Folgeaufträge entwickelt.

Der Zeitaufwand für die Erstellung eines fehlerfreien, schriftlichen Berichts wird immer unterschätzt. Erfahrene Berater konzipieren deshalb schon im Angebot als letzte und eigenständige Phase "Präsentationsvorbereitung und Berichterstellung" und zwingen sich dadurch selbst, realistische Zeit- und Kostenschätzungen für diese Aufgabe vorzunehmen. Berater, die diese Phase ignorieren, auch weil sie befürchten, die zusätzlichen Tagessätze würden die Auftragserteilung vereiteln, belügen sich selbst.

Erfahrene Berater versuchen auch, aus der Kenntnis des hohen Arbeitsaufwands heraus, zu verhindern, dass der Klient zusätzlich von ihnen Zwischenberichte verlangt. Diese Gefahr besteht immer bei Meilensteinprojekten, bei denen es nahe liegt, nach jeder Phase und für jede Meilensteinentscheidung nicht nur eine Präsentation, sondern auch einen Bericht zu verlangen. Darauf sollte sich kein Berater freiwillig einlassen, denn auch der Zeitaufwand für die Erstellung von Zwischenberichten wird fast immer unterschätzt. Grundsätzlich sollte versucht werden, mit dem Kunden nur Zwischenpräsentationen zu vereinbaren, die relativ zeitnah aus einer gut geführten Auftragsdokumentation entwickelt werden können.

zusätzliche

Zwischenberichte

verhindern

7.2.1 Rechtliche Aspekte

Allein die Tatsache der Erstellung und Übergabe eines Berichts kann rechtliche Implikationen verursachen für den Fall, dass es zu einer gerichtlichen Auseinandersetzung zwischen Klient und Berater kommt. Selbst wenn beide Parteien übereinstimmend der Meinung waren, es sei zwischen ihnen ein Dienstvertrag abgeschlossen worden, nach dem der Berater nur die Leistung der vereinbarten Dienste, nicht aber einen Erfolg im Sinne eines Werkes schuldet, kann ein Gericht zu einer grundsätzlich anderen Auffassung kommen. Dreh- und Angelpunkt ist dabei die Existenz des Schlussberichts, dem in einigen Präzedenzfällen Gutachten- und damit Werkscharakter zugesprochen wurde. Damit wurde rückwirkend der Abschluss eines Werkvertrages unterstellt, nach dem der Berater einen Arbeitserfolg schuldet und der Klient bei Qualitätsmängeln Anspruch auf Nachbesserung oder ersatzweise auf Vertragsauflösung oder Honorarmin-

Dienstvertrag/

Werkvertrag

derung oder Schadensersatz hat. Es ist oft schwierig nachzuweisen, dass der Bericht nicht der hauptsächliche Vertragsge-
genstand ist, sondern lediglich eine Dokumentation der tatsächlichen Dienstleistung, des Beratungsprozesses. Um Probleme
dieser Art zu vermeiden, schließen viele Berater zwei Verträge

oft: Zwei Verträge   ab: Der eine Vertrag hat den überwiegenden Charakter eines
Dienstleistungsvertrags und bezieht sich nur auf den Beratungsprozess. Die sogenannte Zusatzvereinbarung ist ein
Werkvertrag, der sich ausschließlich auf die Berichterstellung
bezieht. Dabei wird folgende Formulierung verwendet: "Der
Auftraggeber weist den Berater an, zum Abschluss der Beratung einen ausführlichen schriftlichen Bericht zu erstellen. Der
Bericht muss Anlass und Gang der Beratung, die durchgeführten Überlegungen und Erhebungen einschließlich Schlussfolgerungen und Empfehlungen enthalten". Durch den Klienten an-
gemahnte Qualitätsmängel können sich dann nur auf den Bericht, z.B. Rechtschreibfehler, Interpunktion, nicht aber auf die
eigentliche Beratung beziehen.

7.2.2   Inhalte und Struktur

Der Umfang und die Form eines Endberichts variieren mit jedem Auftrag: Es gibt Einzelberater, die handschriftlich 3-4
Seiten selbstentworfener Formulare ausfüllen. Auch bei den
bezuschussten dreitägigen Kurzberatungen, die z.B. durch die
RKWs vermittelt werden, sind formatierte Kurzberichtsformen
üblich (siehe Abb. 218).

Am anderen Ende der Skala stehen die großen formalen Berichte von mehr als hundert Seiten Umfang zuzüglich Anhang

Standardstruktur   und Anlagen. Für die Gliederung formaler Berichte hat sich
ebenfalls ein internationaler Standard herausgebildet, der nur
bezüglich der Inhalte variiert:

1. Präambel oder Vorbemerkung

• Datum und Anlass der Auftragserteilung,

• Auftragsziel und Nutzen,

• Wesentliche Teile der Auftragsplanung, vor allem die Pha-
   senstruktur und -inhalte,

• Darstellung des (gemischten) Projektteams,

• Fakultativ: Profil des Klientenunternehmens,

• Fakultativ: Liste vom Klienten bereitgestellter Unterlagen.

Firma:	Bericht geprüft: Anlagen geprüft: Bericht abgesendet am:	
Gesprächspartner:		
Umsatz:	Beschäftigte:	Weitere Kennzahlen:
Beratungsbeginn/-ende:		Beratungstage
Aufgabenstellung:		
Anmerkungen:		
Berater:		
Festgestellte Mängel:		
Verbesserungsvorschläge nach Prioritäten:		
Durchgeführte Maßnahmen:		
Eingeleitete Maßnahmen:		
Anlagen:		Datum: Unterschrift Berater:

Abb. 218: Musterformular Kurzbericht

2. Zusammengefasstes Ergebnis

- Wesentliche Fakten und Erkenntnisse der Ist-Analyse,

- Kurzskizze der konzeptionellen Lösungsalternativen,

- Weitere Vorgehensweise.

3. Methodisches Vorgehen

- Schilderung der Analysetechniken und -inhalte,

- Verweis auf Quervergleiche,

- Angewandte Prognosemethoden,

- Problemlösungsverfahren,

- Methodisches Vorgehen bei der Realisierung.

4. Die Analyseergebnisse im Einzelnen

Hier wird auf die Analyseergebnisse jedes einzelnen Teilbe-
reichs, wie z.B. Beschaffung, Produktion, Materialwirtschaft,
Logistik, Führungsorganisation usw. eingegangen.

5. Bewertung der Analyseergebnisse

Die Analyseergebnisse werden zusammengefasst, diskutiert,
eventuell mit den Ergebnissen des Quervergleichs verglichen
und abschließend bewertet.

6. Lösungskonzepte

Darstellung der grundsätzlichen Alternativen zur Problemlösung, Bewertung und Empfehlung des Lösungsweges, der aus
Sicht der Berater höchste Priorität hat.

7. Maßnahmenkataloge

Für jeden Teilbereich der zu realisierenden Lösungsalternative
wird ein Maßnahmenkatalog dargestellt.

8. Weitere Vorgehensweise

In diesem abschließenden Kapitel werden Erkenntnisse über
weitere Schwachstellen und Engpässe im Klientenunternehm-
men, die im Zuge der Auftragsdurchführung gewonnen werden
konnten, in mehr oder weniger deutlicher Angebotsform verarbeitet. Dieses Kapitel sollte in keinem Schlussbericht fehlen,
denn es stellt eine hervorragende Möglichkeit der weiterfüh-
renden Diskussion über Anschluss- und Folgeaufträge dar.

Für Entscheidungsträger in Klientenunternehmen stellt nicht
die Informationsgewinnung, sondern die Informationsaufnah-
me und -verarbeitung ein Problem dar. Bei umfangreichen Berichten ist es deshalb eine Selbstverständlichkeit, in den Be-
richtstext einen roten Faden zu legen (siehe Abb. 219), mit
dessen Hilfe der Leser selbst entscheiden kann, zu welchem

Thema er bis zu welchem Detaillierungsgrad informiert werden möchte. Nach der Gliederung und der Präambel ist das zusammengefasste Ergebnis die Ausgangsbasis für die weitere Entscheidung, was in dem Bericht gelesen wird und was nicht.

Gliederung	Seite
1. Präambel	I-VI
2. Zusammenfassung	1
3. Methodik	6
4. Analyseergebnisse	12
•	
•	
•	
•	
8. Weitere Vorgehensweise	

I

1. Präambel

1.1 Ziel und Nutzen
1.2 Projektplan
1.3 Team
1.4 Unterlagen
•
•
•

1

2. Zusammenfassung
(Management Summary)

	Seite
2.1.	....
2.2.	....
2.3.	**28**
2.4.	....

Kurze Kernaussagen, maximal 5 Sätze zu jedem Tatbestand mit Verweis auf Kapitel im Text und Seitenangabe.

28

2.3. Materialwirtschaft

2.3.1 ...
2.3.2 ...
2.3.3 ...
•

Kernaussagen, **1½-zeilig** geschrieben.
Am Ende des Kapitels:
Erläuterungen, Begründungen
Zu 2.3.1: ....
Hier die Aussage unter 2.3.1 erläutern und begründen, Verweis auf **Anhang** und **Anlagen, Zeilenabstand 1-zeilig.**

Abb. 219: Rote-Faden-Struktur eines formalen Endberichts

kurze Kernaussagen

In der Ergebnisübersicht werden kurze Kernaussagen zu allen relevanten Tatbeständen gemacht. Neben jedem Kernaussagenblock ist ein Verweis auf Kapitel- oder Seitenangaben des Berichts angegeben. Der Leser kann dadurch die ihn nicht interessierenden Seiten überspringen und sofort auf das Kapitel zugreifen, das ihn interessiert. In diesem vertiefenden Kapitel sind ebenfalls Kernaussagen enthalten, allerdings in einem viel höheren Detaillierungsgrad als in der Ergebnisübersicht. Auch hier kann der Auftraggeber entscheiden, ob ihm die Kenntnisnahme dieser Kernaussagen, die im Zeilenabstand 1,5 geschrieben sind, ausreicht oder nicht. Am Ende des Kapitels wird unter der Überschrift "Erläuterungen, Begründungen" ausführlich zu jeder Kernaussage Stellung genommen. Um auch optisch zu verdeutlichen, dass hier weiter ins Detail gegangen wird, ist dieser Text einzeilig abgefasst. In diesem Text erfolgen nun auch die Querverweise auf Anhang und Anlagen. Insgesamt wird damit ein fünfstufiger Detaillierungsgrad der Informationsgewinnung vorgegeben.

7.2.3   Qualitätssicherung Berichterstellung

Freigabeprozedur

notwendig

Wie auch das Angebot, sollte jeder Endbericht eine Freigabeprozedur durchlaufen, die gleichzeitig eine Qualitätssicherung darstellt. Der Endbericht, der im Regelfall vom Projektleiter geschrieben oder zusammengestellt wird, nachdem die jeweiligen Teammitglieder ihren Berichtsteil erstellt haben, wird vom Fachbereichsleiter, Partner oder Senior Partner inhaltlich und in Bezug auf zukunftsbezogene Aussagen und Verpflichtungen überprüft, zur Nachbesserung zurückgeschickt oder freigegeben. Analog zu den vorgelagerten Phasen stellt der Bericht das Endprodukt der Phase Berichterstellung dar, das nach genauen Vorgaben erstellt werden muss.

Mit Wehmut sei daran erinnert, dass sich das Battelle-Institut in den siebziger und achtziger Jahren zwei Germanisten leisten konnte, die als Lektoren alle Angebote und Endberichte überarbeitet haben. Erst nach ihrem endgültigen Freigabevermerk konnte der Bericht dem Klienten übermittelt werden. Ein weiterer begeisternder Luxus war die Graphikabteilung, die vorwiegend damit beschäftigt war, ästhetisch und künstlerisch hochwertige Berichtstitelseiten zu gestalten.

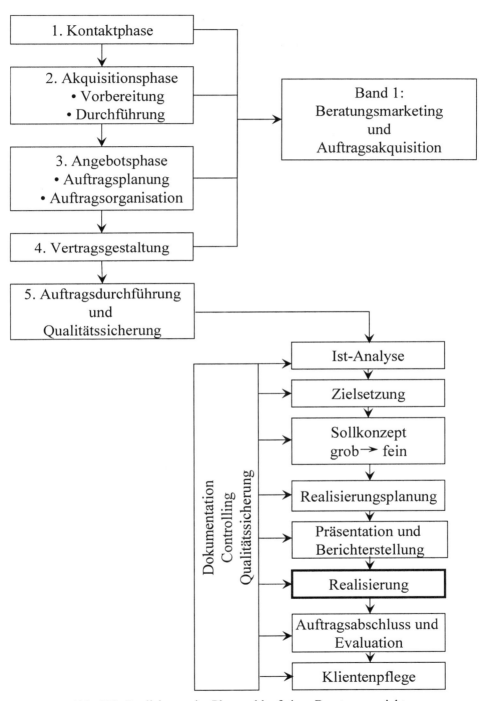

Abb. 220: Realisierung im Phasenablauf eines Beratungsprojektes

8   Realisierung

Die Realisierung oder Umsetzung besteht darin, dass die in der Realisierungsplanung im Konsens verabschiedeten und abgesicherten Maßnahmen und Projekte auch tatsächlich in der abgestimmten Form und innerhalb der festgelegten Termine verwirklicht werden. Für Maßnahmen, die Kosten verursachen, sind die notwendigen Mittel bereitzustellen.

Ohne Realisierung der vorgeschlagenen Problemlösung ist die Beratung unvollständig und zeigt, dass während des Beratungsprozesses auf beiden Seiten Fehler gemacht wurden. Ist während aller Phasen eng mit dem Klienten und seinen Mitarbeitern zusammengearbeitet worden, so muss ein starkes Interesse vorhanden sein, die gemeinsamen Arbeitsergebnisse auch umzusetzen.

Zeitbedarf der Realisierung

Der Zeitaufwand für eine Realisierung wird, als Faustregel, mit dem Faktor 3 der Summe der vorherigen Phasen geschätzt: Hat der Auftrag von der Ist-Analyse bis zur Realisierungsplanung z.B. 4 Monate in Anspruch genommen, ist von einem Realisierungszeitraum von 12 Monaten auszugehen.

8.1   Realisierungsformen

Obwohl der Anstoß und die Hauptverantwortung für die Realisierung beim Klienten liegen, ist der Berater in verschiedenen Funktionen während des Implementierungsprozesses seiner Veränderungsvorschläge gefordert. In Bezug auf die direkten, maßnahmenbezogenen Aufgaben unterscheidet man, wie bereits in 6.1 dargestellt, die folgenden Realisierungsformen:

Realisierungsformen

- Vollrealisierung: Der oder die Berater führen als Verantwortliche alle Maßnahmen selbst durch.

- Teilrealisierung: Nur ein Teil der Maßnahmen wird von Beratern übernommen, der andere Teil wird auf interne Mitarbeiter übertragen.

- Realisierungsbegleitung: Berater führen selbst keine der vorgeschlagenen Maßnahmen durch, stehen aber zur Regelung von Ausnahmefällen und zur Fortschrittskontrolle zur Verfügung. Für diese Variante gibt es auf beiden Seiten Gründe, die einleuchtend sind:

1. Die Problemlösung ist einfach strukturiert und ohne größere strategische Bedeutung. Der Klient kann sie ohne Qualitätsverlust mit Bordmitteln umsetzen.

2. Der Auftrag ist von Anfang an in gemischter exter-
ner/interner Besetzung durchgeführt worden, so dass die internen Beteiligten ohne Schwierigkeiten die Realisierung
selbst leiten und durchführen können.

3. Seitens des Beratungsunternehmens besteht kein Interesse,
eigene Mitarbeiter in längeren Realisierungsphasen zu "ver-
heizen", weil in solchen Fällen immer die Gefahr besteht,
dass der Berater seine erfolgsentscheidenden Eigenschaften,
wie z.B. die ständige Akquisitionsbereitschaft, verliert und
zum Sachbearbeiter mutiert.

4. Der Auftraggeber verzichtet oft aus finanziellen Gründen
auf eine Involvierung der Berater bei der Umsetzung, was
bei der Zeitrelation 1 : 3 einleuchtend ist. Das Auftragsbudget ist meist nach der Realisierungsplanung erschöpft und
der Klient muss gezwungenermaßen mit eigenen Mitarbeitern umsetzen. In diesen Fällen wird er es würdigen, wenn
der Berater ihm besondere Arrangements vorschlägt:

- Das Beraterteam wird, entsprechend den finanziellen Möglichkeiten des Klienten, sukzessive verkleinert, nur eine
kleine Kernmannschaft führt die Realisierung durch.

- Ein Berater (Projektleiter) kommt nur periodisch zur Fortschrittskontrolle und Diskussion von Ausnahmesituationen
in das Klientenunternehmen zurück.

- Die Berater stehen zur Lösung besonderer Probleme zur
Verfügung und kommen nur auf Anforderung. Dabei muss
beachtet werden, dass Probleme zeitlicher Verfügbarkeit
auftreten können, wenn die Berater zwischenzeitlich in anderen Projekten eingesetzt sind.

- Es wird eine Hotline eingerichtet, d.h. der Projektleiter
steht, unabhängig davon, ob er im Beratungsunternehmen
bzw. in einem neuen Projekt arbeitet oder im Urlaub ist,
dem Klienten telefonisch zur Raterteilung und Fern-
Problemlösung zur Verfügung.

8.2   Realisierungsvorbereitung

Mit den einzelnen Schritten der Realisierungsplanung (vgl.
Kap. 6) ist die Hauptaufgabe der Realisierungsvorbereitung
bereits abgeschlossen. Es verbleiben nur einige indirekte, mehr
qualitative Aspekte, die geklärt werden müssen. Zu diesem
Zweck kann eine Checkliste eingesetzt werden, die vom Projektleiter ausgefüllt wird (siehe Abb. 221).

Checkliste Realisierungsvorbereitung	
Frage	Antwort
Haben Klient und Mitarbeiter die Notwendigkeit des Wandels wirklich verstanden?	
Ist die Organisation bereit und fähig, einen Verbesserungsprozess zu implementieren?	
Sind die organisatorischen Barrieren, die dem Wandel entgegenstehen, identifiziert worden?	
Ist die Bedeutung von Synergieeffekten erkannt und gewürdigt worden?	
Herrscht eine klare Vorstellung darüber, dass der gegenwärtige Zustand nicht fortgesetzt werden kann?	
Sind die individuellen, gruppenbezogenen, organisatorischen und ökologischen Dimensionen des Veränderungsprozesses berücksichtigt worden?	
Ist alles unternommen worden, um die Akzeptanz der direkt Betroffenen zu erhalten?	
Sind Ziele und Meilensteine für die Realisierungsphase gesetzt worden?	
Ist das Realisierungsteam darauf vorbereitet, mit Konflikten und Widerständen umzugehen?	
Sind Anreizsysteme entwickelt worden, um die Veränderungsbereitschaft zu honorieren?	
Ist ein System der Fortschrittskontrolle installiert worden?	
Ist das Datengerüst zur Fortschrittskontrolle festgelegt?	
Können Störgrößen analysiert und bewertet werden?	
Sind Instrumente zur Durchführung von Soll-Ist-Vergleichen verfügbar?	
Ist ein Realisierungs-Berichtswesen installiert?	

Abb. 221: Checkliste zur Realisierungsvorbereitung

8.3   Fortschrittskontrolle

Um sicherzustellen, dass keine Maßnahme verändert oder überhaupt nicht durchgeführt wird, muss eine Kontrollvorgehens-
weise festgelegt werden.

Bei der Festlegung des Fortschrittskontrollvorgehens muss auf
folgende Bestandteile geachtet werden (siehe Abb. 222):

- Zunächst wird festgelegt, was kontrolliert wird. In der Praxis wird die Fortschrittskontrolle meist auf die Überprüfung
  des Fertigstellungsgrades der Gesamtmaßnahme, einschließlich ihrer Teilschritte beschränkt. Darin ist eine Kontrolle
  der Einhaltung des Zeit- und Kostenbudgets und des Ar-
  beitsverhaltens des Maßnahmenverantwortlichen automatisch enthalten.

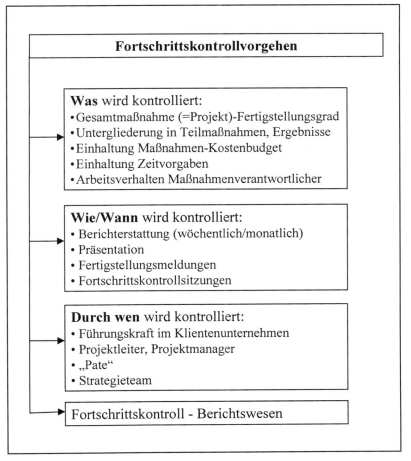

Abb. 222: Bestandteil der Fortschrittskontrolle

- Die Art und Weise der Kontrolle und der Kontrollzeitpunkte wird in einem nächsten Schritt festgelegt. Neben der turnusmäßigen Berichterstattung können regelmäßige Präsentationen, Fertigstellungsmeldungen oder Fortschrittskontrollsitzungen vereinbart werden.

- Zwischenkontrollen erfolgen entweder durch Führungskräfte des Klientenunternehmens oder durch den internen "Paten". Zu den festgelegten Kontrollpunkten, die in größeren Zeitabständen liegen, nimmt ein internes Strategieteam, das aus allen Maßnahmenverantwortlichen besteht und, je nach Realisierungsvereinbarung, der externe Projektleiter die Meldungen über den Umsetzungsgrad ab.

- Das Fortschrittskontroll-Berichtswesen besteht aus dem Arbeitsfortschrittsblatt (siehe Abb. 223), auf dem von Kontrollpunkt zu Kontrollpunkt der wachsende Umsetzungsgrad jeder Maßnahme verfolgt werden kann.

In den Fortschrittskontrollsitzungen im Kreis aller Maßnahmenverantwortlichen wird als einheitliches Präsentationsmedium das Arbeitsfortschrittsblatt verwendet.

Die Vorgehensweise ist die folgende:

Vorgehensweise bei FK-Sitzungen

- Ein Arbeitsfortschrittsblatt (AF-Blatt) für jede Maßnahme anlegen. Die Kopfzeile ist mit der entsprechenden Zeile des Maßnahmenplans identisch.

- Teilschritte (Struktur) je Maßnahme auf dem AF-Blatt strukturieren. Mit der Durchführung der Teilschritte kann der Maßnahmenverantwortliche weitere Personen beauftragen. Den Arbeitsfortschritt muss er aber immer selbst präsentieren.

- Diese Teilschritte und ihr Umsetzungsgrad werden alle 2-3 Monate in den Fortschrittskontrollsitzungen auf dem AF-Blatt als Overheadfolie oder mittels Beamer präsentiert.

- In den Fortschrittskontrollsitzungen erläutert der jeweilige Maßnahmenverantwortliche den Stand der Umsetzung, der trotz Maßnahmenabsicherung eingetretenen Schwierigkeiten, aber auch besondere Erfolge.

- Der moderierende Berater notiert die "Meßlatte" und den konsensfähigen Zielerreichungsgrad prozentual je Teilschritt oder je Gesamtmaßnahme.

- Die so von Sitzung zu Sitzung fortgeschriebenen AF-Blätter sind das Fortschrittsberichtswesen und Protokoll gleichzeitig: Sie werden von Sitzung zu Sitzung eingesammelt, kopiert und an alle Maßnahmenverantwortlichen verteilt.

Arbeitsfortschritt			Projektbezeichnung:					
			Projektnummer:					
Datum:	Projektleiter:		Maßnahmenkategorie / Maßnahmenbezug:					
Nr	Maßnahme	Verant-wortlich	Termin Start Ende	Pate Kontroll-punkte	Kosten 1-mal x-mal	Mach-barkeit	Risiko	Wirkung innen außen

Teilschritt der Maßnahme	Verant-wortlich	Ergebnisse	Kontrolldatum			
			Umsetzungsgrad			

Abb. 223: Arbeitsfortschrittsblatt

- Der abgestimmte Umsetzungsgrad in Prozent ist die wichtigste Meßlatte und der Vergleichsmaßstab. Die Veränderung des Prozentsatzes bleibt damit von Sitzung zu Sitzung verfolgbar, der Realisierungsdruck steigt mit Näherung an 100%. Dies gilt sowohl für die Beurteilung, ob die Maßnahme planungs-, also fristgerecht durchgeführt wurde (formeller Erfüllungsgrad), als auch dafür, ob die Maßnahme das inhaltliche Ziel erreicht hat (materieller Erfüllungsgrad).

Umsetzungsgrad

- Die erste Fortschrittskontrollsitzung ist entscheidend für die weitere Umsetzung. Hier muss die Ernsthaftigkeit und Nachhaltigkeit der Überwachung der Umsetzung eingeleitet und demonstriert werden.

- Die Fortschrittskontrollsitzung darf nicht zu neuen und weiteren Sitzungen führen, sondern muss bestehende Planungssitzungen ersetzen. Andere Sitzungen mit aktuellen Themen führen in der Regel nur zu neuem Aktionismus, der die Realisierungsphase stört.

- Die Zeitdauer der ersten Sitzung für die Präsentation des Arbeitsfortschritts für z.b. 40 Maßnahmen dauert ca. 6 Stunden, da das Berichterstattungsverfahren erst eingeübt werden muss. Ab der dritten Fortschrittskontrollsitzung genügen 3 Stunden.

Ausreden unmöglich

machen

- Die gemeinsame Sitzung aller Maßnahmenverantwortlichen bringt einen heilsamen Gruppenzwang für "Nachhinkende". Ausreden und Informationsschwindel von Sitzung zu Sitzung können nicht stattfinden, da die vorherige Präsentation auf dem AF-Blatt sichtbar bleibt. Damit sind alle über den Stand der Umsetzung informiert (Querinformation). Abwesende können vom Paten anhand der AF-Blätter leicht über den Stand der Umsetzung informiert werden.

- Mit der Verwendung der AF-Blätter ist ein einheitlicher Informationsstandard gewährleistet.

8.4 Maßnahmenkorrektur

Die Maßnahmenkorrektur wird in der Praxis der Unternehmensberatung kaum erwähnt. Es ist offensichtlich mit dem Selbstverständnis der Berater nicht vereinbar, einzuräumen, dass sie in der Realisierungsplanung häufig auch Maßnahmen und Projekte verabschieden, die sich in der Realisierung als nicht umsetzbar oder nicht tragfähig erweisen.

bei Unmöglichkeit:

Korrektur

In der Realität geschieht es häufig, dass sich einzelne Maßnahmen trotz einer Absicherung durch vorbeugende Aktivitäten als nicht realisierbar erweisen und im Realisierungsvollzug eine Korrektur vorgenommen werden muss.

Die Art der korrigierenden Aktivitäten hängt davon ab, ob die Abweichungsursache bekannt ist oder nicht (siehe Abb. 224).

Danach werden

- vorläufige Korrekturen, bei unbekannter Ursache,

- anpassende Korrekturen, bei bekannter Ursache, die vorläufig nicht beseitigt werden kann, und

- abstellende Korrekturen unterschieden.

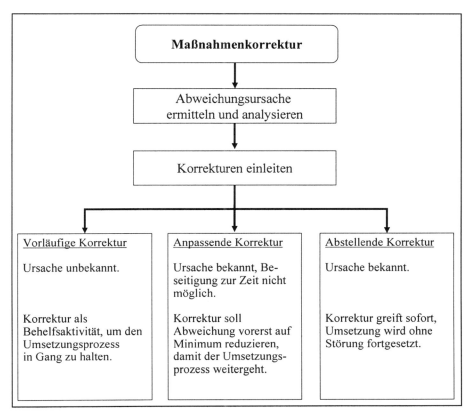

Abb. 224: Ablaufschema Maßnahmenkorrektur

Die vorläufige Korrektur setzt ein, wenn bei unbekannter Abweichungsursache durch eine Behelfsaktivität die Maßnahmenumsetzung zumindest von der Zielsetzung her in Gang gehalten werden
soll.

Korrekturarten

Die anpassende Korrektur hat das Ziel, bei bekannter, aber zurzeit
nicht zu behebender Ursache, die Abweichung auf ein Minimum zu
begrenzen.

Die abstellende Korrektur beseitigt die Abweichungsursache sofort,
wodurch der Umsetzungsprozess störungsfrei fortgesetzt werden
kann.

Gemeinsames Ziel aller Korrekturen muss es immer sein, den Umsetzungsprozess so weit wie möglich störungsfrei in Gang zu halten.

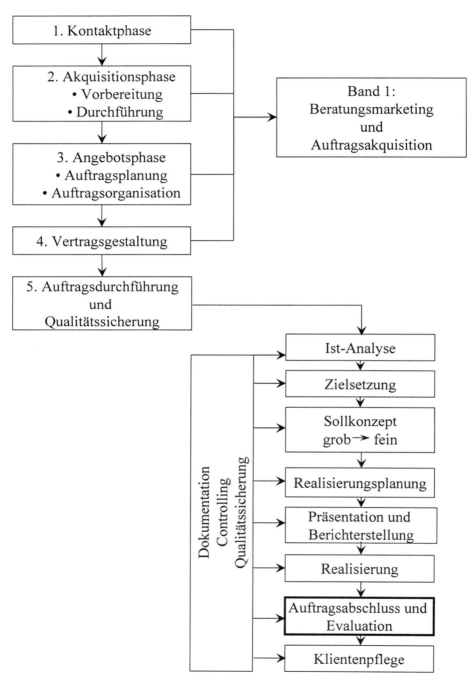

Abb. 225: Auftragsabschluss/Evaluation im Phasenablauf eines Beratungsprojektes

9 Auftragsabschluss und Evaluation

Der Auftragsabschluss (Engagement Closeout) muss ebenso professionell geplant und durchgeführt werden, wie der eigentliche Beratungsprozess. Es gibt mehrere Arten des Auftragsabschlusses: *Arten des Auftragsabschlusses*

- Beendigung wie geplant und terminiert; dies kann, je nachdem, was vertraglich vereinbart wurde, sowohl nach der Voruntersuchung, der Ist-Analyse, der Realisierungsplanung oder der Realisierung sein.

- Abbruch, z.B. wegen einer entsprechenden Meilensteinentscheidung, plötzlicher Einschränkungen der finanziellen oder sonstigen Machbarkeit oder unüberbrückbarer Meinungsverschiedenheiten mit dem Auftraggeber usw.

- Weiterführung, aber ohne Unterstützung des Beratungsunternehmens.

Die Qualität des Auftragsabschlusses ist von entscheidender Bedeutung für die weitere Beziehung zwischen Klient und Berater. Selbst wenn der Beratungsprozess von Konflikten begleitet war, sollte alles unternommen werden, den Auftrag in einer positiven Grundstimmung zum Ende zu bringen.

Die abschließende Evaluation eines Beratungsauftrags bezieht sich auf zwei Fragenkomplexe:

- War der Klient zufrieden mit uns?

- Können wir mit der Durchführung und den Ergebnissen dieses Auftrags zufrieden sein?

Erst wenn diese beiden Fragestellungen uneingeschränkt bejaht werden, kann von einem erfolgreich durchgeführten Projekt gesprochen werden. Inhaltlich geht es einmal um die Bewertung des Beratungserfolgs und -nutzens und zum zweiten um die Beurteilung des Beratungsprozesses und der gesamten Leistung.

Dabei darf nicht übersehen werden, dass es in vielen Fällen schwierig ist, den Beratungserfolg zu evaluieren, weil er entweder überhaupt nicht oder erst mit wesentlicher zeitlicher Verzögerung messbar ist. Das ist aber nicht der alleinige Grund dafür, dass viele Berater die Evaluation entweder überhaupt nicht oder nur am Rande und sehr nachlässig durchführen. Viele Berater haben eine Scheu davor, ihre Leistung und die Art, wie sie erbracht wurde, auf den Prüfstand zu stellen. Da auch die Evaluation Arbeitsaufwand darstellt, verursacht sie Kosten und muss entsprechend kalkuliert und vom Klienten bezahlt werden. *Scheu vor Prüfung*

In diesem Zusammenhang ist häufig das Argument zu hören, die Evaluation könnte aus finanziellen Gründen dem Klienten nicht zugemutet werden.

Die Evaluation sollte, wenn immer möglich, gemeinsam mit dem Klienten durchgeführt werden, auch wenn beide Parteien bei einem Beurteilungskriterium durchaus unterschiedlicher Meinung sein können.

Vorgehen bei der Evaluation

Zur Evaluation können verschiedene Vorgehensweisen angewendet werden:

• Kritische Auswertung der Auftragsdokumentation, Suche nach Schwachstellen der Durchführung, Manöverkritik der einzelnen Phasen im Projektteam.

• Diskussion mit dem Auftraggeber und seinen betroffenen Mitarbeitern.

• Fragebogenaktion.

Jeder Evaluationsprozess muss in Berichtsform dokumentiert werden.

Etablierte Beratungsunternehmen haben zur Sicherstellung der Qualität der letzten Auftragsphase Checklisten entwickelt.

9.1 Auftragsabschlussaufgaben

Mit Hilfe eines Leitfadens, in dem die wichtigsten Aufgaben der Auftragsbeendigung aufgeführt sind (siehe Abb. 226), soll sichergestellt werden, dass kein Aspekt eines professionellen Auftragsabschlusses übersehen wird.

Bei den einzelnen Aufgaben handelt es sich hauptsächlich um technisch-organisatorische Fragestellungen, die der Qualitätssicherung dienen, wie z.B. die Durchführung einer teaminternen Projekt- und Dokumentationsbeurteilung mit entsprechenden Schlussfolgerungen sowie Aktualisierung der Mitarbeiterprofile und des Marketinginformationssystems. Schwerpunkt

Initiieren einer Kundenzufriedenheitsanalyse

ist aber auch die Vorbereitung der Evaluation durch Initiierung der Kundenzufriedenheitsanalyse. Marketingaspekte werden berücksichtigt durch die abschließende Fragestellung, ob der Klient in die Referenzliste aufgenommen werden darf.

Die Checkliste wird vom Projektleiter abgearbeitet und von einer Führungskraft im Beratungsunternehmen abgezeichnet, nachdem alle Aufgaben erledigt sind.

Fragebogen zum Auftragsabschluss	ja	nein	Kommentar
Klient: Auftragsnr.:			
1. Abschlussbesprechung mit dem Klienten durchgeführt?			
2. Gefragt, ob er als Referent genannt werden darf?			
3. Abschlussbericht in vereinbarter Anzahl übergeben?			
4. Abschlussrechnung erstellt?			
5. Projektabschlussschreiben an Klienten versandt?			
6. Fragebogen zur Kundenzufriedenheit beigefügt?			
7. Projektbeurteilung mit Verantw. / Team durchgeführt?			
8. Trainingsbedarf festgestellt?			
9. Projektdokumentation kritisch überprüft?			
10. Schlussfolgerungen gezogen?			
11. Projektdokumentation archiviert?			
12. Mitarbeiterprofile aktualisiert?			
13. Marketinginformationssysteme aktualisiert?			
Unterschrift Projektmanager:			
Datum:			

Abb. 226: Checkliste Abschlussaufgabe

9.2 Klientenzufriedenheitsanalyse

Die Kundenzufriedenheit abzufragen, ist mittlerweile zum Standard bei Dienstleistungsunternehmen geworden. Beim Einsatz von Fragebögen ist es wichtig, diesen nur mit geschlossenen Fragen zu versehen und nicht über den Umfang von einer Seite hinauszugehen (siehe Abb. 227).

Bitte beantworten Sie folgende Fragen	ja	nein	Kommentar
1. Waren Sie mit der Leistung unseres Unternehmens uneingeschränkt zufrieden?			
2. Würden Sie uns uneingeschränkt weiterempfehlen?			
3. Hat Sie die Leistung einzelner unserer Mitarbeiter überzeugt?			
4. Haben Sie unsere Mitarbeiter sozial kompetent verhalten?			
5. Wurden die von Ihnen und Ihren Mitarbeitern gemachten Vorschläge aufgegriffen und umgesetzt?			
6. Können / konnten die von uns empfohlenen Maßnahmen umgesetzt werden?			
7. Fanden Sie den Einsatz unsere Arbeitsmittel (IT, Software etc.) adäquat?			
8. Fanden Sie unseren Methodeneinsatz passend?			
9. Wurden Ihre Probleme, wie vereinbart, gelöst?			
10. Gab es Probleme, die in diesem Auftrag nicht gelöst werden konnten bzw. sich erst im Verlauf des Auftrags ergeben haben?			
11. Waren Sie mit dem Preis-/ Leistungsverhältnis zufrieden?			
12. Würden Sie bei Bedarf wieder ein Beratungsunternehmen einschalten?			
13. Würden Sie in diesem Fall auch uns einbeziehen?			

Abb. 227: Klientenzufriedenheitsanalyse

Die Fragebogenaktion kann bei Bedarf durch Einzelgespräche und Diskussionsrunden ergänzt werden.

9.3 Auftragswirtschaftlichkeit

Die Auftragswirtschaftlichkeit wird durch Gegenüberstellung der Soll- und Ist-Werte und der Vor- und Nachkalkulation ermittelt und bewertet (siehe Abb. 228).

Kunde:		Prüfdatum:	
Auftragsnummer:		Reviewer:	
Branche:		Auftragsbezeichnung:	
		Laufzeit:	
	Honorar:	**Auslagen:**	**Fakturierte Std.:**
Angebot:			
Fakturierung:			
	Realisierung (%):	**DB 1 (%):**	**Nicht fakt. Std.:**
Vorkalkulation:			
Nachkalkulation:			
Team:	**Name:**	**Fakturierte Std.:**	**Team-Anteil (%):**
Verantw. Partner / Fachbereichsleiter			
Projektmanager			
Projektleiter			
Senior Berater			
Junior Berater			
Assistenten			
Sonstige			
Fazit:			

Abb. 228: Auftragswirtschaftlichkeit

Insbesondere der Vergleich, der im Zuge der Angebotserstellung geplanten Honorare und Auslagen mit den tatsächlich fakturierten Werten, ist aufschlussreich für künftige Angebotssituationen. Der Anteil der nicht fakturierten Stunden muss, wenn er über ein bestimmtes Maß hinausgeht, erläutert und begründet werden. Das gleiche gilt für den Vergleich der Vor- und Nachkalkulation für den Anteil der Realisierung und den Deckungsbeitrag 1. Für alle, die im Auftrag mitgearbeitet haben, wird die Relation zwischen fakturierten Stunden und Arbeitsanteil ermittelt. Aus dieser Relation können Erkenntnisse über Arbeitsproduktivität und Effizienz gewonnen werden.

9.4 Auftragsbeurteilung

Mit einem Satz von Checklisten (siehe Abb. 229 - Abb. 233) wird der abgeschlossene Auftrag umfassend beurteilt:

Checklisten zur Auftragsbeurteilung

• Die Gesamtbeurteilung bezieht sich vor allem auf die fachliche Qualität der Auftragsdurchführung und schließt die verschiedenen Kompetenzbereiche der Projektleitung und der Mitarbeiter, das Engagement der Führungsebene des Beratungsunternehmens und die Qualität der internen Verwaltung ein.

• Die Beurteilung der Kontakt- und Akquisitionsphase stellt die Klientenbewertung und die Risikoanalyse des potenziellen Auftrags in den Mittelpunkt. Außerdem wird in Erinnerung gerufen, dass Berater bereits in der vorvertraglichen Phase, also bereits bei und nach ersten Gesprächen mit dem Klienten, haften.

• Bezogen auf die Angebotsphase wird abschließend beurteilt, ob das Angebot die notwendigen Bestandteile, wie Kalkulation und Endproduktdefinition enthalten hat und sachlich und fachlich richtig war.

• Die Beurteilung der Auftragsendprodukte ist deshalb besonders wichtig, weil nur an den Endprodukten operative Qualitätssicherung vorgenommen werden kann. Vor allem der Klärung der Frage, ob der Klient Phasen- und Auftragsendprodukte abgenommen hat, ist besondere Aufmerksamkeit zu widmen.

• Die Leistung der Mitarbeiter, freien Mitarbeiter und Unterauftragsnehmer wird in einem weiteren Fragenkomplex evaluiert. Die Ergebnisse gehen auch in die Planungen zur Personalentwicklung, insbesondere auch zur Weiterbildungsplanung, ein.

A. Gesamtbeurteilung	Zufrieden stellend	Geringe Mängel	Starke Mängel	Verweise
1. Fachliche Gesamt-Qualität				
• Vorgehensweise, Methoden				
• Fachliche Eignung der Mitarbeiter				
• Qualität der Ist-Analyse				
• Umsetzung der Zusagen im Angebot				
• Umsetzung der Ergebnisse				
2. Kompetenz der Projektleitung				
• Fachlich (Problemlösung)				
• Technisch (Projektmanagement)				
• Sozial nach innen (Team)				
• Sozial nach außen (Klient)				
3. Kompetenz der Mitarbeiter				
• Fachlich (Teilaufgabe)				
• Technisch (Methodeneinsatz)				
• Sozial nach innen (Team)				
• Sozial nach außen (Klient)				
4. Engagement des verantwortlichen Partners / Fachbereichsleiters				
• Stand by				
• Ausnahmefallregelung				
5. Qualität der internen Verwaltung				
• Schreibdienst				
• IT-Unterstützung				
• Verfügbarkeit / Prioritätenregelung				

Abb. 229: Auftragsbeurteilung Blatt 1

• Bei der Beurteilung der Abrechnung wird vor allem hinterfragt, ob sie deckungsgleich mit den Angebotsangaben ist. Weitere Fragen haben die Zahlungsmoral des Klienten zum Inhalt und nehmen Bezug auf die zu Beginn des Kundenkontakts durchgeführte Kundenbewertung und Risikoanalyse.

- Die besondere Bedeutung der Projektkommunikation und Dokumentation wird durch einen weiteren Fragenkomplex deutlich gemacht. Es wird auf die Regeln und Standards zur Führung von Projektdokumentationen verwiesen. Als wichtige Kommunikationsformen mit dem Klienten werden besonders Projektfortschrittsberichte und -präsentationen hervorgehoben.

B. Beurteilung Vorangebotsphase	Ja	Nein	Nicht zutreffend	Verweise
1. Wurde der Klient vor der Kontaktaufnahme bewertet?				
2. Wurde eine Projektbeurteilung inkl. Risikoanalyse vorgenommen?				
3. Wurden die rechtlichen Implikationen der vorvertraglichen Phase (culpa in contrahendo) beachtet?				
C. Beurteilung Angebotsphase				
1. Wurde ein Angebot erstellt?				
• Angebotstyp:				
2. Wurde das Angebot entsprechend den Vorgaben verteilt und freigegeben?				
3. Wurden folgende Inhalte festgelegt?				
• Rahmenbedingungen				
• Ziele (qualitativ / quantitativ)				
• Endprodukte				
• Vorgehensweise				
• Projektorganisation				
• Leistungen des Auftraggebers				
• Personelle Besetzung				
• Zeitbedarf und Terminplanung				
• Honorare, Auslagen, sonstige Kosten				
• Gültigkeitsdauer				
• Vertragliche Vereinbarungen				
• Allgemeine Beratungsbedingungen				
4. Wurde eine Kalkulation erstellt?				
• Zeitaufwand, Honorare, Auslagen				
• DB 1, Honorarabweichung				
5. Wurde der Auftrag schriftlich erteilt?				
6. Wurden Änderungen schriftlich erfasst?				
7. Wurde ein Projektordner angelegt?				
8. Wurden die relevanten Informationen in das Marketinginformationssystem eingegeben?				
9. Wurde ein Projektkonto eingerichtet?				

Abb. 230: Auftragsbeurteilung Blatt 2

D. Beurteilung Endprodukte	Ja	Nein	Nicht zutreffend	Verweise
1. Fragebogen zur Beurteilung des Endberichts / des Werkes ausgegeben?				
2. Wurden die Erkenntnisse der Fragebogenauswertung dokumentiert u. im Qualitätssicherungssystem erfasst?				
3. Wurde der Bericht / das Werk nach den internen Regeln strukturiert/erstellt?				
4. Sind Teil- oder Zwischenleistungen in der Projektdokumentation enthalten?				
5. Sind alle Teil- und Zwischenleistungen in der Projektdokumentation enthalten?				
6. Ist die Leistung abgeschlossen und vom Klienten abgenommen worden?				
7. Wurde für die Berichterstellung eine Zusatzvereinbarung unterzeichnet?				
E. Mitarbeiterleistung				
1. War die interne personelle Besetzung optimal hinsichtlich				
• fachlicher Qualifikation				
• Branchenkenntnis				
• Methodeneinsatz				
• Projektmanagementkompetenz				
• soziale/mentale Kompatibilität				
• Projektleiter- /Teamkompatibilität				
2. Waren freie Mitarbeiter beteiligt und waren deren Leistung zufriedenstellend?				
3. Waren Unterauftragnehmer involviert u. war deren Leistung zufriedenstellend?				
4. Entsprach der Mitarbeitereinsatz der Planung und Vorkalkulation				
• zeitlich/terminlich/kostenmäßig				

Abb. 231: Auftragsbeurteilung Blatt 3

• Für die Auftragsdurchführung selbst wird vor allem die Qualität der Ist-Analyse, der Problemlösung und des Projektcontrollings hinterfragt. Es wird außerdem die entscheidende Frage gestellt, ob sich die Möglichkeit der Akquisition eines Anschluss- und Folgeauftrags ergeben hat.

F. Abrechnung	Ja	Nein	Nicht zutreffend	Verweise
1. Wurde in Übereinstimmung mit dem Angebot fakturiert?				
2. Wurden die Rechnungen innerhalb des Zahlungsziels bezahlt?				
3. Musste ein Mahnverfahren eingeleitet werden?				
4. War das Risiko, dass der Klient nicht oder nur teilweise bezahlen wird, bekannt?				
G. Projektkommunikation und – dokumentation				
1. Entsprach die Projektdokumentation den vorgegebenen Standards?				
2. Wurde die Dokumentation den Regeln entsprechend archiviert?				
3. Wurden Projektfortschrittsberichte erstellt? • Entsprachen sie den internen Qualitätsstandrads? • Entsprachen sie den Qualitätsanforderungen des Klienten?				
4. Wurden Zwischenergebnis-Präsentationen durchgeführt? • Entsprachen sie den Internen Qualitätsstandards? • Entsprachen sie den Qualitätsanforderungen des Klienten?				
5. Sind alle wichtigen Formen der Kommunikation mit dem Klienten dokumentiert?				
6. Wurde stets beachtet, dass Vertragsänderungen aller Art schriftlich fixiert werden müssen?				

Abb. 232: Auftragsbeurteilung Blatt 4

- Abschließend wird auf die Bearbeitung der Checkliste für die Auftragsabschlussaufgaben verwiesen.

H. Auftragsdurchführung	Ja	Nein	Nicht zutreffend	Verweise
1. Wurde die Ist-Analyse mit den richtigen Methoden durchgeführt?				
2. Wurde die Ist-Analyse in dem erforderlichen Detail durchgeführt?				
3. Sind die Ist-Analyseergebnisse dokumentiert?				
4. Sind die Quellen der Analyseergebnisse ausreichend dokumentiert?				
5. Wurde eine Vollständigkeitserklärung vom Klienten unterzeichnet?				
6. Wurde in Ergänzung zum Angebot ein detaillierter Arbeitsplan erstellt, der inhaltlich und zeitlich sachgerecht ist?				
7. Wurde im Zuge des Projektcontrollings ständig für alle Planungsgrößen ein Soll-/Ist-Vergleich durchgeführt?				
8. Konnte auf unvorhergesehene Ereignisse und neue Erkenntnisse im Projektablauf adäquat reagiert werden?				
I. Projektabschluss				
1. Ist die Checkliste zum Projektabschluss ausgewertet worden?				
2. Ist die Kundenzufriedenheitsanalyse durchgeführt worden?				
3. Ist zum Ausdruck gekommen, dass die Fachkompetenz und Servicequalität zufriedenstellend/gut sind?				
4. Ist der gesamtverantwortliche Partner/ FBL rechtzeitig und sachgerecht eingebunden worden?				
5. Ergänzende Kommentare:				
Unterschriften: Partner: P-Leiter: P-Manager:				

Abb. 233: Auftragsbeurteilung Blatt 5

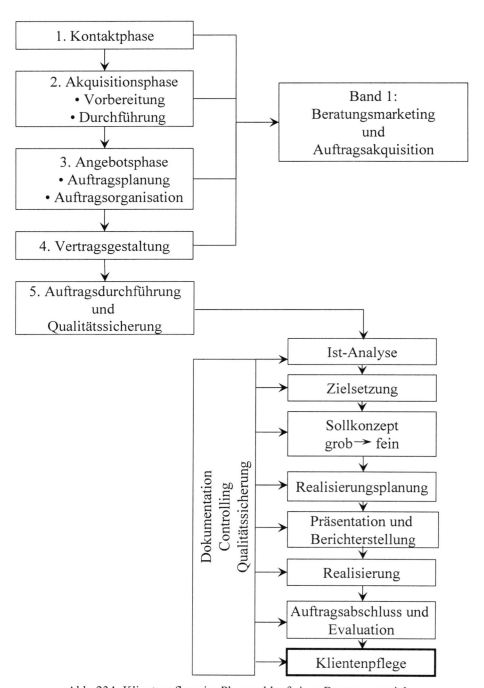

Abb. 234: Klientenpflege im Phasenablauf eines Beratungsprojektes

10 Klientenpflege und Anschlussakquisition

Die Beziehung zu einem Klienten endet nicht mit der Überweisung des Honorars und der Auftragsevaluation. Jeder weiß, dass es leichter ist, von einem auch nicht ganz zufriedenen Altklienten einen neuen Auftrag zu bekommen, als einen neuen Klienten zu gewinnen. Es ist deshalb existenziell wichtig, ein Klientenpflegesystem zu installieren, durch das auch die Bemühung um Anschluss- und Folgeaufträge erleichtert wird.

10.1 Klientenpflege

In einem Pflegesystem muss festgelegt werden, wer welchen Altklienten zu welchen Anlässen wie und womit pflegt. Um Überschneidungen zu vermeiden, regelt man die Zuständigkeiten am besten in einer Matrix (siehe Abb. 235).

Pflege von
Altklienten

Klient \ Berater	X	Y	
A	Firmengründung 1.4.1975; Geburtstag 11.5.1940		
B			
C		Einladung zu Golfturnieren; Pomerol-Fan	
D			

Abb. 235: Klientenpflegematrix

In dieser Matrix werden Pflegeaktivitäten und -zuständigkeiten festgelegt, die über den Standard, der im Beratungsunternehmen ohnehin gepflegt wird, hinausgehen. Strategisch muss die Richtung verfolgt werden, die Standardanlässe und -mittel (Kalender zu Weihnachten) zugunsten individueller Termine und Interessen des Klienten zu reduzieren. Standardisierte Aufmerksamkeiten haben so gut wie keinen Pflegeeffekt, die dafür notwendigen Mittel kann man sich sparen. Phantasie ist gefragt, wenn man den Klienten überraschen und den Eindruck vermitteln will, man habe sich tatsächlich mit seinen persönlichen Interessen beschäftigt und daraus eine individuelle Pflegestrategie entwickelt.

Pflegemaßnahmen   Eine Pflegestrategie kann durch folgende Maßnahmen umgesetzt werden:

- Regelmäßige Telefongespräche, ohne erkennbare Akquisitionsabsicht,

- Persönliche Jubiläen, wie Geburtstag, Silberhochzeit u.ä.,

- Durchführung von Turnieren (Golf, Tennis) mit mehreren Klienten entsprechend der Interessenlage,

- Einladung zu hochkarätigen Sportveranstaltungen, wie z.B. Europameisterschaften,

- Pflege gemeinsamer Hobbies,

- Besuche mit Einladung zum Essen,

- Gegenaufträge, Kunden vermitteln,

- Individuelle Rundschreiben,

- Berufung in einen Klientenbeirat,

- Branchenspezifische Erfahrungsaustauschgruppen gründen, betreuen und moderieren,

- Exkursionen zu "Branchenbesten" oder sonstigen interessanten Unternehmen organisieren und durchführen,

- Bestseller mit persönlicher Widmung und Bezug auf abgeschlossenen oder potenziellen Auftrag schenken,

- Übersetzung und Zusendung eines interessanten, englischsprachigen Fachartikels,

- Hotline zur Problemlösung, eventuell über Internet.

10.2 Anschluss- und Folgeakquisition (Follow-up)

Anschluss-   Die Chance, einen Anschluss- oder Folgeauftrag zu akquirie-
aufträge   ren, wird wesentlich durch die Qualität der Leistung abgeschlossener Aufträge und des Klientenpflegesystems bestimmt.

Anschlussaufträge ergeben sich thematisch direkt aus dem abgeschlossenen Auftrag, in dessen Endbericht im letzten Kapitel "Weitere Vorgehensweise" (vgl. 7.2) Vorschläge für eine weitere Zusammenarbeit gemacht werden. Dieses Kapitel behandelt praktisch ein neues Angebot. Die Inhalte für dieses neue Angebot hat man im Zuge der Auftragsdurchführung gesammelt. Es können sowohl Inhalte sein, die eine Art Fortsetzung der abgeschlossenen Problemstellung darstellen, als auch völlig neue Bereiche, auf die man bei der Ist-Analyse mehr oder weniger zufällig gestoßen ist. Die Generierung von Anschlussaufträgen ist die leichteste und direkteste Art der Akquisition und hat auch für die Durchführung erhebliche Vorteile. Da der Berater das Unternehmen bereits kennt, weiß er genau wovon er spricht und kann Synergien zwischen Alt- und Neuprojekt wirksam werden lassen. Mit der ergebnisorientierten, inhaltlichen Argumentation und der deutlich günstigeren Angebotspreiskalkulation können alle Wettbewerber, die das Unternehmen noch nicht kennen, aus dem Feld geschlagen werden.

Folgeaufträge ergeben sich meist mit einer zeitlichen Verzögerung zum Abschlusszeitpunkt des Altprojektes und stehen inhaltlich mit diesem selten in einem Zusammenhang. Erfolge bei der Akquisition von Folgeaufträgen basieren auf einem effizienten Klientenpflegesystem, das innerhalb des Zeitraums zwischen Altprojekt und der Möglichkeit, einen neuen Auftrag zu gewinnen, die Kundenbeziehung aufrechterhalten muss. Es ist sinnvoll, dem Leiter des Altprojektes bei der Gewinnung weiterer Aufträge eine federführende Funktion ("Brückenkopf") zu übertragen, selbst wenn der potenzielle Auftrag einem anderen Fachbereich zugeordnet ist.

Folgeaufträge

In jüngerer Zeit gehen Klienten und Berater, bei Problemstellungen, die sich dafür eignen, verstärkt dazu über, nach Abschluss eines konventionell durchgeführten Projektes, eine Fortführung des Engagements in Form eines längeren Coachingprozesses anzustreben. In diesen Fällen wird ein Rahmenvertrag geschlossen, in dem sich der Berater zur Leistung einer bestimmten Anzahl von Tagewerken innerhalb eines Zeitraumes verpflichtet.

Coaching als Anschlussaufgabe

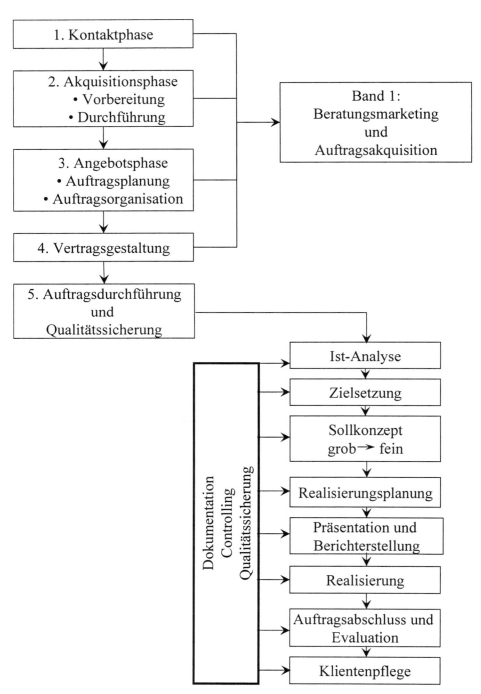

Abb. 236: Querschnittsfunktionen im Phasenablauf eines Beratungsprojektes

11 Querschnittsfunktionen zur Qualitätssicherung

Querschnittsfunktionen in dem hier geltenden Zusammenhang sind die über alle Phasen wirkenden Aufgaben der Qualitätssicherung. Dazu gehören im Einzelnen

- die Auftragsdokumentation,

- das Auftragscontrolling und

- das Qualitätsmanagement des Beratungsunternehmens.

Nur mit der effizienten Ausgestaltung und Anwendung der Querschnittsfunktionen kann eine qualitativ hochwertige Beratungsleistung erbracht werden.

11.1 Auftragsdokumentation

Jede Auftragsdokumentation besteht aus zwei Teilen, einem festgelegten und einem - je nach Projekt - variablen Satz von Unterlagen:

- Das Projekthandbuch (PHB), als inhaltsneutraler Leitfaden, in dem die Instrumente für eine einheitliche Anwendung des Projektmanagements nach dem Verständnis des Beratungsunternehmens festgelegt sind. Dieses PHB, eventuell ergänzt um Standard-Software zur Projektsteuerung, gehört zur festen Grundausstattung des Projektleiters. Es muss als Regelwerk auf eine breite Spanne von Projekten anwendbar sein. *Projekthandbuch*

- Das Projektberichtswesen, das auf der Basis der Regelungen des PHB die Projektplanung, -organisation und -durchführung eines konkreten Auftrags dokumentiert; es ist die Projektdokumentation im engeren Sinne. Bei IT-Projekten wird die Projektdokumentation um die System-Dokumentation ergänzt. *Projektberichtswesen*

11.1.1 Projekthandbuch

Im Projekthandbuch legt das Beratungsunternehmen Vorschriften, Richtlinien, Strukturen, Abläufe, Instrumentarien und Aktivitäten für die Planung und Durchführung von Beratungsaufträgen fest. Dieser interne Leitfaden[114] dient dazu,

- eine abgestimmte, unternehmensweite Arbeitstechnik für Planung, Durchführung und Controlling von Beratungsaufträgen festzuschreiben,

- eine einheitliche Sprachregelung zu schaffen und

- Regeln für ein effizientes, konfliktarmes Zusammenwirken der Projektbeteiligten bereitzustellen.

Inhalt eines PHB

Die Inhaltsstruktur eines PHB enthält folgende Hauptelemente:

1. Hinweise zum Gebrauch des PHB

Das PHB muss so aufgebaut sein, dass es auch für die Einarbeitung von Juniorberatern eingesetzt werden kann. Im ersten Kapitel wird deshalb auf Zweck und Ziele, den Anwendungsbereich und die verschiedenen Projektarten eingegangen.

2. Generelle Abläufe von Projekten

In einem Planungsmodell und einem Ablaufmodell werden standardisiert die wesentlichen Aufgaben und Schritte bei der Planung und Durchführung eines Beratungsauftrags festgelegt und beschrieben.

3. Aufgaben und Funktionen der Projektbeteiligten

Mit Bezug auf die unterschiedlichen Zuordnungsformen von Beratungsprojekten zu der Organisationsstruktur des jeweiligen Klientenunternehmens[115] wird die Projektorganisation im engeren Sinn festgelegt. Damit werden auch die Aufgaben der am Projekt Beteiligten beschrieben und ihre organisatorische Einbindung in den Projektablauf dargestellt. Unter dem Stichwort "Zusammenwirken der Projektbeteiligten" werden die Schnittstellen der einzelnen Einheiten, wie z.B. Projektleiter, -manager, -koordinator, -controller und -team, definiert. Abschließend werden Regeln für die Lösung von typischen Konfliktsituationen dokumentiert.

4. Projektdurchführung

In einem Vorgehensmodell werden Regeln für die einzelnen Phasen des Projektablaufs und seine Querschnittsfunktionen, wie Controlling und Berichtswesen aufgestellt.

5. Projektberichtswesen

In diesem Kapitel werden Anweisungen für die Erstellung einer Projektdokumentation gegeben. Für ausgewiesene Berichtsarten werden die inhaltliche Struktur und die Formatierung vorgegeben.

6. Anhang

Im Anhang des PHB sind alle Planungshilfsmittel zusammengestellt, wie z.B. Formulare, Checklisten, Muster und PC-Programme für die Projektplanung und -überwachung. Das PHB insgesamt kann als Papierversion und/oder CD-ROM zum Einsatz kommen.

11.1.2   Projektberichtswesen

Ein gut strukturiertes und ständig aktualisiertes Projektberichtswesen (Projektdokumentation) ist für den Auftragserfolg
wichtig, da es neben seiner Kernfunktion auch andere Aufga-
benbereiche im Projektvollzug unterstützt (siehe Abb. 237).

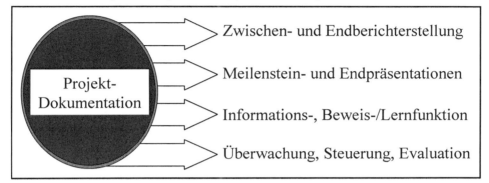

Abb. 237: Unterstützungsfunktionen der Projektdokumentation

In der Praxis wird das Projektberichtswesen in vielen Fällen
immer noch als lästige und überflüssige Pflicht aufgefasst. Es
gibt Fälle, in denen das Berichtswesen nichts anderes ist, als ein
ungeordneter Haufen Papier, der dann in entscheidenden Situationen, wie z.B. einer ad hoc anberaumten Präsentation vor dem
Aufsichtsratsvorsitzenden des Klientenunternehmens, in Panik
sortiert wird. Für viele Projektleiter wird das Thema Projektdokumentation erst wenige Tage vor der Endberichtserstellung
und -präsentation aktuell und führt auch in diesen Fällen zu
hektischen Aktivitäten. Damit verzichtet man auf den Einsatz
eines der wichtigsten Instrumente zur Qualitätssicherung und
macht sich das Projektleiterdasein unnötig schwer.

Neben ihrer Hauptaufgabe, den Auftrag durch Soll-Ist-
Vergleiche zu überwachen und Steuerungsmaßnahmen in die
Wege zu leiten, liefert die Projektdokumentation Inhalte für alle
Arten von Berichten und Präsentationen. Wird sie in hervorragender Weise geführt, so kann der Zeitaufwand für diese Aufgaben drastisch gesenkt werden. Außerdem setzt eine professi-
onelle Dokumentation den Berater in die Lage, jederzeit und
ohne große Vorbereitung Auskunft über den Projektstatus zu
geben oder bestimmte Tatbestände zu beweisen. Auch die wichtigsten Teile einer Auftragsevaluation basieren auf den Doku-
mentationsunterlagen.

Basis aller Berichte

und Präsentationen

Kein Projekt ist zu unbedeutend und klein, um auf eine Dokumentation verzichten zu können. Auch in Kleinstaufträgen dient die Dokumentation in hervorragender Weise mindestens der Beweis-, Evaluations- und Lernfunktion.

Ein professionell arbeitender Berater oder Projektleiter legt deshalb gleich am ersten Arbeitstag einige Ordner mit entsprechender Beschriftung an (siehe Abb. 238), um sich selbst zur Dokumentationsdisziplin zu zwingen.

Dokument 1	Dokument 2	Dokument 3	Dokument 4

• Angebot
• Planungen
• Statistiken
• Freigaben
• Ausnahmen
•
•
	• Schriftwechsel
	  mit Klient
	• Schriftwechsel
	  mit U.auftr.n.
	• Sitzungs-
	  protokolle
	• Vertrags-
	  änderungen
	•
	•
		• Phasenbericht
		• Phasenaktivi-
		  tätenbericht
		• Mitarbeiter-
		  gespräche
		• Kostenbericht
		• Terminbericht
		• Endprodukte
		•
		•
			Weitere Pro-
			jektideen:
			
			• Aktennotizen
			• Belege
			• Kopien
			• Memos
			•

Abb. 238: Bestandteile der Projektdokumentation

Da die verschiedenen Berichtsformen der Dokumentation 3 (siehe Abb. 238) für die Qualitätssicherung besonders wichtig sind, soll auf diese näher eingegangen werden.

Die Projektleitung überwacht und steuert über bestimmte Berichtsformen die notwendigen Überwachungsinhalte, wie Kosten, Ressourcen, Aufwände, Termine und Aktivitäten (siehe Abb. 239).

Berichtsinhalt	Berichtsform
Kosten/Ressourcen	Phasenberichte
Aufwendungen	Projekt-/Phasenaufgabenberichte
Aktivitäten	Phasenaktivitätenbericht Mitarbeiter-Aktivitätenbericht Endprodukte Ausnahmesituationen
Termine	Wochenterminübersicht Gesamtterminübersicht

Abb. 239: Berichtsinhalte und- formen

Der Phasenbericht unterstützt die aktuelle Aufwands- und Kostenüberwachung der laufenden Phase durch Gegenüberstellung der

Phasenbericht

- Projektplan-Aufwendungen,
- Phasenplan-Aufwendungen,
- Ist-Aufwendungen

auf monatlicher Basis für Ressourcen (Mitarbeiter, Rechnerzeit) und andere Kosten.

Mit dem Phasenaktivitätenbericht werden die Einzelaktivitäten inhaltlich geplant und überwacht. Das Endergebnis einer Aktivität ist ein definiertes Endprodukt, für das Qualitätsnormen und Formatierungen vorgegeben werden. Auf die Endprodukte sind alle qualitätssichernden Aufgaben bezogen (siehe Abb. 240).

*Phasenaktivitäten-
bericht*

Der Mitarbeiteraktivitätenbericht ist der Arbeitsplan für jeden Projektmitarbeiter, der ihm den Status jeder seiner durchzuführenden Aufgaben zeigt. Jeder Mitarbeiter kann seine Aktivitätenplanung selbst fortschreiben und den wöchentlichen Ist-Aufwand, bzw. den Abschluss einer Aktivität melden. Damit werden in dieser Berichtsform die Gesamtaufwandssituation jedes Mitarbeiters und der aktuelle Status der Aufgabenerfüllung bezogen auf ein Zeitraster festgehalten.

*Mitarbeiter-
aktivitätenbericht*

Wochentermin-
bericht

Der Wochenterminbericht stellt für den Projektleiter die Arbeitsbasis zur zeitnahen Aufgabensteuerung und Dokumentation durchgeführter Aufgaben dar. Er liefert je Kalenderwoche in einer Übersicht Antworten auf die Fragestellungen:

- An welchen Aktivitäten wird gearbeitet?

- Welche Aktivitäten wurden abgeschlossen?

- Welche Aktivitäten sind zeitlich verzögert?

- Welcher Mitarbeiter arbeitet an welcher Aufgabe?

- Wo treten Überschneidungen auf bzw. wo sind Pufferzeiten erkennbar?

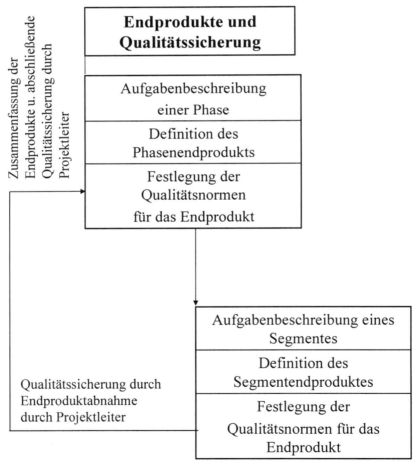

Abb. 240: Endprodukte und Auftragsdokumentation

11.2 Auftragscontrolling

Das Auftragscontrolling begleitet den gesamten Beratungsprozess von der Kontaktaufnahme zum potenziellen Klienten bis zur Nachbereitung und Kundenpflege. Zentrales Element des Auftragscontrollings ist die Erfassung, Verarbeitung und Aufbereitung von Informationen sowie die Erstellung neuer Informationen, die der Steuerung des Auftrags dienen. Für diesen Zweck stehen verschiedene Controllinginstrumente zu Verfügung (siehe Abb. 241).

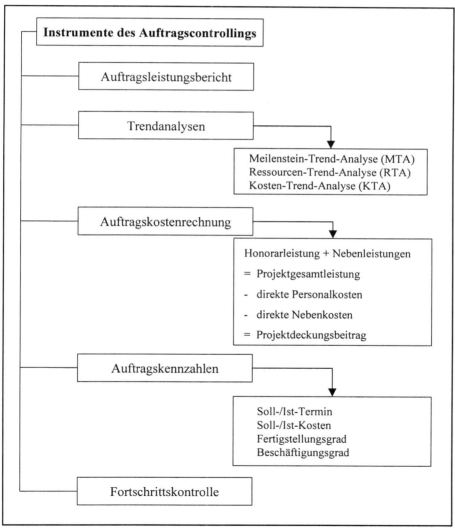

Abb. 241: Instrumente des Auftragscontrollings

Die Grundlage für das Controlling bei der Auftragsdurchführung ist die in der Angebotsphase erfolgte Grobplanung. Die dadurch festgelegten Stammdaten des Auftrags ändern sich während der Durchführungsphase nicht, es sei denn, es werden mit dem Auftraggeber schriftlich Änderungen vereinbart. Ausgehend von diesen Planungsunterlagen werden Ablauf, Termine, Kapazitäten, Kosten und Zielerreichungsgrad dadurch überwacht, dass die sich aus der Projektdurchführung ergebenden Ist-Werte mit den Plan-Werten verglichen werden. Dadurch soll es dem Projektleiter ermöglicht werden, schnell auf Veränderungen zu reagieren, um das Auftragsziel innerhalb des vorgegebenen Budgets doch noch zu erreichen. Grundlage ist eine projektbezogene Kosten- und Leistungsrechnung und darauf aufbauend ein Kennzahlensystem, das die Kontrolle und Steuerung ermöglicht.[116]

Einzelne Elemente des Auftragscontrollings sind bereits in den Prozeduren der Fortschrittskontrolle (vgl. 8.3) und Nachbearbeitung (vgl. 9.3) enthalten.

11.2.1 Auftragsleistungsrechnung

Dokumentation des

Leistungsstatus

Der Auftragsleistungsbericht macht die Ergebnisse einer auftragsbezogenen Leistungsrechnung sichtbar (siehe Abb. 242). Nach den verschiedenen Mitarbeiterkategorien und Leistungsarten differenziert, wird der Leistungsstatus am Ende eines Betrachtungszeitraumes dokumentiert.[117] Die Honorarleistung lässt sich aus dem Tagessatz und der aufgewendeten Zeit ermitteln. Danach wird das in der Angebotsphase analytisch ermittelte Auftragsbudget mit der tatsächlichen Honorarleistung verglichen und das Restbudget ermittelt. Analog wird mit den Reise- und sonstigen Kosten verfahren, um eine mögliche Minderung des monetären Auftragserfolgs frühzeitig transparent zu machen. Die Kostensituation wird dann dem Fertigstellungsgrad der Phasenaufgaben gegenübergestellt. Steht einem Restbudget von 40% noch ein Leistungssoll von 60% gegenüber, so werden nicht etwa Leistungen rückwirkend storniert, sondern der Projektleiter wird versuchen, durch Intensitätssteigerung der einzelnen Mitarbeiterleistung den Rückstand aufzuholen.

Durch den Leistungsbericht kann der Projektleiter einen Soll-Ist-Vergleich anstellen, der aber den Nachteil hat, dass er rückschauend und vergangenheitsbezogen ist. Diese Analyse des bisherigen Auftragsverlaufs liefert wenig Anhaltspunkte über die weitere Entwicklung des Arbeitsfortschritts.

Auftragsnr.	Auftragstitel		Auftraggeber		Projektleiter		Bezugszeitraum	
Mitarbeiter- kategorie	Tagewerke		Honorar		Rest- budget	Fertig- stellungs grad	Reisekosten	
	Wochen	kumuliert	Ist	Soll			Ist	Soll
Summe								
Erläuterungen	Sonstige Kosten		Ist		Soll	Rest- budget	Blattnr.: Datum: Unterschrift:	

Abb. 242: Auftragsleistungsbericht

11.2.2   Trend-Analysen

Mit dem Ziel, auf der Basis sachlicher Annahmen zukunftsbezogene Aussagen über den Arbeitsfortschritt zu machen, ist die
Meilenstein-Trend-Analyse (MTA) entwickelt worden.

*Meilenstein-Trend-
Analyse (MTA)*

An einem rechtwinkligen Dreieck (siehe Abb. 243) werden
zwei Zeitskalen eingetragen, die denselben Zeitraum umfassen
müssen.[118] An der Senkrechten trägt man die geplanten Meilensteintermine ein: Je später ein Meilenstein geplant ist, je höher
ist er in der Skala positioniert. An der Waagerechten werden die
Berichtszeitpunkte (Controllingpunkte) eingetragen. Je nach
Laufzeit des Beratungsauftrags können diese Zeitpunkte wöchentlich oder monatlich geplant sein.

zeitlicher Rhythmus

Zu jedem Berichtszeitpunkt muss der Aufgabenverantwortliche
die zukunftsbezogene Frage beantworten, wann sein Meilenstein erreicht sein wird. Der geschätzte Zeitpunkt wird, auf die
senkrechte Zeitskala bezogen, in das MTA-Dreieck eingetragen. Durch den Berichtszeitpunkt der waagerechten Zeitskala
ergeben sich die Koordinaten der MTA-Symbole. Bereits nach
zwei Berichtszeitpunkten erhält der Projektleiter eine Kurve,
die einen Trend über die Termintreue des Auftrags ergibt.

Die Hypotenuse stellt den geplanten Endtermin eines jeden Meilensteins dar. Wird die Phasenaufgabe zügig und wie geplant durchgeführt, so ergibt sich eine Gerade. Treten immer wieder Zeitverzögerungen ein, so verläuft die Kurve konkav; wird schneller gearbeitet als geplant, so ergibt sich ein konvexer Kurvenverlauf.

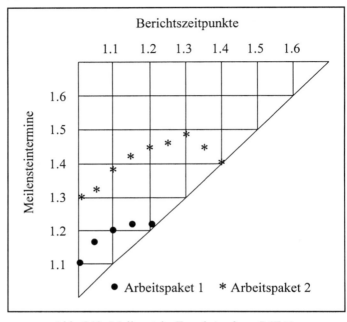

Abb. 243: Meilenstein-Trend-Analyse (MTA)

Die Anwendung der MTA bietet folgende Vorteile:

Vorteile der MTA

- Durch die Einfachheit der visuellen Darstellung ist sie hervorragend für alle Arten von Projektpräsentationen geeignet.

- Ergebnisorientiertes Handeln und zielbewusstes Denken werden gefördert.

- Konzentration auf die Sachebene und nicht auf die persönliche Ebene, dadurch werden Schuldzuweisungen erschwert.

Voraussetzungen für den erfolgreichen Einsatz der MTA sind ein realistischer Terminplan und ein kooperatives Arbeitsklima im Projektteam. Die Trendanalyse kann entsprechend der Darstellung der terminlichen Situation auch für das Ressourcen-Controlling eingesetzt werden. In der Ressourcen-Trend-Analyse (RTA) wird die Skala der Senkrechten geändert: Statt der Meilensteintermine werden die Aufwände in Tagewerken (TW) eingetragen (siehe Abb. 244).

Ressourcen-Trend-Analyse (RTA)

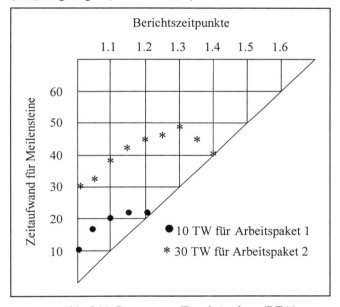

Abb. 244: Ressourcen-Trend-Analyse (RTA)

Nach dem gleichen Muster kann auch eine Kosten-Trend-Analyse (KTA) durchgeführt werden, indem an der Senkrechten die geplanten Kosten pro Arbeitspaket eingetragen werden

Kosten-Trend-Analyse

11.2.3 Auftragskostenrechnung

Die Auftragskostenrechnung wird in der Praxis nur in komplexen und langläufigen Projekten eingesetzt. Es geht dabei vorrangig um die Ermittlung des als Projektdeckungsbeitrag ausgewiesenen Auftragserfolgs.

Der Auftragsdeckungsbeitrag ist eine monetäre Zielvariable des Planungs- und Kontrollprozesses, der wie folgt ermittelt wird:[119]

Ermitteln des Auftrags-
deckungsbeitrags

Honorarleistung (Tage x Tagessatz) pro Mitarbeiterkategorie

+ direkte Nebenleistungen (Reisen, direkte Sach- u. Dienstleist.)

= Projektleistung

- direkte Personalkosten (Zeitaufwand x Personalkostensatz)

- direkte Nebenkosten

= Auftragsdeckungsbeitrag

In dieser Deckungsbeitragsrechnung sind folgende Faktorpreisansätze enthalten:

Honorarumsatz

Personalkosten

1. Der individuelle Tagessatz je Mitarbeiterkategorie ergibt sich aus dem Plan-Honorarumsatz (Bezugsgröße: Einsatztage pro Jahr), der durch die direkten Plan-Personalkosten des Mitarbeiters dividiert wird. Da die Plan-Personalkosten für einen bestimmten Zeitraum fixiert sind, können sich Änderungen des geplanten Honorarumsatzes des Mitarbeiters nur durch Änderungen des Beschäftigungsgrades ergeben.

Nebenleistungen

2. Die Faktorpreise von Nebenleistungen (Overhead), die direkt einem Auftrag zurechenbar sind, werden aus den Plankosten und der Planbeschäftigung ermittelt. Als Planbeschäftigung gilt dabei die geplante Leistungsmenge (Berichtsseiten, Briefverkehr usw.) im Bezugszeitraum.

Das Verhältnis von internen Faktorpreisen zu Marktpreisen kann verschiedene Relationen annehmen:

    1 : Neutraler Erfolgsbeitrag, Selbstkostenpreise.

  > 1 : Negativer Erfolgsbeitrag, der Overhead wird durch die Honorarleistung "subventioniert".

  < 1 : Positiver Erfolgsbeitrag, die Nebenleistungen führen zu weiteren Deckungsbeiträgen.

externe Leistungen

3. Als Faktorpreise externer Sach- und Dienstleistungen werden die Beschaffungspreise erfolgsneutral weiterverrechnet. Sie werden meist vertragsgemäß nach Vorlage von Belegen dem Klienten in Rechnung gestellt.

Der Plan-Deckungsbeitrag eines Auftrags in Bezug zur Auftragsleistung ist abzuleiten aus den Relationen der Plan-Gesamtleistungen zu den geplanten, indirekten Kosten sowie dem geplanten Erfolg des Beratungsunternehmens.[120]

11.3 Qualitätssicherung nach ISO-Normen

Die DIN EN ISO 9000-Normenreihe (siehe Abb. 245) hat eine längere Entwicklungsgeschichte hinter sich und wird zunehmend auch für Beratungsunternehmen angewandt.

Für die Entwicklung von Qualitätsmanagement- (QM) und Qualitätssicherungssystemen (QSS) in Beratungsunternehmen lieferte die ISO 9001:2000 eine gute Hilfestellung.[121]

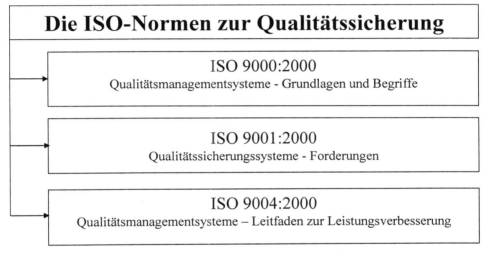

Die ISO-Normen zur Qualitätssicherung

ISO 9000:2000
Qualitätsmanagementsysteme - Grundlagen und Begriffe

ISO 9001:2000
Qualitätssicherungssysteme - Forderungen

ISO 9004:2000
Qualitätsmanagementsysteme – Leitfaden zur Leistungsverbesserung

Abb. 245: DIN EN ISO 9000-Normenreihe

Die Normen ISO 9001:2000 und ISO 9004:2000 sind als sog. übereinstimmendes Paar aufgebaut, derart, dass ihre inhaltsmäßige Gliederung denselben Aufbau aufweist. So ist eine einfachere Handhabung möglich, weil korrespondierende Inhalte einfacher gefunden werden können.

Übereinstimmendes

Paar

Während die ISO 9001:2000 einen Mindeststandard für das Qualitätsmanagement eines Unternehmens bietet, geht die ISO 9004:2000 darüber hinaus und leitet an, wie auf der Basis von ISO 9001:2000 ein besonders unternehmensspezifisches, prozessorientiertes Qualitätsmanagement-System aufgebaut werden kann. Dies kann für das mit dem Aufbau betraute Team sehr hilfreich sein.

11.3.1 Grundlagen

Die ISO 9001:2000 ist eine Erfüllungsnorm, was heißt, dass deren Abschnitte 4, 5, 6, 8 zu erfüllen sind. Allein der Abschnitt 7 („Produktrealisierung") erlaubt Einschränkungen.

Der Anwendungsbereich der Norm bezieht sich auf sämtliche Arten von Dienstleistungen (siehe Abb. 246).

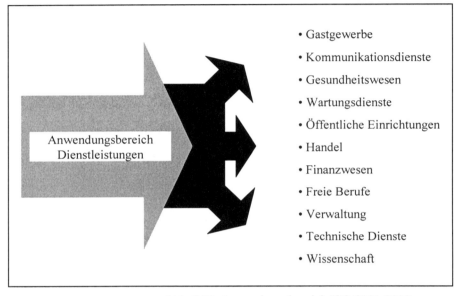

Abb. 246: Anwendungsbereich ISO 9001:2000

Die Norm ist für jede Unternehmensgröße anwendbar.

umfassender Anwendungsbereich

Die besondere Problematik der Anwendung besteht jedoch darin, dass die in der Norm enthaltenen Konzepte, Grundsätze und Qualitätssicherungssystem-Elemente sowohl auf reine Dienstleistungen, wie z.B. Unternehmensberatung, als auch auf Dienstleistungen in Verbindung mit der Fertigung und Lieferung eines Produktes, wie z.B. Kfz-Handel, passen müssen (siehe Abb. 247). Dadurch ist die Wortwahl der Normensprache so allgemein gehalten, dass vielfach die Verständlichkeit eingeschränkt ist.

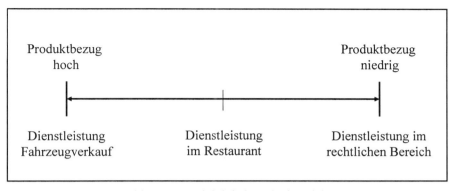

Abb. 247: Produktinhalt und Dienstleistung

Die ISO 9001:2000 gliedert in Kapitel 4.2.1 die Anforderungen an die Dokumentation eines Qualitätsmanagement-Systems. Sie bestehen aus:

Anforderungen

- dem Qualitätsmanagement-Handbuch,

an die

- den Qualitätsmanagement-Verfahren bzw. Prozessbeschreibungen

Dokumentation

- den Checklisten, Arbeitsanweisungen, Prüfplänen etc.

Intern dürfen im Unternehmen natürlich andere Bezeichnungen verwendet werden, wie:

- Organisationshandbuch,

- Prozesshandbuch,

- Handbuch Aufbau-/Ablauforganisation o.dgl.

Auch die Darstellung der Struktur der Checklisten, Abbildungen, Flussdiagramme ist dem Unternehmen vorbehalten, so dass durchaus vorbereitete, existierende Prozessdiagramme, die z.B. mit ARIS erstellt wurden, verwendet werden können. Insofern stellt die Norm einen gefälligen Rahmen dar, der zu einer strengen Denkweise erzieht, aber noch vielfältig ausgestaltet werden kann. Dies ist notwendig, weil das Handbuch immer auf die jeweilige Organisationsform, die spezifischen Produkte und Dienstleistungen, die von Unternehmen zu Unternehmen unterschiedlichen Prozesse, die Unternehmensgröße und andere Einflussfaktoren abgestimmt sein muss.

Unternehmens-

spezifische

Inhalte

In der Norm werden folgende Begriffsdefinitionen festgelegt:

Organisation:

Unternehmen, Körperschaft, Firma, Gesellschaft, Vereinigung oder ein Teil davon, öffentlich oder privat, eingetragen oder nicht, mit eigener Tätigkeit und Verwaltung.

Lieferant:

Organisation, die einem Kunden ein Produkt liefert oder eine Dienstleistung erbringt. Unterlieferant ist ein Lieferant für eine Dienstleistungsorganisation (Beratung: Unterauftragnehmer).

Kunde:

Empfänger einer Dienstleistung oder eines Produktes.

Dienstleistung:

Tätigkeiten des Lieferanten an der Schnittstelle zum Kunden.

Dienstleistungslieferung:

Personal und Betriebsmittel einschließende Tätigkeiten eines Lieferanten zur Erbringung einer Dienstleistung.

Qualität:

Eigenschaften und Merkmale einer Dienstleistung, die sich auf deren Eignung zur Erfüllung festgelegter oder vorausgesetzter Erfordernisse beziehen.

Qualitätspolitik:

Absichten und Zielsetzungen einer Organisation betreffend Qualität, wie sie durch die oberste Leitung formell ausgedrückt werden.

Qualitätsmanagement:

Teil der Gesamtführungsaufgabe, der die Qualitätspolitik festlegt und verwirklicht.

Qualitätssicherungssystem:

Aufbauorganisation, Verantwortlichkeiten, Abläufe, Verfahren und Mittel zur Verwirklichung des Qualitätsmanagementsystems.

Dienstleistungs- und Dienstleistungslieferungsmerkmale:

Vom Kunden wahrnehmbare und bewertbare Merkmale.

Lenkung von Dienstleistungs- und Dienstleistungslieferungsmerkmalen:

Lenkung des Prozesses der Dienstleistungserstellung.

11.3.2 Grundsätze zum Qualitätssicherungssystem

Die Grundsätze zum Qualitätssicherungssystem beziehen sich auf die vier Bereiche: Verantwortung der Leitung, Management von Ressourcen, Produktrealisierung und Messung, Analyse und Verbesserung. Im Folgenden werden die Normelemente in ihrem Bezug auf Beratungsunternehmen dargestellt.

vier Bereiche

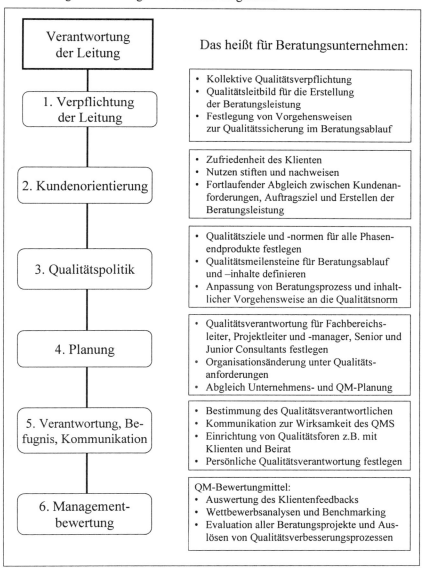

Abb. 248: Verantwortung der Leitung

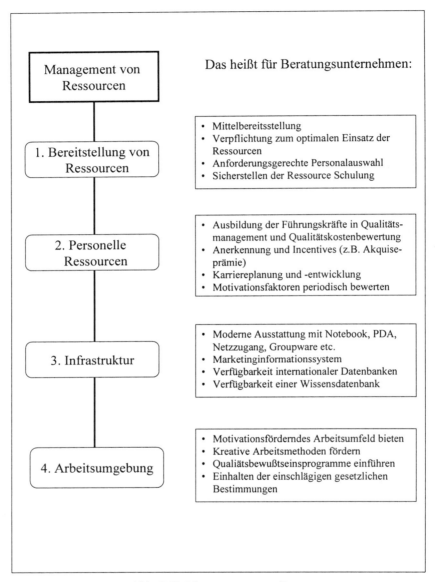

Abb. 249. Management von Ressourcen

In Beratungsunternehmen sind das Verhalten und die Leistung der einzelnen Mitarbeiter von größter Bedeutung, weil jeder einzelne die Qualität der Dienstleistung beeinflusst. Zum Erreichen der Qualitätsziele müssen in ausreichendem Maße die erforderlichen Mittel geplant und bereitgestellt werden.

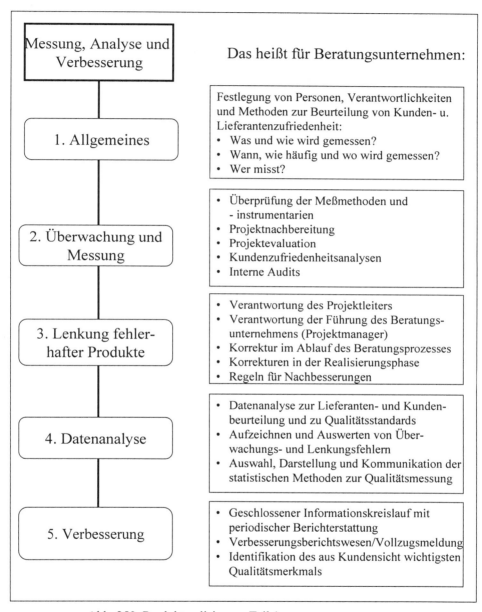

Abb. 250. Produktrealisierung Teil 1

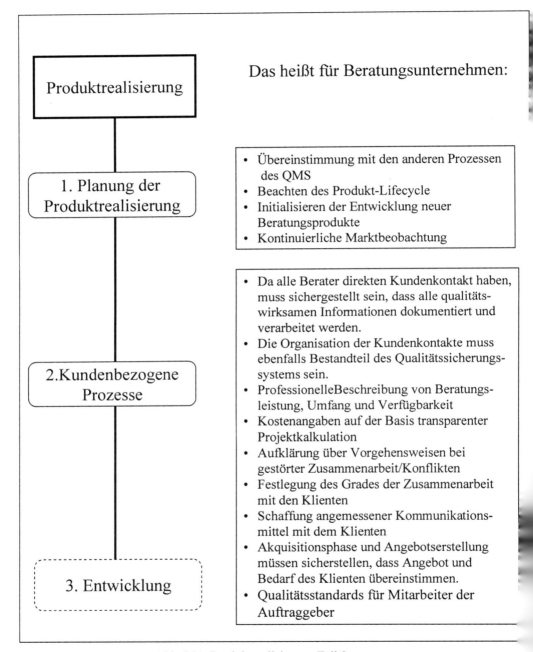

Abb. 251: Produktrealisierung Teil 2

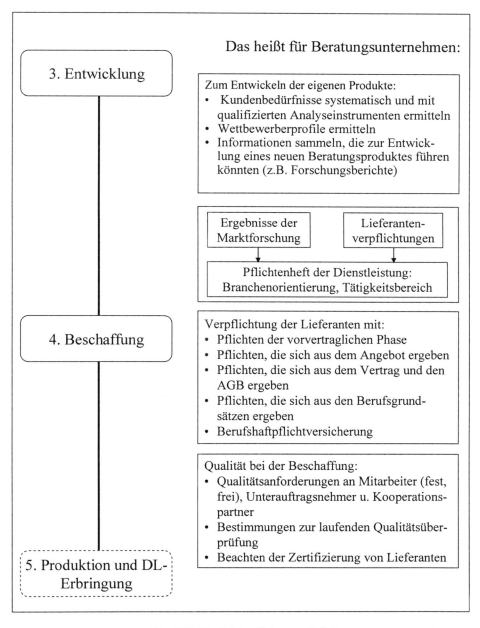

Das heißt für Beratungsunternehmen:

3. Entwicklung

Zum Entwickeln der eigenen Produkte:
*   Kundenbedürfnisse systematisch und mit qualifizierten Analyseinstrumenten ermitteln
*   Wettbewerberprofile ermitteln
*   Informationen sammeln, die zur Entwicklung eines neuen Beratungsproduktes führen könnten (z.B. Forschungsberichte)

Ergebnisse der Marktforschung

Lieferanten-verpflichtungen

Pflichtenheft der Dienstleistung: Branchenorientierung, Tätigkeitsbereich

4. Beschaffung

Verpflichtung der Lieferanten mit:
*   Pflichten der vorvertraglichen Phase
*   Pflichten, die sich aus dem Angebot ergeben
*   Pflichten, die sich aus dem Vertrag und den AGB ergeben
*   Pflichten, die sich aus den Berufsgrundsätzen ergeben
*   Berufshaftpflichtversicherung

Qualität bei der Beschaffung:
*   Qualitätsanforderungen an Mitarbeiter (fest, frei), Unterauftragsnehmer u. Kooperationspartner
*   Bestimmungen zur laufenden Qualitätsüberprüfung
*   Beachten der Zertifizierung von Lieferanten

5. Produktion und DL-Erbringung

Abb. 252: Produktrealisierung Teil 3

11.3.3 Ablaufelemente eines Qualitätssicherungssystems

Produktrealisierung

Die in der Norm 9001:2000 festlegten Ablaufelemente eines QSS beziehen sich auf die Bereiche der Produktrealisierung (siehe Abb. 250 - Abb. 252):

- Planung der Produktrealisierung,

- Kundenbezogene Prozesse,

- Entwicklung,

- Beschaffung,

- Produktion und DL-Erbringung

- Lenkung von Überwachungs- und Messmitteln.

In den Abbildungen Abb. 253 - Abb. 254 wird dargestellt, was die einzelnen Unterelemente dieser Bereiche speziell für Beratungsunternehmen bedeuten und aussagen.

Der Prozess der Entwicklung einer Dienstleistung schließt die Umwandlung des Pflichtenheftes der Dienstleistung zu Spezifikationen sowohl für die Dienstleistung als auch für ihre Lieferung ein.

Die Dienstleistungsspezifikation legt die Dienstleistung fest, während die Dienstleistungslieferungs-Spezifikation die Mittel und Methoden, die zur Lieferung der Dienstleistung gebraucht werden, bestimmt. Sie sollte die Ziele, Geschäftspolitik und Fähigkeiten der Dienstleistungsorganisation einbeziehen. Beide Entwicklungsprozesse sind während des gesamten Entwicklungsprozesses voneinander abhängig und stehen miteinander in Wechselbeziehung. Die Tätigkeiten, Beziehungen und Abhängigkeiten können in Ablaufdiagrammen dargestellt werden. Der Dienstleistungslieferungsprozess kann dabei in seine charakteristischen Phasen untergliedert werden.

Die oberste Leitung muss die Verantwortungen für das Dienst-
leistungsentwicklung zuweisen und sicherstellen, dass alle, die
am Entwicklungsprozess beteiligt sind, sich ihrer Verantwortung zur Erzielung von Dienstleistungsqualität bewusst sind.

Das heißt für Beratungsunternehmen:

5. Produktion und DL-Erbringung

DL-Spezifikation:
* Bezug auf Angebotsinhalte
* Bezug auf Vorgaben des Projektmanagements
* Auswahlkriterien für Teams, Projektleiter, Unterauftragnehmer
* DL-Lieferverfahren mit Projektphasenmodell inkl. Nachbereitung und Auftragsfakturierung
* Sicherstellen, dass Informationen, Dokumente und Vorarbeiten des Klienten den Qualitäts-standards entsprechen
* Schutz von Kundenbesitztümern durch Ein-halten der Regeln für Geheimhaltung und sorgfältigen Umgang mit Unterlagen.
* Detaillierte Beratungsprozessbeschreibungen

6. Lenkung von Über-wachungs- und Mess-mitteln

* Sicherstellen der Rückverfolgbarkeit durch Phasenstrukturplan
* Quellen- und Literaturverweise bei allen Fremd- und Sekundärleistungen Qualitätslenkung durch:
* Festlegung der Qualität von Phasen- und Segmentendprodukten
* Festlegung von Qualitäts-Meilensteinen innerhalb des Phasenablaufs eines Auftrages
* Projektcontrolling
* Sicherstellen der Rückverfolgbarkeit durch Phasenstrukturplan
* Quellen- und Literaturverweise bei allen Fremd und Sekundärleistungen

Abb. 253: Produktion und DL-Erbringung

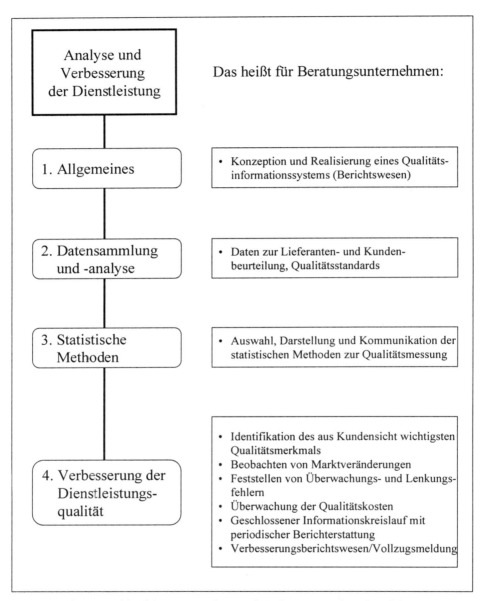

Abb. 254: Ablaufelement Analyse und Verbesserung der Dienstleistung

12 Zusammenfassung

Die verschiedenen Phasen der Durchführung eines Beratungsauftrags müssen methodisch nach den höchsten Standards pro-
fessioneller Berufsausübung bearbeitet werden. Gleichzeitig
sind in jeder Phase die phasenspezifischen Qualitätssicherungs-
verfahren anzuwenden:

In der Ist-Analyse des Klientenunternehmens müssen aus der
Vielzahl möglicher Analyseinstrumente genau die eingesetzt
werden, die der Problemstellung und den Rahmenbedingungen
des Unternehmens am besten entsprechen, und nicht diejenigen,
die der Berater am besten beherrscht. Die Inhalte der Analyse
und der Detaillierungsgrad des Vorgehens müssen immer wieder mit der Themenstellung abgeglichen werden.

Nach den neuen und vertieften Erkenntnissen der Ist-Analyse
sollte nochmals die Zielsetzung des Auftrags überprüft werden.
Als Ergebnis der Überprüfung kann sich ergeben, dass das in
der Angebotsphase gemeinsam mit dem Klienten festgelegte
Auftragsziel neu definiert, verfeinert oder von der qualitativen
in eine quantitative Dimension überführt werden muss.

Sollkonzepte werden immer dann entwickelt, wenn die Problemstellung komplex und mehrdimensional ist und auf den ersten Blick mehr als eine Lösungsalternative sinnvoll erscheint.
Bei der Bearbeitung von Standardproblemen werden standardisierte Problemlösungsmethoden, auch als Beratungsprodukte
bezeichnet, eingesetzt. Bei innovativen Fragestellungen werden
die Lösungsalternativen innovativ und analytisch entwickelt.
Werden dem Auftraggeber mehrere Lösungsalternativen vorgestellt, so müssen die Berater deutlich machen, welcher der Vorschläge aus ihrer Sicht die höchste Umsetzungspriorität hat. Zu
diesem Zweck werden Verfahren der Bewertung und Auswahl
von Lösungsalternativen eingesetzt. Bei kleinen, überschaubaren Aufträgen wird die Sollkonzept-Phase übersprungen und
sofort zur Maßnahmenformulierung übergegangen.

Die Realisierungsplanung ist nichts anderes als die Formulierung von Maßnahmen, die der Umsetzung des favorisierten
Lösungsvorschlags dienen. Ein absoluter Erfolgsfaktor für die
tatsächliche Umsetzung jeder Maßnahme ist ihre Machbarkeitsprüfung, Risikoanalyse und Absicherung. Indirekte Maßnahmen
werden flankierend auf den Weg gebracht und dienen dazu, die
Motivation und Akzeptanz für den Wandel bei den betroffenen
Mitarbeitern im Klientenunternehmen zu steigern.

Bevor die Realisierung der Maßnahmen beginnt, werden in den
meisten Fällen die Erkenntnisse der Ist-Analyse, das Lösungs-
konzept und die zu seiner Umsetzung notwendigen Maßnahmen
dem Klienten präsentiert und in Berichtsform vorgelegt.

Die wichtigste Aufgabe in der Realisierungsphase ist die Implementierung eines Fortschrittskontrollvorgehens. Mit diesem Verfahren wird endgültig sichergestellt, dass keine der Maßnahmen nicht umgesetzt wird. Das Thema einer möglichen Maßnahmenkorrektur, die trotz Risikoabsicherung notwendig werden kann, darf kein Tabu sein. Der Berater muss offen darüber sprechen, dass trotz aller vorbeugenden Aktivitäten Fälle eintreten können, die das Umsetzen einer Maßnahme gefährden oder unmöglich machen.

Die gleiche Sorgfalt wie der Auftragsakquisition ist den Auftragsabschlussaufgaben zu widmen. Hier nehmen die Klientenzufriedenheitsanalyse und die Evaluation aus Sicht des Beratungsunternehmens einen zentralen Stellenwert ein.

In der Erkenntnis, dass es leichter ist, von Altklienten einen Anschluss- oder Folgeauftrag zu akquirieren, als einen neuen Klienten zu gewinnen, muss ein System der Klientenpflege entwickelt und implementiert werden.

Der gesamte Durchführungsprozess wird begleitet von den wichtigen Querschnittsfunktionen Dokumentation, Controlling und Qualitätssicherung.

Verzeichnis der Abbildungen

Verzeichnis der Abkürzungen

A	Abteilung
AA	Arbeitsanweisung
AA	Arbeitsaufkommen
AF	Arbeitsfortschritt
ASCII	American Standard Code of Information Interchange
AT	Analyseteam
AWF	Ausschuss für wirtschaftliche Fertigung
BBE	Betriebswirtschaftliche Beratungsstelle des deutschen Einzelhandels
BDU	Bund deutscher Unternehmensberater
BL	Bereichsleiter
BV	Betriebliches Vorschlagswesen
CAD	Computer Aided Design
CAM	Computer Aided Manufacturing
CNB	Collective Notebook
CNC	Computer Numerical Control
DB	Deckungsbeitrag
DIN	Deutsches Institut für Normung
E	Erfüllungsgrad
EKS	Engpasskonzentrierte Strategie/Energo-Kybernetisches System
ESP	Erlössteigerungsprogramm
ET	Entscheidertraining
F&E	Forschung und Entwicklung
FBL	Fachbereichsleiter
FIFO	First In First Out
FMEA	Fehler- Möglichkeits- und -Einflussanalyse
FRAP	Frequenz-Relevanz-Analyse
G	Gewicht
GL	Geschäftsleitung
GuV	Gewinn und Verlust
GWA	Gemeinkostenwertanalyse
IS	Informationssystem

ISO	International Organization for Standardization
IT	Informationstechnologie
IV	Informationsverarbeitung
KER	Kurzfristige Erfolgsrechnung
KST	Kostenstelle
KTA	Kosten-Trend-Analyse
LA	Lenkungsausschuss
LAN	Local Area Network
LIM	Limited Information Model
LUE	Leiter der Untersuchungseinheiten
MIS	Management Information System
MJ	Mannjahr
MTA	Meilenstein-Trend-Analyse
N	Teilnutzwert
OASIS	Organization And Strategy Information Service
PHB	Projekthandbuch
PIMS	Profit Impact of Market Strategies
PK	Personalkomitee
PL	Projektleitung
PPS	Produktionsplanungs- und -Steuerungssystem
PR	Public Relation
QFD	Quality Function Deployment
QM	Qualitätsmanagement
QMH	Qualitätsmanagementhandbuch
QS	Qualitätssicherung
QSS	Qualitätssicherungssystem
RfP	Request for a Proposal
ROI	Return on Investment
ROLA	Report on Look-Alikes
ROS	Return on Sales
RT	Realisierungsteam
RTA	Ressourcen-Trend-Analyse
RZ	Rechenzentrum
S	Schadensziffer

SEHR	System for Event Evaluation and Review
SEP	Strategische Erfolgsposition
SGE	Strategische Geschäftseinheit
SGF	Strategisches Geschäftsfeld
SPI	Strategie Planning Institute
SPIYR	Strategie Planning Institute Yearly Report
SRI	Stanford Research Institute
SZ	Subziel
TEL	Teilbereichsleiter
TKR	Teilkostenrechnung
TOP	Total Operational Performance
TQM	Total Quality Management
TW	Tagewerk
UE	Untersuchungseinheit
USAP	Unternehmensspezifisches Absatzpotenzial
VA	Verfahrensanweisung
VFP	Vertriebsförderungsprogramm
V	Verbesserungsvorschlag
W	Wahrscheinlichkeit
WA	Wertanalyse
ZA	Zentralamt
ZD	Zentraldienst

Verweise

[1]   Krohn, D.: Das Sokratische Gespräch in Theorie und Praxis: Zur Einleitung, in: Krohn, D. u.a. (Hrsg.): Das Sokratische Gespräch - Ein Symposium, Hamburg 1989, S. 7.

[2]   Leonard Nelson (1882-1927): Göttinger Philosoph, der das Sokratische Gespräch konsequent in seiner Lehre angewandt hat.

[3]   Krohn, D.: a.a.O, S. 9.

[4]   Neißer, B.: Leonard Nelsons Sokratische Methode im Vergleich mit der Themenzentrierten Interaktion, in: Krohn, D. u.a. (Hrsg.): Das Sokratische Gespräch-Ein Symposium, Hamburg 1989, S. 128.

[5]   Siemens AG (Hrsg.): Organisationsplanung, 8. Auflage, München 1992, S. 113.

[6]   Seifert, J.W.: Visualisieren, Präsentieren, Moderieren, 20. Auflage, Offenbach 2003, S. 12.

[7]   Wohlgemuth, A. C. (Hrsg.): Moderation in Organisationen, 2. Auflage, Bern 1995, S. 44ff.

[8]   Klebert, K., Schrader, E., Straub, W. G.: Moderationsmethode, Hamburg 2002, S. 3ff.

[9]   Vgl. Seifert, J.W.: a.a.O., S. 88.

[10]   Siemens AG (Hrsg): a.a.O., S. 128ff.

[11]   Siemens AG (Hrsg): a.a.O., S. 146.

[12]   Brüning, H., Haedrich, G.: Operationale Verfahren der Markt- und Sozialforschung, Berlin 1981, S. 23-27.

[13]   Siemens AG (Hrsg): a.a.O., S. 308.

[14]   Vgl. auch: Veröffentlichungsverzeichnis des Statistischen Bundesamtes, Kohlhammer Verlag, Stuttgart.

[15]   Gale, Th. (Hrsg.): Gale Directory of Databases 2006, Farmington Hills 2005.

[16]   Minto, B.: Das Prinzip der Pyramide, München 2005.

[17]   Vgl. Wagner, K. W. u. a.: PQM – Prozessorientiertes Qualitätsmanagement, in: Wagner, K. W. (Hrsg.): PQM – Prozessorientiertes Qualitätsmanagement, 2. Auflage, München, Wien 2003, S. 79ff.

[18]   Vgl. Scheer, A.W., Abolhassan, F., Jost, W., Kirchmer, M. (Hrsg.): Business Process Automation, ARIS in Practice, Berlin 2004.

[19]   Fischer, K.: Das große Bilanz-Fitneßrad, in: Bilanz 2/93, S. 58f.

[20]   SRI = Stanford Research Institute, Menlo Park, California.

[21]   Vgl. Brauchlin, E., Heene, R.: Problemlösungs- und Entscheidungsmethodik, 4. Auflage, Bern 1995, S. 174.

22) Vgl. Pümpin, C., Geilinger, U.W.: Strategische Führung, Bern 1988, S. 23 u. 58-64 und Pümpin, C., Amman, W.: SEP – Strategische Erfolgsposition, Bern 2005.

23) Vgl. Kramer, F.: Innovative Produktpolitik, Berlin 1987, S. 175.

24) Niedereichholz, C.: Unternehmensberatung - Beratungsmarketing und Auftragsakquisition, 4. Auflage, München 2004, S. 281.

25) Vgl. Schott, G.: Kennzahlen, Wiesbaden 1991, S. 19.

26) Vogelsang, G.: Universalberatung- Konzeption und Methodik einer ganzheitlichen Unternehmensberatung, Dissertation, Köln 1992, S. 175f.

27) Vgl. Nagel, K., Stalder, J.: Unternehmensanalyse – schnell und punktgenau, Landsberg 2001, S. 61ff.

28) Vgl. Kralicek, P., Böhmdorfer, F., Kralicek, G.: Kennzahlen für Geschäftsführer, Wien 2001.

29) Fischer, K.: a.a.O., S. 58ff.

30) Bühner, R.: Strategie und Organisation: Analyse und Planung der Unternehmensdiversifikation mit Fallbeispielen, 2. Auflage, Wiesbaden 1993, S. 138.

31) Mann, R., Mayer, E.: Controlling für Einsteiger, Mannheim 2004.

32) Vgl. Schröder, E.F.: Modernes Unternehmens-Controlling, 8. Auflage, Ludwigshafen 2003.

33) Bühner, R.: a.a.O., S. 148.

34) Fogler, H.S., Le Blanc, S.E.: Strategies for Creative Problem Solving, Englewood Cliffs 1994, S. 87-98.

35) Fogler, H,S., Le Blanc, S.E.: a.a.O., S. 93.

36) Welge, M.K., Al-Laham, A.: Strategisches Management, Wiesbaden 2004.

37) Henderson, B.D.: Perspectives on Experience, Boston 1968, S. 19.

38) Relativer Marktanteil = Eigener Marktanteil zu Marktanteil des stärksten Konkurrenten.

39) Bezeichnung nach Henderson, B.D.: Das Portfolio, in: Oetinger, B. v. (Hrsg.): Das Boston Consulting Group Strategie-Buch – Die wichtigsten Managementkonzepte, 8. Auflage, Düsseldorf 2003, S. 346-351.

40) Henderson, B.D.: a.a.O., S. 352-364.

41) Dieses Portfolioprinzip wurde von McKinsey & Co in Kooperation mit General Electric entwickelt.

42) Hinterhuber, H.H.: Unternehmensführung - I. Strategisches Denken, 7. Auflage, Berlin 2004, S. 148.

43) Porter, M.E.: Wettbewerbsstrategie, Frankfurt 1999, S. 26.

44) Ansoff, I. u.a. (Hrsg.): From Strategic Planning to Strategic Management, London 1976.

45) Weiterführende Literatur zu diesem Thema: Harting, D.: Führen mit strategischen Unternehmensplänen: Methoden, Instrumente, Entscheidungshilfen für die Praxis, Stuttgart 1992.

     Reichmann, T.: Controlling mit Kennzahlen und Managementberichten, 6. Auflage, München 2001.

46) Porter, M.E.: a.a.O., S. 62.

47) Pascale, R.T., Athos, A.G.: The Art of Japanese Management, New York 1981.

48) Peters, T.J., Waterman, R.H.: In Search of Excellence - Lessons from America's Best-Run Companies, New York 1982.

49) Peters, T.J., Waterman, R.H.: Auf der Suche nach Spitzenleistungen, Landsberg 1986, S. 44.

50) Buzzell, R.D., Gale, B.T.: Das PIMS - Programm, Wiesbaden 1989, S. 5.; vgl. auch Vogelsang, G.: Universalberatung, Dissertation, Köln 1992.

51) Buzzell, R.D.: a.a.O., S. 227 und 231.

52) Hruschka, H.: Die Bestimmung von Absatzreaktionsfunktionen auf der Grundlage von PIMS - Daten, in: ZfB 1993, S. 253-265.

53) Buzzell, R.D.: a.a.O., S. 235.

54) Vgl. Wöhe, G., Döring, U.: Einführung in die Allgemeine Betriebswirtschaftslehre, 22. Auflage, München 2005.

55) Par ist eine Bezeichnung im Golfsport und gibt pro Loch die Anzahl von Schlägen an, die der Spieler benötigt, um einzulochen. Das Par ist abhängig vom Schwierigkeitsgrad des Platzes.

56) Chrubasik, B., Zimmermann, H.-J.: Evaluierung der Modelle zur Bestimmung strategischer Schlüsselfaktoren, in: DBW 1987, S. 426-450.

57) Vogelsang, G.: a.a.O., S. 202.

58) Watson, G.: Benchmarking - Vom Besten lernen, Landsberg 1993, S. 20f.; Watson, G.: Six Sigma, Salem 2004.

59) Walz, H., Bertels, T.: Das intelligente Unternehmen, Landsberg 1995, S. 179.

60) Kleinfeld, K.: Benchmarking für Prozesse, Produkte und Kaufteile, in: Marktforschung und Marketing-Management, Heft 1/94, S. 19.

61) Horváth, P., Herter, R.N.: Benchmarking - Vergleich mit den Besten der Besten, in: Controlling, Heft 1/92, S. 4f.

62) Walz, H., Bertels, T.: a.a.O., S. 185.

63) Vgl. Camp, R.C.: Benchmarking: The Search for Industry Best Practices that Lead to Superior Performance, Milwaukee 1994, S. 144f.

64) Herter, R., N.: Benchmarking: Nur die Besten als Maßstab, DSWR 1-2/94, S. 11.

65) Wenzel-Däfler, H.: Reverse Business Engineering, Hamburg 2001.

66) Kramer, F.: a.a.O., S. 198.

67 Kramer, F.: a.a.O. S. 196ff.

68) Ante, B., Niedereichholz, C.: Consulting Banking: Die Ermittlung des beratungsspezifischen Absatzpotentials, in: Banking & Finance 5/1992, S.28-34.

69) Kramer, F.: a.a.O., S. 202.

70) Kramer, F.: a.a.O., S. 106.

71) Russel, R., Russel, R., Taylor, B.W.: Operations Management – Quality and Competitiveness in a Global Environment, Hoboken 2005.

72) Markfort, D.: Quality Function Deployment, in: Qualitätsmanagement, Augsburg 1995, Kapitel 5/3.1, S. 2.

73) Frankenberger, K.: Kundenreklamationsanalysen, in: Qualitätsmanagement, Augsburg 1995, Kapitel 10/3.3, S. 1.

74) Stauss, B.: "Augenblicke der Wahrheit" in der Dienstleistungserstellung: Ihre Relevanz und ihre Messung mit Hilfe der Kontaktpunkt-Analyse, in: Bruhn, M., Stauss, B. (Hrsg.): Dienstleistungsqualität: Konzepte, Methoden, Erfahrungen, 3. Auflage, Wiesbaden 2000, S. 325.

75) Stauss, B.: a.a.O., S. 337.

76) Silberer, G.: Die Bedeutung und Messung von Kauferlebnissen im Handel, in: Trommsdorff, V. (Hrsg.): Handelsforschung 1989-Grundsatzfragen, Jahrbuch der Forschungsstelle für Handel Berlin e.V., Wiesbaden 1989, S.72.

77) Bitner, M.J., Booms, B.H., Tetreault, M.S.: The Service Encounter - Diagnosing Favorable and Unfavourable Incidents, in: Journal of Marketing, Bd. 54, Januar 1990, S. 73.

78) Stauss, B.: a.a.O., S. 328.

79) Stauss, B.: a.a.O., S. 334.

80) Vgl. Kramer, F.: a.a.O., S. 216.

81) Heger, H.-D.: Auswahl und Beurteilung von Lieferanten, in: Qualitätsmanagement, Augsburg 1995, Kapitel 8/3, S. 1.

82) Nagel, K.: Praktische Unternehmensführung, Landsberg 2000, Kap. V 4.

83) Pümpin, C.: a.a.O., S. 18.

84) Kalke, P.: FMEA - Fehler - Möglichkeits- und Einfluß - Analyse, in: Qualitätsmanagement, Augsburg 1995, Kapitel 5/4.1, S. 5.

85) Niedereichholz, C.: a.a.O., S. 99 und S. 103.

86) Whimbey, A., Lochhead, J.: Problem Solving and Comprehension: A Short Course in Analytical Reasoning, Philadelphia 1980, S. 30.

87) Fogler, H.S., LeBlanc, S.E.: a.a.O., S. 34.

88) Higgins, J. S. u.a.: Identifying and Solving Problems in Engineering Design, in: Studies in Higher Education 14, No. 2, 1989, S. 169.

89) Higgins, J.S.: a.a.O..

90) Fogler, H.S., Le Blanc S.E.: a.a.O., S. 45.

91) Parnes, S. J.: Creative Behaviour Workbook, New York 1967, S. 34.

92) Weldon, J.: Chemtech 13, 1993, S. 517.

93) Vgl. v. Reibnitz, U.: Szenarien-Optionen für die Zukunft, Wiesbaden 1992.

94) Vgl. Hinterhuber, H.: Strategische Unternehmensführung - I. Strategisches Denken, 7. Auflage, Berlin 2004.

95) Niedereichholz, C.: a.a.O., S. 98ff.

96) Vgl. Pümpin, C., Amman, W.: SEP – Strategische Erfolgsposition, Bern 2005.

97) Vgl. Unterlagen der FEACO-Konferenzen in Helsinki 1994 und Lyon 1995, FEACO, Avenue des Arts 3/4/5, B-1210 Bruxelles.

98) DIN 69910, Ausgabe 08.87, Beuth Verlag, Berlin.

99) Der Spiegel, Nr. 5, 1983, S. 126-127.

100) Bühner, R.: a.a.O. , S. 21ff.

101) Pümpin, C.: Das Dynamik-Prinzip: Zukunftsorientierung für Unternehmer und Manager, Düsseldorf 1990 sowie Pümpin, C., Amman, W.: SEP – Strategische Erfolgsposition, Bern 2005.

102) Mewes, W.: Energo-kybernetische Strategie (EKS), Frankfurt 1986.

103 Kaplan, R.S., Norton, D.P.: The Balanced Scorecard, Harvard Business School Press, Boston, 1996.

104 Kaplan, R.S., Norton, D.P.: Strategy Maps, Harvard Business School Press, Boston, 2004.

105) Weiterführende Literatur zum Thema Nachfolgeregelung:

Spielmann,U.: Generationenwechsel in mittelständischen Unternehmungen, Wiesbaden 1994.

Stephan, P.: Nachfolge in mittelständischen Familienunternehmen, Wiesbaden 2002.

106) Weiterführende Literatur zum Thema GWA:

Huber, R.: Gemeinkosten-Wertanalyse, 2. Auflage, Bern/Stuttgart 1987.

Müller, A.: Gemeinkosten-Management, 2. Auflage, Wiesbaden 1998.

[107] Vgl. Schlicksupp, H.: Ideenfindung, Würzburg 2004.

[108] Siemens (Hrsg.): a.a.O., S. 147.

[109] Siemens (Hrsg.): a.a.O., S. 149.

[110] Hartmann, M., Funk, R., Nietmann, H.: Präsentieren, 7. Auflage, Weinheim 2003, S. 20ff.

[111] Zelazny, G.: Wie aus Zahlen Bilder werden, 4. Auflage, Wiesbaden 1996, S. 2ff.

[112] Zelasny, G.: a.a.O., S. 27.

[113] Seifert, J.W., Pattay, S.: Visualisieren, Präsentieren, Moderieren, GABAL Verlag, Offenbach 2004, S. 85.

[114] Süß, G.M., Ehrl-Gruber, B.: Projektmanagement, Loseblattwerk, Augsburg 1995, Kap. 6.3.2.1, S. 1ff.

[115] Niedereichholz, C.: a.a.O., S. 237ff.

[116] Madauss, B.J.: Handbuch Projektmanagement, 5. Auflage, Stuttgart 1994, S. 208.

[117] Melcher, H.: Aufbau eines Controllingsystems für Consultingunternehmen, Darmstadt 1982, S. 85.

[118] Süß, G.M., Ehrl-Gruber, B.: a.a.O., Kap. 2.5.3.1, S. 1-4.

[119] Melcher, H.: a.a.O., S. 87.

[120] Melcher, H.: a.a.O., S. 90.

[121] Wagner, K. W.: a.a.O., S. 79ff.

Literaturverzeichnis

Ansoff, I. u.a. (Hrsg.): From Strategic Planning to Strategic Management, London 1976.

Ante, B., Niedereichholz, C.: Consulting Banking: Die Ermittlung des beratungsspezifischen Absatzpotentials, in: Banking and Finance 5/1992, S. 28-34.

Bitner, M.J., Booms, B.H., Tetreault, M.S.: The Service Encounter - Diagnosing Favorable and Unfavourable Incidents, in: Journal of Marketing, Bd. 54, Januar 1990, S. 71-84.

Brauchlin, E., Heene, R.: Problemlösungs- und Entscheidungsmethodik, 4. Auflage, Bern 1995.

Bruhn, M., Stauss, B. (Hrsg.): Dienstleistungsqualität: Konzepte, Methoden, Erfahrungen, 3. Auflage, Wiesbaden 2000.

Brüning, H., Haedrich, G.: Operationale Verfahren der Markt- u. Sozialforschung, Berlin 1981.

Bühner, R.: Strategie und Organisation: Analyse u. Planung der Unternehmensdiversifikation mit Fallbeispielen, 2. Auflage, Wiesbaden 1993.

Buzzell, R.D., Gale, B.T.: Das PIMS - Programm, Wiesbaden 1989.

Camp, R.C.: Benchmarking: The Search for Industry Best Practices that Lead to Superior Performance, Milwaukee 1994.

Chrubasik, B., Zimmermann, H.-J.: Evaluierung der Modelle zur Bestimmung strategischer Schlüsselfaktoren, in: DBW 1987, S. 426-450.

Der Spiegel, Nr. 5, 1983, S. 126-127.

Fischer, K.: Das große Bilanz-Fitneßrad, in: Bilanz 2/93.

Fogler, H.S., Le Blanc, S.E.: Strategies for Creative Problem Solving, Englewood Cliffs 1994.

Frankenberger, K.: Kundenreklamationsanalysen, in: Qualitätsmanagement, Augsburg 1995, Kap. 10/3.3.

Gale, Th. (Hrsg.): Gale Directory of Databases 2006, Farmington Hills 2005.

Harting, D.: Führen mit strategischen Unternehmensplänen: Methoden, Instrumente, Entscheidungshilfen für die Praxis, Stuttgart 1992.

Hartmann, M., Funk, R., Nietmann, H.: Präsentieren, 7. Auflage, Weinheim 2003.

Heger, H.-D.: Auswahl und Beurteilung von Lieferanten, in: Qualitätsmanagement, Augsburg 1995, Kapitel 8/3.

Henderson, B.D.: Das Portfolio, in: Oetinger, B. v. (Hrsg.), a.a.O., S. 346-364.

Henderson, B.D.: Perspectives on Experience, Boston 1968.

Herter, R., N.: Benchmarking: Nur die Besten als Maßstab, DSWR 1-2/1994, S. 10-13.

Higgins, J. S. u.a.: Identifying and Solving Problems in Engineering Design, in: Studies in Higher Education 14, No. 2, 1989, S. 160-175.

Hinterhuber, H.: Strategische Unternehmensführung - I. Strategisches Denken, 7. Auflage, Berlin 2004.

Horváth, P., Herter, R.N.: Benchmarking-Vergleich mit den Besten der Besten,in: Controlling 1/92, S. 4 -11.

Hruschka, H.: Die Bestimmung von Absatzreaktionsfunktionen auf der Grundlage von PIMS-Daten, in: ZfB 1993, S. 253-265.

Huber, R.: Gemeinkosten-Wertanalyse, 2. Auflage, Bern/Stuttgart 1987.

Kalke, P.: FEMA - Fehler-Möglichkeits- und Einfluß-Analyse, in: Qualitätsmanagement, Augsburg 1995, Kapitel 5/4.1.

Kaplan, R.S., Norton, D.P.: The Balanced Scorecard, Harvard Business School Press, Boston, 1996.

Kaplan, R.S., Norton, D.P.: Strategy Maps, Harvard Business School Press, Boston, 2004.

Klebert, K., Schrader, E., Sträub, W. G.: Moderationsmethode, Hamburg 2002.

Kleinfeld, K.: Benchmarking für Prozesse, Produkte und Kaufteile, in: Marktforschung & Management, Heft 1/94, S. 19-24.

Kralicek, P., Böhmdorfer, F., Kralicek, G.: Kennzahlen für Geschäftsführer, Wien 2001.

Kramer, F.: Innovative Produktpolitik, Berlin 1987

Krohn, D. u.a. (Hrsg.): Das Sokratische Gespräch - Ein Symposium, Hamburg 1989.

Krohn, D.: Das Sokratische Gespräch in Theorie und Praxis, in: Krohn, D. (Hrsg.), a.a.O., S.7-20.

Madauss, B.J.: Handbuch Projektmanagement, 5. Auflage, Stuttgart 1994.

Mann, R., Mayer, E.: Controlling für Einsteiger, Mannheim 2004.

Markfort, D.: Quality Function Deployment, in: Qualitätsmanagement, Augsburg 1995, Kapitel 5/3.1.

Melcher, H.: Aufbau eines Controllingsystems für Consultingunternehmen, Darmstadt 1982.

Mewes, W.: Energo - kybernetische Strategie (EKS), Frankfurt 1986.

Minto, B.: Das Prinzip der Pyramide, München 2005.

Müller, A.: Gemeinkosten-Management, 2. Auflage, Wiesbaden 1998.

Nagel, K.: Praktische Unternehmensführung, Landsberg 2000.

Nagel, K., Stalder, J.: Unternehmensanalyse – schnell und punktgenau, Landsberg 2001.

Neißer, B.: Leonard Nelsons Sokratische Methode im Vergleich mit der Themenzentrierten Interaktion, in: Krohn, D. (Hrsg.), a.a.O., S. 125 -145.

Niedereichholz, C.: Unternehmensberatung - Beratungsmarketing und Auftragsakquisition, 4. Auflage, München 2004.

Oetinger, B. v. (Hrsg.): Das Boston Consulting Group Strategie-Buch – Die wichtigsten Managementkonzepte, 8. Auflage, Düsseldorf 2003.

Parnes, S. J.: Creative Behaviour Workbook, New York 1967.

Pascale, R.T., Athos, A.G.: The Art of Japanese Management, New York 1981.

Peters, T.J., Waterman, R.H.: Auf der Suche nach Spitzenleistungen, Landsberg 1986.

Peters, T.J., Waterman, R.H.: In Search of Excellence-Lessons from America's Best-Run Companies, New York 1982.

Porter, M.E.: Wettbewerbsstrategie, Frankfurt 1999.

Pümpin, C., Amman, W.: SEP – Strategische Erfolgsposition, Bern 2005.

Pümpin, C., Geilinger, U.W.: Strategische Führung, Bern 1988.

Pümpin, C.: Das Dynamik-Prinzip: Zukunftsorientierung für Unternehmer und Manager, Düsseldorf 1990.

v. Reibnitz, U.: Szenarien-Optionen für die Zukunft, , 2. Auflage, Wiesbaden 1992.

Reichmann, T.: Controlling mit Kennzahlen und Managementberichten, 6. Auflage, München 2001.

Russel, R., Russel, R., Taylor, B.W.: Operations Management – Quality and Competitiveness in a Global Environment, Hoboken 2005.

Scheer, A.W., Abolhassan, F., Jost, W., Kirchmer, M. (Hrsg.): Business Process Automation, ARIS in Practice, Berlin 2004.

Schlicksupp, H.: Ideenfindung, Würzburg 2004.

Schott, G.: Kennzahlen, Wiesbaden 1991.

Schröder, E.F.: Modernes Unternehmens-Controlling, 8. Auflage, Ludwigshafen 2003.

Seifert, J.W., Pattay, S.: Visualisieren, Präsentieren, Moderieren, Offenbach 2004.

Seifert, J.W.: Visualisieren, Präsentieren, Moderieren, 20. Auflage, Offenbach 2003.

Siemens AG (Hrsg.): Organisationsplanung, 8. Auflage, München 1992.

Silberer, G.: Die Bedeutung und Messung von Einkaufserlebnissen im Handel, in: Trommsdorff, V.(Hrsg.), a.a.O., S. 59-76.

Spielmann, U.: Generationenwechsel in mittelständischen Unternehmungen, Wiesbaden 1994.

Stauss, B.: "Augenblicke der Wahrheit" in der Dienstleistungserstellung: Ihre Relevanz und ihre Messung mit Hilfe der Kontaktpunkt-Analyse, in: Bruhn, M., Stauss, B.(Hrsg.): a.a.O., S. 321-340.

Stephan, P.: Nachfolge in mittelständischen Familienunternehmen, Wiesbaden 2002.

Süß, G.M., Ehrl-Gruber, B.: Projektmanagement, Loseblattwerk, Augsburg 1995.

Trommsdorff, V. (Hrsg.): Handelsforschung 1989 - Grundsatzfragen, Jahrbuch der For-schungsstelle für Handel, Wiesbaden 1989, S. 59-76.

Veröffentlichungsverzeichnis des Statistischen Bundesamtes, Kohlhammer Verlag, Stuttgart.

Vogelsang, G.: Universalberatung-Konzeption und Methodik einer ganzheitlichen Un-ternehmensberatung, Dissertation, Köln 1992.

Wagner, K. W. (Hrsg.): PQM – Prozessorientiertes Qualitätsmanagement, 2. Auflage, München, Wien 2003.

Walz, H., Bertels, T.: Das intelligente Unternehmen, Landsberg 1995.

Watson, G.: Benchmarking - Vom Besten lernen, Landsberg 1993.

Watson, G.: Six Sigma, Salem 2004.

Weldon, J.: Chemtech 13, 1993.

Welge, M.K., Al-Laham, A.: Strategisches Management, Wiesbaden 2004.

Wenzel-Däfler, H.: Reverse Business Engineering, Hamburg 2001.

Whimbey, A., Lochhead, J.: Problem Solving and Comprehension: A Short Course in Analytical Reasoning, Philadelphia 1980.

Wöhe, G., Döring, U.: Einführung in die Allgemeine Betriebswirtschaftslehre, 22. Auf-lage, München 2005.

Wohlgemuth, A. C. (Hrsg.): Moderation in Organisationen, 2. Auflage, Bern 1995.

Zelazny, G.: Wie aus Zahlen Bilder werden, 4. Auflage, Wiesbaden 1996.